地方物流与供应链系列报告

山东物流年鉴
（2020）

张　新　主编

刘培德　王清涛　马建华　邹　霞　副主编

中国财富出版社有限公司

图书在版编目（CIP）数据

山东物流年鉴．2020／张新主编．—北京：中国财富出版社有限公司，2021.10
（地方物流与供应链系列报告）
ISBN 978－7－5047－7558－0

Ⅰ．①山…　Ⅱ．①张…　Ⅲ．①物流－山东－2020－年鉴　Ⅳ．①F259.275.2－54

中国版本图书馆 CIP 数据核字（2021）第 207679 号

策划编辑　黄正丽　郑欣怡　　**责任编辑**　白　昕　张宁静
责任印制　梁　凡　　**责任校对**　杨小静　　**责任发行**　敬　东

出版发行　中国财富出版社有限公司
社　　址　北京市丰台区南四环西路 188 号 5 区 20 楼　　**邮政编码**　100070
电　　话　010－52227588 转 2098（发行部）　　010－52227588 转 321（总编室）
010－52227566（24 小时读者服务）　　010－52227588 转 305（质检部）
网　　址　http：//www. cfpress. com. cn　　**排　　版**　宝蕾元
经　　销　新华书店　　**印　　刷**　北京九州迅驰传媒文化有限公司
书　　号　ISBN 978－7－5047－7558－0/F · 3356
开　　本　880mm×1230mm　1/16　　**版　　次**　2021 年 11 月第 1 版
印　　张　22. 75　　**印　　次**　2021 年 11 月第 1 次印刷
字　　数　625 千字　　**定　　价**　198. 00 元

编辑委员会

主编介绍

张新，山东财经大学管理科学与工程学院教授、博士生导师，国务院特殊津贴专家、全国优秀教师、山东省有突出贡献的中青年专家、济南专业技术拔尖人才，兼任中国信息经济学会副理事长，国际信息系统协会中国分会常务理事，中国管理科学与工程学会常务理事，山东省电子商务协会副会长。

发表多篇信息化理论与方法高水平学术论文，被SCI、SSCI检索13篇；主持国家社科基金重点项目和面上项目各1项，省部级以上及横向课题30余项；作为第一完成人获省科技进步二等奖4次、三等奖1次，省级研究生教学成果二等奖2次，省级教学成果二等奖2次、三等奖1次，开展国家级“金课”1门。

前　言

《山东物流年鉴（2020）》（以下简称《年鉴》）是山东财经大学、山东省物流与交通运输协会共同承办的大型文献性工具书。为使《年鉴》办好，编委会注重提高《年鉴》的编辑质量，使其更具权威性、资料性和实用性，成为业界人士查询、引用、论证、存档不可缺少的“工具”。

2020 版《年鉴》以求真务实的态度，紧跟行业发展的变化，充实了相关内容，《年鉴》更加真实、全面地反映 2019 年行业发展的亮点，增加了智慧物流、农产品物流、快递物流、冷链物流、网络货运发展等相关文献资料；坚持“创新、协调、绿色、开放、共享”新发展理念，推进物流提质增效和高质量发展；注重丰富适应经济发展新常态，创新物流组织方式、运营模式，深化管理体制改革。通过丰富《年鉴》的文献资料厚度和广度，持续提升内涵品质。

2020 版《年鉴》的组稿、编撰工作得到了山东省直有关部门、单位，以及各市物流相关部门、行业协会、专家学者和知名企业的大力支持，对此我们表示衷心感谢。

对不符合《年鉴》编委会要求的来稿，编委会慎重地进行了删改，希予见谅。因编委会人员水平有限，如有不妥之处，恳请批评指正。

《山东物流年鉴（2020）》编委会

2020 年 12 月

目　录

第一部分

物流统计

2019 年山东省交通邮电生产运行情况

2019 年山东省货物发送量完成 371419. 18 万吨，同比增长 4. 31%，增速较 1—11 月降低 0. 15 个百分点；沿海港口货物吞吐量完成 161064 万吨，同比增长 8. 9%，增速较 1—11 月提高 0. 1 个百分点；旅客发送量完成 70688. 06 万人，同比增长 1. 37%；机场旅客吞吐量完成 6269. 57 万人，同比增长 8. 79%。邮电业务总量完成 5948. 6 亿元，同比增长 57. 75%。

交通邮电分行业主要指标运行情况如下。

（一）换算周转量

2019 年换算周转量完成 11387. 36 亿吨公里，同比增长 4. 31%，其中公路换算周转量完成 7135. 14 亿吨公里，同比增长 3. 27%；铁路换算周转量完成 2305. 21 亿吨公里，同比增长 8. 56%。

（二）旅客发送量

2019 年旅客发送量完成 70688. 06 万人，同比增长 1. 37%，其中公路旅客发送量完成 49581 万人，同比下降 0. 93%；铁路旅客发送量完成 15958. 23 万人，同比增长 8. 1%；航空旅客发送量完成 3134. 81 万人，同比增长 8. 79%。

（三）货物发送量

2019 年全省货物发送量完成 371419. 18 万吨，同比增长 4. 31%，增速较 1—11 月降低 0. 15 个百分点，较 2018 年同期降低 10. 3 个百分点。其中，公路货物发送量完成 325969 万吨，同比增长 4. 21%，占货物发送总量的 87. 76%；铁路货物发送量完成 27669. 34 万吨，同比增长 9. 45%，占货物发送总量的 7. 45%；水路货物发送量完成 17758. 28 万吨，同比下降 1. 15%，占货物发送总量的 4. 78%。

2019 年山东省货物发送量如图 1 所示，货物发送量累计增速走势如图 2 所示。

（四）沿海港口货物吞吐量

2019 年全省沿海港口货物吞吐量完成 161064 万吨，同比增长 8. 9%，增速较 1—11 月提高 0. 1 个百分点。其中，外贸货物吞吐量完成 88771 万吨，同比增长 7. 1%；集装箱吞吐量完成 3010 万标箱，同比增长 8. 7%。青岛港、烟台港、日照港三大港货物吞吐量分别完成 57736 万吨、38632 万吨、46377 万吨，分别同比增长 6. 6%、15. 8%、6%（见图 3）。

（五）机场吞吐量

2019 年机场旅客吞吐量完成 6269. 57 万人，同比增长 8. 79%，其中济南机场完成 1756. 05 万人，

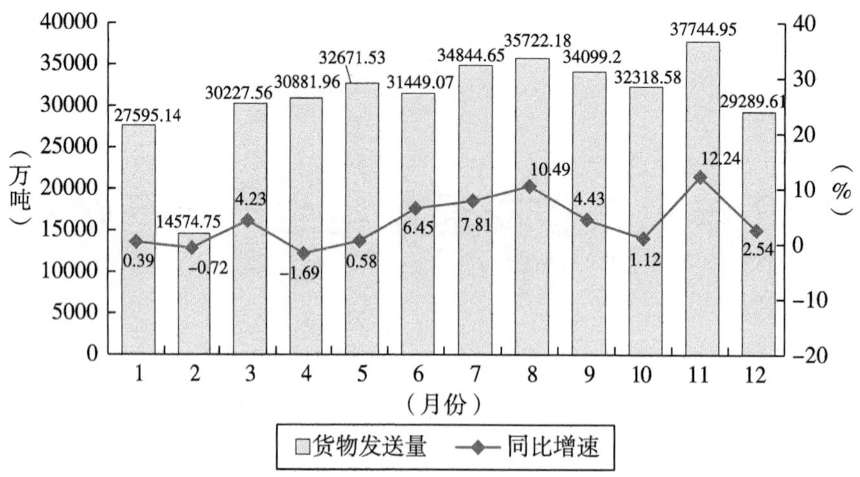

图1　2019 年山东省货物发送量

注：数据存在四舍五入，不进行机械调整。全书同。

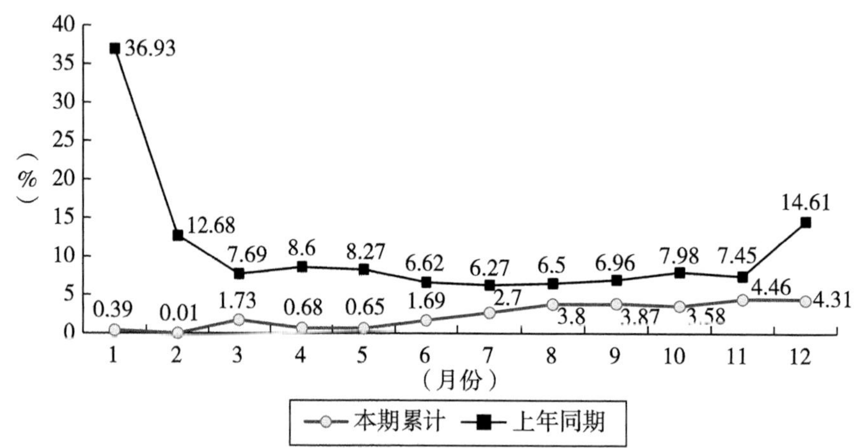

图2　2019 年山东省货物发送量累计增速走势

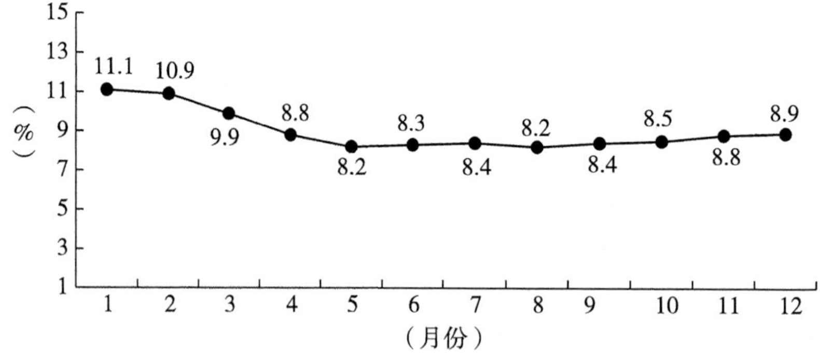

图3　2019 年山东省港口货物吞吐量累计增速同比走势

同比增长 5.71%；青岛机场完成 2555.63 万人，同比增长 4.16%；烟台机场完成 1005.29 万人，同比增长 19.2%。货邮吞吐量完成 48.72 万吨，同比增长 12.52%，其中济南机场完成 13.53 万吨，同比增长 19.04%；青岛机场完成 25.63 万吨，同比增长 14.15%；烟台机场完成 5.71 万吨，同比增长 10.87%。

（六）邮电业务量

2019 年邮电业务总量完成 5948. 6 亿元，同比增长 57. 75%，其中邮政业务量完成 156. 48 亿元，同比增长 33. 95%；电信业务量完成 5792. 12 亿元，同比增长 58. 55%。电信和移动公司业务量均增长 65% 以上。电信用户数为 11696. 77 万户，同比增长 2. 19%。

2019 年山东省邮政行业运行情况

2019 年是中华人民共和国成立 70 周年，加速实现全面建成小康社会第一个百年奋斗目标是关键。山东省邮政行业坚持以习近平新时代中国特色社会主义思想为指导，全面贯彻党的十九大和十九届二中、三中、四中全会精神，认真落实习近平总书记对山东省工作的重要指示要求，坚持稳中求进工作总基调，坚持以供给侧结构性改革为主线，坚持新发展理念和以人民为中心的发展思想，坚定不移推动邮政业高质量发展，邮政业改革发展取得了新成效，保持了总体平稳、稳中有进的良好态势。山东省邮政行业业务总量突破 700 亿元，邮政行业业务收入突破 430 亿元（见图 1、图 2）。

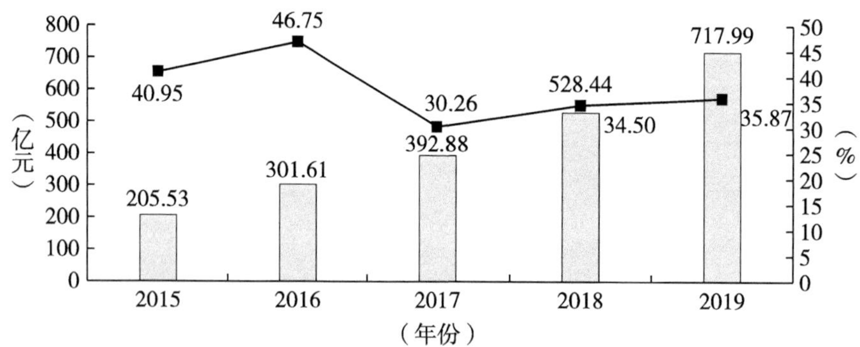

图 1　2015—2019 年山东省邮政行业业务总量

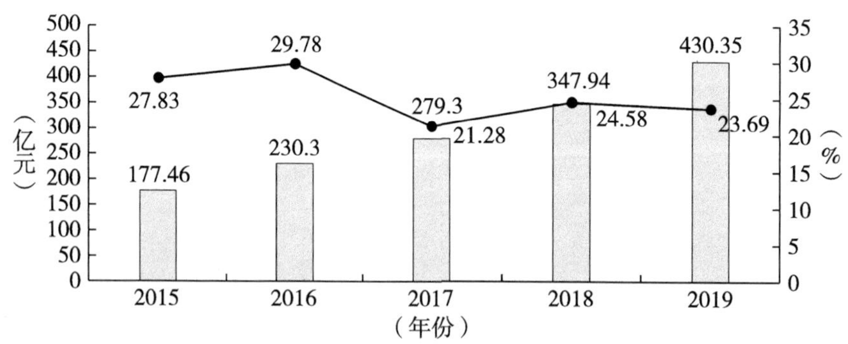

图 2　2015—2019 年山东省邮政行业业务收入

（一）业务发展情况

2019 年山东省邮政行业业务收入（不包括邮政储蓄银行直接营业收入）完成 430. 35 亿元，同比增长 23. 69%；山东省邮政行业业务总量完成 717. 99 亿元，同比增长 35. 87%。

1. 邮政寄递服务业务

邮政寄递服务业务量累计完成15亿件，同比增长12.8%；邮政寄递服务业务收入累计完成20.93亿元，同比增长28.43%。

全年函件业务量完成6262.62万件，同比下降1.67%；包裹业务量完成176.57万件，同比增长2.28%；订销报纸业务完成11.14亿份，同比增长3.40%；订销杂志业务完成6144.33万份，同比下降1.47%；汇兑业务完成60.17万笔，同比下降47.70%。

2. 快递业务

快递业务快速增长。2019年，全省快递服务企业业务量完成288856.17万件，同比增长32.08%；快递业务收入完成288.35亿元，同比增长26.25%（见图3、图4）。

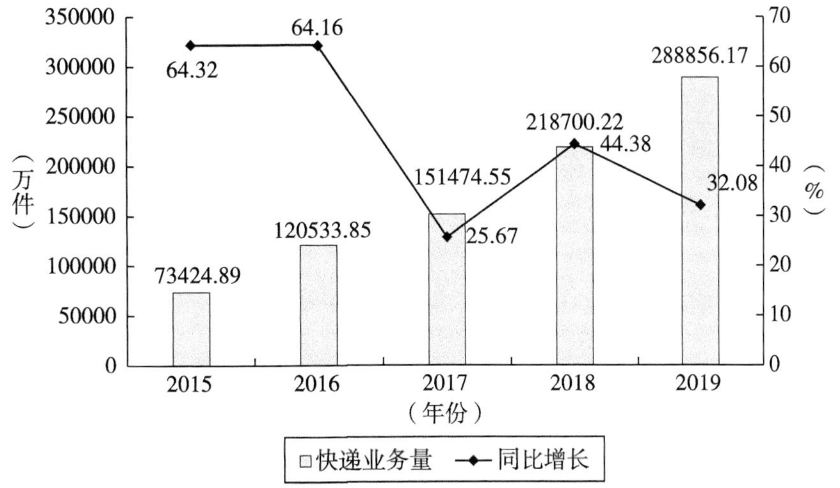

图3　2015—2019年快递业务量发展情况

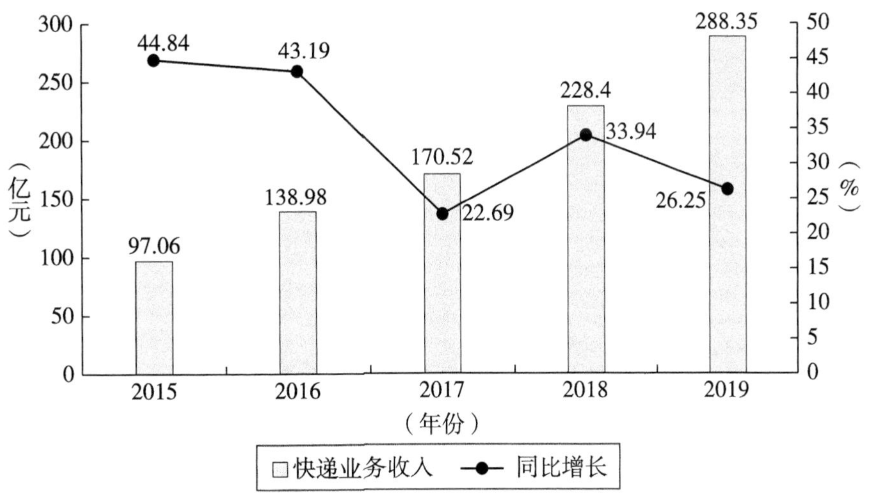

图4　2015—2019年快递业务收入发展情况

其中，同城业务量累计完成42009.57万件，同比增长2.34%；异地业务量累计完成245369.78万件，同比增长39.19%；国际/港澳台业务量累计完成1476.82万件，同比增长8.34%（见图5）。

快递业务收入在行业中占比继续提升。快递业务收入占行业总收入的67.00%，比上年提高1.36

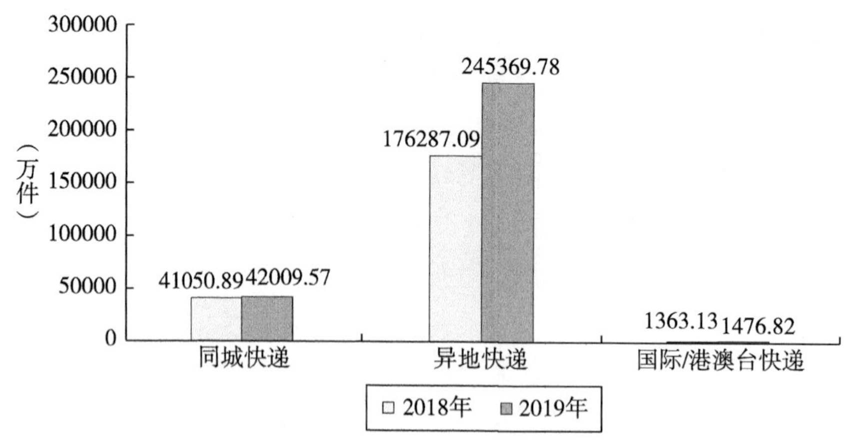

图5　分专业快递业务量比较

个百分点。

全年同城快递业务量完成4.2亿件，同比增长2.34%；实现业务收入28.11亿元，同比下降9.26%。

全年异地快递业务量完成24.54亿件，同比增长39.19%；实现业务收入191.88亿元，同比增长30.53%。

全年国际/港澳台快递业务量完成0.15亿件，同比增长8.34%；实现业务收入19.06亿元，同比增长23.33%。

异地业务占比提升。同城、异地、国际/港澳台快递业务量占全部快递业务量的比重分别为14.54%、84.95%和0.51%（见图6），业务收入占全部快递业务收入的比重分别为9.75%、66.55%和6.61%（见图7）。与2018年同期相比，同城快递业务量的比重下降4.23个百分点，异地快递业务量的比重上升4.34个百分点，国际/港澳台快递业务量的比重下降0.11个百分点。

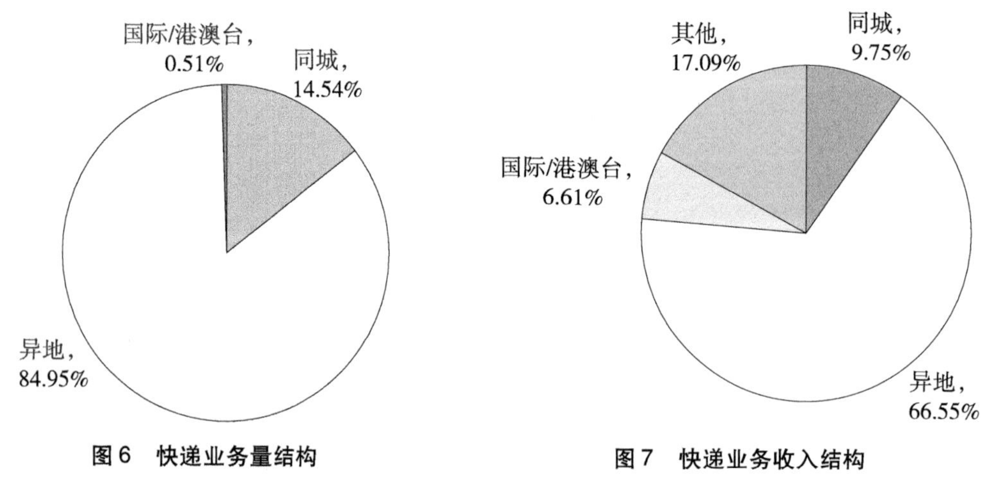

图6　快递业务量结构　　图7　快递业务收入结构

2019年，全省沿海地区快递业务增势平稳，快递业务量占全省快递总业务量比重较大。沿海地区完成快递业务量11.24亿件，占全省比重为38.9%；实现快递业务收入138.56亿元，占全省比重为48.1%。与2018年同期相比，沿海地区快递业务量比重下降1.3个百分点，快递业务收入比重上升0.45个百分点。

2019 年，快递与包裹服务品牌集中度指数 CR8 为 84.28，较 1—11 月上升 0.02。

2019 年，全省快递业务量前 5 名的城市为济南、临沂、青岛、潍坊、烟台，占全省快递业务量的 65.82%，比 2018 年下降 1.65 个百分点；全省快递业务收入前 5 名的城市为青岛、济南、临沂、潍坊、烟台，占全省快递业务收入的 69.34%，比 2018 年下降 1.05 个百分点。

国有、民营、外资企业业务量占全部快递与包裹市场比重分别为 10.86%、88.96%、0.18%，国有、民营、外资企业快递业务收入占全部快递与包裹市场比重分别为 10.10%、85.16%、4.74%。2019 年，快递与包裹服务品牌集中度指数 CR8 为 84.28，较 2018 年下降 0.29。

山东省邮政行业发展情况见表 1。

表 1　　山东省邮政行业发展情况

指标名称	单位	2019 年 12 月		比 2018 年同期增长（%）	
		累计	当月	累计	当月
一、邮政行业业务收入	亿元	430.35	40.93	23.69	23.99
1. 邮政寄递服务	亿元	20.93	1.89	28.43	29.45
2. 快递业务	亿元	288.35	30.23	26.25	29.81
二、邮政行业业务总量	亿元	717.99	77.21	35.87	35.55
1. 邮政寄递服务	万件	150029.22	13957.43	12.80	17.89
2. 快递业务	万件	288856.17	32320.20	32.08	32.67
其中：同城	万件	42009.57	4699.68	2.34	-4.73
异地	万件	245369.78	27477.85	39.19	42.62
国际/港澳台	万件	1476.82	142.67	8.34	-12.15

注：邮政行业业务收入中未包括邮政储蓄银行直接营业收入。

1.《2019 年山东省邮政行业发展统计公报》中邮政寄递服务业务、通信能力和服务水平有关数据来自年报，其他数据为月报统计数据。

2. 部分数据因四舍五入，存在着与分项合计不等情况。

3. 邮政行业业务总量按 2010 年不变价格计算。

4. 自 2019 年 4 月起，莱芜市统计数据纳入济南市。

（二）基础能力和服务水平

1. 机构设备

全行业拥有各类营业网点 19038 处，其中设在农村的有 6216 处。快递服务营业网点 15045 处，其中设在农村的有 4135 处。全省拥有邮政信筒信箱 3855 个，比 2018 年年末减少 474 个。全省拥有邮政报刊亭总数 359 处，比 2018 年年末减少 249 处。

全行业拥有汽车 19725 辆，比 2018 年年末增长 5.84%，其中快递服务汽车 15202 辆，比 2018 年年末增长 10.92%。

2. 基础网路

全省邮政邮路总条数 1858 条，比 2018 年年末增加 466 条，邮路总长度（单程）442719 公里，比 2018 年年末增加 34383.2 公里。全省邮政农村投递路线 4729 条，比 2018 年年末减少 3 条；农村投递路线长度（单程）282275 公里，比 2018 年年末增加 1093.6 公里。全省邮政城市投递路线 3951 条，比 2018 年年末减少 154 条；城市投递路线长度（单程）119887 公里，比 2018 年年末增加 3205.4 公里。全省快递服务网路条数 8038 条；快递服务网路长度（单程）1339661.61 公里。

3. 服务能力

全省全行业平均每一个营业网点服务面积为 8.18 平方公里；平均每一个营业网点服务人口为 0.53 万人。邮政城区每日平均投递 2 次，农村每周平均投递 6 次。全省年人均函件量为 0.62 件，每百人订有报刊量为 9.14 份，年人均快递使用量为 28.68 件。年人均用邮支出 427.35 元，年人均快递支出 286.34 元（见图 8）。

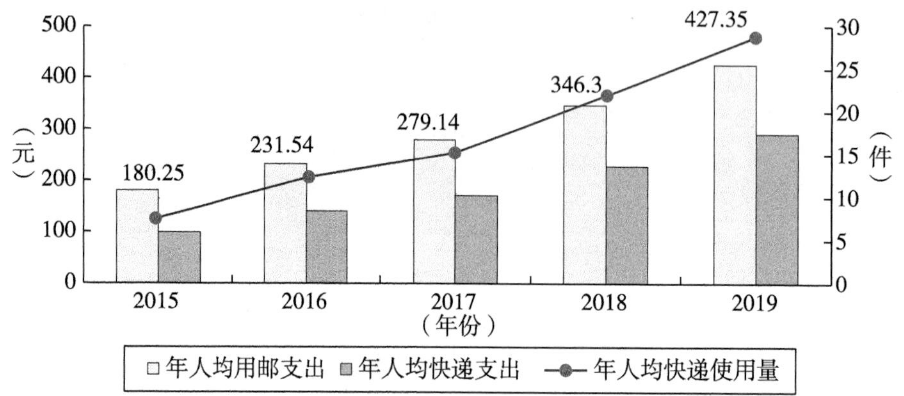

图 8　2015—2019 年人均用邮支出、快递支出和快递使用量情况

2019年交通运输行业发展统计公报*

交通运输部

2019年是中华人民共和国成立70周年，是全面建成小康社会关键之年，也是《交通强国建设纲要》印发实施之年，全国交通运输系统在以习近平同志为核心的党中央坚强领导下，以习近平新时代中国特色社会主义思想为指导，全面贯彻党的十九大和十九届二中、三中、四中全会精神，按照党中央、国务院决策部署，坚持稳中求进工作总基调，坚持新发展理念，坚持推动高质量发展，坚持以交通运输供给侧结构性改革为主线，坚持深化市场化改革、扩大高水平开放，全力打好三大攻坚战，统筹推进稳增长、促改革、调结构、惠民生、防风险，扎实做好“六稳”工作，各项目标任务圆满完成，为推动经济社会平稳发展、全面建成小康社会提供了坚强的交通运输保障。

一、基础设施

（一）铁路

年末全国铁路营业里程13.9万公里，比上年增长6.1%，其中高铁营业里程达到3.5万公里（见图1）。全国铁路路网密度145.5公里/万平方公里，增加9.5公里/万平方公里。

（二）公路

2019年年末全国公路总里程501.25万公里，比2018年增加16.60万公里。公路密度52.21公里/百平方公里，增加1.73公里/百平方公里（见图2）。公路养护里程495.31万公里，占公路总里程98.8%。

---

* 本文节选自《2019年交通运输行业发展统计公报》，内容有所调整。

注：1. 香港、澳门特别行政区及台湾地区统计数据未包括在本公报内。

2. 按照《国家公路网规划（2013—2030年）》，结合各省（区、市）路网调整情况，公报中国道、省道、县道、乡道、村道里程的统计口径作了部分调整。

3. 按照《交通运输部办公厅关于取消总质量4.5吨及以下普通货运车辆道路运输证和驾驶员从业资格证的通知》（交办运函〔2018〕2052号），2019年1月1日起，各地交通运输管理部门不再为总质量4.5吨及以下普通货运车辆配发道路运输证，货运车辆数相应同比下降。

4. 公报中营业性旅客运输量为铁路、公路、水路、民航完成数，不包括城市客运量；营业性货物运输量为铁路、公路、水路、民航完成数，不包括管道数据。根据2019年道路货物运输量专项调查，对公路货物运输量统计口径进行了调整，数据与上年比按可比口径计算。自2019年起，对港口统计范围进行了调整，数据与上年比按可比口径计算。对公路水路交通固定资产投资统计口径进行了调整，数据与上年比按可比口径计算。

5. 铁路运输数据为确报数据，其余数据为速报数据，国家铁路含国铁集团及其控股合资铁路。

6. 民航运输数据为快报数据。

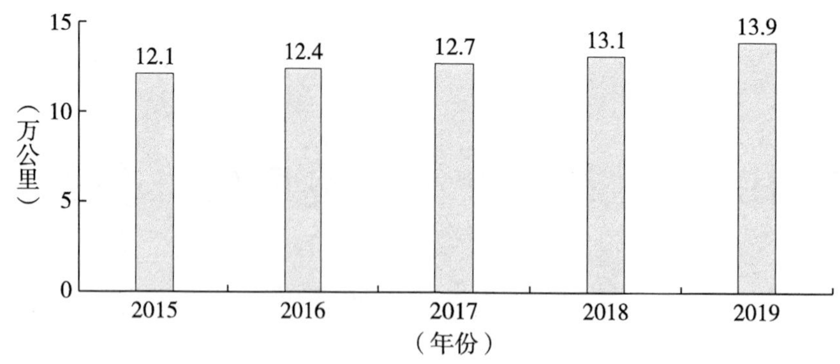

图1　2015—2019 年全国铁路营业里程

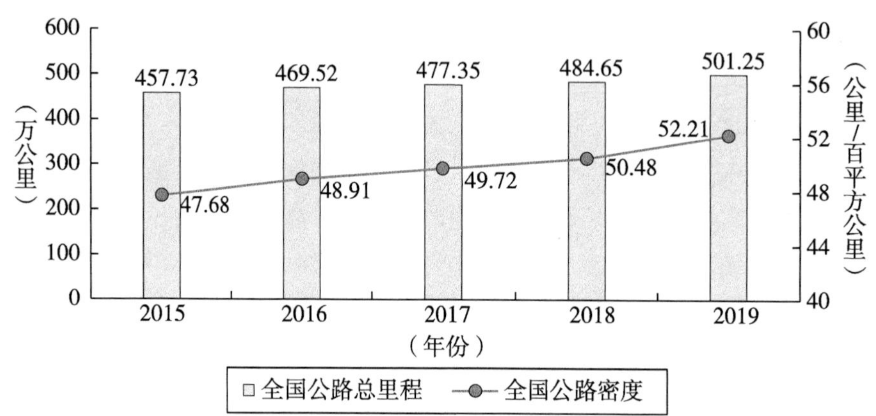

图2　2015—2019 年全国公路总里程及公路密度

年末全国四级及以上等级公路里程 469. 87 万公里，比上年增加 23. 29 万公里，占公路总里程 93. 7%，提高 1. 6 个百分点。二级及以上等级公路里程 67. 20 万公里，增加 2. 42 万公里，占公路总里程 13. 4%，占比与上年基本持平。高速公路里程 14. 96 万公里，增加 0. 70 万公里；高速公路车道里程 66. 94 万公里，增加 3. 61 万公里。国家高速公路里程 10. 86 万公里，增加 0. 31 万公里（见图 3）。

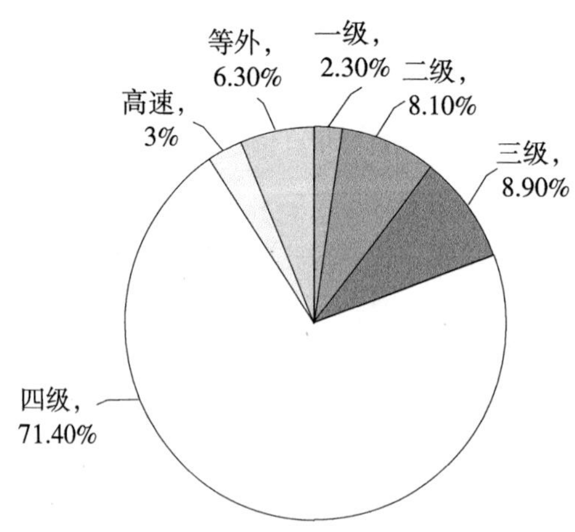

图3　2019 年全国公路里程分技术等级构成

年末国道里程 36. 61 万公里，省道里程 37. 48 万公里。农村公路里程 420. 05 万公里，其中县道里程 58. 03 万公里，乡道里程 119. 82 万公里，村道里程 242. 20 万公里。

年末全国公路桥梁87.83万座、6063.46万米，比上年增加2.68万座、494.86万米，其中特大桥梁5716座、1033.23万米，大桥108344座、2923.75万米。全国公路隧道19067处、1896.66万米，增加1329处、173.05万米，其中特长隧道1175处、521.75万米，长隧道4784处、826.31万米。

（三）水路

1. 内河航道

年末全国内河航道通航里程12.73万公里，比上年增加172公里（见图4）。等级航道里程6.67万公里，占总里程52.4%，提高0.2个百分点。三级及以上航道里程1.38万公里，占总里程10.9%，提高0.3个百分点。

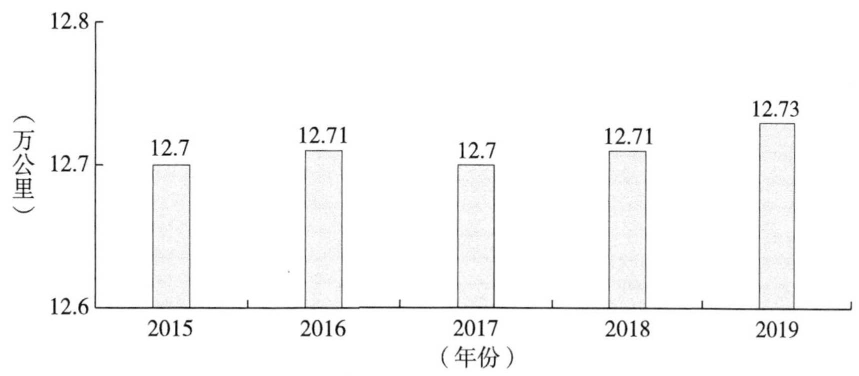

图4　2015—2019年全国内河航道通航里程

各等级内河航道通航里程分别为：一级航道1828公里，二级航道4016公里，三级航道7975公里，四级航道11010公里，五级航道7398公里，六级航道17479公里，七级航道17044公里。等外航道里程6.05万公里。

各水系内河航道通航里程分别为：长江水系64825公里，珠江水系16495公里，黄河水系3533公里，黑龙江水系8211公里，京杭运河1438公里，闽江水系1973公里，淮河水系17472公里。

2. 港口

年末全国港口拥有生产用码头泊位22893个，比上年减少1026个。其中，沿海港口生产用码头泊位5562个，减少172个；内河港口生产用码头泊位17331个，减少854个。

年末全国港口拥有万吨级及以上泊位2520个，比上年增加76个。其中，沿海港口万吨级及以上泊位2076个，增加69个；内河港口万吨级及以上泊位444个，增加7个（见表1）。

表1　全国港口万吨级及以上泊位数量　　单位：个

泊位吨级	全国港口	比上年增加	沿海港口	比上年增加	内河港口	比上年增加
合计	2520	76	2076	69	444	7
1万~3万吨级（不含3万）	859	14	670	14	189	—
3万~5万吨级（不含5万）	421	5	297	3	124	2
5万~10万吨级（不含10万）	822	36	703	31	119	5
10万吨级及以上	418	21	406	21	12	—

全国万吨级及以上泊位中，专业化泊位1332个，比上年增加35个；通用散货泊位559个，增加28个；通用件杂货泊位403个，增加7个（见表2）。

表2　　全国万吨级及以上泊位构成（按主要用途分）　　单位：个

泊位用途	2019年	2018年	比上年增加
专业化泊位	1332	1297	35
其中：集装箱泊位	352	338	14
煤炭泊位	256	252	4
金属矿石泊位	84	85	-1
原油泊位	85	82	3
成品油泊位	143	140	3
液体化工泊位	226	217	9
散装粮食泊位	39	41	-2
通用散货泊位	559	531	28
通用件杂货泊位	403	396	7

（四）民航

年末共有颁证民用航空机场238个，比上年增加3个，其中定期航班通航机场237个，定期航班通航城市234个。

年旅客吞吐量达到100万人次以上的通航机场有106个，比上年增加11个，年旅客吞吐量达到1000万人次以上的有39个，增加2个。年货邮吞吐量达到10000吨以上的有59个，增加6个。

（五）公路交通流量

全国国道观测里程21.75万公里，机动车年平均日交通量为14852辆，比上年增长3.7%，年平均日行驶量为322599万车公里，增长1.9%。其中，国家高速公路年平均日交通量为27936辆，增长4.1%，年平均日行驶量为147826万车公里，增长3.4%；普通国道年平均日交通量为10641辆，增长3.1%，年平均日行驶量为174788万车公里，增长1.0%。

二、运输装备

（一）公路

年末全国拥有公路营运汽车1165.49万辆，比上年下降18.8%。

拥有载客汽车77.67万辆，比上年下降2.5%，共计2002.53万客位，下降2.2%（见图5）。其中大型客车30.31万辆，增长0.11%，共计1334.35万客位，增长0.03%。

拥有载货汽车1087.82万辆，比上年下降19.8%，共计13587.00万吨位，增长5.5%（见图6）。其中，普通货车489.77万辆，下降40.0%，共计4479.25万吨位，下降6.5%；专用货车50.53万辆，

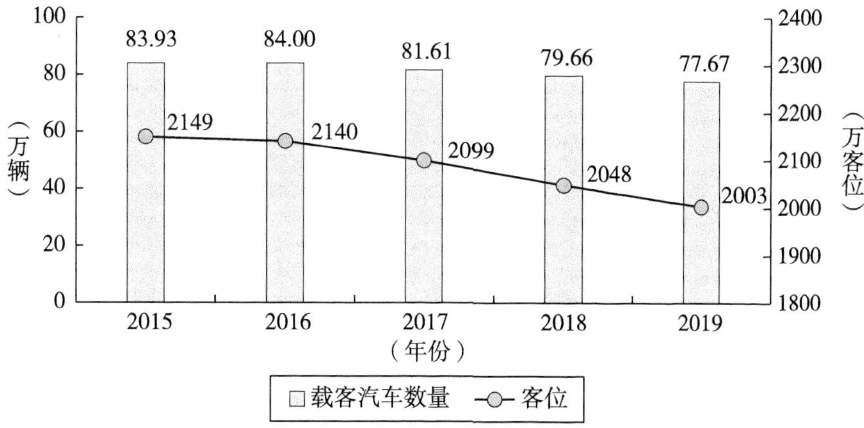

图 5　2015—2019 年全国载客汽车拥有量

下降 4.0%，共计 592.77 万吨位，增长 8.3%；牵引车 267.89 万辆，增长 12.7%；挂车 279.63 万辆，增长 12.4%。

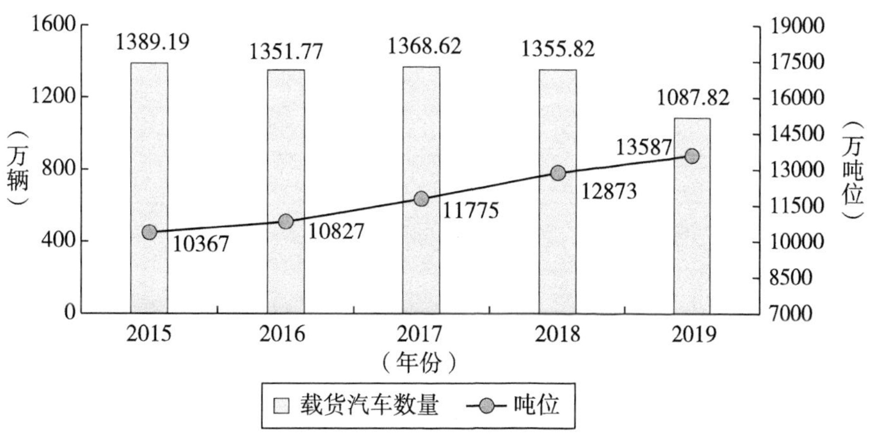

图 6　2015—2019 年全国载货汽车拥有量

（二）水路

年末全国拥有水上运输船舶 13.16 万艘，比上年下降 4.0%；净载重量 25684.97 万吨，增长 2.3%；载客量 88.58 万客位，下降 8.0%；集装箱箱位 223.85 万标准箱，增长 13.8%（见图 7、表 3）。

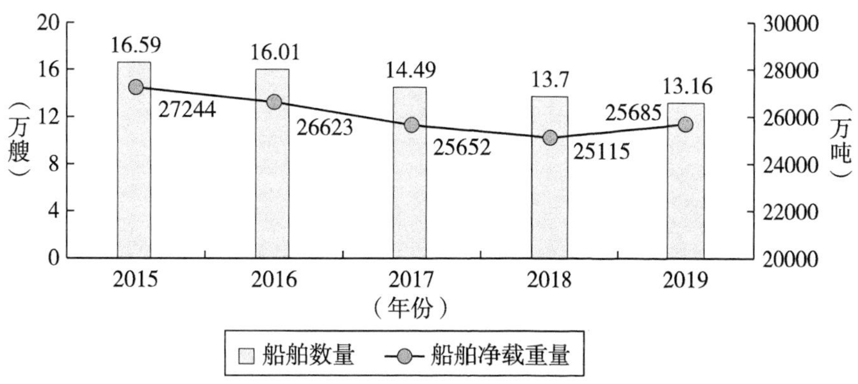

图 7　2015—2019 年全国水上运输船舶拥有量

表3　　全国水上运输船舶构成（按航行区域分）

指标	计量单位	实绩	比上年增长（%）
内河运输船舶			
运输船舶数量	万艘	11.95	-3.9
净载重量	万吨	13080.08	1.3
载客量	万客位	62.72	-12.4
集装箱箱位	万 TEU	39.17	15.8
沿海运输船舶			
运输船舶数量	艘	10364	-0.1
净载重量	万吨	7079.98	2.8
载客量	万客位	23.49	3.6
集装箱箱位	万 TEU	63.26	11.7
远洋运输船舶			
运输船舶数量	艘	1664	-26.1
净载重量	万吨	5524.91	4.0
载客量	万客位	2.37	14.9
集装箱箱位	万 TEU	121.41	14.2

资料来源：本公报数据来自交通运输部、国家铁路局、中国民用航空局、国家邮政局和中国国家铁路集团有限公司。

第二部分

地区物流

2019 年济南市物流业发展情况*

一、物流业基本情况

2019 年以来，在济南市委、市政府的坚强领导下，济南市口岸物流办认真贯彻落实“1＋474”工作体系，按照“走在前列、全面开创”的定位要求，围绕建设“大强美富通”现代化国际大都市目标，全力推进区域性物流中心建设各项工作，现代物流产业呈现出持续稳定健康发展的良好态势。2019 年济南市规模以上物流企业营业收入增长 10.8%，新增规模以上物流企业 70 家；国家 5A 级物流企业达到 14 家，居全省、全国省会和副省级城市第 1 位；国家级示范物流园区数量居全省第 1 位；物流业招商引资额连续 3 年过百亿元；欧亚班列发展迅速，2019 年开行列数是 2018 年的 4 倍；国际航线加快发展，2019 年航线开通数量是 2018 年的 1.56 倍；铁路货运大北环通车运行、小清河复航工程已经启动、国际陆港大厦已开工建设。与此同时，“一核、一枢、两园”物流空间规划布局体系已确定，由“四枢纽、四组团”构成的济南国际内陆港成为推动全市物流业提档升级、实现高质量发展的重要载体，也是当前物流中心建设的主战场、突破口。

二、重点工作进展情况

（一）国际内陆港建设取得新突破

国际陆港大厦已开工建设，董家铁路货运中心已通车启用，济南综保区迁建通过验收，编制印发了济南国际内陆港专项规划（57 平方公里）和中央高端物流集聚区控制性详细规划（13 平方公里）。先后分别与烟台港、青岛港、天津港签署战略合作协议，共建物流贸易大通道。

（二）智慧物流名城建设取得新进展

国家供应链体系建设试点已通过第三方专业服务机构验收；万泽冷链已通过省级物流标准化试点项目验收；传化公路港和九通车联网无车承运智慧物流云展示平台基本建成，整合社会车辆 20000 余辆；黄台、泺口、凤凰山等电子商务区集聚发展和转型升级取得实质性进展；与中美物流联合会建立了“济南国际供应链人才培养基地”。

---

* 供稿单位：济南市口岸和物流办公室。

（三）交通基础设施建设取得新进展

董家铁路枢纽路网已规划并开工建设；遥墙机场扩建二期工程已获国家民航局批复；“三环十二射”的青兰高速平阴段、济青高速改扩建段已经建成通车；跨黄河“三桥一隧”齐鲁大道北延跨黄河大桥、凤凰路北延跨黄河大桥、济泺路穿黄隧道3个项目完成年度投资计划的116%；小清河复航工程征迁工作已启动。

（四）物流业招商引资工作取得新突破

2019年，济南市开工重点物流项目35个，累计完成投资51.6亿元；安博物流、菜鸟物流一期、传化公路港二期等项目已开工建设；物流业招商引资项目41个，年度招商引资总投资完成100亿元，有8家国内物流50强企业落户济南。

（五）中小物流企业进区入园集聚发展取得新进展

“一枢”（桑梓店物流枢纽）、“两园”（经开区物流园和刁镇物流园）专项规划编制工作基本完成，有序引导300多家中小物流企业进区入园集聚发展。

（六）物流业对外开放工作取得新成效

董家铁路监管场站建设方案已经完成；截至2019年年底，济南欧亚班列开行158列，开通10条国际（地区）航线；中国（济南）跨境电子商务综合试验区获国务院批复，济南综保区迁建通过国家八部委联合验收，综保区建设也同步加速推进；济南维尔康进口肉类指定查验场正式启用。

三、下一阶段目标任务及重点任务

（一）主要目标

2020年，全力争创国家物流枢纽，确保入选第二批国家物流枢纽建设名单；新增1家国家5A级物流企业，巩固济南市国家5A级物流企业在省会和副省级城市的龙头地位；积极新开国际（地区）航线，加快国际航空枢纽建设；开行欧亚班列220列，进一步提升欧亚班列聚集度；持续推动物流业做大做强，全市规模以上物流企业营业收入增长10%左右，新增规模以上物流企业20家左右。

（二）重点任务

1. 以“四枢纽，四组团”建设为重点，全面推进国际内陆港建设

推动国际内陆港与天津港、青岛港等重要港口互联互通，深度合作；推进欧亚班列集结中心平稳迁移到董家铁路货运中心；济南国际机场北指廊项目建成投入使用；加快小清河复航工程建设；国际陆港大厦年底前建成投入使用；国际内陆港核心区配套路网工程加快建设；加快推进中央高端物流集聚区齐鲁国际冷链、光大熙麦等项目落地。

2. 以扩通道、强平台为重点，推进国际商品口岸建设

积极新开国际（地区）航线，欧亚班列力争开行220列左右；利用济南维尔康进口肉类指定查验场的口岸功能，打造全国重要的进口肉类水产品集散地；济南综保区进出口贸易额力争突破160亿元。

3. 以提升人民群众的获得感、幸福感为重点，打造国际贸易城

发挥自贸试验区济南片区、国家跨境电商综合试验区、综合保税区政策功能优势，建立“三区一体”工作机制，打造济南对外开放新高地；全力争取国际消费中心城市建设试点，聚集全球龙头国际贸易企业，创新国际消费平台，聚集国际品质商品和高端品牌；启动绿地全球贸易港建设，打造“买全球、卖全球”消费服务平台；提高东亚博览会举办层级，把济南建设成东北亚进口博览展销中心。

4. 以企业培育、园区载体和物流通道建设等为重点，持续推进物流强基工程建设

力争培育年主营业务收入超过100亿元、10亿元的物流企业分别达到2家和7家；新增国家5A级物流企业1家；新增规模以上物流企业20家左右；物流业招商引资实现100亿元左右；大力发展冷链物流和邮政快递业；加快推进万泽冷链等物流标准化试点项目建设，实现国家级物流标准化试点零突破；引导300家左右中小物流企业进区入园集聚发展等。

2019 年青岛市物流业发展情况*

按照山东省市新旧动能转换工作部署，青岛市围绕新旧动能转换、企业运行、招商引资、示范试点四大板块集中发力，保持物流产业良好发展态势。2019 年，全市实现物流业增加值 1180.2 亿元，增长 9.4%，增速高于全市 GDP 增速 2.9 个百分点。

一、物流业基本发展情况

（一）新旧动能转换呈现新局面

立足新技术、新业态、新模式，力促物流业新旧动能转换和结构优化升级。传化智能公路港物流企业公共服务平台提升物流效率 20%。中创物流智能化建设走在全国前列，建设的物流智能仓库提升效率 60%。青岛港自动化集装箱码头保持世界领先，传统集装箱码头、散杂货码头自动化作业程度达到 50%。通过率先加入 GSBN（全球航运商业网络），走在行业前沿，参与规则制定，领跑数字港航新时代。中创物流成为全国首家实现上市的综合性民营物流企业。日日顺物流完成从制造企业物流和物流企业向平台企业转型，成功入围全球独角兽企业 500 强榜单，成为行业内首个物联网场景物流的独角兽。全市 20 个重点物流在建大项目顺利推进。山东高速西海岸智慧物流园二期投入运营。中国北方水产品冷链物流基地、董家口铁路物流园、苏宁跨境电商智慧物流园加快建设。

（二）产业发展实现新突破

山东港口集团青岛港持续加大与全球船公司的深度合作，海上集装箱航线达到 175 条；与缅甸皎漂港、巴基斯坦瓜德尔港等建立友好港关系，友好港总数达到 25 个。扩大港口中转功能，集装箱中转比例达到 19.1%。港口货物、集装箱吞吐量分别完成 6 亿吨和 2100 万标准箱（也称“标箱”），均居全国第 5 位，同比分别增长 6.6%、8.8%。青岛机场开通国际货运航线 2 条，日本全日空、美国 UPS、顺丰、中国邮政航空均在机场有国际和国内货机运力投入，形成了集水果、肉类等 5 项口岸功能于一体的综合性航空口岸。机场货邮吞吐量完成 25.6 万吨，增长 14.2%。依托青岛国际航运服务中心，发布青岛中韩、中日、东北亚、“一带一路”沿线等航运指数。新增国家 A 级物流企业 5 家，全市 A 级物流企业达到 81 家。

---

* 供稿单位：青岛市交通运输局。

（三）招商引资工作取得新进展

按照全市“千企招商大走访”要求，迅速行动，建立工作机制，制订走访方案，打好“寻商、招商、安商”牌。全年按照市政府下达的重点产业链招商参考目录，对接了100余家世界500强、国营重点企业和民营重点企业，超额完成走访任务。编制了“青岛物流招商引资指导手册”，将上合示范区、自贸区和全市5大物流园等载体全面纳入，根据园区特点因地制宜制订招商方案，做到缺什么招什么，补齐一块短板、带动一方经济。成功引进包括中远海运、京东等500强企业总投资160多亿元的51个项目。其中，山东省新旧动能转换重点项目——泰安峰松物流成功落户崂山区，实现了青岛市第四方物流项目招商新突破。通过省“双招双引”考核，青岛市交通物流资金总量达129亿元，是全省唯一突破100亿元的地级市，增长率为126%，资金总量和增速居全省第1位，实现了交通物流考核新突破。

（四）示范试点工程焕发新活力

经积极争取，依托青岛港组织编制的青岛生产服务型（港口型）国家物流枢纽建设方案，成功入选国家发展改革委和交通运输部确定的全国首批23个国家物流枢纽建设名单。联通前湾港和胶州铁路中心站的集装箱“海铁公”多式联运工程通过交通运输部验收，成为全省唯一的“国家多式联运示范工程”。巴龙全程冷链项目成为山东省第三批多式联运示范工程。福兴祥现代物流服务项目获山东省服务品牌。青岛海关制定出台了班列补贴政策，促进国际班列健康发展，国际班列运量达到3.8万标箱，增长60%。发挥全市多式联运联盟作用，培育国际多式联运骨干企业近20家，全年海铁联运量达到138万标箱，增长20%，连续5年保持全国沿海港口首位。

总体来看，2019年青岛市物流业实现了平稳运行，基本形成了海陆空铁“四港联动”“东接日韩、西联上合欧洲、南通东盟南亚、北达蒙俄”的国际物流大通道。但是，基础设施有机连接、运力结构优化调整、市场主体培育等方面仍具有短板，物流业总体发展、提质增效、转型升级需进一步提速。

二、下一阶段发展目标和重点发展方向

青岛围绕贯彻落实上合示范区、自贸区建设总体方案落实，通过实施六大行动，基本形成以上合示范区和自贸区为核心，以海港、陆港、空港为门户，以保税区、内陆港、物流园区为支点，“内畅外联、东西互济、陆海统筹、智慧高效”的现代交通物流运行体系。

（一）实施枢纽能级提升行动

结合“十四五”规划，科学布局全市物流业发展空间和功能定位，建设上合示范区、自贸区国际物流基地2个核心区，前湾港南港区物流园、董家口铁路物流园、上合示范区多式联运中心、胶东临空物流园、即墨国际陆港物流园5个门户枢纽，平度、莱西2个区域中转分拨中心，打造“2+5+2”的物流枢纽节点体系。推动总投资410亿元的中国外运（上合）智慧物流园等26个物流园区项目加快建设，青岛港、胶东国际机场、上合国际物流基地等港站集聚效应充分发挥，枢纽能级大幅提升。

（二）实施辐射通道拓展行动

发挥海上通道优势，鼓励吸引国际航运企业以青岛为基地，重点围绕日韩、上合组织成员国方向增开干线航线，扩大中国北方港口航线密集的优势，加快打造国际航运枢纽。拓展航空辐射网络，加快航线开发，增开国内外全货机航线，国际货运中转航班，探索与上合组织成员国建设“空中丝绸之路”的航线网络。打造亚欧双向铁路通道，推动中亚、中俄、中蒙等5大国际铁路通道建设，培育通达欧洲中部的国际铁路新线路，打造“陆上丝绸之路”。

（三）实施信息平台支撑行动

依托青岛港云港通平台，完善多式联运服务平台，提升青岛口岸综合竞争力。建设青岛国际航运中心现代航运服务信息化支持保障平台，将航运业与自贸区以空间联动转变为平台联动，实现管理机构、监管部门及企业运营等大数据信息的全面整合、实时对接与跨部门共享。支持网络货运平台企业发展货运物流交易业务，通过大数据与共享模式的深度融合，构建产业链条体系。创新物流发展模式和发展业态，构建“互联网+”、大数据的平台企业生态体系。

（四）实施产业集群壮大行动

做强航运物流，提升航运服务能力，助推山东港口集团青岛港拓展保税混矿、船舶保税油供应、橡胶期货保税交割等业务，建设原油、进口橡胶期货交割库集群。发展大宗散货、木材、粮食等加工产业，延伸港口产业链条。做大航空物流，加强与联邦快递、顺丰、邮政、圆通等国内外航空货运企业和大型快递公司的战略合作。做优铁路物流，鼓励多式联运联盟企业以国际班列为依托，探索“一单制”试点，发展“班列+金融”“班列+产业”模式，延伸铁路物流价值链条。做精特色物流，依托上合示范区、自贸区，打造国际冷链物流集散中心。推动物流企业转型升级，大力发展智能仓储、无人配送和第四方物流等智慧物流新模式。

（五）实施国际合作深化行动

鼓励引导龙头骨干企业“走出去”，在上合组织国家和“一带一路”沿线国家建设公共海外仓和配送中心等国际物流节点。助推山东港口集团青岛港与韩国釜山港等大型港口及巴基斯坦瓜德尔港等中小港口在国际联运通道、境外节点建设共享等方面的合作。提升国际领域服务，与日韩企业合作，推出中韩、中日直达中亚的海铁双向多式联运固定服务产品，提升日韩与上合组织国家双向过境班列运量。设立“齐鲁号”欧亚班列乌兹别克斯坦办事处，与哈萨克斯坦、乌兹别克斯坦铁路部门和主要物流企业达成合作意向。

2019 年淄博市物流业发展情况*

一、物流业基本情况

（一）产业规模及产业专班

截至 2019 年年底，全市物流相关行业规模以上企业 227 家。其中，道路运输企业 191 家，管道运输企业 1 家，多式联运和运输代理企业 14 家，装卸搬运和仓储业 16 家、邮政企业 5 家。多式联运作为近年来淄博市重点推动的物流新模式、新方式，发展势头强劲，2019 年实现主营业务收入 5.68 亿元，同比增长 32.7%，实现利润 2543.7 万元，同比增长 205.3%。

按照淄博市委、市政府关于推进新旧动能转换重大工程的安排部署，3 月组建成立全市新旧动能转换物流产业工作专班，集合了淄博市发展改革委、工业和信息化局、交通运输局、商务局、统计局、市场监管局、税务局、海关、保税物流园区管委会、物流产业办、邮政管理局、淄博车务段 12 个物流业发展相关部门。同时成立了全市推进物流产业新旧动能转换智库团队，邀请了 15 名行业专家成为智库成员，专班办公室和智库联络处均设在物流产业办。

（二）A 级物流企业

通过政策宣传、资金奖励等方式，鼓励全市物流企业积极争创国家 A 级。2019 年全市新增国家 5A 级物流企业 1 家，4A 级物流企业 2 家，3A 级物流企业 3 家。全市国家 A 级物流企业达 29 家，其中，5A 级 4 家，4A 级 15 家，3A 级 10 家。A 级物流企业总数居全省第 6 位，较 2016 年增加 18 家，2017—2019 年新增数量居全省第 2 位。

（三）项目建设

2019 年策划实施建设重点物流项目 32 个，总投资 135.1 亿元，其中亿元以上项目 16 个。按项目类型分，多式联运项目 6 个，占比 19%；物流园区项目 9 个，占比 28%；智慧物流项目 11 个，占比 34%；信息化平台类项目 6 个，占比 19%。其中，正本物流、鲁中煤炭等多式联运项目极大地推动了物流运作模式创新和全市公转铁步伐；齐鲁云商、海旺达、联合物流等以网络货运平台项目为依托，发展以信息化、“互联网 +” 为基础的新型物流组织模式，成为行业翘楚；卓意玻纤材料等智慧物流生产线项目建设完成，达到国内领先水平。

---

* 供稿单位：淄博市发展和改革委员会。

（四）平台建设

（1）会议平台：搭建促进产业发展会议平台，举办一年一度的物流业特色品牌会议。2019 年 5 月 21 日，淄博市第二届物流节暨智慧物流与供应链创新高峰论坛在齐盛国际宾馆举行。此次物流节以“信息化引领物流新动能”为主题，同期举办了智慧物流与供应链创新高峰论坛，中国物流与采购联合会供应链研究院执行院长王书成、山东海旺达供应链管理集团有限公司董事长田茂程等 6 位知名专家和国家省市物流信息化标杆企业分别从数字供应链的应用模式分类、信息化助推物流模式创新、物流信息平台建设运营、信息化助推管理提升、信息通信技术终端服务助力等方面进行了分享，对多方式推进全市物流业信息化建设具有极强的借鉴意义和深远的指导意义。

（2）合作平台：继续深化与北京交通大学的人才培训合作，物流工程管理研修班在淄博市成功举办 10 期，6 月底顺利结业培训。依托山东理工大学，围绕淄博市“四强”产业，开展产业供应链精品课题研究，探索淄博市特色产业物流与供应链发展的路径和方法。

（3）对标平台：推进国内国际对标学习和提升。组织新旧动能转换物流产业工作专班成员单位赴成都、重庆等内陆物流发达城市对标，从物流发展定位、规划、模式、服务架构等多个层面进行学习借鉴。组织重点企业前往日本、韩国等国家进行合作交流，进一步打通淄博市国际物流通道，促进国际合作。

（五）物流与供应链

推动制造企业物流与供应链意识增强和实践运用，进行示范打造。山东一诺威聚氨酯股份有限公司 2018 年与传化物流合作，通过物流云平台智能物流供应链协同平台系统实现采购到销售的物流一体化管理，示范作用明显，仓库平均分拣时间从每单 30 分钟下降到 18 分钟；订单派发到装车发运的时间从 4 小时下降到 2.5 小时；物流运输过程中客户通过客服查询订单状态信息的比例从 30% 下降到 5%，降低客服人员工作量 80%；发货、到货及时率从 80% 提升到 95%，降低综合管理成本 15%。

（六）双招双引

通过上门招商、以商招商及召开招商引资推介会等形式积极与行业龙头企业开展对接，先后与日本丸和运输机关、中国物流、中储智运、宝能物流等国内外企业建立有效联系。围绕淄博市供应链、智慧物流、冷链物流等发展短板，主动策划实施一批产业招商引资项目，山东交运集团鲁中综合物流港项目、宝能现代物流园项目已确定落户淄博市。

（七）年度亮点

（1）海旺达获评 2019“中国智慧物流创新企业”。

（2）正本物流获 2019 年度化工品物流供应链创新与应用优秀案例。

（3）淄博金泰铁路储运有限公司获国家首批“物流行业守信典范企业”。

（4）齐鲁云商获评“2019 年度中国十佳成长型物流与供应链平台”，公司总经理获评“2019 年度中国物流信息平台年度人物”。

（5）正本物流与青岛港合作在淄博市设立青岛港第八集装箱场站。

（6）万梦众创“绿色运力·智慧物流”共享平台开启现代物流“众创时代”工作被确定为2020年第一批10项信息化推进民生领域制度创新改革经验之一。

二、下一阶段工作措施

（一）突出发展的规划引领

按照“市场主导、补齐短板、信息融合、产业联动、绿色发展”原则，起草拟定《淄博市工业新旧动能转换三年攻坚规划方案（2019—2021年）》。同时依托中国物流与采购联合会在物流产业规划领域丰富资源，启动全市物流业“十四五”规划前期调研，重点调研规划推进商贸与物流融合发展，推进商贸物流转型升级。

（二）进一步加强基础设施建设

加快推进淄博内陆港监管口岸、海尔新星物流园二期等商贸物流基础设施项目建设，提升商贸物流服务能力。完善市区内建材、农产品、小商品等商贸集中区域的物流设施及服务配套，支持中国北方农产品物流中心、海月龙宫物流港、汇盛农产品冷链物流电商产业园等项目建设。引导绿色运力，根据淄博市市场分布特点设立商贸物流共配中心。

（三）持续推动产业信息化提升

搭建全市智慧物流平台，为包括商贸物流在内的全市现代物流发展提供智慧提升专业化服务。支持建设智能化立体仓库，应用智能化物流装备提升仓储、运输、分拣、包装等作业效率和仓储管理水平。鼓励物流企业与商贸企业加强合作，共建物流信息平台，对接业务流程，提高定制化、个性化服务水平。

2019年枣庄市物流业发展情况

枣庄地处苏鲁豫皖四省交汇处，是中国南部地区进入山东以北地区的第一门户，是山东对外经济和文化连接的重要枢纽节点，是淮海经济区核心城市之一。枣庄交通区位优势独特，是京沪两大城市的节点城市，又是东部沿海和西部内陆腹地的过渡带，京杭大运河、京沪铁路、京福高速公路和京沪高速铁路穿境而过，枣庄至日照的高速公路和铁路的建成通车拉近了枣庄与山东半岛的距离。近年来，枣庄市物流市场总体规模不断扩大，物流业取得长足发展，为全市经济社会发展提供了有力保障。

一、物流业发展情况

（一）地方物流发展基本情况

近年来，枣庄市物流市场总体规模不断扩大，为全市经济社会发展提供了有力保障。目前，全市共有从事物流业务的企业1741户，其中注册资本500万元以上的有573户。2019年，公路货运量6928万吨、货运周转量154.8亿吨公里；铁路货物发送量980万吨；港口货物吞吐量707.85万吨，水路货物周转量285445.35万吨公里。

（二）专项物流业发展情况

1. 货运物流蓬勃发展

2019年，枣庄市公路里程达到8925.3公里，路网密度195.56公里/平方公里；全市国省干线公路总里程达到946.7公里，其中国道281.2公里、省道665.5公里；全市高速公路186.3公里、一级公路441.2公里、二级公路884.9公里，高等级公路网密度33.1公里/百平方公里，共有道路运输企业528家，规模以上企业140余家，从业人员12万余人。

2. 港航物流加快建设

内河港口码头泊位通过能力为2058万吨，船舶总吨位为200万吨，港口直接腹地航道总里程为108.4公里，其中货运航道96.4公里，旅游航道12公里；枣庄港现有滕州、薛城、峄城、台儿庄1港、4港区、6个作业区，131个泊位，占有岸线长度7769.9米，年吞吐能力为1294万吨。

3. 铁路物流稳步推进

2019年全市辖区铁路线路总长344.32公里（其中京沪高铁86.77公里、京沪铁路56.5公里、枣临铁路57.05公里、铁路专用线144公里），铁路客货运站10个；南北向的京沪高铁、京沪铁路纵贯枣庄西部，东西向的枣临铁路横穿其中，依托京沪高铁、京沪铁路与枣临铁路，枣庄市已成为鲁南连接山东东部乃至华北地区的换乘和转运节点。

（三）行业物流发展情况

1. 农村物流发展迅速

目前，枣庄市为省级农村物流试点，山亭区、滕州市分别被列为第二批、第三批农村交通物流试点单位。为做好试点工作，枣庄市规划建设了一批县级分拨中心、乡镇物流站、农村物流点。一是设计功能全面。满足农村居民生产、生活需要，将运输、储存、装卸、搬运、包装、流通加工、配送、回收及信息处理等服务功能进行有机组合。二是发挥科技引领。搭建信息平台，提升农村物流服务效率。滕州市交通物流公共信息平台（滕州物流网），率先设计开发了一套综合性的物流服务系统。截至目前，注册在线运输企业200余家，该系统具有信息大厅、专线运输、农村物流、物流企业、汽车租赁、汽车销售、汽车修理、小件快递、GPS跟踪、在线投保、政策法规、运政公告等13个功能，能够为客户提供运输、货运代理、仓储、配送、代收货款等多种物流服务项目。三是加强交邮合作。在农村客运站设立镇办物流站点，与邮政物流进行合作，建设一定规模的农资销售网点为乡村物流站点的物流网络，初步构建了体系完善、渠道畅通的配送网络。实现了“农产品—乡村物流站点—乡镇站点—区级物流中心—全国各地”的快速物流专线，不断提升农村物流服务效率。

2. 电商物流稳步发展

按照企业化运作模式搭建农村电商综合服务平台，采用O2O模式，实现同城购物与全网代购有效衔接，推动电子商务进农村、进社区。来自购电商产业园、鲁南网商谷创业园正在加快建设，滕州马铃薯、西集陶瓷灯网上店铺、电商平台和服务中心不断推进，土豆、山楂等农副产品畅销网络，豆制品、有机杂粮等单品具有较高知名度，电子商务产业发展潜力巨大。推动快递业服务乡村振兴。深入实施“快递+”特色农产品一市一品工程，推动邮乐购、滕州申鲜等电商平台与快递深度融合，培育山亭樱桃、杂粮等一批特色产品。助推行业提质增效。不断完善电子商务与快递物流协同发展体系，吸引电商入驻快递快运物流中心，实现了“快递+电商+仓储”零距离发货，提升快递服务效能。京东·枣庄国际闲置品循环链示范区入驻企业118家，闽商亿汇创业园获评省级“双创”基地，薛城经济开发区获评省跨境电商产业集聚区。智汇云村电商入驻店铺26家，完成销售额1.43亿元，吸纳员工470余人。

3. 快递业务创新发展

一是推进“快递向下”，建立县乡村三级快递网络体系。2019年，全市快递服务企业业务量累计完成8251.15万件，同比增长31.04%；快递服务企业业务收入累计完成5.88亿元，同比增长25.89%。全市邮政快递法人企业及直营分公司共39家，分支机构及末端网点740家，邮件快件处理场所46处，在行政村设置邮政服务站点1400余个，初步构建了体系完善、渠道畅通的配送网络。二是加快新旧动能转换，推动建设智能化的快递园区，提升科技化应用水平。建成滕州智慧物流园和薛城智慧物流园，采用全自动智能物流分拣线，快件处理量达30万件/日，快递园区承载能力、集聚效应已初步显现。三是推进绿色可持续发展。大力推进绿色化、减量化和可循环发展。全市电子运单使用率99.5%，新增包装废弃物回收装置100个，新增应用新能源车辆90余辆。四是推动城市共配，实现集约化发展。推动快递与摩西管家等第三方合作建设末端公共配送服务平台，形成末端寄递顺畅、快捷、文明服务的良好局面。

（四）物流枢纽体系建设代表

截至2019年年底，枣庄市共建成18个具有代表性的物流枢纽体系，具体如下。

（1）滕州市农副产品物流中心（鲁华物流园）。

（2）青岛港枣庄公铁水内陆港区。

（3）枣庄港。

（4）鲁南公铁水联运物流产业园。

（5）台儿庄临港物流产业园。

（6）枣庄港台儿庄港区涧头集作业区。

（7）滕州市临港物流产业园。

（8）西集空港产业物流园区。

（9）台儿庄通用机场。

（10）薛城化工产业园生产服务型物流枢纽。

（11）德合集团枣庄绿色农产品物流中心。

（12）岩马水库物流枢纽带。

（13）鲁南（山亭）农产品物流中心。

（14）枣庄盛北商贸园。

（15）市北综合物流园区。

（16）市东综合物流园区。

（17）西北部杨岭枢纽物流中心。

（18）大河现代物流产业园。

（五）物流园区快速发展

利用内河公铁水联运优势，规划了鲁南公铁水联运物流园，对接陇海线、长江黄金水道，着力打造成为鲁南地区唯一的大型公铁水多式联运物流园区，立足鲁南、面向苏鲁豫皖区域、辐射长三角地区的综合型现代多式联运物流中转枢纽、生产型物流服务基地、制造业、商贸业、物流业三业联动生产服务业示范区。目前已先后聚集枣庄粮食仓储物流中心、鲁南煤炭交易中心等现代物流项目15个。初步形成了立足鲁西南、辐射苏鲁豫皖的现代物流格局。

（六）物流企业层次不断提升

2019年全市在登记机关注册的物流企业共有1322家，同比增长18.88%；注册资本500万元以上的企业有283家，物流园区有16个。随着传统运输、仓储、货代、贸易、商业流通企业向现代物流业转变以及第三方物流企业的涌现、国内外知名物流企业的落户，枣庄市现代物流业基本框架初步形成。

（七）物流信息化、标准化情况

近年来，枣庄市加快了物流信息平台建设，加大物联网、大数据、云计算技术的开发使用力度，加强公共物流信息资源的整合利用，减少企业独立投入支出，提高信息使用率，改善管理效率。多数物流企业使用了内部物流管理网络系统，以 GPS、条码、EDI（电子数据交换）、ASS（自动分拣系统）、RFID（射频识别）、无线手持终端为代表的物联网、云计算等现代信息技术已得到运用。

二、下一步工作措施

下一步，枣庄市将以习近平新时代中国特色社会主义思想为指导，全面贯彻党的十九大精神，坚持“创新、协调、绿色、开放、共享”的发展理念，以优化网络布局、培育物流集群、提高物流效率、降低物流成本、便利群众生活为目标，以物流资源整合、物流平台搭建、物流园区建设、物流通道完善为抓手，以发展大宗商品物流、特色农产品物流、商贸物流、冷链物流、多式联运为重点，全面构建覆盖全市、对接国内外的先进物流体系，全力建设物流降本增效综合改革试点，助力枣庄市经济创新转型升级，为建设自然生态宜居宜业新枣庄提供强有力支撑。预计到 2021 年，建立起与社会经济结构相适应的，布局更合理、运行更高效、服务更健全、成本更低廉的现代物流体系，将物流业培育成枣庄市服务业的支柱性产业，打造淮海经济区物流创新发展基地。

（一）健全物流体系

1. 建设工业物流体系

结合枣庄市及周边地区工业产业结构特点和布局情况，规划并建设内河集装箱码头、公铁水多式联运中心等物流节点；建立覆盖工业企业从原材料采购到最终产品销售全过程的物流服务体系，提高全市企业供应链运营质量和综合效益；积极发展薛城港区、峄城港区、台儿庄港区的运河集装箱业务，推动集装箱煤炭运输业务，配套建设临港产业园。

2. 建设商贸物流体系

以商贸服务业主体为核心，有机结合商流、物流、资金流、信息流，提高集聚效应，优化商贸节点布局。围绕枣庄市电商、快递快运物流中心建设和枣庄市大学城的规划，积极推进快递服务与电子商务融合发展，提高电商物流发展水平。

3. 建设涉农物流体系

结合地区农业情况，健全涉农物流体系，进一步发挥大型农产品商贸物流节点和加工园区的集聚能力，兼顾粮食、农资农机、农产品外贸和农产品冷链物流发展。

4. 建设国际物流体系

发挥枣庄市区位优势和产业特色，积极响应“一带一路”倡议，鼓励支持拥有国际贸易、国际运输、物流运营资质的企业“走出去”。

5. 建设特殊物流体系

推进绿色物流发展，大力发展甩挂运输、共同配送、统一配送等先进的物流组织模式，鼓励采用低能耗、低排放的运输工具和仓储设施，推广集装单元技术，鼓励包装物和托盘重复使用和回收再利用；提升危化品物流的发展水平，加强危化品运输管理，加强应急仓储、中转、配送设施建设；建立和完善应急物流信息系统，建设一批具有较强应急物流运作能力的物流企业和物流中心。

（二）提高物流专业化、标准化水平

1. 培育物流专业化市场主体

积极培育物流市场，整合物流资源，推进企业物流向专业化转型；引导传统运输业、仓储业加速向现代物流业转型；鼓励制造企业分离外包物流业务，促进企业内部物流需求社会化。

2. 整合小散物流节点

引导需求较小的各个物流节点整合转型；对于服务功能重叠、同质化竞争明显的园区，施行差异化发展战略，明确园区功能定位和分工，推动园区整合升级。

3. 大力发展第三方物流

引导传统仓储、运输、国际货代、快递等企业采用现代物流管理理念，提升专业化服务水平；鼓励采取合资、合作、兼并、整合等措施，扩大现有第三方物流企业的规模。

4. 积极宣贯物流标准

积极宣贯物流标准，争取先试先行，提高标准普及应用率；积极配合参与标准示范工程，利用龙头企业的带头作用提高标准宣贯效率。

（三）加快智慧物流建设

1. 推动物流信息技术应用

鼓励物流企业依托互联网、大数据、云计算、物联网等信息技术，创新物流经营和服务模式，提高行业整体信息化水平。完善枣庄市商品电子交易系统，在煤炭、化工、冷链、电商等专业物流领域，形成区域性、行业性的商品交易和物流信息平台，鼓励区域间和行业内的物流平台信息共享，大力提升供应链的整体组织能力和运作水平。

2. 推进物流技术装备现代化

发展先进载运工具，大力推动专用运输货车、多轴重载大型车辆、中置轴挂车、多轴汽车列车和新能源车辆发展；鼓励使用现代专业化物流装备，推广集装单元、自动分拣、立体仓库等先进装备应用，推动大型化、专业化运输设备研发和应用。

3. 推进物流智能化

加强物流信息的互联共享，打造集物流监控、数据分析、应急指挥于一体的智慧物流运行管理平台，实现对物流园区货物、车辆、装卸机具、仓储设施的实时跟踪、智能配货、协同调度。

（四）发展多式联运

1. 推行通用型设施设备，实现多式联运装备互通

以提高货物运输集装化和运载单元标准化为重点，积极发展大宗货物和特种货物多式联运。新建、改建与铁路、规划中的民航货运场站直通衔接的道路，留足货物集散空间，提高通行能力和集散效率。机场周边预留足够的空港物流用地，发展跨境物流。铁公、铁空、铁水联运兼顾，推广转运、集装、装卸搬运等设备共用，提高运输生产效率。

2. 开发多式联运信息系统，促进多式联运高效运行

加强与国内外知名互联网企业合作，大力开发多式联运信息系统；推广应用多式联运电子单证，

强化信息共享和电子单证交换功能，提升多式联运业务水平。

3. 创新多式联运组织方式，完善多式联运规则体系

优化铁、公、水、空等运输方式的供给结构，打破运输方式间的联通壁垒，推进运输服务无缝衔接。制定完善统一的多式联运规则和多式联运经营人管理制度，探索实施“一单制”联运服务模式。在多式联运重要物流节点设立快速换装中心，建立多种运输方式自由换装、各种货物类型自由集散的综合服务枢纽，提高货物流转速度。

（五）推进物流与产业的融合

1. 推进商贸流通与加工企业的整合与引入

做好商贸流通、加工企业的产业规划，为本地商贸流通、加工行业的龙头企业提供项目用地、建设、资金等方面的扶持；在政策上为全国、全球的知名商贸流通企业提供本地产业发展引导，在项目用地、建设、资金等方面给予扶持。

2. 推进商贸园区建设

建设2～3个农产品交易集散中心，带动玉米、马铃薯、干杂海货的交易；结合山亭区农产品发展的优势和豆制品、果蔬的本地化加工发展趋势，在山亭区建设食品交易中心；结合市中区纺织服装园区建设，在市中区建设纺织服装交易市场；结合枣庄市及周边地区的冷链物流需求，在高新区规划和建设冷链设备交易园区。

3. 推进保税园区、快递快运物流中心建设

结合青岛港内陆港的发展需求，建设公铁水联运物流园和保税园区；以区（市）为单位，布局4～5个电商物流中心，配套建设快递快运基地。

4. 积极开展物流金融服务

围绕煤炭、化工、建材、机床、农产品等存量业务和周边地区已有较好产业和消费基础的增量业务，积极开展在库货物质押融资、在途货物质押融资、运费保理等一系列物流金融服务。

5. 建设大宗商品电子商务交易中心

主要依托枣庄市大型国有企业枣矿集团建设枣矿大宗商品电子商务交易中心，同时在物流节点通道配套建设监管库。

（六）培育龙头物流企业

加强现代物流业发展顶层设计，构建完善的政策扶持体系，充分发挥行业协会的桥梁作用，培育和发展一批大型化、社会化、专业化物流企业。引导仓储、运输、邮政等企业走联合发展道路，培育一批主营业务突出、核心竞争力强的大型物流配送企业，形成以少数大企业为主导、大量小企业为补充的“金字塔”形稳定结构。引导多元化投资主体进入第三方物流企业，培育大型第三方物流集团公司和大型物流企业；支持行业协会和经济、技术、管理、人才等社会中介组织建立、完善服务物流发展的网络体系。

（七）发挥行业协会作用

充分发挥行业协会在物流标准化推广、教育培训、资格认证等方面的桥梁作用。引导物流企业积极参与市级以上物流园区、物流企业认证工作，充分利用物流优惠政策，降低物流成本。引导高校和科研机构与物流企业开展交流合作，支持建立校企综合培训体系、实验基地和人才孵化基地。鼓励企业通过多种渠道和方式，培养、引进市场急需的物流专业人才。支持物流企业积极参加等级评估、认证等，促进行业规范自律，推动物流市场有序健康发展。

2019年东营市物流业发展情况*

一、基础条件与面临形势

（一）基础条件

近年来，东营市委、市政府高度重视物流业转型升级，先后制定并实施了一系列重大战略举措，现代物流业发展取得了显著进展，为今后一段时期进一步健康发展奠定了良好的基础。

1. 区位交通优势快速凸显

从区位条件看，黄河流域生态保护和高质量发展已上升为重大国家战略，东营市作为黄河三角洲的中心城市，承担重大历史使命。伴随京沪二通道、环渤海高铁、小清河航运等的构建，东营市与京津冀、长三角、济南都市圈、沿黄城市群、半岛城市群连接得更加紧密，发展现代物流地缘优势凸显。从交通条件看，境内公路、铁路、水路、航空、管道五种交通运输方式齐全，基本形成了较为完善的综合交通运输体系。沿黄达海运输通道和沿海高质量发展走廊建设的加快推进，进一步提升了东营市两大综合交通运输通道重要节点城市地位。

2. 物流需求规模不断扩大

从物流需求总量看，2019年，全市生产总值2916.19亿元，增长4.2%；物流需求总量17800万吨左右，物流业发展空间巨大。从物流需求结构看，2019年，第二产业增加值1675.11亿元，占全市生产总值的比重为57.4%；工业品物流总额占全市社会物流总额的比重为80%；石化、橡胶轮胎物流需求量占全市需求总量的比重分别超过41%、18%，大宗物资物流需求量占比超过12%，可培育形成东营市物流业发展的主导领域。近年来，东营市加快规划建设管道运输网络，部分管线陆续投入运营，倒逼危化品物流加速“公转管”。

3. 物流产业集群逐步壮大

从物流业总体发展看，2019年，全市从事物流的企业已达到1105家，公路货运量6926万吨，铁路货运量678万吨，港口完成吞吐量5836万吨，机场货邮吞吐量3319吨。从物流业优势领域看，石化产业链物流企业集群具有突出的特色优势。2019年，全市营运货车超过30000辆，其中，危化品运输车辆占比超过60%；矿产品、建材及化工产品批发业营业收入占全市批发与零售业、批发业营业收入的比重分别超过74%、82%。

---

* 供稿单位：东营市发展和改革委员会。

4. 基础设施建设持续提速

近年来，东营市物流相关行业固定资产投资年均递增20%左右，高于同期全省平均增长率约3个百分点。以公路、铁路网为骨干的综合交通运输基础设施加快完善。胜利机场已具备发展航空物流条件。东营港码头泊位、航道、疏港公路和铁路等基础设施加快建设，小清河复航、广利港区连接小清河航道工程顺利推进，东营港已发展成为国家一类开放口岸和国务院确定的黄河三角洲区域中心港。原油、成品油管道通达率分别为80%、35%。东营综合保税区、广饶物流园区等物流基础设施加快建设，部分设施已投入使用，全市得到有效利用的物流载体规模约为2000亩①。全市重点营运车辆动态信息公共服务平台完成升级改造，配套建成了东营市交通运输指挥调度中心，危化品运输企业相继建设信息调度平台，危化品道路运输信息化综合监管走在了全国前列。

截至2019年年底，以长深、荣乌、济东高速公路为骨干的全市公路网通车里程为9279.8公里，路网密度为112.6公里/百平方公里；德大、曹寿、淄东铁路构成的“两横一纵”三条铁路线路总长约为111公里，路网密度为1.40公里/百平方公里。全市建成油气管道总里程约为1867公里。其中，原油管道总里程约为997公里，通达全市17家炼油厂，管道通达率为80%；成品油管道总里程约为190公里，通达全市7家炼油厂，管道通达率为35%。东营港是国家一类开放口岸，已建成泊位55个，其中万吨级以上18个，港口吞吐能力6000万吨，现已发展成为环渤海地区重要的油品和液体化工品特色港口。胜利机场为4D级机场，是国内第二个满足C919国产大飞机试飞的专用机场。

近年来，东营市物流业发展虽然取得了显著成效，但还存在着一些问题，需要着力加以解决。

在物流认识方面，部分企业对现代物流认识还存有误区，部分应从企业内部剥离出来的物流服务仍然滞留在企业内部；现代物流管理也只是注重技术和设备的引进，而忽略现代管理手段。还尚未认识到供应商和客户承担的物流量也是东营市的物流需求。

在产业发展方面，物流产业发展尚不充分，物流企业“小、弱”的状况没有得到根本改善，仅50%左右的物流需求由东营市物流企业承担，全市物流业增加值占生产总值的比重小于5%。“小”主要表现在规模小，缺少在全国具有竞争能力的大企业集团；“弱”主要表现在管理能力弱、技术装备水平不高、物流服务功能单一等。

在载体建设方面，存在布局分散的问题。载体运营主体的物流产业先导地位尚未明确，注重载体的建设而忽视了主体企业的引进和培育；缺乏统一的规划管理，建设定位不明确，服务功能较低，不能与当地产业集群、产业特色和交通网络有效结合。

另外，物流相关行业的支持政策有待进一步优化，多式联运体系建设有待进一步完善，管理体制、协调机制有待进一步优化。

（二）面临形势

1. 全球经济开放融合机遇

“十四五”时期是我国需要主动创造的战略机遇期。国家正在实施创新驱动战略，各地企业响应“一带一路”倡议，积极“走出去”。山东省相应作出了一系列决策部署。目前，正组织研究在新疆建设“鲁疆产业协作基地”的具体实施方案，为东营市现代物流业和相关产业发展拓展了广阔

① 1亩≈666.7平方米。

的国际空间。

2. 宏观经济高质量发展机遇

“十四五”时期是我国经济质量变革、效率变革、动力变革的关键时期，国家和地方政府围绕鼓励多式联运、物流枢纽布局建设等方面出台了一系列政策意见。2018 年 12 月 21 日，《国家物流枢纽布局和建设规划》颁布实施，山东省也将推进全省物流枢纽布局建设，作为省会城市群的一员，东营市有望融入全省和全国枢纽网络，承载建设区域性生产服务港口型物流枢纽，构建沿黄沿海交通物流重要节点城市。

3. 东营市经济高质量发展机遇

为实现“打造山东高质量发展的增长极、黄河入海文化旅游目的地、建设富有活力的现代化湿地城市”发展目标，东营市委、市政府抢抓黄河流域生态保护和高质量发展上升为国家战略的重大利好机遇，深入实施开放、融合、聚焦“三大战略”，积极融入京津冀协同发展，聚焦“5 +2 +2”产业和龙头企业，抓好项目建设、“双招双引”、环境打造、金融动能转换四项重点工作，抓紧、抓实湿地城市建设、交通基础设施建设等九个“三年行动计划”。产业转型的空间不断扩大，为优化现代物流业布局提供了良好的空间环境。发挥好产业链物流的纽带作用，利用好优势产业资源，可助力东营市传统产业新旧动能转换和物流金融、物流贸易等新兴产业培育。

二、下一阶段发展目标

按照“内强、外拓”的总体思路，分阶段推进全市物流业发展，把物流业做大做强，形成驱动全市经济发展的重要战略优势产业，把东营市建设成为生产服务型区域物流枢纽承载城市。

聚焦“内强”，按照“基础先行、先导引领、优势突破、潜力挖掘”的步骤和工作思路，重点抓好物流载体建设、物流载体运营先导引进培育、交通运输仓储优化壮大、优势领域突破发展等工作，到 2025 年，物流载体网络建设加快推进，物流产业集群培育实现突破性进展，物流贸易、物流金融等高端产业延伸发展，物流业总体规模持续扩大。

1. 物流业总体规模

到 2025 年，全市物流相关产业及延伸产业增加值超过 230 亿元，占全市生产总值的比重约为 5.6%，成为全市新的支柱产业之一。

2. 载体建设

各物流园区、物流中心运营主体企业发展模式明确，高起点制定园区发展战略规划、空间布局规划和实施方案，主体功能区建成并成功运营，部分物流中心、物流站建设运营，基本形成市域核心层物流节点骨干载体网络，产业集聚度显著提高。东营港综合物流园区建成运营规模 3500 亩，形成以公铁水管联运为核心物流运输功能的生产服务型区域物流枢纽；鲁北铁路物流园区建成运营规模 2500 亩，形成以公铁管联运为核心物流运输功能、重点服务东营市高端石化产业基地建设的生产服务陆港型物流园区；中心城区综合物流园区建成运营规模 1500 亩，形成以公铁联运为核心物流运输功能的商贸服务型物流园区；广饶物流园区整合扩建到 2000 亩，形成公铁管联运为核心物流运输功能的生产服务型物流园区；空港、广利港两个特色物流中心起步区投入运营。危化品运输物流信息平台整合能力进一步提升，物流统计平台和物流大数据基地初步形成规模，基本具备了建设智慧物流总部基地的产业发展条件。物流节点网络实现与部分省内国家物流枢纽的有效对接，并将物流服务延伸到鲁疆产业协作基地，物流辐射能力不断增强，基本确立区域性物流枢纽网络地位。

3. 物流产业领域发展

近期，物流园区要引进并培育不少于3家载体运营企业。全市货运量要达到16250万吨，是2019年货运量的2.2倍。交通运输业和仓储与邮政业营业收入和增加值要实现翻番，分别达到230亿元、120亿元。优势产业供应链整合物流资源应超过3000万吨。原油、成品油超市化运营模式要成功运行。应建成骨干轮胎企业参加的橡胶轮胎物流系统，助力轮胎企业重组和品牌突破。电煤精细化供应保障基地应建成并成功运营，矿石等大宗物资物流系统建设取得明显进展。发展物流贸易与物流金融，应建成千亿级交易结算平台，平台总授信超过300亿元，大宗物资物流贸易额超过5000亿元，实现增加值超过110亿元，成为驱动东营市物流业高速增长的重要延伸领域。

远期，继续加强物流载体网络建设和物流产业培育，逐步推进“外拓”。到2035年，建立起完善的物流体系和具有强辐射能力的物流网络，全市货运量达到34000万吨，全市物流相关产业及延伸产业增加值超过590亿元，占全市生产总值的比重为7.9%，现代物流业发展成为全市重要的战略优势产业，物流载体网络建设成为全省重要的生产服务型区域物流枢纽，将东营市打造成为沿黄沿海和山东半岛城市群交通物流重要节点城市。

三、发展重点

推进实施“11343”工程，即培育一个物流产业先导领域，优化一个物流产业基础领域，做强三个物流产业优势领域，发展四个物流产业增长点，建设三个支撑体系，培育物流企业，整合物流资源，尽快构筑起以物流载体运营为先导，以交通运输仓储业为基础，以石油化工、橡胶轮胎、大宗商品优势产业供应链的物流为主导，以装备制造产业链物流、物流贸易与物流金融、商贸物流、特色农产品物流为潜力，以交通网络体系、物流信息体系、物流创新体系为支撑，具有特色竞争能力的现代物流产业体系，促进全市产业新旧动能转换和经济持续健康发展。

（一）培育物流产业先导

运营主体的发展模式是物流载体成功与否的决定性因素之一，东营市将明确主体企业集群的物流业先导领域地位，扶持其发展。

1. 运营主体引培

按照内源、外引并重的思路，发展的重点有以下几个。一是注重内源型企业成长。重视调动本地企业参与的积极性，鼓励新兴集团等企业进一步明确发展模式，提升广饶物流园区服务能力，并主动参与其他物流载体整合运营。支持载体运营主体，加快研究适应新形势、新要求的发展模式。二是充分挖掘内源性发展潜能。调动全市行业龙头企业、行业协会等参与全市物流系统建设的积极性，形成推进载体网络加快建设、成功运营的内生源动能。支持交发集团投资建设公益性强、投资回收期长的疏港铁路、铁路专用线、散杂货和集装箱码头泊位、小清河航道、支脉河航道和码头泊位等交通基础设施建设和运营，整体推进物流载体网络建设和运营；支持利华益等制造业集团制定企业发展战略，投资建设和运营东营港综合物流园区、鲁北铁路物流园区等物流载体相关设施；支持制造企业利用厂区仓储设施设备建设运营产业集聚区物流基地；支持华泰等先期建设运营物流基地的企业，调整运营思路，盘活未能有效利用的设施设备。三是积极把握外源型项目突破机会。找准各载体建设运营的短板，积极引进内外资企业，特别是要重视引进本省企业，以外源型项目实现突破。引进具有城市商贸物流园区运营经验、客户资源和运营网络的物流载体运营企业，与交发集团合作建设和运营中心城区综合物流园区；引进具有煤炭等大宗生产资料物流基地建设运营经验的主体企业，建设和运营鲁北铁路物流园区电煤物流基地；引进冷链物流企业，与交发集团、机场运营企业、航空公司、港口集团等合作建设运营中心城区、东营港综合物流园区等载体的冷链物流基地；引进培育运营原油、成品油等危化品物流载体；引进建设装备制造供应链与物流系统。四是优先培育载体和枢纽网络主体集群。赋予主体企业在规划建设和招商经营中的自主权，形成企业与政府利益共同体。

2. 物流载体网络建设

要求各物流载体按照全市物流网络建设的总体要求，结合自身建设实际，分别采用多园整合、优化提升和集中新建三种布局建设模式，制订出整体规划建设方案，要求有具体的建设和运营组织方案。在方案制订中，要坚持“优化整合为主、建设补齐短板”的原则，优先利用现有设施。鼓励通过统筹规划迁建等方式，整合多式联运、分拨配送等物流设施及通关、保税等配套设施，推动物流载体网络资源集约。支持通过协调运作和功能匹配实现统一的整体节点网络功能。对于迁建、新建物流载体设施，要求按照适度超前原则高起点规划建设。

（二）优化发展交通运输和仓储业

1. 提升水路运输竞争能力

走“以业兴港、以港促业、港业互动”的路线，通过大力发展多式联运，将东营港与东营市各产业集聚区紧密衔接为一体，争取把东营港及与其协同的物流载体网络建设成为具有特色竞争能力的生产服务型区域物流枢纽。一是“补短板”，即加强基础设施建设。支持交发集团组织建设东营港散杂货和集装箱码头泊位，推进小清河通航、支脉河航道疏浚等内河水运工程建设，尽快补齐东营市水运基础设施短板。二是“促对接”，即促进海运内支线发展。抓住山东省整合推进港口集团发展的有利时机，积极争取山东省支持，加强与山东港口集团合作共建，扩大东营港（包括广利港）至青岛、烟台、日照的内支线航线规模，依托主力大港，努力拓展东营市港口物流服务领域和范围。三是“推融合”，即推动港陆、港业融合。推进疏港铁路、疏港公路和管网及相关基础设施建设，将东营港融入全市公铁水管多式联运系统，将港口的物流服务融入产业集群，稳定壮大东营港物流需求规模，促进东营市水路运输持续发展。

2. 增强管道运输服务能力

融入“东青烟日、四港共保”原油资源和“东烟潍日、四港齐送”成品油外运全省港口群管网建设工程，加快建设形成原油（燃料油）生产供应、成品油外运、石脑油调配主干管网系统；新建管网枢纽选址向广饶物流园区、鲁北铁路物流园区等具备公铁联运条件的物流枢纽场站倾斜，建设完善管网枢纽储存调配系统；建设完善管网枢纽直通企业的管网系统，实现管道运输与企业生产系统无缝对接。

3. 推进陆路运输结构优化

目前，东营市及周边炼化企业集聚区域管道运输网络逐步建设完善，危化品长途运输公转铁政策逐步收紧，危化品陆路运输结构公转管、公转铁调整势在必行。加强政策的宣贯，以新兴集团等企业先尝先试取得的效果，引导危化品运输企业转变经营思路，积极参与全市危化品多式联运体系建设，推动危化品运输公转管、公转铁、公转水；加快建设普货物流的多式联运体系，逐步扩大铁路和水路运输规模，推进东营市陆路运输结构按多式联运优化配置。引进山东港口集团、山东高速集团，融入山东省中欧班列运营体系建设。扩大仓储业规模实力。支持富海等企业发展，加快推进东营港综合物流园区800万吨原油、成品油罐区等项目建设，推动东营市“石化超市”物流系统发展；引导制造企业利用厂区罐区仓储设施设备加入超市运营体系，建设形成面向全市的炼化产业供应链储备基地系统，为石化产业链物流贸易和物流金融发展提供雄厚的仓储资源保障，建设国家原油储备基地。推进鲁北铁路物流园区电煤物流基地、中心城区综合物流园区装备制造配送中心等项目建设，建设形成支持相关产业供应链体系和物流贸易金融中心建设的大宗物资储备基地系统，把仓储业发展成为东营市具有强竞争力的优势物流基础产业。

4. 突破发展航空货运业

积极参与鲁疆产业协作基地和“大仓东移”项目建设，加快胜利机场航空物流基础设施建设，协调好陆路运输供给资源，尽快组织好新疆高端鲜果和山东输疆高端产品货源，适时启动鲁疆对开货运航线，逐步扩大规模、拓展新航线，推动航空运输客货并进，提升胜利机场的市场竞争力，在航空货运业有所突破。

（三）做强优势产业供应链

依托东营市优势制造业集群，按照“整合延伸”的思路，集约推进石油化工、橡胶轮胎、大宗物资供应链发展，做强东营市物流业发展主导领域。

（四）挖掘物流发展潜力

挖掘培育装备制造产业链物流、商贸物流、特色农产品物流、物流贸易与物流金融等领域发展潜力，形成促进东营市物流业持续发展的增长点。

1. 装备制造产业链物流业

建设装备制造产业链物流载体。近期，引进潍柴物流等具有装备零部件物流运营经验的物流企业，支持科瑞集团、胜利高原等石油装备龙头企业参与建设运营石油装备产业链配送中心基地。

推进装备制造业物流协同发展。远期，建设发展石油装备产业链物流体系，逐步推进汽车及零部件、专用设备及零部件等装备制造业物流发展，使装备制造产业链物流不断扩张规模、提升竞争能力。

2. 商贸物流业

建设商贸物流载体。引进物流载体运营企业，与交发集团合作，整体开发运营中心城区综合物流园区，重点建设交通场站、城市商贸配送中心和冷链物流功能区，着力发展商超配送、电商配送功能，并加强与周边辐射区域商贸物流需求的衔接。引进快递企业入驻中心城区综合物流园区，依托电商企业，建设高标准快递处理配送中心，推动快递业服务模式变革，加快向综合性快递物流运营商转型。建设具有保税功能的空港物流中心，将商贸物流延伸到航空物流和国际物流等领域。支持医药流通企业建设医药冷链物流项目，形成全市商贸物流载体网络建设的重要补充。

提升商贸物流产业结构。引导东营区位于黄河路街道和辛店街道的批发零售企业和垦利区西郊市场群企业将仓储基地向中心城区综合物流园区转移，推动批发零售企业和连锁商贸企业转型发展，提升东营市商贸流通业服务能力和竞争力。支持中心城区综合物流园区、空港物流中心建设与城市配送功能相适应的电子商务技术服务支撑平台，构建功能完善的电子商务和现代流通业集聚载体。推广“物流＋商业”“保真＋低价”的经营策略，以商贸物流掌握的现货资源保障交易的真实可靠，发展“商贸物流＋电子商务”产业集群。扎实推进商贸物流标准化工作，促进全市商贸流通领域物流与供应链创新发展。

3. 特色农产品物流业

推进农产品物流载体建设。建设空港物流中心、东营港综合物流园区农产品冷链物流基地，以及其他物流载体冷链物流基础设施，形成东营市优质农林牧渔产品物流节点网络。

4. 物流贸易与物流金融业

建设产业供应链物流交易平台。采取商流与物流、产业链发展相结合的方式，以石油化工、橡胶轮胎、大宗物资供应链的交易为突破口，依托石油化工、橡胶轮胎产业链物流掌握的现货资源，积极推进现货交易市场项目；招标引进银行等金融机构，以平台整体授信的方式，参与建设配套的金融结算中心和信息服务中心，逐步完善产业链综合物流服务。

发展产业链物流金融。物流与金融业融合发展是物流发展的高级形态，是东营市创新发展金融业的重要路径。依托石油化工、橡胶轮胎产业链物流系统和产业链物流交易平台，交发集团参与组建的产业链物流系统运营主体，整合建设东营市产业链大宗物资金融结算中心，为物流业发展提供结算服务，增加资金融通，助力金融动能转换。产业链物流系统运营主体牵头组建“石化超市基金”和“轮胎物流基金”，通过开发更多的专业金融产品，促进物流、金融的互动发展；采用物流仓单质押、物流担保等手段，提高产业链物流金融服务能力；依托物流现货监管，开发物流保险产品，提高物流业发展抗风险能力。

（五）建设物流业发展支撑体系

1. 综合交通运输体系

按照“建骨干、抓支线、补短板、促衔接”的路径，构建支撑全市物流业发展的综合交通运输体系。

“建骨干”，即积极推进综合运输通道货运基础设施建设，加快构建综合交通运输货运骨干网。

“抓支线”，即依托骨干网建设，重点抓铁路专用线和管道运输支线等综合交通支线网络建设。

“补短板”，即加快多式联运场站建设，增强物流载体集散和辐射能力。重点推进物流园区、物流中心等物流载体的集疏运通道和公铁管水空多式联运设施建设，实现从散货到集装箱、从单一运输方式到多式联运的发展，提高综合运输效率。

“促衔接”，即加强多种运输方式整合，整体推进多式联运枢纽网络建设，促进运输方式有效衔接，推进经济、安全、高效、节能运输体系的建立。鼓励集装箱、货代、铁路运输、公路运输、港口企业等建立多式联运联盟，以资本为纽带整合多式联运资源，以多式联运流程规范组织实体运作，建设“内网强壮、外网连通”的多式联运枢纽网络。依托枢纽网络建设，采用公路、铁路、管道、水路等多种运输方式，畅通对外联系运输通道，增强多式联运枢纽辐射能力和范围，形成具有整体运作竞争力的多式联运枢纽网络。

2. 物流信息服务体系

依托东营市政务云和市场云资源，融入全市大数据产业基地建设，建设物流大数据产业基地，重点建立健全物流统计机制，建设运营统计直报系统，收集物流及相关领域信息数据，开展物流大数据分析挖掘，为政府和企业提供决策咨询，形成具有竞争力的专业领域大数据产业优势。

鼓励引导物流企业加大物流信息化投入，依托5G网络技术，应用区块链等现代大数据实用技术，按照供应链一体化体系建设的总体要求，加快研发物流信息系统，重点支持制造企业、商贸流通企业、物流企业建立面向上下游客户的信息服务系统，实现数据实时采集，促进物流信息互联互通，区域间和行业内的物流信息共享，提高物流业务运作效率和服务水平。

依托东营市交通运输指挥调度中心的营运车辆动态监管平台，交发集团牵头组建运营公司，整合金浩等企业危化品运输管理信息系统和第三方物流系统资源，加强物流信息与公共服务信息有效对接，建设全市连通各物流节点和物流环节，实现运输配载、跟踪追溯、库存监控等功能，满足实际需求、具备可持续发展前景的物流调度信息平台，延伸建设支撑物流金融和物流贸易联动发展的信息平台，形成整合全市物流业及关联产业发展的指挥调度信息平台。

整合“石化超市”“轮胎物流”等支撑重点产业链物流贸易和物流金融联动发展的信息平台资源，规划建设大宗生产资料供应链一体化服务交易平台，形成集物流信息发布、国际采购、在线交易、数据交换、智能分析等功能为一体的物流信息服务中心，推动网上交易产业链的延伸，带动物流、运输等相关配套产业发展，实现物流、商流、资金流、信息流等有效结合。

3. 物流创新发展体系

交发集团牵头组建“黄河三角洲物流研究院”，接受各有关部门的指导，在物流统计、政府和企业决策咨询等工作的基础上，通过推动新技术和新装备应用、物流新业态和新模式发展、特色枢纽经济创新、人才队伍培养、物流标准化建设，整体推进东营市物流创新发展体系建设。

加强新技术、新装备创新开发与应用。鼓励加强重大智慧物流技术研发力度，加大物流核心装备设施研发攻关，推动关键技术装备产业化。

发展物流新业态、新模式。充分发挥政府在规划、政策等方面的主导作用，加强物流载体网络与制造业产业集群、大型商贸流通企业等的无缝对接，提高市场感知能力和影响力，更好地适应产业转型、内需扩大、消费升级等带来的物流需求变化，引领和促进相关领域、相关产业新动能发展。发展集中仓储、共同配送、仓配一体、联运分拨等消费物流新模式，构建与物流枢纽网络为重要支撑的快速送达物流圈。服务于东营市企业“走出去”，深度融入“一带一路”建设，助力全市新旧动能转换，充分发挥政府引导、引领作用，支持东营市企业国际物流需求向物流枢纽载体集中，推动东营市区域物流载体网络从陆上、海上两个方向对接国际物流网络和全球供应链体系。

鼓励物流载体运营企业探索服务创新。建立物流载体共享业务模式，通过设施共建、产权共有、利益共享等方式，引导企业根据物流需求变化合理配置仓储、运力资源。加强基础性、公共性、联运型物流设施建设，强化物流载体社会服务功能，提高设备设施共享共用水平。支持有条件、有能力的载体主体企业一体化运营，推行服务于中小型客户企业的集中仓储“代管库”运营模式，分拨中心、载具中心等集中运营管理，增强运营主体整合能力，把物流载体建设成为物流业务资源整合和协作的平台，提升运营主体盈利水平，保障物流载体和物流节点网络的持续发展。拓展载体和节点网络供应链业务模式，创新产业服务功能，依托节点网络深化产业上下游、区域经济活动的专业化分工，推动节点网络枢纽载体向供应链组织中心转变。

创新发展特色鲜明的枢纽经济。引导全市统筹城市空间布局和产业发展，充分发挥区域物流枢纽优势条件，带动区域产业集聚发展，打造形成各种要素大物流、大集聚、大交易的枢纽经济。支持各开发区优化调整空间布局，在相关区域规划建设直接服务于制造企业的物流作业区，将物流载体嵌入产业集聚区，推行物流载体基地化运行，实现物流作业向载体集中，把物流载体建设成为精准服务产业基地生产和流通的供应链与物流基地，产业集聚区保留生产设备设施，为推进新旧动能转换腾出空间，发展总部经济等生产性服务业，推动各开发区“产城一体”建设特色新型城市功能区。

加快物流人才培养。支持物流企业与高校和科研机构密切交流合作，建立校企结合的物流综合培训体系、实训基地和人才孵化基地。鼓励骨干物流企业与国内外知名物流企业开展多层次、多阶段的合作培养物流人才项目。支持大型物流企业或大型制造企业设立物流研究所及硕博物流研修站。鼓励企业通过多种渠道和方式，培养、引进市场急需的物流专业人才。建立市级物流管理人才培训基地，加速培养急需的物流管理人才、技术人才。

建设物流标准体系。以物流信息标准、服务标准和管理标准为切入点，参照国际通行标准，集中精力研究制定一批对东营市物流产业发展和服务水平提升有重大影响的物流标准。充分发挥企业在制定物流标准中的主体作用，借助市内外相关研究机构的力量，推动物流业基础性、通用性标准和当前社会急需标准的制修订工作，完善物流标准化与质检体系。对国家、省和市已出台的标准，加快推广步伐，鼓励企业和有关方面采用标准化的货物分类、物品标识、物流装备设施、工具器具、信息系统和作业流程等，提高物流的标准化程度，以物流的标准化促进物流的现代化。

（六）打造高效的物流服务网络体系

培育壮大龙头物流企业。在石油化工、橡胶轮胎、石油装备等行业中发展一批专业供应链与物流骨干企业，提高全市物流业的整体发展水平。支持龙头物流企业以兼并联合、股票上市、发行债券等多种融资渠道，尽快壮大规模，形成物流企业集团。加大政策扶持力度，鼓励物流企业以多种形式进行资产重组、流程再造，培育一批服务水平高、竞争力强的大型现代物流企业。鼓励物流企业同国际、国内先进物流企业的合资、合作与交流，提高国际、国内竞争力。鼓励现有运输、仓储、货代、多式联运、快递企业进行功能整合和服务延伸，加快向现代物流企业转型。扶持中小物流企业创新物流服务模式，加强资源整合，走多样化物流服务的路线，逐步发展壮大。完善物流企业信用评价指标体系，建立物流企业诚信监督制度，引导东营市物流企业健康发展。

推进现代供应链体系建设。继续扎实推进商贸物流标准化、流通领域现代供应链体系建设、物流产业与制造业联动等工作不断深入，鼓励物流载体与相关产业协同联动和深度融合发展，打造以物流载体为核心的现代供应链体系。促进上下游各环节优化整合和高效协同，不断探索实践供应链库存和生产线物流管理新模式，逐步发展成为具有专业供应链特色的生产服务型物流枢纽。鼓励商贸流通企业和商贸物流企业积极参与山东省托盘循环共用体系建设，深入推进“结对子”，不断探索新模式、新做法，推动商贸物流向上下游延伸。

整合发展冷链物流。支持中心城区、东营港综合物流园区等高起点建设冷链物流设施，重点发展流通性冷库、立体冷库等，提高冷链设施供给能力和质量。鼓励企业依托物流载体建设低温加工处理中心，开展冷链共同配送等新模式；大力发展冷藏集装箱多式联运，加强冷链全程温度监控和信息追溯，促进消费升级，保障食品质量安全。引进具有整合能力的供应链与物流企业，推进海产品、禽肉、蔬菜等相关领域供应链体系建设。

发展大宗商品物流。支持鼓励优势制造业产业集群将原油、成品油、橡胶、矿石、煤炭等大宗商品物流嵌入全市物流载体网络服务系统。通过供应链信息协同、集中储存、精细化生产组织等方式，推动大宗商品物流向物流载体集约化模式转型，为延伸发展物流产业链金融、枢纽经济等提供支撑条件。

另外，中心城区、东营港综合物流园区等载体在制定发展战略和空间布局规划时，要同步规划建设邮政快递物流、电子商务物流、应急物流、口岸物流、军民融合等方面，协同发展相关领域物流。

2019 年烟台市物流业发展情况*

近年来，烟台市高度重视发展现代物流业，着力完善政策措施，持续加大支持力度，物流业呈现快速健康发展的好势头，对全市经济发展的支撑和带动作用不断增强，物流业高质量发展的优势渐现。

一、物流业基本情况

（一）市委、市政府高度重视支持

把发展现代物流业作为转变经济发展方式、调整产业结构的重要突破口，列入八大主导产业并重点扶持，烟台市先后出台了《烟台市物流业发展中长期规划（2016—2025 年）》《烟台市物流业发展三年行动方案（2018—2020 年）》《烟台市人民政府关于推动生产性服务业提升发展的实施意见》等政策措施。有关部门各司其职，密切配合，在制定发展规划、项目申报审批、项目用地、资金保障、基础设施建设等方面对重点物流园区和物流企业给予大力支持，有力推动了全市物流业发展。

（二）物流经济总量及产业比重持续增长

烟台市积极发挥传统物流优势，拓展新的业态，扩大物流市场规模，现代物流产业方兴未艾，物流总量快速增长。2019 年，全市服务业增加值 3917.55 亿元，同比增长 7.1%。交通运输、仓储和邮政业完成增加值 335.72 亿元，同比增长 9.7%。三次产业比例达到 7.2∶41.6∶51.2。持续的经济增长、良好的产业基础和丰富的产品资源为物流业发展提供了强大支撑。各种企业推动资源整合、流程改造、剥离物流服务功能等，能够释放出巨大的物流需求。烟台市农副产品资源丰富，驰名中外，是中国绿色食品名城，亚洲唯一的国际葡萄酒城，北方著名的水果之乡和全国重要的渔业基地，也是渔业、水果、畜牧和食品生产加工大市，发展农产品物流具有明显优势。随着消费需求的升级和城乡消费群体不断扩大，农产品冷链流通、网络购物等需求潜力巨大。随着烟台“齐鲁号”欧亚班列开通，烟台作为“东方海上丝绸之路”首航地和“一带一路”倡议支点城市，国际供应链与物流、中转联运物流需求也将快速增长。战略性新兴产业加速成长。生物医药产业、先进结构材料产业入选全国首批 66 个国家级战略性新兴产业集群，数量居全省首位。睿创微纳成为全国首批、全省首家科创板上市企

* 供稿单位：烟台市发展和改革委员会。

业。全市新增高新技术企业182家，同比增长119%；新增国家级制造业单项冠军企业2家，省级独角兽企业2家、“专精特新”企业51家、瞪羚企业33家；新备案国家科技型中小企业1242家，占全省近1/6，创新型企业呈爆发式增长态势。2019年全市战略性新兴产业产值增长10%以上，其中，新能源产业产值增长70%，高端装备制造产业产值增长50%，生物产业产值增长30%以上。全市新建5G基站突破1200个。海洋特色优势更加突出，海洋主要产业产值增长10.7%，与中集集团共建中国海工北方总部，新建省级海洋工程技术协同创新中心8个，海洋牧场总面积达到105万亩。现代服务业蓬勃发展。成功举办烟台第二十届国际果蔬食品博览会、医药创新与发展国际会议等会展活动117场，烟台市被评为全国十大优秀会展城市。世界工业设计大会取得圆满成功，山东省工业设计研究院落户烟台市，国际设计小镇启动建设。金融生态进一步优化，出台“1+4”政策体系，政银企合作更加主动，金融资产规模突破1万亿元，金融业增加值增长6.5%以上，增幅为近3年最高，本外币存贷款余额分别比年初增加890亿元、249亿元，普惠型小微企业贷款余额增长20%。各类基金认缴规模达到2005亿元，区域性基金管理中心建设迈出新步伐。全年港口货物吞吐量3.86亿吨，旅游消费总额突破1200亿元。“双招双引”取得丰硕成果。组建市级专业招商团队，设立日本、韩国、中国香港三个境外经济合作中心，成立北京、上海、深圳三个境内招商代表处，全年成功举办105场境内外招商活动，共引进世界500强项目39个，中国500强项目51个，民营500强项目10个，引进年产50万辆一汽宝雅新能源汽车、中海油LNG、华为大数据产业园、石药生物医药产业园等投资10亿元以上项目155个，实际到位市外资金1385亿元，增长26%，超额完成全年目标任务。成功举办“新功能”产才交流大会等高质量招才引智活动，全年新增各类人才4.8万人，其中高层次人才6500多人，1人荣获“齐鲁大工匠”称号。大力实施乡村振兴战略，创建省市级乡村振兴齐鲁样板示范区12个。完成涉农资金整合，设立48亿元的乡村振兴重大专项资金，集中财力保重点。农业生产提质增效。建成粮油绿色高质高效核心区5万亩、高标准农田25万亩。出台苹果产业高质量发展意见，推动苹果产业全面转型升级。新认证“三品一标”264个，新增国家级农业产业化龙头企业2家，农产品质量和竞争力稳步提升。新增农民专业合作社2650家、家庭农场811个。现代物流业已经成为烟台市现代服务业发展的一个重要板块和重点突破口。

（三）物流企业和行业规模不断扩大

持续推进培强做大工程，形成了一批服务网络化、管理现代化的骨干园区和物流企业。2019年，全市规模以上交通运输、仓储和邮政业企业营业收入264.8亿元，同比增长0.4%，利润总额9.8亿元，同比增长149.7%。从事运输、仓储、配货等物流业务的企业有3000余家，国家A级以上物流企业有73家，其中5A级2家、4A级25家、3A级40家。传统运输、仓储业加速向现代物流业转型，农产品冷链物流、电商物流、共同配送、多式联运、保税物流和供应链等专业特色物流服务能力显著提升，物流园区日益完善，行业规模成长迅速，现代物流产业体系初步形成。

（四）基础设施网络现代化水平逐步提高

全市已形成了由公路、铁路、水路、航空、管道组成的综合交通运输基础设施体系，物流信息化、标准化、组织化、智能化水平进一步提升。2019年全市社会消费品零售总额增长7.4%，餐饮、商品零售收入分别增长8.9%和7.2%。港口货物吞吐量增长15.67%，其中集装箱吞吐量增长3.36%。机场旅客吞吐量突破1000万人次、增长19.2%，货邮吞吐量增长10.9%。

（五）创新支撑环境不断优化

在大力发展物流业的良好大环境下，烟台市创新物流发展环境不断优化。先后入选中国最适宜发展物流城市、国家跨境贸易电子商务试点城市、国家冷链物流综合示范城市、国家“一带一路”倡议沿海支点城市。组织申报山东省第三批多式联运示范工程项目顺利入库。积极培育电商平台，引进了淘宝、京东等一批电商巨头，2018年全市电子商务网络零售额为129.7亿元，2019年全市电子商务网络零售额为261.5亿元，增长迅速。烟台的大樱桃、苹果、海鲜、葡萄酒等“名优特”产品触网热销。

（六）物流需求与支撑条件不断增长

国家加大供给侧结构性改革力度，不断推动产业结构调整，把现代物流业发展纳入“十三五”规划，山东省也出台了《山东省物流业转型升级实施方案（2015—2020年）》等文件，国家和山东省政府出台的一系列政策措施，为烟台市发展现代物流业指明了前进方向、提供了政策支持。特别是继烟台市作为首批对外开放的14个沿海城市之一、山东省新旧动能转换综合试验区“三核”之一后，又被列入中国（山东）自贸区三大片区之一，烟台市迎来了第三次历史性发展机遇。当前，随着自贸区建设加快推进和服务业全面开放，对外贸易往来的发展和市场多元化，必将为现代物流业发展提供更多机遇和更广阔的空间。重大政策利好叠加，机遇和挑战并存，如何抢抓机遇，用好用活政策，加快推进现代物流业发展，是摆在我们面前十分紧迫而重要的战略课题。同时，先进地区发展物流业的成功经验，也为烟台市提供了有益借鉴。

总体上看，烟台市物流业已步入转型升级、结构优化、降本增效发展新阶段，但与经济高质量发展的要求和先进地区相比，还存在一些困难和问题。

一是基础设施布局有待优化。现有物流设施布局较为分散，现代化仓储、多式联运转运、物流作业场地等设施不足，物流园区功能亟须升级。烟台港口城市优势不明显，对经济的拉动力不足。随着蓬莱国际机场航运能力的提高、西港区快速发展以及德龙烟铁路提速改造，特别是自贸试验区建设加快推进，原有的物流基础设施在规模、布局和服务功能上都亟须进一步优化提升。

二是信息化发展滞后。物流信息化、智能化水平有待提高，物流信息平台企业数量不多，现有的信息平台业务功能比较单一，信息平台之间的数据互联互通尚未实现，存在“信息孤岛”现象，跨平台、跨行业的对接能力弱，两业联动发展缓慢，缺乏市级物流公共信息平台。

三是服务结构需要升级。整体上还处于传统物流向现代物流转型阶段，全市物流企业小、散、弱的状况比较普遍，存在低端服务过剩、中高端服务供给不足问题。同时，多数物流企业装备技术水平和管理手段落后，提供一体化解决方案和物流增值服务能力不足，市场竞争力不强，与先进制造业相适应的现代供应链体系尚未形成。

四是物流成本偏高。受产业结构、运输方式、组织化程度等因素影响，物流成本偏高，影响了企业的盈利能力和经济效益。物流企业大多属于中小微企业，由于扶持政策落实不到位，普遍存在融资难、融资贵的难题，再加上生产要素成本不断上升，也提高了部分物流企业的经营成本。

二、下一阶段目标

（一）力争在组织体制上有所突破

发展现代物流业是一项复杂的社会经济系统工程，必须全面统筹、合力推动。近年来，为进一步加快推进烟台市现代物流业发展，烟台市政府于 2019 年 11 月 19 日成立烟台市现代物流业发展工作领导小组，全面领导和统筹协调物流业发展工作。进一步明确理顺有关部门职能职责，建立部门联席会议制度，健全完善项目推进、招商联动机制，统筹做好规划布局、政策扶持、项目论证、园区建设、协调调度等各方面工作，形成上下联动、齐抓共管的工作合力。重视发挥各级物流协会作用，强化协会的组织、引导、管理职能，积极开展交流、研讨、培训等活动，搭建物流企业与政府部门及社会各界沟通交流的桥梁。据了解，省内外许多地市设有服务业和物流业专门工作机构，如济南、临沂在这次机构改革时均设立了口岸物流办公室。为此建议结合烟台市实际，设立口岸物流办公室，从机构、人员和经费等方面提供保障，加大物流业的工作力度。

（二）力争在规划布局上有所突破

加快推进烟台市现代物流业发展，关键是要搞好顶层设计和科学规划。一是进一步明确现代物流业的发展目标定位。要与国家重大发展战略、产业政策和自贸区发展规划及烟台“六大片区”开发精准对接，将烟台市现代物流业放在全国、全球大格局中去审视，在更高起点、更高层次上谋划烟台市现代物流业的目标定位。要以“全力构建面向世界的区域性物流中心”为目标，进行全面部署安排，举全市之力持续推动。有关部门应积极争取国家层面政策支持，不断提升烟台市现代物流业在全国的首位度，力争进入“国家一级物流园区布局城市”，努力把烟台市打造成立足山东半岛、服务环渤海地区、辐射中西部、对接东北亚、面向全球的海陆空联运中心和物流中心。二是进一步明确现代物流产业重点、产业布局。围绕发挥烟台市工业大市、农产品和水产品大市资源优势，服务支柱产业发展，满足城乡居民生产生活需要，确定现代物流业发展方向和发展重点。综合考虑未来城市区域功能定位、物流需求、产业集聚区、货运枢纽等重要因素，按照烟台市物流业发展中长期规划，打造五大物流园区，建设 10 个物流中心，衔接五大物流通道，加快构建层次分明的物流空间体系框架。建议聘请全国高校、科研院所、知名规划机构的专家对烟台市物流业发展情况进行调研论证和科学评估，对总体发展规划和各种专项规划进行完善。定期举办物流产业发展高端论坛、学术研讨会等，促进现代物流业创新理念互融互鉴、共同发展。三是开展推动现代物流业大提速、大发展行动。适时召开全市现代物流产业发展推进会议，按照“保三争二抢第一”、在全省和全国位次前移的要求，对现代物流业发展进行再动员、再部署，通过高位推动、政策撬动、创新驱动、整体联动，充分激活内生动力，把物流市场这块“蛋糕”做得更大，致力于打造千亿级物流产业集群，推动烟台市从“物流大市”向“物流旺市”“物流强市”转变。

（三）力争在科技创新上有所突破

充分运用新一代信息技术，在物流数字化、智能化建设上抢占先机、走在前列，打造智慧物流新模式。一是抢滩布局5G技术，助推物流网络平台升级。物流行业是5G和物联网技术的最佳应用场景，推动5G快速发展将加速社会供应链的智能化进程。要抓住数字山东建设“三核”之一和打造“智慧城市”的契机，依托5G基站等网络基础设施建设，加速构建智能化现代物流体系。尽快建立统一的市级物流信息平台，并融入全市“一云一网一平台”，抓好资源整合，助力提升城市的智能化水平。加强与京东、淘宝、北斗航天集团等专业机构合作，签订战略合作协议，超前谋划未来城市物流发展，加快推进基础设施智能化，推动无人车、无人机、无人仓、智能园区等快速发展。二是加快物流标准化、信息化建设，实现供应链资源高效匹配。建设全市标准数码托盘循环共用平台，发展“互联网+”高效运输、智能仓储、便捷配送、末端基础设施共享等新模式，构建智能化现代物流体系，推动物流业大提速。打造“智能物流+”，创新物流资源配置方式，强化资源系统整合与优化能力，发展基于现代信息技术的平台型供应链，提高资源整体配置效率。依托行业协会实施全市重点骨干物流园区互联互通工程，促进信息匹配、交易撮合、资源协同。推进物流“绿色革命”，降低运转成本，提高流通效率，推动物流业健康发展。三是强化物流与供应链的人才支撑。加强对物联网、大数据、人工智能与物流业应用的研究，积极开展现代物流与供应链赋能产业发展工作，搭建全市开放共享的物流与供应链科研应用平台。促进产学研深度合作，引导高校、科研机构与骨干企业联合建立物流培训和实训基地，多渠道培养复合型物流高端人才。进一步优化人才引进环境，吸引和聘用国内外高端人才，特别是供应链管理、企业管理及网络信息技术等方面的复合型高层次人才。

2019年潍坊市物流业发展情况*

一、物流业发展现状

潍坊市区位优势突出、交通发达、产业基础雄厚，有着发展物流产业得天独厚的条件。全市现有物流企业3800余家，物流车辆10万辆，其中3A级以上物流企业41家、5A级物流企业4家。现已建成较大物流园区46处，吸引入驻企业3700余家。

（一）区位优势明显，物流设施逐步完善

潍坊市是全国性综合交通枢纽，陆港型国家物流枢纽承载城市。目前已形成了涵盖公铁水空等多种运输方式于一体的综合交通运输体系，铁路、公路、水路、航空、管道输送体系健全，交通较为发达，基础设施逐步完善。

潍坊市境内现有荣乌、潍日、青银、青兰、长深、荣潍6条高速公路，20条普通国省道。潍日高速公路、青银高速公路青岛至济南段扩容改建工程相继建成通车，东、南外环开工建设，“四好农村路”深入实施。

潍坊市境内现有胶新铁路、胶济铁路、胶济客专、济青高铁、大莱龙铁路、海青铁路、青临铁路、益羊铁路、曹寿铁路、德大铁路10条铁路。济青高铁开通运营，潍莱高铁开工建设，天津至潍坊（烟台）铁路可行性报告编制完成，潍坊至董家口铁路等项目正在开展前期工作。

潍坊港为一类口岸港口，被交通运输部和省政府确定为地区性重要港口及对台直航港口；现有港区3个，生产性泊位45个，是鲁中、鲁北、鲁西物资出海陆路运距最短、最便捷的港口，亿吨级综合性港口格局逐步形成。

潍坊机场为4D级军民合用机场，于1996年4月正式通航，客运航线通航13个城市。新机场迁建正稳步推进，已完成新机场定址，预可研报告已上报审批。潍坊市是全省油气管网输送的枢纽，穿越潍坊市正常运行中的油气长输管道有13条，另外有5条管道在建。

（二）物流业务稳定增长，多式联运成效显著

潍坊市铁路、公路、航空、水路以及管道运输等各类运输方式齐全，近年来各类运输业务有较大幅度增长，管道运输和航空运输潜力很大。

---

* 供稿单位：潍坊市发展和改革委员会。

在公路运输方面，公路货运量和货运周转量呈现稳步增长态势。现阶段全市道路货物运输大部分以零担货运为主，运出货物主要以纺织制品、鞋制品、电子产品、日用百货为主，主要流向国外市场及国内上海、北京、济南、青岛等地；运入货物绝大部分来源于临沂、义乌、宁波等大型批发市场。

在铁路运输方面，青临（青州至临朐）铁路以原油、煤炭、碱石、轨枕运输为主。董潍输油管道投产运行后，青临铁路的货运量下降幅度较大。2019 年积极开拓市场，重点提升碱石运量，货运量有所增加。青州国际陆港多式联运示范工程项目纳入山东省多式联运示范工程项目库，山东港天物流有限公司依托青州国际陆港多式联运示范工程项目建设，开展运营“齐鲁号”欧亚班列，取得显著社会和经济效益；中亚/中俄班列，位列山东省各发运点国内货物外贸班列第一。青岛港（潍坊）内陆港开港，青州至黄岛港海铁班列开通运营。2019 年 7—12 月海铁班列往返开行 2850 次，提高了当地外贸企业通过黄岛港出海效率，大大节省了物流成本。

在水路运输方面，潍坊市水路运输完成货运量、货物周转量近几年连续大幅增长。森达美港提升了“潍坊—青岛”航线船舶运力并新开通“锦州—潍坊—连云港”航线，货运量增幅较平稳。山东高速集团新开通了潍坊至天津内支线和潍坊至虎门南下干线，货运量增幅较大。

在航空货运方面，潍坊市现有全货机航线 3 条，其中顺丰航空全货机航线 2 条，邮政航空全货机航线 1 条。顺丰、邮政在潍坊机场均建有分拨中心。数据显示，潍坊机场货运能力在全省同类机场中位列青岛、济南、烟台之后，居第 4 位。

（三）商贸物流电商化，对外贸易稳步增长

全市共有已建、在建电子商务公共服务平台 46 个、行业特色电商交易平台 300 余个。其中，化工谷、焦易网、世界制造网、山东广贸天下网等一批电商平台发展迅速；“涉农电商平台”培育了淘宝网·潍坊馆、苏宁·潍坊馆、京东·潍坊馆、1 号店·潍坊馆、麦壳网、地主网、仓圣网等一批具有市场竞争力和发展潜力的农产品电商交易平台。网红直播带货新业态已显雏形，鲤赞星球直播基地以不同主题、不同形式推广潍坊市当地特色农产品及工业品。对外贸易实现逆势快速增长，2019 年全市完成进出口总额居全省第 3 位。大宗资源类商品进口占主导地位，特别是机电和高新技术产品进出口快速增长，对“一带一路”沿线国家等新兴市场出口增速提高。

（四）物流园区齐全，冷链物流异军突起

全市物流园区正向规模化、专业化、智能化发展，物流基础设施建设布局加速。临港物流园、食品谷冷链物流园、综合保税区中俄农副产品冷链物流园等园区仓储集散、中转联运、分拨配送等功能日益完善。鲁东物流中心、泓德物流园、中百大厨房等一批大型物流基地、物流中心和配送中心初具规模。寿光农产品、青州花卉、临朐铝型材等特色物流园区实现多点布局。潍坊跨境电商产业园、潍坊壹号仓智慧化物流园区、潍坊传化公路港、中德物流园、国际物流商贸城、韵达（山东）智能物流园等一批大园区加速建设。冷链物流标准化、信息化、智慧化建设提升，农产品冷链物流体系日趋完善。全市冷链物流储存能力近 300 万吨，中凯冷链仓储、寿光农产品物流园、安丘盛大市场、昌邑宏大市场等物流园区辐射能力不断增强；“中国食品谷号”潍坊至昆明铁路冷链班列开通；寿光农产品物流园年物流额超过 100 亿元，编制的“寿光蔬菜物流指数”已成为全国蔬菜运销的“风向标”。

（五）快递发展迅速，配送模式不断创新

快递业规模不断扩大，市场主体快速增加，业务收入、业务总量均有大幅增长。全市现有快递区域总部3个，20家快递公司总部在潍坊市设立了分拣中心，业务辐射山东全省及部分周边地区。潍坊市成立了城市共同配送联盟，联合推动公共仓储、配送设施建设；在快速消费品、生鲜食品、药品、家电等民生消费领域，创新发展“连锁采购+统一配送”“集中采购+共同配送”“集中仓储+共同配送”等新模式。

（六）保税区功能扩展，国际物流能力提升

潍坊综合保税区共有物流仓储企业14家，进出口额显著增长，物流产业发展态势良好。以歌尔电子VR虚拟现实设备、游戏控制器和游戏机等高附加值的优势产业为基础，在保税区建设德铁信可潍坊保税区分拨中心，采取多家供应商、一家制造商和第三方物流参与的运作模式，降低了库存占用和呆滞风险。以华奇棉花、南通棉花、保税物流、大地纺织等企业为依托，开展澳大利亚棉花进口仓储、销售和加工业务，大宗商品贸易规模不断扩大。以进口澳大利亚活体肉牛口岸为载体，大力发展冷链国际物流，并加大了对粮食、果汁、橡胶浆、矿石等大宗商品的进口和交易。日本电商企业正在进行注册，韩国圆通项目、江苏凯旋供应链、加拿大电商项目等10余个项目在谈，与广州卓志、青岛西海岸保税物流中心合作不断加深。跨境电商零售进口试点和跨境电商综合试验区获批，跨境电商产业链进一步完善。

（七）农业特色鲜明，农产品物流优势突出

潍坊市是我国重要的农产品生产、加工、出口基地和北方农产品流通交易中心，经过多年的农业产业化、标准化、国际化经营，逐步形成了粮食、蔬菜、畜牧、花卉、苗木、水果、棉花等主导产业。区域特色优势明显，全市12个县市区都形成了各具特色的区域品牌产业。寿光市是冬暖式蔬菜设施大棚的发源地，是全国重要的“菜篮子”。诸城市是首批全国农业产业化示范基地、全国畜牧业绿色发展示范县、全国知名的肉类加工基地。安丘市是大宗农产品生产加工出口基地。高密市是国家大型商品粮生产基地。青州市是我国江北最大的花卉种植交易中心。昌邑市是全国重要的园林绿化苗木生产区和苗木集散中心。临朐县的奶牛和大棚樱桃、昌乐县的西（甜）瓜、寒亭区的潍县萝卜以及潍坊中心城区的都市休闲农业等，都形成了较为完整的产业体系。先后建成中国食品谷、东亚畜牧交易所、齐鲁农村产权交易中心、国家现代农业示范区、国家食品安全示范城市、全国蔬菜质量标准中心、国家现代农业产业园、北京大学现代农业研究院、国家农业开放发展综合试验区、国家农产品质量安全市等一批国家级要素支撑和示范引领平台。各区县农业主导产业特色鲜明，形成了多个在全国具有较大影响力的农产品生产、流通集散中心和特色农产品物流基地。

（八）地区发展立足定位，物流业态各有侧重

潍城区以鲁东物流中心为依托，打造“中国物流示范基地”，大力发展商贸农产品冷链物流。坊子区现有规模以上物流企业11家，形成物流产业一带、两园发展格局。潍州路商贸物流产业带，大力发展华安汽车文化园、诺吉雅力医药物流，打造潍坊南郊现代商贸物流集散地。山东北方国际物流园

和潍坊交运综合运输物流园两个重点物流园区加速发展。山东高速高端供应链鲁中产业园等重点物流项目加速建设，打造高端物流与供应链产业园。青州市地处齐鲁中心，是潍坊市深度参与“一带一路”倡议的欧亚班列集结中心，引进全国知名物流企业，规划建设物流产业园，依托泓德、港天等园区和企业，大力发展多式联运和甩挂运输，引导整合小微企业聚合发展，打造物流产业集聚区。诸城市依托佳士博食品和渤海智慧冷链仓储物流项目大力发展食品、生鲜海产品的冷链物流产业。寿光市作为中国最大的农产品生产交易中心、农产品物流与采购示范基地，大力发展互联网产业，推动电子商务集聚发展，建设了寿光市软件园、CED 电商聚集区、青年电商孵化中心三大平台。安丘市重点建设圆通、韵达总部基地和安丘农谷物流园，大力发展快递物流和农产品物流。高密市现有晟绮港储、恩泰、地方粮库、盛德、胜大、京运等规上物流企业 6 家，有孚日家纺、豪迈科技、银鹰化纤等支柱性工业企业，中百家乐家、银座商城、金孚隆广场等一批大型商贸服务和电子商务生活服务物流企业。顺丰、“四通一达”等 20 多家国内主要快递公司都已经入驻高密市开展业务，并逐步向农村纵深延伸。昌邑市现有道路运输和物流企业 93 家，其中冷链物流企业 20 家，规模以上物流企业 7 家，大力发展服务生姜及苗木等产业的农产品冷链物流和现代化纺织品物流。临朐县依托临朐县汽运物流园，形成了规模较大、专业性较强、物流网络覆盖全国的货物中转集散运中心。昌乐县现有申易物流、振兴物流、成沣物流等 9 家规模以上物流企业，主要发展以鲁中粮库、三洲物流和好友油脂为代表的粮食物流产业和以恒坤煤焦、中冶煤炭两家煤炭企业为代表的煤炭物流产业。滨海区是全国最大的海洋化工生产和出口基地，拥有仓储、道路运输、管道运输、水路运输、货代等规模以上企业 13 家。区内建有国家一类开放口岸潍坊港中港区，规划建设了黄岛至潍坊输油管道、中化弘润 1300 万立方米原油商业储备库、全国最大的第三方保税油库。保税区共有物流仓储企业 14 家，其中仓储企业 6 家，依托德铁信可潍坊保税区分拨中心发展高端电子保税物流，依托肉类进口指定口岸发展冷链物流，发展以棉花、橡胶为代表的大宗商品物流。

二、发展面临的困难和问题

（一）物流基础设施建设滞后，港口通行能力严重不足

潍坊市物流基础设施相对薄弱，现有装卸货场等服务设施大多数条件简陋、功能不齐，货物储存、车货信息服务等业务难以开展。滨海区港口外部航道因回淤严重、等级偏低，无法行驶大型船舶，泊位数量和作业能力均存在较大缺口；码头专业化程度不高，库场堆存能力不足。通港铁路因受海岸带规划的影响，无法通到港区内形成海铁联运。潍坊港中港区 5 万吨级航道、西港区 5000 吨级航道疏浚无法回填造陆，深水泊位、物流园区等项目难以推进，航道建设维护成本高，疏浚难题一直没有解决。

（二）物流企业“小、散、弱”，行业整体水平有待提升

全市货运经营业户普遍规模较小，3A 级以上物流企业占企业总数不足 1%，小微企业大量存在。企业组织化程度低，经营管理手段落后，利润空间小，部分企业还存在诚信经营问题，承担风险能力较弱等。物流企业大都以服务本地企业为主，没有充分利用和发挥潍坊市的区位优势和青岛港的“桥头堡”作用，市场影响力和参与度均很低。全市道路运输户数达 41829 户，但 95% 以上是个体运输业

户，拥有百辆车辆以上的运输企业仅有36户，尚无星级冷链物流企业。

（三）枢纽集疏运能力较低，供应链结构性矛盾突出

潍坊市货运严重依赖公路运输，占比超过90%，其他运输方式的货运量较小，港口、机场等交通枢纽的集疏运能力较低。从物流投资来看，潍坊市投资额远低于排名前三位的青岛、济南和烟台，物流投资占全部投资的9%，占比低于全省平均水平1个百分点，排名列全省第10位；从物流供给来看，大型工商企业物流仍以自营为主，企业内部生产物流没有进行有效剥离和独立核算，物流资源分散在企业不同部门和多个环节，无法实现一体化运作，降低了运作效率。

（四）物流园区广泛分布，但尚未形成网络化服务格局

潍坊市现有物流园区以综合服务型和商贸服务型两大类为主，占比超过3/4，电子商务、机械装备等其他类型的专业化物流园区布局欠缺。大部分物流园区交通条件和空间位置相近，功能、服务、物流品种类似，同质化竞争严重；部分物流园区经营场地小，入驻物流企业少，规模化小、集聚作用弱。园区经营以出租及物业管理为主，缺乏交易服务、供应链金融、信息服务等多元化增值服务，园区之间未形成网络化的物流服务体系。

（五）物流信息化水平较低，缺少统一物流信息平台

物流企业信息化水平较低，企业物流信息无法共享，物流供给方与物流需求方信息对接不及时，缺乏先进的物流运作模式。物流信息平台建设落后，全市缺少统一的物流信息平台，“互联网+物流”发展模式受限。物流智慧化水平低，互联网、大数据、云平台等新一代技术和智能装备使用率低，智慧物流、共享物流技术和服务水平不高。

（六）物流产业缺乏统一规划，产业链条尚未形成

物流发展规划不完善，物流基础设施的规划和建设缺乏统筹协调，造成物流基础设施网络布局不合理，物流基础设施之间配套性、兼容性差，系统功能不强，在一定程度上阻碍了物流业综合能力提升。区县之间、城乡之间物流资源分布也很不均衡，物流能力差别较大，资源利用率低，区域间协作困难，全程物流一体化服务能力弱，没有形成产业链条。

（七）城乡高效配送进展缓慢，冷链物流刚刚起步

城乡高效配送进展较为缓慢，物流、快递、快运企业各自为政，无序竞争现象突出，未形成合作合力。村镇对农村物流认识不足，村民对村镇布点认可度不高，农村物流基础设施薄弱。冷链物流发展落后，冷链物流企业相对较少，冷链物流产业政策引导支持力度不高。冷链列车需要与铁路部门协调相关开行线路和优惠政策。

（八）专项扶持政策较少，物流人才队伍亟须培育

潍坊市缺少具体扶持物流业发展的激励政策和措施，特别是在项目规划、用地指标以及税收、融资、金融服务等各方面的激励措施不够完善，大多局限于“一事一议”状态。物流人才问题已成为困

扰全市物流业发展的制约因素，招才引智工作落后，缺少相关人员引进政策和补助政策，高学历专业人才缺乏。物流从业人员专业培训较少开展，从业人员文化水平差，行业智慧化、现代化转型升级困难，发展水平滞后。

三、下一阶段发展思路

（一）目标定位

以国际内陆港和物流产业集群建设为核心，积极实施“456”战略，科学构筑物流空间布局，把潍坊市打造成为连通南北、横贯东西、辐射海外的国际内陆港枢纽城市和重要区域性物流中心，成为国家智慧冷链物流创新示范区，全省物流业新旧动能转换先行区、城乡高效配送引领区和区域开放合作新高地。

（二）空间布局

1. “四枢纽”

一是依托青州国际陆港、欧亚班列资源，增加中亚班列、俄罗斯班列，提高班列返程货物运载率，推动国际班列向西延伸至欧洲范围；稳定开行东行至青岛班列。提升陆港进出口集散能力，健全完善陆港保税仓、海外展示仓等功能模块，推进多式联运纵深发展，打造国家陆港物流枢纽。二是依托潍坊高铁北站，高起点规划建设高铁物流园，开发基础物流、商贸物流、增值物流、物流配套四大业务，完善装卸配送、代储代运、流通加工、电子商务等核心功能，打造铁路物流集散枢纽。三是拓展外贸航线网络，借力鲁辽陆海货滚甩挂运输大通道，打通欧洲外贸航线，开通至东南亚大洋洲等地的外贸航线，加密对日、对韩轮班航次，优化航线航班结构，逐步融入国际海运供应链，发挥好港口统筹陆海、服务全市的龙头作用，打造国际港口物流枢纽。四是对接胶东国际机场，启动潍坊（高密）临港经济区规划建设，打造设施先进、功能完备、服务高效的空港经济区，重点建设航空物流基础设施，带动先进制造、现代服务业等产业发展，打造国际空港物流枢纽。

2. “五园区”

一是中国果蔬交易物流园区。以寿光农产品物流品牌为着力点，将寿光农产品物流园建设成为中国果蔬交易物流园区，打造以蔬菜、水果等为重点的冷链物流体系，推动全国果蔬产业链发展，满足国内外农产品需求，提升寿光市经济竞争力与影响力。二是食品谷物流园区。依托中国食品谷产业综合服务平台，整合全市农业和食品产业，以中凯冷库群、东亚畜牧产品交易所、中凯生鲜源头货批发市场、中凯生鲜食品共同配送联盟、终端采购商联盟等平台为抓手，搭建具有核心竞争力的智慧冷链物流服务体系，打造区域生鲜食品智慧冷链物流综合服务园区。三是综合保税物流园区。依托综合保税区，复制推广自贸区新政策新模式，加快进境活体牛隔离场建设，提高进境种畜加工、运输、配送的服务范围和辐射半径；推进进口肉类、冰鲜水产品指定口岸建设工作，提高以高端食品为主的国际化冷链物流水平，打造服务潍坊市、辐射东北亚地区的进出口鲜活类产品交易物流园区。四是生姜交易物流园区。以山东宏大生姜市场有限公司的“中国・生姜价格指数信息发布中心”为依托，整合周边生姜种植、物流、交易等链条企业，以构筑农产品质量标准化、品质安全化、信息公开化、服务优质化、运营网络化的一站式供应链为主要特色，打造集生姜等农副产品生产、加工、仓储、配送、批发、信息、检测、运销综合服务一体化的多功能的生姜交易物流园区。五是消费物流园区。依托佳乐家物流园，以流通领域现代供应链体系建设试点为契机，整合佳乐家农产品加工配送中心、银座物流园、潍坊壹号仓物流有限公司、昌乐皓远大厨房、高密金孚隆物流有限公司、鲜得利冷链物流有限公司等商贸物流企业，完善贸易、仓储、分拣、包装、配送等功能，实现流通供应链协同高效发展，着力打造消费物流，提供民生需求保障，规划成为面向潍坊市及周边区域的大型消费物流园区。

3. “六集群”

围绕潍坊市重点产业，通过优化物流产业布局和提高专业服务水平，促进物流业与相关产业融合发展，形成六大物流产业集聚区（一区多园），即冷链物流、农产品物流、危化品物流、国际物流、快递物流、产业（制造业）物流。加强各类产业园区规划，发展产业配套型物流功能，引导物流园区多元化发展，完善功能布局，发展供应链一体化物流服务。

4. “*N*网点”

完善公用型末端配送网点的建设。充分利用市区内现有的商业零售终端网络、街区及社区公共空间、旧厂房及旧仓库、乡镇级便民服务中心，规划布局一批公共货物装卸点、货物集散点、货车停车泊位，支持连锁零售企业、快递企业、末端配送企业、生活服务类企业共同打造便民的末端配送网点，鼓励发展智能快件箱、智能化电动配送车辆等先进设施设备，满足商业网点、企业、社区、乡镇及村民的配送需求，畅通工业品下行、农产品上行渠道。

2019 年济宁市物流业发展情况*

一、基础优势和短板局限

近年来，济宁市充分发挥产业、资源、区位和综合交通优势，科学规划，优化政策，加大招商引资力度，一批重点物流项目落户、开工建设或投入使用，现代物流业平稳发展。据测算，2019 年全市社会物流总额达到 11530 亿元，同比增长 6.2%。全市拥有物流园区 40 个，区域性物流分拨中心 16 个，规模以上物流企业 647 家，农村电商物流网点 6639 个，规模以上快递服务企业业务量完成 13315.13 万件，同比增长 39.65%。当前疫情防控常态化的严峻形势，对物流业的空间布局、组织结构与运作模式产生了深远影响。就现阶段而言，济宁市发展现代物流业拥有明显的基础优势。

区位优势。在全国范围内看，济宁市位于鲁苏豫皖四省交界地区，地处长三角与京津冀两大经济区的交会地带，是连接华东与华北、沿海与中原的重要枢纽，是西煤东运、北煤南运和南水北调的必经通道，鲁南、晋南、豫北的物流中转站，在全国生产力布局中具有承东接西、沟通南北、双向开放、梯度推进的作用，有较强的物流辐射服务能力。

交通优势。在省内西部六市中，济宁市是唯一一个集公路、铁路、内河航运和航空为一体的立体化交通枢纽城市，在运河沿线城市中流经里程最长，通航里程达 1100 多公里，运河济宁段主航道已达到三级航道标准，依托京杭大运河及其众多支流，可直通江沪浙及长江中下游地区，济宁市内河运力 675 万载重吨，在京杭运河沿线 12 个港城中居第 1 位；内河货运量和周转量均占全省的 80%，发展运河物流的条件得天独厚。水运是典型的“低碳运输”，成本仅为公路的 1/7，铁路的 1/3，对煤炭、矿石、建材、钢铁、粮食、木材、水泥等货物的长途运输，是比较合适的一种方式。济宁市境内京沪铁路、新兖日铁路、瓦日铁路三条货运铁路线交会，尤其是京沪高铁开通实施客货分线运输使京沪铁路线的运能得到很大释放，有力增强了济宁市发展铁水、铁公联运物流的优势。另外，济宁机场已开通 17 条航线，新规划的兖州漕河机场即将开工建设，航空物流对客户的吸引力不断增强。济宁市还有完善的公路交通体系，京台、济菏、日兰、济徐四条高速公路和 104、105、220、327 四条国道纵横境内。由此可见，济宁市发展现代物流业具有一般地区中心城市难以比拟的立体化综合交通优势。

物流需求优势。物流业的发展需要良好的经济基础作为支撑。济宁市矿产资源丰富，产业体系完

* 供稿单位：济宁市发展和改革委员会。

备，是全国重要的粮棉油基地、特色农产品基地和名优畜牧品种繁育基地，已建成煤化工、工程机械、生物技术、纺织新材料、汽车零配件、光电特色产业、电子信息等多个国家级产业基地。2019 年全市生产总值完成 4370 亿元，居全省第 6 位。全市煤储量 260 亿吨，占全省的 50%，年产原煤 7000 余万吨，每年大约有 5000 万吨原煤需要外运。2019 年全市 12 大类主要农产品产量 2178 万吨，已形成年产水泥 1025 万吨、焦炭 840 万吨、机制纸及纸板 524.9 万吨、甲醇 413.6 万吨、橡胶轮胎外胎 1315 万条的能力。丰富的矿产资源、农副产品的大进大出和产业的迅速发展，为现代物流业发展提供了充足的物流市场需求。

但是，济宁市发展现代物流业还存在短板制约。

内河航运优势未充分发挥。济宁港是全国内河 28 个主枢纽港之一，运能 675 万载重吨，在京杭运河 12 个港城中居第 1 位，而港口 2019 年吞吐量仅为 4635 万吨，居第 10 位，仅相当于运河港口总吞吐量的 6.02%。运输货种单一，煤炭占比高达 80%，且只是单纯的散货运输，尽管 2020 年以来集装箱运输实现了零的突破（集装箱吞吐量为 2000 余标箱），但集装箱运输的瓶颈仍未破解。

运河江苏段 404 公里主航道已于 2010 年全部实现二级标准通航，全线可通航 2000 吨级船舶，而济宁市 210 公里主航道仍然是三级标准，高等级航道占比偏低，航道网尚未建成，不能满足日益增长的水运需求。同时，江苏段主航道 11 道船闸中，9 道实现三线运行，2 道实现双线运行，而济宁市主航道除微山船闸及微山二线船闸外，均为单线运行，平均待闸时间 48 小时，“卡脖子”问题尤为突出。而要实现船舶即到即走，必须是双线或三线船闸，并且要电子通关。规模大、能提供供应链与物流服务、辐射带动强的物流企业（园区）少之又少。虽拥有物流园区 40 个，但具备物流园区基本服务功能的只有 13 个，能提供供应链金融、后台数据处理、生产配送等环节的专业物流企业基本没有。济宁市 2019 年社会消费品零售总额为 2338 亿元，而临沂市仅临沂商城 2019 年就实现市场交易额 4831 亿元。济宁市 2019 年营业收入过亿元的物流企业仅有 27 家，过 5 亿元的仅有 3 家。

新型业态比重低。济宁市物流企业从事的业务大多集中在运输、仓储、贸易、港口等传统的基础性物流领域，85% 的收益来自基础性物流服务，而以增值服务及物流信息服务为代表的新型业态收益只占 15%。跨境电商作为物流新业态，近年发展迅猛，商务部公布的 50 个跨境电商零售进口试点城市中，山东省有济南、烟台、潍坊、日照、临沂 5 市入围。综合保税区是跨境电商与外贸物流业态的重要载体。济宁市申报的综合保税区经海关总署建议已调整降低为济宁高新保税物流中心（B 型），虽已开工建设但仍未得到国家批复，而潍坊市早在 2011 年 1 月就获批设立了综合保税区，是全国第 14 个、山东省首个综合保税区。

二、战略定位和空间布局

（一）战略定位

充分发挥济宁市产业、资源、区位和综合交通优势，借力国家“新基建”风口，坚持整合、集聚、提升、创新原则，突出发展运河物流和打造兖州国际陆港，聚力实施“5810 十百千”重点工程，引进培育辐射能力强、品牌效应好、亩均效益高的示范带动型龙头企业，建设“水运 +”多式联运重大项目，打造功能完善、节能环保、特色鲜明的物流产业集聚区，推动现代物流业集约化、标准化、智慧化、绿色化发展，将济宁市建设成为对接长三角、横贯中亚欧的国际性物流枢纽节点城市、中国北方内河航运中心、港产城融合示范区。

到2023年，物流基础设施配套完善，物流发展集群集约效应显著增强，全市社会物流总额达到14000亿元；到2025年，“水运+”多式联运运河物流体系基本建成，兖州国际陆港成为国际枢纽型物流中心，全市社会物流总额达到16000亿元。

（二）空间布局

依托公、水、铁、空立体交通优势，充分挖掘运河水运发展潜力，按照“大项目—产业链—产业集群”的发展思路，实施“5810十百千”重点工程，精心规划建设一批重点物流基础设施项目、临港产业园区和现代物流园区，发展“通道+枢纽+网络”新模式，形成“5区引领、8园驱动、10点支撑、十百千辐射”的物流业发展新格局。

1.5个千亿级物流聚集区

（1）兖州国际陆港物流聚集区。发挥兖州区济宁漕河机场、鲁南高铁、高速公路等多维度立体交通优势，立足济宁东部高端产业带和颜店新城布局，建设兖州国际陆港，高标准规划建设国际公铁物流港（铁路口岸）、济宁国际航空物流港（航空口岸）、国际公铁物流区、临港经济区、电商快递物流区、国际航空物流区，形成“两核四区”发展格局，加速推进苏宁电商产业园、传化物流小镇、中铁加仑LNG铁路储运物流园等核心项目建设，打造华北陆港枢纽型物流中心。

（2）山东京杭多式联运物流聚集区。依托济宁港航发展集团，以山东京杭多式联运物流项目为中心，与上下游陕煤集团、华电集团、华能集团等世界500强深入合作，深耕港航产业，布局临港产业园，开展港口运营、船舶运输、港航建设、船舶与集装箱制造、综合物流、金融服务、大宗商品贸易与信息服务8大业务板块。同时，建设4个集装箱专用码头与配套铁路专用线，具备年10万标箱集装箱装卸能力和5000万吨货物吞吐能力，争取到“十四五”末期打造形成国家多式联运示范工程。

（3）济宁西部运河物流聚集区。依托京杭大运河水运优势，以任城铁水联运物流园、嘉祥临港产业物流园、济宁商贸物流园、济杭物流集装箱港、江北粮食物流园为基础，围绕煤炭、建材、农副产品、集装箱适箱货等货物，提升多式联运、仓储、商贸流通加工、分拨配送等物流服务能力，加快建设现代化内河集装箱港区，开辟国际贸易中转航线，辐射鲁西南、豫东南，连接京津冀和长三角地区，打造服务济宁港各作业区、大运河文化经济带及周边地区的物流聚集区。

（4）国际农产品冷链物流聚集区。依托金乡县大蒜产业优势，以金恒冷链物流园、凯盛冷链物流园等重点项目为龙头，加强农产品基础设施建设，实施“互联网+”农产品出村工程，聚焦农产品流通“最先一公里”，建立区域性“全程温控、标准健全、绿色安全”的农产品冷链物流服务体系，发展“生鲜电商+冷链宅配”“中央厨房+食材冷链配送”等冷链物流新模式，推动大蒜等冷链物流产业集聚化、集团化发展，提高冷链物流设施的规模化、集约化、基地化水平，打造国家骨干冷链物流基地。

（5）邹城多式联运物流聚集区。发挥邹城工业园区太阳纸业、荣信集团、鲁抗集团等企业集群优势，依托现有森达美太平港、荣信港，大力发展公铁水多式联运，建设兖矿铁路专用线延长线、大宗物资功能区及邹城正方港口功能区，服务济宁东部工业区及周边地区物流贸易，并可满足青岛保税区（邹城）功能区集装箱中转、中石油油库基地年200万吨周转需求，构建起集运输、仓储、装卸、配送、信息等功能于一体的现代化物流园区，进一步完善区域运输格局，实现港口、产业、城市的协调发展。

2. 8 个百亿级物流园区

兖州北站物流园、高新区滨河电商快递产业园、济宁蔬菜批发物流园、苏宁电商产业园、邹城铁水联运物流园、运河壹号冷链物流园、高新区医药物流园、山东凯盛农产品物流园。

3. 10 个十亿级大型现代物流企业（集团）

重点支持济宁交运集团有限公司、山东鲁泰供应链物流有限公司、山东淄矿铁路运输有限公司、山东山推物流有限公司、山东端信供应链管理有限公司、济宁江北现代粮食物流有限公司、兖州传化公路港物流有限公司、中垦（泗水）市场开发有限公司、山东远信物流有限公司、济宁贯通农产品市场开发有限公司10家大型现代物流企业（集团）的培育发展。

4. “十百千”配送网络完善县、乡、村三级邮政快递物流配送体系

建设十个县级快递物流配送中心、百个乡镇级快递物流集散中心、千个村级快递物流便民服务站。

三、下一阶段发展目标

推动现代物流业超常规、高质量发展，我们将紧盯目标、聚焦重点、突出特色、精准发力，当务之急是做好以下五个方面的工作。

（一）构建物流业发展新格局

高标准编制《济宁市“十四五”现代物流业发展规划》，明确物流业发展的战略定位、产业布局和重点任务。依托公、水、铁、空立体交通优势，充分挖掘运河水运发展潜力，按照“大项目—产业链—产业集群”的发展思路，实施“5810十百千”重点工程，精心规划建设一批重点物流基础设施项目、临港产业园区和现代物流园区，发展“通道+枢纽+网络”新模式，形成“5区引领、8园驱动、10点支撑、十百千辐射”的物流业发展新格局。

目前，物流规划编制单位正在加快编制进度，现已形成初稿并向市政府汇报。

（二）推动物流多式联运发展

完善物流通道网络，利用瓦日铁路和京杭运河的运力，发挥内河水运的龙头作用，加强与长江黄金水道对接，努力建成公路、水路、铁路、空运相衔接的多式联运物流网络。

（1）加快兖州国际陆港、山东京杭多式联运物流园、嘉祥港铁水联运物流园、济宁江北粮食物流园、邹城铁水联运物流园等临港产业、物流园区建设，集聚发展现代物流、装备制造、新材料等产业，促进港产城融合。

（2）规划建设济宁港集装箱码头，提升济宁港集装箱装卸能力，加快寿张集作业区、跃进沟作业区、泗河口作业区等集装箱港口的建设进度。

（3）稳步推进运河韩庄至跃进沟140公里航道“三改二”工程，争取尽快启动另外70公里航道改造，切实提升运河航道等级；推动韩庄复线船闸、微山三线船闸建设，尽快拆除邓楼节制闸，提升船闸通过能力，实现船舶即到即走，解决“卡脖子”问题。

（4）加快整合港口资源，发挥新组建的济宁港航发展集团职能作用，依靠市场化手段，加快整合提升“小、散、低”港口资源，优化港口布局，集约利用岸线资源，打造运河“亿吨港”。近期，制订完成与金港、南方港重组整合方案，以及与荣信港的业务合作方案；年底前完成港口整合合作业务。

（5）加快推动济宁漕河机场规划建设进度，完善机场及周边路网体系，依托机场高速和铁路货运枢纽，构建国际陆港物流双通道；争取设立航空口岸，建设“一站式”联检政务中心、国际快件中心和通关服务平台，积极对接济南、郑州国际空港枢纽，打造区域性航空物流中心。

（三）加快发展电商物流

（1）支持有条件的大型工业商贸企业自建电子商务平台，实行线下体验、线上交易，一体化经营。重点支持孔孟文旅产品、纺织服装、特色农副渔产品等体现地方特色的电子商务业态。

（2）实施电商进村工程，推进城乡配送网络体系建设，利用供销社、邮政等企业现有网络体系建立县级电子商务服务中心、乡村服务站，促进“工业品下乡”和“农产品进城”双向流通，解决好物流配送“最后一公里”的问题。

（3）总结推广金乡鲜农天下、邹城李老头休闲食品等企业“直播电商”成功经验做法，出台鼓励支持电商直播的政策措施。

（四）深入发展冷链物流

国家2020年启动首批骨干冷链物流基地建设，这是重要的风向标。发展冷链物流重中之重的工作是依托金乡县、任城区存量冷链物流基础设施，规划建设国家标准的骨干冷链物流基地。

（1）在金乡商贸物流园基础上，依托当地丰富的大蒜、辣椒资源优势和辐射全球的大蒜交易网络资源，发挥金乡大蒜国际交易市场、凯盛国际农产品物流园、金恒农产品冷链物流园龙头带动作用，规划建设节能环保、设备先进、总储存能力200万吨的国家级农产品冷链物流基地。

（2）在市食品产业园基础上，规划建设智慧多功能冷链物流综合服务中心，辐射带动园区70余家食品企业，推广“中央厨房＋食材冷链配送”等冷链物流新模式，充分发挥海关内陆港、鲜农天下电子商务物流产业园等配套服务，打通标准化冷链物流“最后一公里”，实现食品加工、冷鲜储存、智能配送一体化。

（3）依托存量冷链基础设施较好的济宁蔬菜批发市场、运河壹号冷链物流园，利用贵和、爱客多等连锁商超主城区网点布局优势，加强面向城市消费的低温加工处理中心和冷链配送设施建设，推广应用节能冷库、冷藏运输车和冷藏集装箱等设施设备。

（五）抢占新型物流基础设施建设先机

据测算，“新基建”仅从新型数据中心、5G基站、物联网等方面来看，未来至少有10万亿元的市场空间，对经济的带动作用巨大。建议尽快布局以5G、人工智能、工业互联网、物联网为代表的新型物流基础设施，形成“网、云、端”供给格局。当务之急，加快新建5G移动通信基站4695个（目前已建成1827个），年内实现主城区、县城核心区、开发区（化工园区）、高速公路和高铁沿线5G网络全覆盖，实现与物流园区（企业）共建共享。同时，开展无感支付、自动驾驶、高速公路全天候通行等试点，年内充电桩保有量突破6500个，打造新型智慧物流城市。

2019年泰安市物流业发展情况*

2019年，泰安市委、市政府高度重视现代物流产业发展，着力推进物流业集约化、智能化、标准化建设，全市物流业总体规模持续扩大，以运输、配送、仓储、商业流通、金融服务为主的物流产业进入快速发展阶段。

一、物流业发展基本情况

（一）物流企业不断壮大，物流产业初具规模

2019年，全市共登记物流业市场主体1074户，规模以上交通运输、邮政和仓储业企业64家，实现营业收入141.5亿元。全市道路货运业户5112户，货运车辆共计3.4万辆（含挂车1.1万辆），其中大型以上车辆9848辆，专用车辆2486辆（其中集装箱运输车309辆、罐式运输车1760辆、冷藏保鲜运输车582辆）；全市危险品运输业户24家，危险品运输车辆共计1072辆（含挂车378辆）。全市水路运输企业4家，货船72艘，以散货船为主，挂靠港均为泰安港，经营区域主要位于济宁市以南运河和长江，运载货物以煤炭、砂石为主。物流企业的不断壮大为全市物流产业发展提供了有力的交通运输支持，2019年全市物流企业实现营业收入达到903.9亿元，同比增长42.7%。在全省物流企业星级评审中，泰安市岳华能源、长鑫物流、泰安速恒、泰安润恒等企业连年上榜。

（二）基础设施不断完善，物流区位优势凸显

泰安市位处京沪、京台、济广、青兰四个综合交通运输通道交汇处，具有全国性南北交流、东西交流、国内外交流的三重枢纽地位，京沪铁路、京沪高铁和京沪、京台、济广等6条高速公路贯穿全境。2019年全市公路通车里程达到1.56万公里，农村公路通车里程达到1.47万公里。截至目前，全市多个在建高速公路项目正在加速推进，泰安港稳步建设，建成后将实现京杭运河泰安段全面复航，泰安通用机场也在加快布局规划，另外，随着近年来国家加大高铁建设投资力度，未来济枣高铁、鲁中高铁、济济高铁、济临高铁等将陆续过境泰安并设站，届时泰安市有望实现县县通高铁、县县均设站的目标。综上所述，以公、铁、水多式联运为骨干的立体化、枢纽型综合交通运输体系的不断完善以及得天独厚的区位优势，为推进泰安市现代物流业发展提供了坚实基础。

---

* 供稿单位：泰安市发展和改革委员会。

（三）园区建设不断提速，产业集聚初步成型

近年来，泰安市聚力物流园区建设，着力打造一批辐射范围广、带动作用强、发展标准高、服务质量优的现代物流产业园区，充分发挥园区的平台支撑效用，速恒物流园区、交运集团物流园区、岳华能源物流园区、新易泰物流园、长鑫物流园、泰山钢网、华润医药物流、烟草物流配送等一批物流项目相继建成投运；岱岳区泰安润恒农副产品冷链物流产业园、新泰市青岛港保税区物流园、东平县临港经济区、泰安高新区泺亨物流等一批专业物流园区正在加紧建设，基本形成了“策划一批、建成一批、开工一批”的良性循环，物流园区基本涵盖了物流运营的各个环节，发挥了集聚效应，极大地改善了物流企业间各自为营、缺乏协调和衔接的局面，使各种物流资源得到了有效整合。

（四）重点领域不断创新，信息化水平显著提高

近年来，泰安市物流智慧化建设成果较为显著，其中物流信息平台对整个物流业提质增效发挥了重要支撑作用，以泰安市峰松电子科技有限公司为代表的一批第三方科技型物流企业大力推进物流信息化建设，信息服务水平提升显著，该公司获批全国无车承运人试点，其开发的峰松智慧物流公共信息平台服务范围覆盖全国 120 多个城市，发展会员近 70 万人，日均信息发布量约 600 万条，利用先进的移动互联技术实现对分散运输资源的有效整合，有效解决了公路货运回程车辆空驶等问题，使公路货运效率较传统模式提高近 50%，平均等货时间由 2～3 天缩短至 8～10 小时，物流成本降低约 20%；“泰安市冷链物流公共信息平台”“三星物流网”“天下通”等物流信息平台的搭建和应用都为推进全市物流产业发展发挥了重要作用。另外，积极组织全市运输企业开展多式联运示范项目创建工作，岳华能源、长鑫物流、交运集团等企业建设项目分别纳入国家、省多式联运示范工程，规划建设中的兖矿泰安港公铁水联运物流园等项目有力推动了全市公铁水多式联运网络系统建设，预计“十四五”期间全市多式联运将迎来较大发展。

（五）发展环境不断优化，服务水平提升明显

近年来，泰安市先后出台了一系列政策措施推动现代物流产业融合、高效、创新发展，如《泰安市物流产业转型升级实施方案》提出以有机蔬菜和名优林果资源商贸物流为核心业务，延伸农业产业链；《泰安市人民政府关于推进全市商贸流通现代化的实施意见》强调加快发展商贸物流，科学布局物流园区、仓储配送中心、末端配送网点，解决“最后一公里”物流配送问题；《泰安市加快电子商务发展实施方案》指出加快推进“快邮合作工程”，完善农村配送网络体系；《泰安市“互联网+”行动计划（2016—2018 年）》强调建设和完善城乡共同配送体系，推动“网货下乡”和“农产品进城”双向流通；《泰安市千亿级现代物流产业集群规划（2018—2020 年）》将现代物流千亿级产业集群培育工程列入新旧动能转换十大重点工程，着力培育产业竞争新优势，形成引领经济发展新动能。另外，长鑫物流等企业积极开展“司机之家”试点，积极探索建设运营新经验、新模式，目前长鑫物流“司机之家”已初步具备餐饮、住宿、购物、洗浴、休闲、汽修等多项服务功能，能够为过往货车司机提供舒适便捷、经济实惠的专业服务，切实改善了广大货车司机的工作休息环境和条件。2019 年 8 月 18 日，交通运输部和全国总工会在泰安市召开全国“司机之家”建设工作推进现场会，与会领导和专家对泰安市工作给予了充分肯定。

二、当前物流业发展面临的形势

（一）国内物流行业发展迅猛

近年来，国内物流行业发展取得长足进步，大数据、无人机、无人仓、云仓等高端技术在行业内得到快速推广和应用，物流服务领域分工越来越细，专业化和精细化程度越来越高。在此大背景下，传统物流企业在整合现有资源的基础上，加快向线上线下融合方向转型发展，物流供应链也已经超越单纯的管理层面，上升至产业层面，特别是随着电子商务的快速发展，线上平台型物流企业将是未来的发展趋势，目前部分比较成功的线上物流企业已着手向上下游延伸产业链，通过利用先进的科技手段整合线上线下资源，创新现代物流服务业的全新发展模式。传统物流企业必须顺应大势，借助先进物流技术手段，以培养核心竞争力为主要目标，将企业有限资源与社会上分散的物流资源进行无缝化链接，通过线上信息平台与线下实体企业相结合的方式，为满足客户不断升级的个性化、差异化、专业化需求提供更快捷、更优质、更低廉的服务。

（二）政策叠加带来错位发展机遇

《山东省物流业转型升级实施方案（2015—2020 年）》提出了“一区一圈一带”的总体构想，建设中原经济区、省会城市群经济圈、鲁西经济隆起带是未来山东中西部地区的发展方向和重点，而建设以济南为中心、以淄博、泰安等为重点的省会城市群经济圈物流群，以及以枣庄、菏泽、泰安等为重点的西部经济隆起带物流群，鼓励当地充分利用铁路运输和京杭运河水运成本较低的优势，大力发展铁路和内河水运物流，推进公铁水联运物流项目建设，建立和完善以煤炭、矿石、水泥、石膏等大宗物资为主的转运型物流中心。省会城市群经济圈物流群、山东西部经济隆起带以及公铁水多式联运项目的建设，强化了物流园区等基础设施的规划布局，有利于区域物流借助资源禀赋实现错位发展，这对泰安来说是难得的发展机遇。

（三）济泰一体化对泰安市物流产业发展形成利好

交通互联互通是济泰一体化的经络，目前济泰高速已基本建成通车，济枣高铁计划 9 月完成项目核准并于年内开工建设，济南规划建设三环路，等等，以上交通基础设施建成后，有望促进济南物流产业向泰安方向梯度转移，泰安应做好承接准备，在内河港口物流、高铁快递物流、旅游物流以及智慧物流等领域与济南市深度合作，实现错位发展。

（四）“互联网＋”催生新的发展机遇

随着“互联网＋”发展理念和模式的推广以及新一代信息技术在物流产业的应用，通过打造高水平公共服务平台整合资源，实现技术融合、业务融合、数据融合，构建完善的云计算产业链，形成大数据产业基地和产业集群，对物流产业面临的重大机遇。在泰安市，无车承运人依托移动互联网等技术搭建了智慧物流公共信息平台，并通过创新组织和管理模式，集约整合和科学调度车辆、站场、货源等零散的物流资源，有效提升了物流运输效率，优化了物流市场格局，规范了市场主体行为，在把握“互联网+”机遇方面走在了前列。

（五）智能制造为智慧物流发展带来机遇

泰安市深入贯彻落实“中国制造2025”战略，积极组织开展智能制造相关试点示范专项行动，智慧物流为智能制造提供支撑作用，而智能制造则为智慧物流带来新的发展机遇。智慧物流通过将工厂内的智能识别设备、智能物流装备、信息控制系统等有效串联，实现对采购、生产、存储、发货等全部作业环节的透明化和可视化，泰安市物流企业可以抓住服务智能制造的机遇，大力推进智慧物流系统建设，提升生产效率、订单交付能力、库存周转能力三大智能制造关键指标，提升企业核心竞争力。

三、物流业发展存在的短板

近年来，泰安市物流产业虽然呈现良好发展势头，但受经济发展水平、产业结构调整、交通及物流基础设施建设等因素影响，物流产业整体尚处于粗放积累的初步发展阶段，存在许多亟待解决的短板，主要体现在以下几方面。

（一）企业综合竞争力不强

泰安市大部分企业规模偏小、业务单一、组织模式和信息化水平比较落后，多数企业仅能提供简单的运输、仓储服务，缺乏能够提供集现代化运输、配送、存储、包装以及物流信息、物流金融、物流规划等功能于一体的供应链服务企业，行业整体竞争力相对较弱，抗风险能力较差。

（二）产业发展基础不够稳固

全市物流产业尚处于初级发展阶段，布局合理、功能完善的物流园区规划建设体系尚未建立，高效便捷的综合性交通运输网络还不健全。近年来，虽然全市大力推动公铁水等基础设施建设，路网日趋完善，但内河港口、通用机场等尚未建成，物流枢纽、节点、通道等仍有待进一步完善。

（三）标准化水平亟待提高

泰安市虽然建设运营了一些物流信息平台，个别特色平台在省内乃至国内走在前列，但总体来看，标准不统一、信息不对称，物流、商流、资金流、信息流“四流一体”的服务体系共享成果尚未规模化显现。物流上下游企业间信息交换较少、共享程度较低，在甩挂运输、托盘共用、温度控制、特快专递、城市配送等领域的标准化方面仍有很大的提升空间。

（四）专业人才缺口较大

现代物流服务业是人力密集型产业，高素质人力资源是支持物流服务业集聚发展的必要条件，目前泰安市现有物流人才距离产业转型升级、创新发展的需求还有较大差距，尤其是在供应链物流管理、国际物流综合服务、物流金融、物流信息等领域的高层次人才缺口较大，而培养物流专业人才需要以一定的资源和资金为支撑，本地企业在工资待遇、发展前景等方面还难以与经济发达地区竞争，受此影响，人才匮乏不利于本地现代物流服务业的发展。

（五）周边发展带来竞争压力

泰安市毗邻省会济南和旅游胜地济宁以及近年来发展较快的临沂等地，各地市凭借多种优势条件加快发展，特别是济南市自2018年年底制定了《济南国际内陆港核心区专项规划》，明确提出以打造国际内陆港中心城市为目标，着力发展供应链总部等六大物流业态和口岸服务等五大主导功能，给泰安市现代物流产业集聚发展带来压力和挑战。

四、下一阶段发展目标

（一）发展目标

未来泰安市将以建成国内重要物流枢纽城市为目标，围绕构建“一区两港多园”的物流产业发展空间布局，完善物流规划布局，强化基础设施支撑，打造以千亿级优势物流产业园为支撑、制造业物流为重点，城乡配送、电商物流和农产品冷链物流协调发展，兼具数据化支撑、网络化共享、标准化运作和智能化协作等功能的现代物流服务体系。到2022年，全市物流产业布局框架基本形成，物流基础设施进一步完善，产业规模稳步扩大，整体运行效率明显提高，基本形成以物流枢纽为核心的“通道＋枢纽＋网络”的现代化物流运行体系，打造国内重要物流枢纽城市初见成效。

（二）主要任务

1. 搭建信息平台，打造智慧物流

充分利用线上线下平台实现物流资源共享，通过共享配送资源、仓储资源、信息资源、技术和装备资源等，实现对传统物流格局的颠覆式创新，打破资源割据，获得资源利用最大化。引导物流企业加大信息化投入，鼓励企业采用红外线、激光、无线、编码、定位、自动识别、无接触供电、数据库、传感器等高新技术在物流行业的研发应用，加快研发专业信息系统，支持制造企业、商贸企业、物流企业建立面向上下游客户的信息服务系统，实现数据实时采集、分析、应用，通过促进区域间、行业间信息互联互通，提高物流业务运行效率和服务水平。同时，促进物流信息与公共服务信息有效对接，助力电子商务平台建设，推动网上交易产业链延伸，带动相关配套产业发展，实现物流、商流、资金流、信息流等有效结合。鼓励东平县物流产业发挥整体优势，加大对重点项目建设的支持力度，全面提高物流园区服务能力和业务运作水平，降低社会物流成本。

2. 打造综合网络，发展多式联运

发挥泰安市区位优势，大力推进交通基础设施建设提档升级，加快完善与济南及周边地市物流节点载体的交通网络，建立经济、安全、高效、节能的交通运输体系。抓住交通基建扩大投资的有利时机，鼓励企业积极参与地方铁路及多式联运枢纽网络建设，加快城际交通基础设施建设，积极响应“一带一路”倡议，加快与港口城市及日韩物流通道衔接，加强与周边航空联系，借助航空运输扩大物流辐射范围，科学规划物流发展核心区域和主干通道，合理设置物流节点和专业园区，打造与市县发展配套的综合性物流枢纽，促进物流与交通融合发展。

3. 发展专业物流，提升服务能力

顺应物流产业发展趋势，积极推进装备制造、特色农业、电子商务、煤炭、医药及医疗设备以及高铁物流、冷链物流等专业物流发展。加快高端装备制造业的专业物流设施设备建设，推进物流与制造业深度融合；发挥高铁物流中转枢纽作用，把握高铁快递等发展机遇，建设高铁物流园区，完善高铁物流通道，为高铁物流发展提供良好的基础设施支撑；加强铁路零担快运物流服务能力，促进铁路货运从大宗资源性物资集散向现代物流服务转向；推进医药冷链物流建设，加强冷链物流设施设备信息化改造；加强农产品物流园区、农资贸易物流中心建设，推动物流与农产品电子商务平台结合，建设集农技推广、农业服务外包和专业化物流服务于一体的农资特色物流系统。

4. 推行链式服务，支撑产业升级

贯彻现代供应链创新发展的国家战略，推动物流供应链一体化服务，积极开展供应链管理示范工程，加快发展具有供应链设计、供应链物流、供应链金融、信息追溯和咨询管理能力的专业物流企业，为产业对接提供增值配套服务及集成服务，不断提升一体化配套服务能力和水平。推动现代产业链和物流融合发展，推行集仓储、货代、运输、交易、融资为一体的物流、资金流、信息流综合服务模式，提供定制化、特色化一站式物流解决方案。加快建设与制造企业紧密配套、有效衔接的供应链管理信息平台，为商贸、制造企业提供即时采购、智能仓储、产品分销等供应链服务，积极推动制造企业剥离和外包物流业务，促进物流与制造业联动发展，促进物流与制造、商贸、金融等产业融合发展，支撑传统产业转型升级。

5. 统筹城乡物流，促进协调发展

推动泰安市三级城乡配送网络建设，统筹规划、合理布局物流园区、配送中心、末端配送网点，形成层级合理、规模适当、供需匹配的物流仓储配送网络。加快整合各县市区、功能区物流资源，大力实施乡村振兴战略，以互联网、精准扶贫、农产品上行为切入点，构建以农产品物流中心为枢纽、乡镇物流站为中间节点、村级快递服务点为末梢的三级乡村物流网络。鼓励邮政企业和快递企业积极服务泰安名优特农产品进程，建立农产品进城快捷通道，大力推广农超对接等产销衔接方式，发展农产品从产地到销售地的直销配送，依托连锁超市、批发市场、商贸企业、现代农业体验店和农村专业合作社、农产品生产基地等设施和机构大力推动农村电子商务发展。积极推进“农业生产资料、农村生活资料下乡”和“农产品进城”双向物流体系发展，支撑城乡经济结构改革，促进城乡协调发展。

6. 发展国际物流，促进开放合作

抓住“一区一圈一带”规划发展机遇，积极对外开展物流领域政策协调和技术合作，大力发展港口经济、通道经济，建设泰安市货物仓储、中转、分拨、展销基地。积极申报建设保税物流中心、保税仓库，增强进出口货物集散能力，打造区域性国际物流分拨配送中心。建设适应国际采购、国际配送、转口贸易要求的国际物流中心，搭建适应全球化运作、多元化发展需求的新型保税物流体系。加强与国内外先进物流企业的合作交流，积极引进、吸收国外物流发展的先进管理经验和方法，全方位促进泰安市物流产业发展。

7. 强化企业培育，打造物流品牌

加大物流龙头企业发展支持力度，通过项目承接、资本运作、战略联盟和品牌塑造，着力培育各类物流标杆企业，重点扶持一批盈利的创新型物流服务企业，打造泰安物流品牌。以特色产业为依托，引导鼓励物流企业与制造、商贸、服装、电商等企业加大合作力度，实现多业态、高层次的战略合作和资源共享。

（三）保障措施

1. 做好规划引领

2020 年是全面建成小康社会和“十三五”规划收官之年，物流行业应牢牢把握好国家和省启动和谋划“十四五”规划编制的重要机遇，认真研究国家、省出台的一系列促进物流业发展的方针政策，结合泰安市实际，找准优势，明确目标，积极探索和实践现代物流发展的新理念新路径，科学编制好全市“十四五”物流发展专项规划，争取更多重大事项、重点项目纳入上位规划，努力把政策机遇转化为现代物流发展的强劲动力。

2. 加强企业培植

立足现代物流业发展实际，狠抓骨干企业培育，有针对性地扶持一批重点物流企业做大做强，支持企业开展业务流程、服务模式、技术应用等集成创新，提升物流服务水平，发挥示范带动作用。切实加强物流业发展所需政策、土地、资金、人才等要素保障，特别是在资金保障方面，对符合产业政策、成长性高、带动能力强的重点企业、重点项目加大财政扶持力度，支持符合条件的企业通过发债、上市等方式拓宽融资渠道。加强物流领域信用建设，建立健全物流信用联合奖惩机制，支持诚信企业在用地、融资等方面优先获益。

3. 夯实发展基础

加快物流基础设施建设，构建高效、便捷的多式联运综合物流网络，探索引导社会资本进入物流领域，采用产业基金投资、PPP 等模式推进一批重点园区和重点项目建设，夯实物流业发展根基，构筑现代物流业发展主阵地。优化交通运输基础设施建设，重点做好公铁、公水以及公路与全市物流园区、枢纽站场等节点的衔接，指导企业对物流站场设施进行科学合理分工，建设专业发展相对集中、综合功能相互配套的现代物流园区。

4. 抓好人才集聚

建立现代物流人才培养支撑体系，一方面有计划地引进物流专业人才，制定奖励政策，出台优惠措施，吸引现代物流业高端人才来泰领办、创办物流企业；另一方面加快本土人才培养，与国内知名院校建立战略合作关系，开展实质性合作，同时发挥好本地高等院校智力支持作用，通过优化学科设置、制订“订单式”人才培养计划等方式，定向培养现代物流业发展所需各类人才。

2019年威海市物流业发展情况*

一、物流业基本情况

“十三五”期间，威海市现代物流业发展取得了显著成效，港口、公路、铁路、机场等交通运输枢纽不断完善，海运、公路、铁路、航空、陆海联运、快递等多种物流运输方式竞相发展，运力结构持续优化。物流园区规模化、集约化发展趋势明显，专业商贸市场发展迅速，商品集散和配送功能不断增强。现代物流业对威海市经济社会快速发展和工农商贸行业结构调整、转型升级的支撑作用进一步增强。2019年，全市累计完成货物发送量约10869万吨，货物周转量382.17亿吨公里。

（一）物流基础设施发展情况

港口方面，全市有威海湾、石岛、龙眼湾、蜊江、靖海湾、乳山口6个国家一类开放口岸，共有海运航线24条，每周97个固定航班，其中国内海运航线7条、国际海运航线17条（对韩航线9条、对日航线8条）。2019年，港口货物吞吐量3708.10万吨。公路方面，全市公路通车里程达到7183.37公里，其中干线公路1270.71公里（国道524.29公里、省道746.42公里），农村公路5912.66公里。基本形成“两纵两横”（两纵为G18荣乌高速和S11烟海高速，两横为G1813威青高速和文莱高速）高速公路主框架。机场方面，2019年，威海机场国内通航城市29个，国际通航城市5个（韩国首尔、大邱、清州，俄罗斯布拉戈维申斯克、哈巴罗夫斯克），高峰航班量达到每周287班。2019年，完成货运吞吐量9582.4吨。铁路方面，桃威地方铁路138公里，开办了全国客货直通运输、专运、军运、集装箱运输和国际联运业务，开行了威海至青岛双向对开集装箱海铁联运班列，威海至中欧、中亚、中蒙班列，形成年货物运输800万吨的能力，2019年，完成货运量73.2万吨。

（二）重点物流园区和货运枢纽建设情况

近年来，威海市积极探索传统商贸、运输、仓储、货代企业功能整合，拓展服务内容，延伸服务链条，先后规划建设了威海新港、威海国际物流园，搬迁扩建了威海市农副产品批发市场等重点物流园区（中心）。各区市结合区域实际，建设完善了威海汇丰现代物流园、文登中海川物流园、金蚂蚁汽车广场、威高物流中心、乳山华润物流园等区域重点物流园区（中心）。家家悦集团、赤山集团、燕喜堂等重点企业先后建设温泉常温物流中心和加工中心、宋村生鲜加工中心、5万吨水产仓储物流

---

* 供稿单位：威海市发展和改革委员会。

中心、天福医药物流中心等行业重点物流中心。全市有道路货运场站 9 家，取得快递经营许可证的快递企业及分支机构共 177 家，48 个乡镇全部设立了快递网点，覆盖率达到 100%。

（三）多式联运发展情况

先后开行了潍坊—文登—韩日冷藏集装箱海铁联运班列，威海港至广州大朗海铁联运集装箱班列，威海至德国汉堡、波兰马拉舍维奇中欧班列，威海至乌兹别克塔什干、阿布雷克中亚班列，威海至乌兰巴托中蒙班列。2019 年共开行中欧、中亚、中蒙三条线路，累计发运“齐鲁号”集装箱 7178 标准箱，其中中欧班列 2542 标准箱、中亚班列 4196 标准箱、中蒙班列 440 标准箱。2018 年，威海市提出与韩国仁川开展“四港联动”多式联运的构想，2019 年 3 月，威海市与仁川市政厅、海关、海港、空港等共同签署“四港联动”八方合作协议，努力构建以威海、仁川两地海港、空港为核心的“四港联动”中韩物流黄金通道。

（四）冷链物流发展情况

威海市每年水产品产量在 250 万吨左右，占全省的 30%，居全国前列，每年有大量的鲜活水产品、冷冻食品由威海口岸出口到韩国，出口量占全省的 85%。拥有冷库 1100 余座，占全国冷库库容总量的 7%，近海捕捞冷冻船 400 余艘，远洋运输船 8 艘，冷链运输及仓储物流企业 100 余家。各类干线运输冷链车 1600 余台，冷链城配车辆 300 余台。威海市好当家集团、靖海集团等 6 家企业为国家标准《水产品冷链物流服务规范》试点企业。建成了威海冷链物流公共信息服务平台，实现车货信息自动匹配、在线交易、行业政策发布等功能，共上传冷库温湿度监控数据 3000 余万条、冷链车辆各类数据 4.5 亿条、冷柜温湿度监控数据 1800 万条。

（五）跨境电商发展情况

自 2015 年 3 月 3 日开通跨境出口业务以来，威海跨境电商零售出口额占山东省的 65% 以上，是中国对韩跨境电商出口最大口岸。2018 年 7 月 24 日，威海市获批国家级跨境电子商务综合试验区，全市建设了“物流服务类、外贸特色产业类、监管综合服务类”三类 10 个跨境电商产业园，现有 35 家跨境电商新业态主体，有近千家企业入驻国内外跨境电商平台。全市企业在境外设立海外仓 25 个，其中，在韩国和日本的海外仓共有 14 个。培育了“威韩购”“大韩家”“懒猫购”等一批本地第三方跨境电商交易平台，为外贸企业开展跨境电商业务提供通关、保税仓储物流、产品检测、金融、收汇退税、信保以及其他供应链服务。

二、下一阶段发展目标

（一）发展定位

威海位于山东半岛东端，北、东、南三面濒临黄海，北方与辽东半岛相对，东方及东南方与朝鲜半岛隔海相望，是中国较为接近韩、日两个发达国家的地区之一。独特的地理环境为威海市构建海陆空一体化的东北亚区域性物流城市提供了重要发展机遇。“十四五”期间，威海市将加速推进“城市国际化”战略实施，凭借优越的地理位置，以打造面向东北亚国际物流枢纽城市为主攻方向，积极谋划国际物流发展布局。充分利用韩国仁川机场、仁川港作为东北亚乃至世界物流运输枢纽中心和拥有通达世界的运力优势，加快推进与韩国仁川共同构建“四港联动”格局，为山东打造东西国际物流大通道作出重要贡献。

（二）重点物流布局和功能定位

根据威海市物流园区、节点在业务种类、服务功能、集疏运方式等方面的特点，以扬长避短、发挥优势、互惠互补为原则，计划将威海重点物流园区节点划分为三类。第一类是以服务于“一带一路”为特色，以公铁水联运为集疏的港铁交通物流。包括威海新港区（含威海港国际集装箱多式联运综合服务中心项目）、威海国际物流多式联运中心（含桃威铁路货站）以及南海港区，形成北起威海新港，南至南海港区的主轴。以集装箱、散杂货、油品、大宗货物、成件包装区、国际快件、仓储配送、冷链物流、代理服务等为市场开发重点，积极参与省“齐鲁号”欧亚班列运作，不断拓展欧亚国际多式联运市场；继续巩固扩大韩威广、潍威韩国际班列品牌，打造威海市“一带一路”跨境运输业务隆起带。第二类是以保税物流、跨境电商为特色，以公铁联运为集疏的跨境电商物流。包括威海综保区、临港物流园、泛亚跨境电商物流园等。以跨境电商进出口、海运快件、保税加工、国际配送等为市场开发重点。其中，威海临港物流园以海运快件、轮胎第三方物流和涉日韩跨境电商出口分拨业务为主，是威海新港的重要后方基地；综保区南区依托位于威海湾、南海、石岛三大港区地理中心位置和邻近空港的区位优势，实施“区港联动”，重点发展保税物流、保税加工、货物集拼出口、跨境电商进口分销等，建成综保区大物流园；综保区北区（含泛亚跨境电商物流园）依托既有进区企业，开展出口加工，加快发展跨境电商进出口、保税仓储、保税物流业务，打造高端信息产业基地和仓储物流中转基地。第三类是以国际电子商务和特色农产品货运为特色，以水空联运为集疏的港空物流。结合综合交通网规划和新机场搬迁工程，借助威海对韩区位和航班优势，加快推进威海仁川“四港联动”物流一体化，打造中韩港空货运集散中心；借助进境冰鲜水产品、进口食用水生动物等国际口岸资质，打通欧洲、美国、澳大利亚等地特色产品通过威海进入国内市场的国际通道；借助国内航线网络，结合本地货源市场特点，打造季节性强、地域特色鲜明的货运体系。

（三）重点建设任务

1. 实施莱荣铁路建设工程

作为山东省新旧动能转换重点项目，山东省“三环四横六纵”高铁网络重要一环，莱荣高铁建成后，将与青荣城际铁路形成环状运行，进一步完善全省高速铁路网络，结束烟台、威海两市南部无高铁通行的历史，促进沿线地区人员、资本在省内的快速流动，助力胶东半岛一体化发展。

2. 实施桃威铁路电气化改造工程

桃威铁路作为威海市唯一的铁路货运通道，以及开展公转铁和多式联运的主要载体，迫切需要实施电气化改造工程，提升设备技术水平线路输送能力，与国铁路网技术标准相匹配、与全国铁路网连通，提升发挥好连接各物流节点的纽带作用，服务威海市地方经济发展。

3. 启动南海新区疏港铁路建设

南海新区疏港铁路线从桃威铁路铺集站东端引出，向东南经南海临港工业区至张家埠新港港区设前岛站，是南海临港工业区和张家埠新港作业区对外货物运输的重要通路。项目的建设对于推进物流业培育、加速南海新区临港工业发展、强化港口集疏运能力、发挥山东省铁路网整体优势、实现可持续发展等方面意义重大。

4. 布局规划物流园区专用线

以威海市重要物流园区节点为核心，开展铁路专用线布局规划研究，加快实施相关专用线建设，增加铁路覆盖范围，提升铁路承运能力，更好地为全市物流运输服务。

5. 威海南站搬迁

加快研究实施威海南站建设动车存车线、货场搬迁工程，进一步理顺威海站与威海南站动车调度管理体制，推动文登国际物流多式联运中心基础设施及配套工程建设，将文登站打造成威海地区铁路货运主站。

6. 加快“一带一路”项目建设

进一步加密对韩集装箱和客滚班轮航线，保持威海市对韩客货运通道优势，推动中韩陆海联运汽车货物运输深入实施，加快推进第二阶段中韩整车运输的前期工作，研究威海市多式联运发展政策，加快推动形成以威海、仁川两地海港、空港为核心的“四港联动”物流一体化协同发展格局。优化韩威苏广铁路快速集装箱班列运输组织，推动班列经广州凭祥延伸至越南河内。优化潍坊至文登铁路冷藏集装箱班列，大力开行威海至广州铁路冷藏集装箱班列，适时开行威海至成都、西安等城市的长距离货运班列。稳定和优化“齐鲁号”运行。择机开通韩国—威海港—阿拉木图中亚海铁联运大通道。推动威海始发或由威海进境的过境货物并固定发行班次。

2019 年日照市物流业发展情况*

近年来，全市各级各部门立足日照港口区位优势和临港产业优势，深入实施“开放活市”战略，不断扩大区域对接合作，积极搭建综合服务平台，着力打造区域性国际航运物流中心、港口型国家物流枢纽，现代物流业发展速度加快、质量效益提升，在中国东部沿海和山东半岛发展格局中的地位越来越突出，综合枢纽功能日益凸显，辐射带动能力不断增强。

一、基础设施日益完善

（一）港口区位优势突出

拥有日照港、岚桥港、童海港三个港口，总体规划泊位 274 个。截至 2019 年年底，全市已建成使用的生产性泊位达到 82 个，年通过能力 2.78 亿吨，其中万吨级以上泊位 71 个。日照港与 100 多个国家和地区通航，共有航线 37 条，其中外贸航线 7 条、内贸航线 30 条；班列 15 条，其中国际班列 3 条、内贸班列 12 条。港口改革深度融合，日照港迎来发展新机遇，港口平台基础更大，发展空间更加广阔。日照综合保税区（一期）正式封关运营。

（二）综合交通无缝衔接

2019 年年末，全市公路通车里程达到 9605.06 公里。鲁南高铁开通运营。“三纵两横”的高速公路网和“两纵四横”的现代化铁路运输网络已经形成。岚山疏港铁路项目已正式开工建设。日照机场先后开通至北上广深等 25 个通航城市 27 个通航点的航班，2019 年旅客吞吐量突破 100 万人次。境内已建成起降点 1 个，通用机场 1 个，正在推进通用机场 3 个。

（三）能源储运优势明显

新菏兖日、瓦日两条千公里铁路沿线煤炭储量达 2000 多亿吨、年产量约 6 亿吨；青宁、南干线等国内重要天然气主干管道在日照市交会，配套储气能力达 3.2 亿立方米；原油外输管道总长 2000 公里、储备能力 1300 万吨，是全国重要的能源集散中心。境内拥有 18 条油气管道（包括企业自用管道）和 1 组企业管廊架，输油管线直接连通原油码头与石化企业。管道年设计输油能力 1.3 亿吨、输气能力近 13 亿立方米，成为全国重要的原油上岸和中转基地。

---

* 供稿单位：日照市发展和改革委员会。

（四）园区功能不断完善

围绕建设港口型国家物流枢纽，打造区域生产性大宗供应链管理物流中心，按照“基地+园区+企业”的发展模式，布局发展钢铁物流基地、液化品物流基地、木材物流基地、粮油食品物流基地、冷链物流基地五大物流基地；建设完善传化公路港物流园、中瑞高端装备制造物流园、碑廓木材物流园、天泽冷链物流园等专业物流园区；培育壮大日照传化交通公路港物流有限公司、山东凯达物流有限公司、山东浩宇物流有限公司等一批骨干物流企业。中瑞高端装备制造产业园、天泽冷链物流园等园区功能不断完善，传化交通公路港物流园、通达物流信息产业园等项目进展顺利，弼盈智慧物流园等项目开工建设。

二、物流规模持续攀升

全市物流市场需求持续增长，固定资产投资不断加大，物流总量和规模稳步提升，物流业对经济社会发展发挥了重要的支撑保障作用。截至2019年年底，全市规模以上交通运输、仓储和邮政企业达到107家。货运车辆发展到2.9万辆（其中牵引车1.1万辆），总吨位达44.9万吨，道路货运企业792家。省际水路运输企业20家，船舶47艘（其中1艘具备国内、国际运输资质），总载重42.03万吨；1家中韩客箱班轮运输企业。2019年，全市完成港口货物吞吐量4.64亿吨，增长5.9%；集装箱吞吐量450.15万标箱，增长12.1%。完成地方公路货运量9723万吨，增长3.4%；铁路货运量9503.3万吨，增长18.9%；海上货运量767.46万吨，增长1.4%；航空货运量1773.36吨，增长22.4%。邮政行业业务总量15.6亿元，增长63.0%；实现业务收入6.98亿元，增长28.1%。其中，快递业务量6683.37万件，增长76.8%；业务收入4.4亿元，增长43.8%。

三、平台作用充分发挥

重点培育了日照传化交通公路港、舟道网“无车承运人”和日照大宗商品交易中心三个综合物流服务平台。日照传化交通公路港累计入驻企业127家，“易货嘀”及“陆鲸”平台累计发展会员5000余个。2019年完成营业额7.1亿元，其中公路港实现营业额2108万元。舟道网“无车承运人”平台注册用户突破15万个，日均访问量突破150万次，2019年完成各项业务收入6694万元（税前），同比增长79%；共向无车承运运行监测平台上传运单113282单，同比增长81.7%；货运量366万吨，同比增长77%。日照大宗商品交易中心新增钢坯交易品种，在沿海港口率先推出基于区块链的港口货物线上电子仓单融资产品。2019年各品种成交量3.7亿吨，增长160%；交易额9210亿元，增长60%（均为双边统计）；合作金融机构20余家，入驻企业1200余户，各项指标继续保持全省第一、全国同类交易市场前列。

四、临港产业支撑有力

依托港口优势，持续实施“工业强市”战略，培植壮大以钢铁、汽车整车及零部件等为骨干的现代临港产业体系，形成了钢铁产业、汽车整车及零部件产业、石化产业、粮油食品产业四大主导产业，浆纸产业、建材产业、能源产业、纺织服装产业四大传统产业，高端装备制造产业、生物医药产业、新一代信息技术产业、新材料产业四大新兴产业。先进钢铁制造业和汽车整车及零部件产业纳入全省重大生产力布局。目前部分产品年产能已达粗钢 1900 万吨、汽车 95 万辆、发动机 100 万台、变速箱 140 万台。钢铁产业成为全市首个千亿级产业，到 2025 年钢铁产能将达到 4000 万吨，成为全国乃至全球产能较为集中的地区之一。

五、两业联动融合发展

围绕钢铁、石化、浆纸、粮油加工、汽车及零部件等物流量较大的临港产业，配套发展第三方物流，引导物流企业积极融入生产企业供应链管理，物流业与制造业呈现出联动发展的良好局面。中瑞高端装备产业园着力打造现代化综合性钢铁配套产业园，逐步成为日照先进钢铁制造基地的重要物流节点；晨曦物流公司专业从事化工原料的采购、储运和销售，物流业务拓展到江西、江苏等省份；三运上海路仓储配送中心为威亚、坦迪斯、黄海粮油、亚太森博浆纸等企业提供专业精准的物流配送服务，解决了周边企业的原材料和产成品的仓储、运输问题。现代物流业与制造业良性联动发展，降低企业物流成本，实现价值链再造，为临港产业发展奠定了坚实基础。

2019 年临沂市物流业发展情况*

临沂以商立市，物流业与商贸业共生共荣、相互促进，在成就“中国市场名城”的同时打造了“物流之都”。

一、物流业发展情况

（一）物流行业持续繁荣

临沂拥有物流企业（含交通运输、仓储和邮政业）3316 家，其中，规模以上物流企业 277 家、国家 A 级物流企业 41 家、省星级物流企业及园区 57 家。物流园区 29 处，物流网络遍布全国，覆盖全国 2100 个县级以上网点，拥有 2000 多条国内配载专线，基本实现通达国内所有港口和口岸。全市公路货运量 4.08 亿吨，货物周转量 1438.91 亿吨公里，均居全省第一位；铁路发送货物 382.2 万吨、到达货物 1299.6 万吨，合计 1681.8 万吨；航空物流实现货运吞叶量突破 1 万吨。临沂市在库规模以上物流企业 277 家，共实现营收 145.6 亿元，其中，营收过亿元的企业 27 家。

公路运输方面，有道路货运企业 2305 家，具有专用运输资质的企业 983 家，其中大型物件运输企业 161 家、道路危险货物运输企业 26 家、货运场站 13 家。全市营运货车约 21 万辆，自有车辆较多的有希捷荣庆、宇顺物流、炳丰物流等企业，整合车辆较多的有鲁疆物流、中联物流、立晨物流等企业。铁路运输方面，专业从事铁路运输的物流企业主要有亚欧物流、欧亚物流、佳发物流、万发物流、江泉货运等。2019 年，铁路到发货物以煤炭、塑料颗粒、板材、工程机械及配件、五金百货为主。航空运输方面，2019 年航空物流货邮吞吐量突破 1 万吨，以邮件、生鲜水果为主。

（二）多式联运蓬勃发展

临沂—乌鲁木齐公铁联运甩挂多式联运示范工程、临沂公铁联运物流园入选山东省多式联运示范工程，临沂济铁物流园有限公司多式联运示范工程、山东众城物流“全程冷链”智慧绿色多式联运示范工程、传化公路港“一带一路”公铁水多式联运示范工程积极申报省第三批多式联运示范工程。临沂—乌鲁木齐公铁联运甩挂多式联运示范工程，公铁联运业务量约 105 万吨，增长率约 17%；海铁联运业务运输量约 186 万吨，增长 132%。临沂公铁联运物流园多式联运工程，全年实现货物吞吐量 94.8 万吨，同比增长 13%，初步形成 100 万吨公铁联运能力。临沂济铁物流园多式联运工程，年度完

* 供稿单位：临沂市发展和改革委员会。

成公铁联运量131.8万吨，同比增长超过20%。山东众城多式联运示范工程，开行了临沂到川渝地区的冷藏班列，自公铁联运业务开展以来，运输成本降低18%，货运量增长约10.6%。

（三）农村物流异军突起

全市通过统筹布局农村物流节点，加快节点网络化、模式多样化、平台智能化建设，基本构建了三级农村物流网络体系，降低了"最后一公里"物流成本，打通了工业品下乡、农产品进城的双向流通渠道，走出一条以农村商贸物流融合发展为主体、多种运作模式并存的农村物流发展路线。目前，全市建成县级分拨中心9处、乡镇物流站157处、村级物流点1005处，打造了莒南、沂水2个各具特色的农村物流服务品牌。

（四）邮政快递高速发展

全市快递企业93家，分支机构812家，末端网点2805家；全市共安装信报箱群2289组，智能包裹柜1870组，建设邮乐购站点7200个，便民服务站7769个。2019年，全市邮政行业完成业务收入（不包括邮政储蓄银行部分）41.89亿元，同比增长28.04%；快递企业完成业务量5.01亿件，同比增长50.55%，居全省第2位、全国第30位；快递业务收入30.51亿元，同比增长32.83%，居全省第3位、全国第44位。荣获"中国快递示范城市"称号，中邮集团邮政二级邮区中心局项目落户河东区。

（五）国际物流持续优化

深入融入"一带一路"建设，开行了临沂至莫斯科（明斯克）和塔什干方向的"齐鲁号"国际货运班列，全年到发41列。临沂港实现了集装箱公海联运，可直达东南亚、东北亚地区，与马士基、长荣等船公司和场站建立合作关系。临沂综合保税区进出口额、固定资产投资额倍增，进口肉类指定监管平台投入使用。临沂商城按照"政府示范、企业主体、市场导向"的思路，以"一带一路"沿线节点国家和地区为重点，积极与大型央企、海外华商、境外企业等合作，布局海外临沂商城、物流仓储中心，不断完善海外营销网络，目前已建成巴基斯坦、德国、匈牙利、沙特阿拉伯等9处"海外临沂商城"。

二、物流基础设施情况

2019年，临沂市交通运输、仓储和邮政业固定资产投资增长171.8%，其中完成交通基础设施投资265.5亿元。

截至2019年年底，全市铁路里程达693.3公里，其中高速铁路165.3公里、普通铁路528公里。胶新线纵贯南北，新菏兖日线横穿东西，坪岚、东平、枣临、沂沭、山西中南部通道临沂段相继建成投入使用，曲阜—临沂—日照高铁投入运营。全市现有、在建铁路货运专用线11条。

公路通车里程达29552.1公里，其中国道和省道2313.8公里，农村公路27238.3公里。全市以5条高速公路、8条国道和11条省道为骨架构建公路网络，实现所有县区连接高速公路，所有行政村通达硬化路，公路密度达到166.2公里/百平方公里。

临沂启阳国际机场改扩建工程进展顺利，航空货运枢纽投入使用，航空口岸获批正式开放，国际、国内航线达到62条，通航42个国际国内城市。

三、主要经验做法

（一）规划引领物流发展方向

近年来，临沂市制定了《临沂市物流业中长期发展规划》《临沂市智慧物流产业发展规划》，出台了《关于加快现代物流业发展的意见》。

（二）全面打通物流发展通道

实施“6767”立体通道工程，加快构建以公路物流为主体、铁路物流为重点、航空物流为突破的高效交通物流服务体系，努力构建内外互通、城乡一体、衔接有序的区域物流通道。

（三）培育壮大物流企业主体

培养壮大现代物流骨干企业。引导金兰、天源、兰华等物流园区向“公路港”转型，培育一批网络型、短途龙头型企业，提升交通物流枢纽服务水平和公路物流可持续发展能力。加快发展多式联运企业。加快完善铁路路网，发展“公转铁”运输模式，推进临沂济铁物流园、临沂公铁联运物流园区等一批公铁联运园区建设，推动中长距离货物运输由公路转移至铁路，降低运输成本。加快发展第三方物流。支持荣庆物流、立晨物流等第三方物流企业发展壮大，重点推动荣庆物流发展冷链物流、甩挂运输，支持立晨物流供应链管理、仓储质押融资和物流信息化快速发展。加快发展中小物流企业联盟。支持建立“1+1>2”中小企业联盟，整合物流企业设施设备和货源信息资源，扶持兰华金亮等物流企业联盟做大做强，推进经营集约化、管理组织化，打造行业品牌，增强整体竞争力。加快建设第四方物流平台。积极引导润泓物流和方圆供应链搭建第四方物流平台，推动代收货款营运安全监管和货物运输全过程监控。

（四）积极开展试点创新工作

大力发展多式联运，争取国家政策推动先进货运组织模式发展，支持临沂—乌鲁木齐公铁甩挂多式联运等项目先行开展试点工作。按照发展一批、申报一批、储备一批的原则，鼓励支持荣庆物流等企业申报网络货运经营资质。

（五）大力畅通城乡物流通道

以服务农业现代化、农民生产生活为出发点，坚持“政府引导、部门主管、市场运作”的原则，以县区为单位推进农村物流网络建设。加强农村物流与邮政、供销合作，健全扩大农村物流配送网络。开发农村物流信息平台，实现农业特色产品、农业生产资料以及运输服务信息共享。培育当地农村物流市场主体，因地制宜地开展农村物流工作，在农资及日用品配送基础上，支持企业设立农资配送中心及其服务网点，开展农产品进城，构建“工业品下乡、农产品进城”双向流通渠道。

四、下一阶段发展目标

2019 年，临沂市成功入选首批国家物流枢纽名单，我们将根据国家部署安排和工作要求，按照“转型升级、优势再造、继续引领”的工作思路，把政策用好、把政策用活、把政策用到位，全力推动临沂国家物流枢纽建设走在全国前列。

（一）推动物流业转型升级

引导主城区现有物流园区逐步向西迁移，建设集仓储、运输、分拨、配送、金融结算等功能于一体的规模化、标准化、智能化现代物流园区。引导物流企业更新技术装备，转变经营业态，向快递、快运物流转型。支持发展较好的物流企业优化国内物流网络布局，创建物流品牌，拓展国际物流通道。

（二）加快物流标准化建设

深入开展国家物流标准化试点，支持在行业内有影响力的物流企业提高标准化水平，鼓励参与物流相关标准的制定。对于服务商品类型相对固定、规格相对统一的物流企业，鼓励使用标准化托盘、集装箱、周转箱等标准化设施设备。对于零担干线物流企业，鼓励探索降本增效的内部管理和货运服务规范化运作流程。

（三）推进物流信息化发展

加快智慧物流配送示范城市建设，完善和优化现有物流信息平台在货源信息、车货匹配、运力优化、货物跟踪、支付结算等方面的功能，通过信息流形成并延长物流企业的服务链条。鼓励物流企业不断加大信息化投入，使用物流管理软件、蓝牙开票机等现代信息管理系统和先进信息技术装备，规范业务流程，实现货物全程可视化和企业诚信化建设。

（四）大力发展国际物流

加快临沂济铁物流园建设，尽早实现报关报检、公铁联运等功能配套。以临沂航空口岸正式获批开放为契机，探索开辟国际货运包机航线。充分发挥临沂综合保税区、临沂港等海关特殊监管区域的作用，积极申报指定查验场（口岸），大力发展保税仓储物流，积极复制自贸试验区物流创新政策，推广“单一窗口”。

2019 年聊城市物流业发展情况*

近年来，聊城市现代物流业得到了快速健康发展，服务水平显著提升。物流业的发展为经济社会的发展奠定了坚实的物质基础，为全市工业转型升级发挥了重要支撑作用，对于促进产业结构调整、转变经济发展方式、增创发展新优势具有重要意义。

一、物流业发展现状

（一）近年来现代物流情况

目前，聊城市注册资金在 100 万元以上的物流企业多达 2915 家，其中，注册资金 1 亿元以上的重点物流企业 10 家，分别为聊城交运集团有限责任公司、聊城盖氏邦晔物流有限公司、山东铁临物流有限公司、聊城一键达仓储物流有限公司、聊城鑫佳实业有限公司、聊城卓恒仓储物流有限公司、聊城恒鲜冷链物流有限公司、莘县东发地物流有限公司、莘县亚世达冷链物流有限公司、山东春秋运输有限公司。

注册资金 2000 万元以上的物流公司有 128 家，注册资金 500 万元以上的物流公司有 1076 家。在利税方面，2018 年，全市物流行业纳税金额 12.1520 亿元；2019 年，全市物流行业纳税金额 11.9423 亿元，2020 年 1—5 月，全市物流行业纳税金额 2.7592 亿元。

目前，聊城市大部分物流企业主要提供仓储、冷链、零担运输等一体化服务。

（二）全市已建成物流园区情况

目前，聊城市已建成物流园区 13 家，主要集中在开发区、高唐、茌平、临清。按照园区类型划分，有综合服务型 5 家、货运服务型 7 家、商贸服务型 1 家；按照投资规模划分，投资 5 亿元以上物流园区有 2 家，分别为聊城盖氏邦晔物流有限公司、山东人久久医药科技有限公司。

投资 1 亿 ~5 亿元物流园区 6 家，分别为聊城交运集团千千佳物流有限责任公司、临清青港物流园、高唐恒冠物流园、高唐兴昊物流园、茌平信广物流园、聊城舜海物流园。

投资 1 亿元以下 4 家，分别为聊城市香华物流有限公司、高唐县运输一公司物流园、聊城交运集团高唐千千佳物流有限责任公司、茌平区海恒顺物流配送服务有限公司快递物流园项目。

另外，在建园区 1 家，为开发区鸿庆冷链智慧物流应用平台，总投资 16 亿元。

---

* 供稿单位：聊城市发展和改革委员会。

已立项园区 5 家，分别为东阿县水产品冷链物流产业园，总投资 1.5 亿元；新希望六和集团（东阿）食品产业园冷链物流建设项目，总投资 2.5 亿元；山东东财冷链物流产业园，总投资 5 亿元；山东精创贸易电子商务物流产业园，总投资 3640 万元；东阿泉润智慧农商物流园，总投资 12 亿元。

二、物流业发展中存在的主要问题

（一）缺乏有效可行的整体规划

“十三五”期间，聊城市制定出台了《聊城市服务业“十三五”发展规划》，其中包括交通与物流部分；根据《全省物流业转型升级实施方案（2014—2020）》，撰写了《聊城市推动物流业发展规划意见（2015—2020）》的初稿，《聊城市服务业“十三五”发展规划》与《聊城市推动物流业发展规划意见（2015—2020）》的初稿之间缺少有效对接，加之机构改革，政府各部门职能转换，聊城市物流业发展缺乏有效可行的整体规划。

（二）基础设施相对滞后，未能满足现代物流发展的要求

目前，物流园区、物流配送中心等物流运作基础设施大部分还处于规划起步阶段，物流基础设施之间不衔接、不配套问题比较突出。物流资源分散，公路、铁路等基础设施未能有效联运互动。公路站场运输能力不足，客货同场作业现象普遍存在；现代物流园区的集聚效应尚未发挥，物流网络作用暂未体现。农村地区物流配送体系未能实现行政村全覆盖，巨大的农村物流需求市场亟待开发。

（三）物流企业核心竞争力不强

物流企业的经营管理理念落后，规模不大，实力不强，服务方式和手段比较原始和单一，多数从事物流服务的企业只提供运输（送货）和仓储服务，在流通加工、物流信息服务、库存管理、物流成本控制、物流方案设计、全程物流服务、供应链管理等物流增值服务方面有待提升。没有形成大型的、有实力的、拥有跨地区甚至全国性网络的物流骨干企业和龙头企业，导致物流市场的整体运营成本较高。

（四）现代物流信息系统尚未广泛应用

目前，大部分物流企业采用传统的运作方式，开展物流业务多数只停留在储存、运输、装卸方面，利用各自的信息平台运营，缺乏统一的行业标准，使信息资源无法对接和共享。物流信息系统、电子数据交换技术和货物跟踪系统等尚未广泛应用，信息传输的速度和准确性有待提高。同时单据处理成本、库存成本、差错成本、人力成本也未能得到有效控制，这大大影响了物流管理水平和服务质量的提高。

（五）现代物流发展环境有待进一步改善

现代物流业是一个跨部门、跨行业、跨区域的新型服务系统，其发展壮大需要多行业、多部门配合，需要无缝连接和快速贯通。但目前分行业、分部门的管理体制造成条块分割现象较为严重，比如，

发展改革委负责拟定物流业发展规划，商务投资局负责冷链，交通运输局负责道路运输，难以实现有效配合和协调，影响了各种物流功能和物流服务方式的协调发展。物流项目建设工地周边环境还存在各种各样不和谐现象，并且协调难度大，严重影响了现代物流业的发展。物流业统计数据收集滞后，未能客观全面反映物流业发展现状。

（六）对现代物流的认识有待提高

现代物流理念尚未普及，有些部门和企业对现代物流业地位和作用的认识仍不到位，存在“重生产、轻流通”的思想。相当一部分生产和流通企业仍没有将物流管理从企业的核心业务中剥离出来交给独立的物流服务单位运作，致使大量潜在的物流需求不能转化为有效的市场需求。

三、下一阶段发展目标

（一）做好现代物流业发展顶层设计

学习先进地区经验，建立现代物流业发展联席会议制度和恢复物流统计季会审制度，邀请国内物流行业专家和聘请第三方中介机构，结合聊城市物流业发展实际，对照国内外物流行业先进理念、先进技术、先进经验制定出“十四五”期间切实可行的现代物流业发展规划，共同研究并解决物流业发展中的瓶颈；加强对已出台文件的调度落实，按照《聊城市人民政府办公室关于推进物流降本增效促进实体经济发展的通知》（聊政办发〔2018〕32号）的任务分工，制定工作落实责任表，对相关部门工作落实情况进行调度。

（二）抢抓机遇，加快推动聊城市成为区域性综合交通枢纽

《山东省综合交通网中长期发展规划（2018—2035年）》提出了全力推进以济南和青岛为核心的“2+4+N”城市综合枢纽建设，下一步我们要依托区位优势、抢抓机遇，大大提升聊城作为重要节点城市的资源配置功能，加快形成区域性综合交通枢纽。落实《聊城市东昌府区高铁新城发展战略总体策划》（以下简称《策划》），将高铁物流港（园区）作为引擎项目进行统筹安排和科学规划，打造高铁物流创新发展试验区和京冀鲁豫区域性物流集散和分拨中心，发展高铁快运、冷链物流、多式联运、流通加工和总部办公等业务。同时，在《策划》正式出台以后指导城市规划设计工作，预留高铁物流港（园区）的发展空间。

与山东高速物流集团开展合作，打造鲁西国际智慧物流产业园区。规划中的园区依托山东高速物流集团欧亚班列、智慧物流骨干网等资源以及丰富的物流标准化服务和供应链投资运营经验，充分发挥东昌府区交通区位优势，计划打造集欧亚班列发运中心、智慧物流骨干网仓储配送中心、产业园区、保税物流、智慧物流大数据、跨境电商、供应链金融服务等功能为一体的综合物流中心。

（三）整合发展农村物流市场

借力“新基建”，探索新物流，打通农村物流“最后一公里”与“最初一公里”，实现“消费品下乡”和“农产品上行”的双向流动，致力推动三产融合，城乡融合推动产业振兴发展，逐步克服农

村居住分散，交通基础设施较差，农产品种类分散、规模不大，物流成本高、效率低，生鲜农产品易损耗腐烂等不利条件。扶持社会资金研发投建本土化农村电商平台，建立起城区网点配送团队，乡村网点配送团队，以“互联网+”的运营模式将副食公司、果品公司、粮油供应公司、文化产品公司、跨境电商公司等有机结合，实现线上线下O2O互通，为人民提供便捷、便宜及安全的产品。

（四）积极推广无车承运人物流运作新模式，继续扩大无车承运人的试点范围

联合市交通运输局支持无车承运人企业在城市配送、农村物流、冷链物流等重点物流领域推广无车承运物流模式，鼓励企业探索无车承运模式与多式联运、甩挂运输、共同配送等先进运输组织方式融合应用的发展路径，引导企业与生产制造、商贸流通、电子商务等供应链上下游企业开展多种形式的联盟合作。联合交通运输部门加快推进聊城市无车承运平台资质的申报，重点培育山东万和通物流有限公司、茌平信发物流公司、聊城交运集团千千佳物流公司拓展无车承运业务。

（五）充分发挥“青港物流”多式联运示范带动作用

目前，青港物流已列入山东省第二批多式联运示范工程。下一步鼓励青港物流继续扩大规模，与交通运输部门和当地政府一起共同推荐争创国家级多式联运示范工程。同时，加强对多式联运发展的监测分析，形成经验及时复制推广。

重点推进临清内陆港、山东铁临物流“两国双园”项目建设。其中，临清内陆港项目总投资4亿元，港区占地200亩左右，建设仓库5000平方米、货站及堆场60000平方米、拆箱分拣场地1000平方米以及配套的卡口、监控系统等。项目一期工程占地150余亩，总建筑面积17500平方米。项目实施后，每年可实现发运集装箱30万标箱，主营业务收入3.9亿元，上缴税金1100万元，新增就业200人，带动当地辅助物流运输业的发展。

山东铁临物流“两国双园”项目，计划投资建设临清保税物流园区、哈萨克斯坦保税物流园区两个物流园区。临清保税物流园区一期计划总投资10亿元，占地450亩。建设4万平方米物流大厦、1.3万平方米物流服务区、10万平方米仓库、7.6万平方米货场及其他配套设施；项目建成后集运输、仓储、配送、站场经营等为一体，年物流吞吐能力达300万吨。哈萨克斯坦保税物流园区一期计划总投资7亿美元，占地736公顷。拟建办公楼、会展中心、职工宿舍、仓库等共占地12万平方米，并且设有两条2000米的铁路专线，购置装卸、运输、称量等配套设备。规划农牧业加工区、林业加工区、轻工业制造加工区、机械制造加工区、物流仓储区、会展贸易区、综合服务区和其他加工区（天然气、矿产加工等）八大产业板块，分两期建设，建设期限为五年。

（六）加强物流管理人才引进和培训力度

通过多种渠道，完善人才开发、培养体系，建立健全系统的物流人才培养与引进机制。大力培养与引进专家顾问型、企业家型、高级专业技术和经营管理型的高层次人才。充分发挥聊城市物流与交通运输协会的作用，邀请国内物流行业领导、专家和学者，举办高层次物流发展论坛、研讨会，就物流业发展最新动向和趋势进行解读，为聊城市物流业存在的突出问题提供解决方案，为物流企业管理人员提供更广阔的思路。

（七）加大政策宣传引导

大力宣传发展现代物流业的重大意义，深化各级政府部门及企业对发展物流业促进产业升级转型重要性的认识。积极探索物流新技术、新业态，总结与推广物流网络化、数字化、智能化转型升级的典型案例和成功经验，加大试点示范工作的宣传力度。

2019 年滨州市物流业发展情况*

一、物流业基本情况

（一）物流业占据全市经济重要地位

2019 年，滨州市交通运输、仓储和邮政业实现增加值 168.20 亿元，增长 6.0%，总量占 GDP 的比重为 6.8%，是全市国民经济支柱产业。其中，道路运输业实现增加值 129.00 亿元，占 GDP 的比重为 5.2%，占交通门类的比重为 76.7%；装卸搬运和仓储业、邮政业、管道运输业、铁路运输业、水上运输业、多式联运和运输代理业、航空运输业分别实现增加值 11.42 亿元、9.93 亿元、6.24 亿元、4.24 亿元、3.93 亿元、2.63 亿元和 0.81 亿元，合计占交通门类的比重为 23.3%，占 GDP 的比重为 1.6%。分县市区来看，滨城区、博兴县、邹平市交通运输行业规模较大，2019 年分别实现增加值 35.00 亿元、34.50 亿元和 27.43 亿元，合计占全市比重 57.6%；无棣县、阳信县、沾化区、惠民县在第二梯队，增加值分别为 16.91 亿元、11.84 亿元、11.50 亿元和 11.41 亿元；开发区、高新区、北海新区分别为 6.39 亿元、4.23 亿元和 8.99 亿元。2019 年，北海新区和惠民县增加值增速较快，分别为 20.4% 和 10.0%；阳信县和无棣县增加值增速较慢，分别为 3.5% 和 1.9%。

（二）物流企业经营平稳

2019 年全市规模以上的交通运输、仓储和邮政企业 142 家，资产总计 149.66 亿元，期末用工人数 1.83 万人。实现营业收入 103.15 亿元，增长 4.0%。其中，1 亿元以上 23 家，10 亿元以上 1 家。道路运输企业 120 家，水上运输企业 6 家，天然气管道运输企业 1 家，出口运输代理企业 2 家，装卸搬运和仓储业 10 家，邮政快递企业 3 家。分县市区看，规模以上交通运输业营业情况与当地工业及经济社会发展水平基本相匹配。市中心城区滨城区客运业务比较集中，工业经济相对发达的无棣县、博兴县、邹平市货运量大，四个县区单位数分别是 24 家、31 家、23 家、23 家，年营业收入分别为 21.17 亿元、14.60 亿元、31.25 亿元、17.61 亿元。惠民县和沾化区工业及经济总量次之，单位数均为 13 家，年营业收入分别为 4.80 亿元和 5.78 亿元。阳信县、高新区、北海新区，经济总量偏小，发展起步较晚，规模以上单位数分别是 5 家、6 家、4 家，营业收入分别是 4.03 亿元、1.69 亿元、2.22 亿元。

（三）物流行业结构持续优化

近年来经济增速下滑，导致货物道路运输市场需求疲软；国家安全生产、环保治理力度不断加大

---

* 供稿单位：滨州市发展和改革委员会。

以及社会物流成本压减，导致货物道路运输逐步向管道运输、铁路运输转变；家用轿车的快速普及，挤占了大量的中短途客运市场。以上三方面对以道路运输为主的滨州市交通运输行业造成较大影响，2015—2019 年道路运输企业营业收入增速下滑态势明显，五年增速分别为 29.7%、21.6%、7.7%、-14.1%和-0.7%。道路运输业经营困难显现，倒逼行业加快转型升级步伐。部分道路运输企业借助产业链条延伸，将单一运输形式向多式转变，不断增强服务能力；主动对接宏观政策，注重宏观因素分析，将业务开展与国家大政方针统筹考虑，不断增强适应能力；应用新技术新手段，通过信息化建设提升企业日常管理水平，不断压缩运行成本；通过加大培训力度提高员工素质，不断增强企业管理能力。在道路运输业经营困难的同时，现代新兴物流行业快速发展，行业结构不断优化。邮政快递业近几年高速增长。2019 年全市邮政行业业务总量达 20.74 亿元，同比增长 48.2%，是 2015 年的 4.5 倍，年均增长 45.4%。其中，快递业务量达 7606.24 万件，同比增长 45.7%，是 2015 年的 5.8 倍，年均增长 55.0%。水路运输、铁路运输业快速发展。规模以上水路运输业企业由 2015 年的 3 家增长到 6 家，营业收入由 0.27 亿元增长到 6.43 亿元，年均增速 165.5%。2019 年全市铁路完成客运量 136.91 万人，同比增长 236.3%；完成货运量 764.28 万吨，同比增长 68.74%；客运量和货运量分别是 2016 年的 4.6 倍和 2.0 倍，年均增速分别为 66.3%和 25.3%。管道运输业规模稳步扩张。规模以上管道运输企业营业收入规模由 2015 年的 3.27 亿元增长到 7.04 亿元，年均增速 11.6%。

（四）物流业发展环境不断改善

国家减税降费向物流行业倾斜力度大，运输业的增值税税率在 2018 年 5 月由 11%下调为 10%，在 2019 年 4 月由 10%下调为 9%。2019 年全市规模以上交通运输业应交增值税 1.90 亿元，同比下降 6.9%，低于同期营业收入增速 10.9 个百分点；其中道路运输业增值税 1.64 亿元，同比下降 10.9%，低于同期营业收入增速 10.2 个百分点。"放管服"改革持续深化，行政执法环境不断改善，公路"乱设卡，乱收费，乱罚款"问题得到有效治理；政府职能部门对企业生产经营中反映的单一介质影响运输效率、危险品车辆挂牌"一刀切"等问题更加关注，服务意识显著增强，努力帮助企业解决实际困难，物流业行政管理水平不断提升。2019 年，滨州市强优势、补短板，出台一系列稳增长促投资政策措施，基础设施投资等多领域降幅持续收窄，交通运输、仓储和邮政业完成投资同比增长 3.2%，高于同期第三产业增速 1.7 个百分点，高于全社会固定资产投资增速 26.7 个百分点，其中，铁路运输业增长 20.1%、道路运输业增长 16.4%。

二、存在的问题

（一）支柱产业支撑作用不强

交通运输仓储和邮政业在滨州市经济中占据重要地位。但是纵向看，发展相对较慢，占服务业比重持续降低，2009—2019 年下降 2.6 个百分点。

（二）行业结构有待优化

道路运输业在滨州市交通运输业市场主体中一家独大。2019 年规模以上道路运输业企业有 120 家，占交通门类的 84.5%，占比高于全省平均水平 13.8 个百分点；从业人员占比 86.7%，高于全省平均水平 37.5 个百分点；营业收入占比 78.5%，高于全省平均水平 44.2 个百分点，是全省平均水平的 2.3 倍；资产总计占比 77.0%，高于全省平均水平 48.0 个百分点，是全省平均水平的 2.7 倍。其他运输方式企业少，特别是现代新兴运输业行业占比明显低于全省平均水平。滨州市铁路运输业、航空运输业没有规模以上企业，无法反映该行业发展情况。多式联运和运输代理业、装卸搬运和仓储业占交通行业的比重分别为 1.4% 和 7.0%，比重分别低于全省平均水平 8.5 个和 4.0 个百分点。道路运输中，客运企业 8 家，货运企业 112 家；货运企业中，普货运输 81 家，危险品运输 27 家，冷藏运输 1 家，路桥企业 3 家。道路运输业长期依靠传统、低门槛、低附加值的运行模式，普通货物运输数量多，冷链物流、甩挂运输、多式联运等高技术含量、现代先进道路运输方式发展相对不足。

（三）物流市场发展层次不高

调研发现，滨州市物流企业处于多、散、小、弱的状态，组织化、专业化、信息化程度普遍较低，多数企业条件简陋，服务方式和手段传统单一。滨州市交通年报数据显示，目前全市道路货运企业主体仍以个体户为主，比重超过 90%。全市规模以上交通运输企业中，年营业收入上亿元的仅 23 家，年营业收入不足 5000 万元的企业占 7 成，1/3 的企业年营业收入不足 2000 万元，且营业额较大的企业中也不乏没有实体经营仅代为开票的企业，实力强、有地区影响力的第三方物流企业发展不足，企业信息化、自动化、网络化、智能化程度低，难以形成综合、高效、便捷的社会服务网络。当前经济下行物流市场整体供大于求的局面下，互相压价，无序竞争，利润空间收窄。长友物流反映："有的业务运输价格太低，开展就亏损，不如直接不做"。

三、下一阶段发展目标

物流业已经进入以转型升级为主线的发展新阶段，应顺应趋势，以市场为导向规划、补齐基础设施短板，整合物流信息、市场主体资源，加快从追求规模速度增长向追求质量效益增长转变，从成本要素驱动向效率提升、创新驱动转变，进一步推动行业提质增效。

（一）以市场为导向补交通基础设施短板

交通基础设施是物流行业发展的前提，交通设施短板制约物流业快速发展，应该以市场为导向加快铁路、港口、管道等设施补短板步伐。中共十八届三中全会提出要"使市场在资源配置中起决定性作用"。习近平总书记强调"规划的起点在于老百姓"。这些都说明交通基础设施建设的决定因素是市场情况和人民群众的出行需求。交通设施建设需要投入大量的财政资金，投资方向直接决定资金使用效率，规划科学将对行业发展形成强大助力，要广泛听取市场主体和人民群众的意见建议，解决好人民群众最关心、最直接、最现实的利益问题，而不能由政府部门主观决定。市场发展到哪里，资源就应该配置到哪里，经济活跃的行业和区域应该得到更大关注。聚焦快递等高速发展的行业、经济快速崛起的区域以及使用频率超高的线路等对物流设施高度需求的领域，重点关注，重点完善，以市场为导向补基础设施短板。

（二）大力支持行业资源整合

一是支持物流信息整合。顺应并推动“互联网＋”物流，建立全国联网的物流信息发布平台，将物流信息第一时间发布到各市场主体，运用信息技术和现代化管理理念，将物流各要素结合起来，形成网络信息整体，转变运输发展方式。二是推动市场主体整合。当前道路运输市场个体户占比高，这种结构不利于行业发展。而较为正规的运输企业招聘难，驾驶员缺口较大，不利于企业做大做强。据京博物流反映，当前该公司的司机主要是“70后”。在这种情况下，政府应该积极采取措施，通过采用社保、税收等各种激励政策，推动运输个体户转变为物流公司员工，降低个体户比重，为物流企业提供员工保障，改善物流市场主体机构，加快物流行业转型升级步伐。

（三）有针对性地招引物流高端人才和领军企业

“互联网＋”物流信息系统建设，对物流行业的健康、跨越发展起着至关重要的作用，可谓“一招破题，满盘皆活”。当前正值物流业转型关键时期，急需一批既懂物流理论，又长期参与企业管理，熟悉行业发展规律，并通晓计算机软件信息技术的高端物流行业领军人才。因此要在“双招双引”上转变思路，集中资源针对特定企业、特定人才重点突破。明确行业发展短板，有针对性的引进特定企业、特定人才补齐发展短板，激活存量。对于行业高端人才可以给出更多优待条件。让高端人才植根滨州，规划行业发展，参与经营实体建设和运营管理；给予领军企业更好的发展环境，通过示范带动效应，提升行业发展水平。淘宝网通过“互联网＋”零售带动行业转型升级并形成新的商业模式，滴滴出行通过网络平台整合客运资源，大幅提升客运效率。这些先进的模式直接带动行业跨越式发展，都可以成为滨州市物流业转型发展的参考。

2019 年菏泽市物流业发展情况*

一、物流业发展现状

（一）具有发展物流产业良好区位优势

菏泽是重要的区域性交通枢纽，是鲁苏豫皖四省交界地区重要节点城市。菏泽位于东部沿海发达地区与中西部地区的过渡地带，属于济南与郑州辐射弱区，200 公里范围内有 1.2 亿人，是山东省中东部地区面向中原经济区的重要窗口，区位优势明显，具备建设全国性综合交通枢纽的基础条件。菏泽枢纽已建成京九、菏兖日铁路和日兰、济广、德上、菏宝高速公路，对外交通能力显著提升。随着鲁南、雄安至商丘高铁，菏泽至徐州、菏泽至濮阳、菏泽至枣庄城际铁路建设的全面提速，机场、港口、出城口道路等重大基础设施建设的整体推进，菏泽作为全国二级物流节点城市的作用日益显现，为快速发展现代物流业提供了良好的基础条件。

菏泽是国家交通枢纽城市（原交通部2008 年确定的196 个国家交通枢纽城市之一，2019 年省发展改革委确定的区域交通枢纽城市），整体交通框架基本形成。两条干线铁路、六条高速公路及国省道纵横交错，与内河水路共同构成菏泽市的对外交通网络。近年来又规划建设了菏泽机场、鲁南高铁、雄商高铁、沪太高铁，建成了两条高速公路，以高速铁路、普通铁路、高速公路、航空运输为主体，以洙水河航道、万福河航道，三条油气管线（日照东明输油管线、中石油的平泰支线、中石化的中开支线）为辅的大交通运输框架已呼之欲出。

（二）物流基础设施体系初步形成

物流基础设施是现代物流业发展的前提和基础，近年来，菏泽市加大了物流基础设施建设，为现代物流业发展创造了较好的条件。全市初步形成了物流园区、配送中心、末端网点等现代物流网络体系。菏泽市有物流园区 23 个，全市龙头冷链物流企业达到 15 家，储存能力达到近 27.5 万吨，佳和、三信、喜地、华瑞集团等商贸企业大力发展的社区连锁便利店、生鲜菜店以及天猫优品店、京东便利店、苏宁小店达到1300 家。特别是近年来随着农村电子商务的发展，菏泽市大力推进了电商、快递、物流协同发展，努力构建城乡一体的配送体系，推动“快递下乡”工程向“快递进村”工程升级换挡，推动建设规范化末端网点 818 处、便民服务站和“村邮站”7358 处、村级“快递服务站”115 家、智

* 供稿单位：菏泽市发展和改革委员会。

能快件箱518处，全面做好“最后一公里”配送问题，实现“快递下乡”，建设村直接通邮全覆盖，为群众提供优质的揽投服务。

航空物流建设稳步推进。菏泽牡丹机场近期规划占地面积2306.1亩，工程总投资19.79亿元，按照年旅客吞吐量90万人次、货物吞吐量6500吨、飞行区等级指标4C设计。菏泽牡丹机场通航后能进一步完善菏泽物流现有的运输方式，改善综合交通运输网络，提高综合交通运输整体效率和效益，奠定菏泽二级枢纽城市的基础。

冷链物流基础设施建设不断增强。2017年定陶区在蔬菜、果品主产区建设蔬菜果品简易冷藏库、组装式冷藏库、热泵控温控湿等贮藏、烘干设施39座，曹县在蔬菜主产地建成58座冷库。巨野县建成100吨果蔬组装式冷藏库34座、200吨3座、500吨1座，改建100吨组装式冷藏库4座。城县共建成冷藏库50吨1座、200吨2座、100吨31座。2018年在定陶区，开发区、曹县、成武县、单县、巨野县六个县区共建设冷库97座。目前在全市形成近30个小型冷库群。

（三）物流总量快速增长，辐射带动作用不断增强

近年来，菏泽市经济运行质量稳中向好，产业结构逐步优化，2016—2019年全部工业增加值、财政收入、全社会固定资产投资、社会销售品零售总额逐年提高（见图1），2019年全市实现地区生产总值（GDP）3409.98亿元，居全省第8位，可比增长6.3%，居全省第4位。

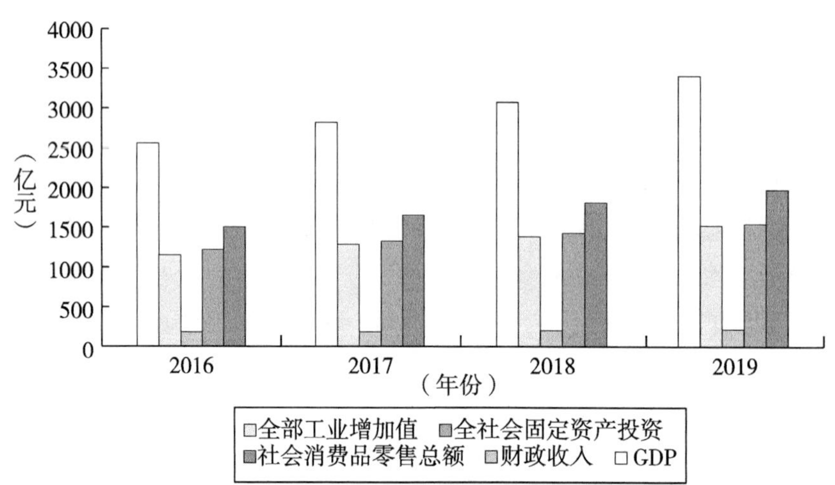

图1　2016—2019年菏泽市主要经济指标

三次产业结构调整为9.5∶42.6∶47.9，第三产业占比超过第二产业5.3个百分点，产业结构更趋合理。其中，物流业发展迅速，产业规模不断壮大，物流业占全市经济总量的比重不断增加，货运量和货物周转量逐年递增，全市物流规模不断扩大，这对菏泽市经济发展起到了重要的支撑作用。2019年全市货运量、货物周转量分别达到1.77亿吨和326.6亿吨，分别增长12.1%、2.4%；全市商贸物流业交易总额约4280亿元，同比增长11.45%，占全市地区生产总值和服务业增加值比重分别达到5.4%和13.2%，物流业已成为菏泽市服务业的重要支柱产业。2016—2019年菏泽市商贸物流业交易额如图2所示。

当前，一批重大物流项目正加快推进。菏泽市省级重点项目、地方政府专项债券项目、省拟观摩项目和拟列入市重点项目中，物流项目26个，总投资353亿元，2020年计划完成投资146亿元。这些

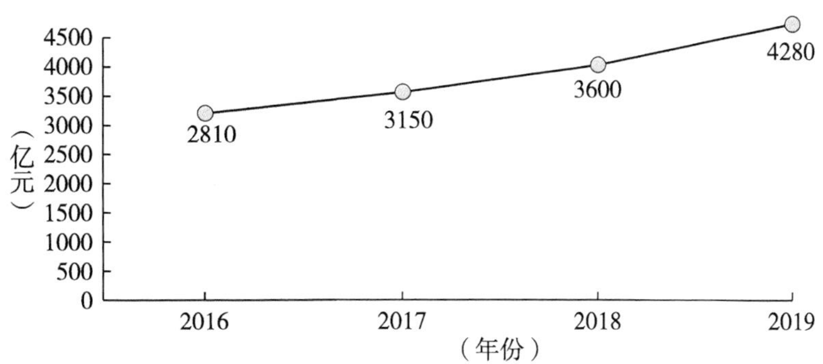

图2 2016—2019年菏泽市商贸物流业交易额增长趋势

项目将为菏泽市物流业大发展提供有力支撑。2019年全市公路货物运输量17744万吨，公路货物运输周转3266155万吨公里。快递物流发展迅速，2019年全市快递服务企业业务量累计完成10366.84万件，同比增长68.67%；全市快递服务企业业务收入累计完成8.69亿元，同比增长30.46%。邮政快递行业业务量也连续多年保持50%以上的增长幅度，居全省前列。

（四）市场主体发展壮大，助力菏泽物流高质量发展

近年来，菏泽市委、市政府加强对交通物流企业的培育扶持，具有创新经营意识的物流企业快速成长，形成了一批所有制多元化、服务网络区域化和服务模式多样化的市场主体。

目前，全市正常运营中的运输企业1661家，其中仓储配送类473家、货运代理405家、第三方物流企业31家、道路运输企业221家、快递企业58家，占比分别为40%、34%、3%、18%和5%；现有营运货车64506辆，其中普通货运车51851辆、大件运输车1342辆、货物专用运输车9156辆、危险品货物运输车2157辆。企业从业人员11万多人（含司机群体）。快递企业发展迅速，"四通一达"、京东、苏宁、菜鸟等知名企业站点相继落户菏泽市。全市各类物流企业分布如图3所示。

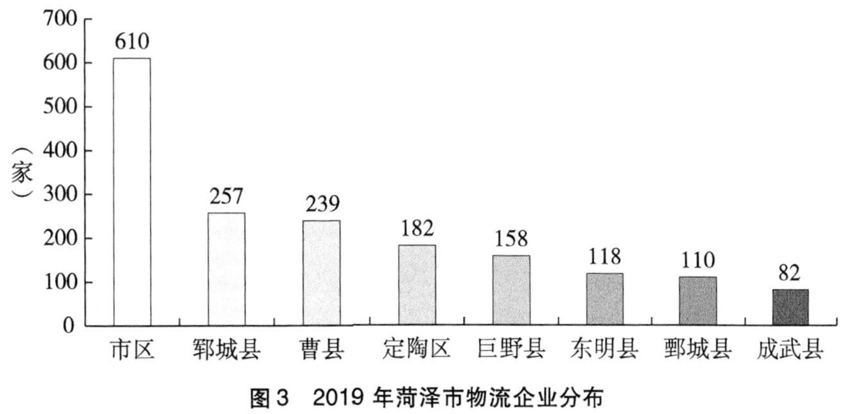

图3 2019年菏泽市物流企业分布

（五）商贸物流优势凸显，物流业态日益完善

菏泽市紧紧抓住"互联网+"机遇，改造提升传统物流企业，引入发展现代新型业态，培育发展了一批以农副产品、冷链物流、汽车贸易、生物医药、能源化工等为主要业务内容的特色物流产业，初步形成了"一核、两轴、四区、多中心"的空间格局，为大物流产业发展创造了有利条件。同时，

“冷链＋高效物流”“铁路＋中转集放＋城市配送”等新业态、新模式不断涌现，先进运输组织方式发展迅速，多业联动、跨界融合发展趋势日益增强，企业创新能力不断提升，菏泽市物流业发展取得了显著成效。

近年来，菏泽市采取了多种举措推进商贸物流业发展，具体表现在以下三方面。一是冷链物流示范带动效应显现。全市有12家示范企业实现冷链信息实时监控，数据直采率达到100%，有效保障食品质量安全。同时，助推企业新增外贸出口业务，曹县海纳食品、巨野润邦、源泉食品合计新增出口业务量100万吨。二是智慧便利店进社区项目快速发展。全市设有智慧便利店280家，山东优美家家居搭建“东明U服”平台，依托“互联网＋”背景，拓宽农产品销售新途径，实现农产品统一配送进社区的“一站式”服务，目前已入驻社区29个。三是商贸物流标准化试点进展顺利。围绕标准托盘循环共用体系、“互联网＋”物流综合信息服务平台建设，全市投入资金1000余万元，购置标准托盘6.2万片、周转筐10.2万个，开展带板运输、标准化作业，实现商贸物流降本增效。

（六）要素保障能力提升，发展环境不断优化

1. 公路网逐步完善

截至2019年年底，全市农村公路总里程达到25394.5公里。其中一级公路96.5公里、二级公路1140.8公里、三级公路1662.2公里、四级公路22495.0公里，分别占全市总里程的0.4%、4.5%、6.5%、88.6%。

2. 内河航道快速发展

根据山东省人民政府批复的《山东省内河航道与港口布局规划》，菏泽市规划建设了四条航道。目前，洙水河航道已通航，巨野港日吞吐量近万吨；新万福河复航工程全长61.3公里，正在建设中，预计2020年通航；郓城新河航道全长24.5公里，正在加快推进前期工作，2020年开工建设；东鱼河航道项目全长约110公里，正在进行规划论证。项目全部完成后，菏泽市将有四条航道与京杭大运河相连，通航里程146.9公里约占全省内河通航总里程的11.3%。

3. 铁路网日益发达

鲁南高铁菏泽至曲阜段，菏泽境内全长71.8公里，2018年12月10日开工建设，预计2021年建成通车；鲁南高铁菏泽至兰考段，山东省境内线路全长43.878公里，2020年开工建设，预计2021年建成通车。雄商高铁菏泽段，全长约145公里，2020年开工建设，预计2022年建成通车。高铁菏泽东站2020年开工建设。根据济南局集团统计数据，截至2019年年底，菏泽市境内共有铁路专用线21条，菏泽市铁路专用线项目布局了新建铁路专用线19条，新增正线总里程约232.3公里。

4. 机场建设如火如荼

菏泽牡丹机场项目占地2306亩，计划建设1条长2600米、宽45米的跑道，拥有1万平方米航站楼和9个机位的站坪，建设1座塔台和1400平方米航管楼。目前已全面开工，预计2020年通航。此外，菏泽市还规划了8个通用机场。

5. 农村物流建设持续发力

根据《省交通运输厅关于报送2019年乡镇运输服务站投资计划的紧急通知》要求，菏泽市曹县、成武县、单县、巨野县、鄄城县、东明县、郓城县7个县的12个乡镇输服务站项目入选山东省乡镇运输服务站建设项目库，其中成武县、单县、鄄城县、东明县、郓城县5个县的7个项目列入2019年山

东省乡镇运输服务站建设项目库，曹县、单县、成武县3个县的5个项目为2020年建设计划。2019年建设计划的7个项目建设基本具备运营功能，2020年建设计划的5个项目正在建设中。

二、下一阶段发展思路和目标

秉持“世界眼光、一流标准、菏泽优势”理念，以新旧动能转换为统领，树立“标准化引领、供应链整合、大数据支撑、一体化运营、集成化布局、绿色化发展”思维，坚持目标导向和问题导向并重，着力培育创新驱动、项目带动、政策促动三大动能，抓住山东新旧动能转换综合实验区、黄河生态保护和高质量发展国家战略及山东省委、省政府关于“突破菏泽、鲁西崛起”等机遇，认真实施“466”发展战略，把菏泽建设成为黄河中下游区域性物流中心、中国智慧冷链物流名城、中国特色电商物流集聚中心，构筑服务中原大地、东西双向互济、陆海内外联动、内外贸一体化融合发展的高端高质量商贸物流集聚区和鲁西南物流业对外开放合作新高地，促进物流数字转型、智能升级和融合创新发展，为推动菏泽经济综合实力持续跃升、沿黄流域经济社会协同发展提供基础性、战略性物流服务保障。

三、下一阶段发展重点

服务“231”特色产业体系，重点围绕医药物流、农产品冷链物流、电商快递物流、危化品物流、大宗货物物流和干支配物流进行整合，培育配强物流市场主体，提升产业集聚度和竞争力，着力形成四大特色物流产业集聚区。

（一）菏泽国际内陆港物流产业集聚区

主要依托济铁菏泽物流园、内陆港保税物流中心、菏泽国际贸易港和大宗商品交易中心，建设内陆港公铁水联运货物集疏运中心、多式联运监管中心、欧亚班列区域集结中心、保税物流中心、大宗货物交易平台和内外贸一体化融合发展的供应链物流服务中心。打造菏泽物流业发展的核心区和主要增长极、国际物流大通道重要枢纽基地和区域开放合作新高地。

（二）齐鲁医药康养物流产业集聚区

菏泽医药产业具有强大生产和研发能力，依托规划建设的菏泽现代医药港和三大医药园区，积极发展现代医药、中成药、颐养康健产品，整合现有医药物流资源，布局建设省内最大的医药康养物流集聚区，成为菏泽物流产业新亮点、医药康养物流新高地。

（三）菏泽农村电商快递物流产业集聚区

依托天华电商物流园和曹县农村电商规模优势，推动电商物流数字转型、智能升级，构建线下生产、线上交易、快递支撑、产城融合、配套服务电商产业链，打造电商产业一体化发展的菏泽新模式，整合形成“两园、多点”布局的中国最大农村电商物流产业集聚区。

（四）鲁西南农产品冷链物流产业集聚区

依托菏泽智慧冷城和菏泽农产品规模优势，推动农贸和冷链产业转型升级，带动农业生产（种植、养殖）、农产品流通和居民消费的绿色化、标准化、可追溯，打造菏泽“喜地”农产品品牌，增强辐射影响力，构建辐射苏鲁皖豫、带动能力强大的农产品冷链物流发展高地。

第三部分

调研报告

新旧动能转换背景下的山东省物流企业发展情况专题调研报告

一、绪论

随着经济的迅速发展，旧动能已不能适应时代发展要求，新旧动能的转化成为必然。物流是国民经济发展的动脉，物流产业是结合运输、仓储和信息处理等环节的复合型服务产业，加快发展现代物流业，在新旧动能转化的背景下作用是巨大的，能够助力山东省新旧动能转换进程，促进山东省经济结构的转型和发展。

（一）调研背景

新旧动能转换是指将高能耗、高污染、低效率、低质量管理模式的传统产业转化为新技术、新产业、新形式、新功能、新特色的新模式，是我国经济发展到一定程度的必然进程。2015 年 10 月，李克强总理首次在政府会议中提出“我国经济正处在新旧动能转换的艰难进程中”，“新旧动能”一词首次正式出现在国家领导人讲话中，自此，“新旧动能”开始在中央和地方政府工作报告和主要领导人讲话中频繁出现。2020 年政府工作报告指出，要依靠改革激发市场主体活力，增强发展新动能，推动制造业升级和新兴产业发展，提高科技创新支撑力。

山东省经济结构与全国高度相似，典型示范性强，是全国经济发展的一个缩影，其地处于中国由南向北扩大开放、由东向西梯度发展的战略节点上，具有较强的带动性和支撑性，山东省新旧动能转换的成果将具备典型的代表性。山东省作为新旧动能转换重点试验区，按照国务院批复的《山东省新旧动能转换综合实验区建设总体方案》根据资源环境承载能力、现有基础和发展潜力，确定了加快提升济南、青岛、烟台的核心地位，“三核引领、区域融合互动”的动能转换总体格局，充分发挥“三核”经济实力雄厚、创新资源富集的综合优势，率先突破辐射带动，打造新旧动能转换主引擎。①

物流行业作为国民经济高效运行的重要支撑，是培育发展新动能的重要手段，是保障和改善民生福祉的重要依托。现代物流业是支撑国民经济发展的基础性、战略性、先导性产业，习近平总书记在中央财经委员会第八次会议中强调，要统筹推进现代流通体系建设，为构建新发展格局提供有力支撑。会议明确指出，建设现代流通体系对构建新发展格局具有重要意义，高效流通体系能够在

① 资料来源：山东省新旧动能转换重大工程动员大会。

更大范围内把生产和消费联系起来，扩大交易范围，推动分工深化，提高生产效率，促进财富创造。[①] 这就要求现代物流体系内涵更丰富、要素更多元，既包括硬件设施基础也包括标准兼容、软件联通，既包括专业运输也包括金融、信息等专业化服务，既涉及存量基础设施升级改造，也需要开发建设数字化、智能化、绿色化等新型基础设施，既要致力于补短板、强弱项，又要避免过度投资和重复建设。

2020 年新冠肺炎疫情过后，经济形势严峻，不稳定性、不确定性较大，加快形成以国内大循环为主体、国内国际双循环相互促进的新发展格局是中央作出的新的伟大决定。打造双循环经济格局可以完善中国产业链、供应链的短板，为中国经济的发展寻找新动力。供应链体系是双循环经济格局下的重要基础设施，现代物流则是关键。2019 年全国社会物流总额 298.0 万亿元，按可比价格计算，同比增长 5.9%，从变换趋势看，工业物流需求贡献进一步趋缓，内需对物流需求增长的拉动继续增强，进口、消费等相关新内需物流需求率、贡献率继续提升，转型升级态势持续发展，以新产业、新业态、新模式为主要内容的新动能正在快速聚集、持续发展壮大，成为支撑物流需求结构调整的重要力量。2019 年社会物流总费用 14.6 万亿元，同比增长 7.3%，社会物流总费用与 GDP 的比值为 14.7%，比上年下降 0.1 个百分点，但是对比美国、日本、德国均不到 10% 的占比水平，我国物流产业还存在一定差距。[②] 此外，我国物流结构存在一定问题，东西发展不平衡，物流网点多分布于中、东部地区，长此以往将会掣肘我国经济发展（见图 1）。

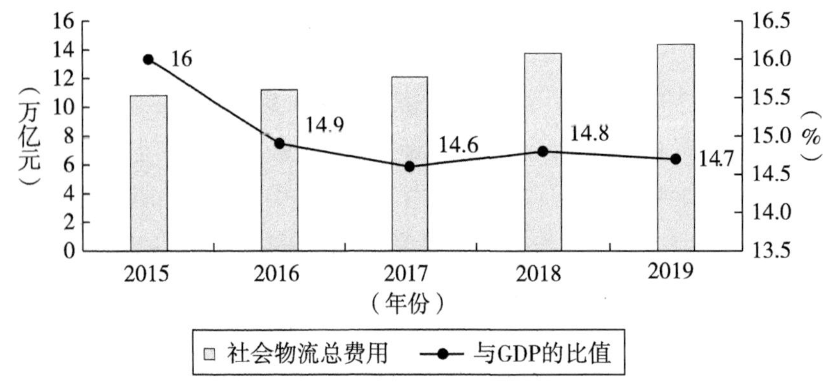

图 1　2015—2019 年社会物流总费用及与 GDP 的比值

资料来源：中国物流与采购联合会。

山东省地处我国东部沿海地区，区位优势明显，沿海港口年吞吐量高达十几亿吨，在全国排名第二位，拥有 3 个超 3 亿吨大港（青岛、日照、烟台）。“十三五”规划提出以来，山东省物流业发展迅猛，2017 年，山东省物流业较 2016 年增加 222.47 亿元，同比增长 6.8%。2018 年 1 月，国务院批复成立山东省新旧动能转换先行区，之后山东省政府在相关思想指导下，将“交通支撑先行，建设四通八达的开放之区”作为五个先行之一，进一步促进了山东省物流业发展。山东省物流业发展水平明显提高，一体化运作、网络化经营、信息技术服务和供应链管理能力明显提升，涌现出一批现代化、规模化、品牌化物流领军企业及示范园区。到 2018 年 12 月为止，山东省共有国家 A 级物流企业 347 家，

① 资料来源：中央财经委员会第八次会议。

② 资料来源：中国物流与采购联合会。

5A 级物流企业 37 家；国家星级冷链物流企业 18 家，占全国的 29.5%，数量居全国首位；山东省国家级示范物流园区有 5 家；2018 年国家优秀物流园区 8 家。① 同时，山东省物流企业在发展过程中仍然存在着各式各样的问题，整体发展呈现出小而散的局面，缺乏进一步发展的动力；一些企业在发展过程中片面追求利润，发展机制不尽完善，物流运作方式不尽合理，仍然存在着耗能高、产出少、污染严重等一系列问题。

（二）调研目的及意义

中共十八大以来，在习近平总书记关于现代物流业重要论述的指引下，我国现代物流业发展质量显著提升，公路、铁路、水路等货运量以及快递业务量均居全球前列，社会物流成本水平明显下降，重大物流基础设施建设加快推进，物流企业不断发展壮大，国际物流发展不断提速，物流新业态蓬勃发展，物流发展政策环境不断优化。“十四五”时期，我国仍将处在转变发展方式、优化经济结构、转换增长动力的关键时期，不确定性和风险挑战进一步增多，对我国现代物流业发展提出新的更高的要求，也带来新的发展机遇。

在中央财经委员会第八次会议中提到，建设现代流通体系对构建新发展格局具有重要意义，国内循环和国际循环都离不开高效的现代流通体系，中共十八大以来，我国流通体系建设取得明显进展，在抗击新冠肺炎疫情过程中，物流流通发挥了重要作用，同时，我国流通体系现代化程度不高，还有堵点亟待打通。会议指出，要完善现代商贸流通体系，培育一批具有全球竞争力的现代流通企业，推进数字化、智能化改造和跨界融合，加强标准化建设和绿色发展，支持关系居民日常生活的商贸流通设施改造升级、健康发展。新的经济发展形势，对物流业的发展提出了更高的要求，传统物流的弊端暴露无遗：大多工作流程还处于人工操作阶段，现代先进的物流技术和设备无法运用到实际工作中去，物流的速度和质量严重受限；物流园区、物流企业之间联系和合作较少，整体状态较为闭塞，严重阻碍物流园区和企业进一步发展；物流园区创新发展情况难有突破，但整体发展较为缓慢，科技化程度不高；物流人才稀缺，人才的数量和质量都难以满足企业的发展需求；新冠肺炎疫情影响下，中小型物流企业受损严重，发展困难。

本调研报告通过对山东省 16 地市物流企业和园区的抽样调研，将对物流园区和企业的新旧动能转换进度进行详细调研，对物流园区和企业的发展情况进行详细记录，深入了解其在发展过程中遇到的困难和问题；通过调研和资料分析等方法，找到物流发展的痛点；寻求解决问题的可行性办法，助力山东省物流行业更好更快地发展。

（三）调研方案设计

1. 新旧动能转换背景下影响山东省物流企业发展的因素

基于对新旧动能转换背景下山东省物流企业发展情况的研究，结合众多学者对新旧动能转换、评价物流企业发展情况的研究成果，本调研报告采取的观点是，新旧动能转换背景下山东省物流企业发展情况不仅取决于物流行业本身的发展能力，而且在一定程度上依赖于国家政策的帮助，同时还要考虑科技和环境变化等对于现代物流发展的潜在作用。因此，影响新旧动能转换背景下山东省物流企业

① 资料来源：现代电商与物流研究院。

发展情况的因素分为三类：物流企业的技术发展、绿色物流以及影响物流企业发展的潜在因素，如人才需求、降税减税等。

第一类因素是物流企业科学技术上的发展与创新。新旧动能下信息技术与现代物流企业的融合与创新发展，最主要的还是要用信息技术，信息技术的发展促进了信息流通，提高了资源利用率。在物流作业的各个环节中，均可以通过信息技术的应用实现物流信息的实时收集与控制，减少了人力资源的耗费。

第二类因素是企业对绿色物流概念的认识与实施。绿色物流是采用科学的作业方式，以物流的作业活动减少对生态环境的破坏以及降低能源资源的消耗为目的，是一种环保型的物流，这与现阶段下中国可持续发展战略高度吻合，可以说绿色物流是物流行业未来发展的方向之一。这表明在对新旧动能转换背景下的物流企业发展情况进行调研时，绿色物流是一个不可或缺的方面。

第三类因素是人才需求、企业降税减税等影响新旧动能转换背景下物流企业发展能力的潜在因素。山东省地处我国华东沿海，在北面跟辽东半岛隔着渤海海峡相对，在东面跟朝鲜半岛隔海相望，是中国经济发展最发达的省份之一，尤其是青岛、日照、烟台三个沿海城市大型港口的建设，为山东物流发展提供了强有力的支撑，使得山东物流业发展潜力巨大。因此，在人才需求方面，物流企业对具有扎实的理论基础、具备物流创新能力，且知识面较宽的复合型物流管理规划人才具有强烈的需求。企业降税减税的情况也深刻影响着企业的发展潜力，尤其在新冠肺炎疫情影响下企业降税减税的情况使得企业急需资金去运转，因此，对物流企业降税减税的情况也成为制约企业发展的因素之一。

2. 调研内容

在中共十九大报告中，习近平总书记提出推动互联网、大数据、人工智能和实体经济深度融合，在中高端消费、创新引领、绿色低碳、共享经济、现代供应链、人力资本服务等领域培育新增长点、形成新动能，从产业链、供应链、价值链层面指明了现代物流业转型升级和创新发展的新方向。为了推动山东省新旧动能转换进程，加快山东省现代化物流体系建设，实现山东由大到强的战略性转变，基于创新融合、区域协同、聚集高效、智能绿色、韧性联动的现代物流业发展基本原则，山东财经大学管理科学与工程学院成立“新旧动能转换背景下的山东省物流企业发展情况”重大专项团队，分别从新冠肺炎疫情后复工复产情况、降税减负情况、科技物流发展情况（信息化和自动化程度、信息联盟）、托盘一体化情况、绿色物流情况、人才需求情况六个方面，对山东省物流企业的新旧动能转换情况作了详细调研（见表 1）。

表 1　　调研主题及内容分析

调研主题	内容分析
新冠肺炎疫情后复工复产情况	由于新冠肺炎疫情的暴发，大大小小的企业停工数月，给物流业的发展也带来了极大的压力。新冠肺炎疫情防控进入常态化后，各大企业已经陆续复工，但是相较于新冠肺炎疫情暴发之前，企业的复工复产各方面都存在问题。首先，受新冠肺炎疫情影响，国内外物流受阻，通关时间延长，对物流时效造成了严重的影响；其次，个别企业复工需要大量的审批证明材料，各环节没有同步复工，极不利于恢复正常生产；最后，物流业是劳动密集型产业，人员大多来自疫情严重的河南、湖北、安徽等地，员工的心理状态和工作效率在一定程度上受到了影响。如何快速地排除困难，恢复物流业的生机与活力是下一步应该重点考虑的问题

续　表

调研主题	内容分析
降税减负情况	受到新冠肺炎疫情的影响，物流业尤其是生产型物流企业受损严重，许多企业被迫停产停工，新冠肺炎疫情防控进入常态化后，企业还要面临员工工资、厂房租金、设备维护等一大笔费用，难以支撑。国家为了支持物流业发展，相关部门从支持物流业企业有序复工复产、加大财税金融支持力度、降低物流相关行业收费负担、加快健全应急物流体系建设、深入推进货物运输结构调整、提升现代供应链水平六方面，提出 12 条政策措施，为物流业的发展保驾护航。如何紧跟政策红利、提升企业发展水平，激发新发展潜力，将是物流企业能否取得快速发展的基础
科技物流发展情况（信息化和自动化程度、信息联盟）	科技物流发展情况包括企业信息化和自动化程度以及信息联盟两部分。山东省正处在新旧动能转换的关键时期，培育发展新动能、改造提升传统动能是必行之路，物流业作为国民经济的动脉产业，应迅速有序地完成新旧动能转换的进程。 2019 年上半年，山东省物流产业规模持续增长，总收入 129.49 亿元，同比增长 24.09%，服务能力进一步提升，一体化运作、网络化经营、信息技术服务和供应链管理能力明显提升，现代化、规模化、品牌化物流领军企业及示范园区数量进一步增加。① 但是，山东省物流业的发展仍存在问题。首先，不少物流企业由传统运输业或仓储业发展而来，企业发展进程跟不上现代物流的需要，信息化和自动化程度低、物流成本居高不下，严重影响物流业的转型进程。其次，部分企业对智慧物流理念理解不够深刻、认识不够全面，政企认知不统一，复合型人才缺口较大，资源配置不合理，智慧物流项目难以发挥其真实效力。最后，山东省物流行业信息化、网络化缺少统一规范，物流信息联盟薄弱。物流业如何能跟上科技发展的步伐、提升科技含量，是物流人应该思考的大问题
托盘一体化情况	2019 年 4 月，山东省发布了《开放式循环木质平托盘通用技术要求》和《周转箱循环共用工作指南》两项地方标准，这两项标准的发布对山东省推广标准化单元物流、充分利用标准促进物流业发展、推动物流业降本增效具有十分重要的意义。截至 2019 年 6 月，全省共有淄博、临沂、德州、济南、青岛、烟台、潍坊 7 个国家级物流标准化及供应链体系建设试点城市；采取政府购买服务方式，组织标准化专家在全省范围内走访企业数量达 45 家。截至 2018 年年底，试点城市托盘标准化率平均达到 44%，比试点前提高 14 个百分点；试点企业托盘总数达 110 万片，其中标准托盘 93.3 万片，试点企业托盘标准化率达 85%，标准模数的周转筐达 81.5 万个②
绿色物流情况	在“新旧动能转换”背景下，资源趋于绿色化是各界一直密切关注的问题。对于物流企业来说，绿色物流成为新的发展趋势。我国在《快递业发展“十三五”规划》中明确表示要推进快递服务体系向高效、安全、绿色节能的方向发展。在国务院办公厅发布的《关于推进电子商务与快递物流协同发展的意见》中，鼓励快递物流企业开展供应链绿色再造，推广绿色运输与配送。由此可见，绿色物流的建设是一项意义重大的工作，同时对于现代物流企业的发展创新也提出了更高的要求。绿色物流的落实也是山东省物流行业发展的一大重要问题

① 资料来源：山东现代电商与物流研究院。

② 资料来源：山东现代电商与物流研究院供应链应用中心。

续 表

调研主题	内容分析
人才需求情况	当前，人工智能、大数据、区块链等先进技术飞速发展，为物流行业转型升级创造了新机遇。同时，传统物流业也受到严峻挑战，智慧物流、物流大数据成为物流业的发展趋势，未来的物流从业人员必须是既懂物流业务，又懂计算机技术、网络技术、通信技术等相关知识，熟悉现代物流信息化运作规律，能够应用物联网、云计算、大数据、人工智能等新兴技术辅助决策，提高物流效率的高素质“复合型、技术应用型”物流人才。 对山东省经济发展情况进行分析，东西发展不平衡，省内物流行业人才需求存在显著的地区差异，西部地区劳动密集型的物流企业较多，人才需求量大，但是高素质实用复合型人才将是行业集约化发展的中流砥柱，这为高校物流管理专业建设与改革指明了方向。从山东省2018年的物流行业数据看，对于物流人才工作经验年限要求集中在3年以下的时间段，这与该行业是基础性行业，基层管理及技术人员需求量大有关。山东省内高校应抓住物流改革机遇，进行专业优化和升级，培养符合山东省行业发展需求的人才

二、山东省物流企业疫情后复工复产情况

（一）疫情后山东省物流企业复工复产现状

2020年春节期间，新冠肺炎疫情突然暴发并快速席卷全国。尽管我国迅速反应，积极采取了有效的防疫措施，但是依旧对经济产生了不小的冲击。在形势严重的新冠肺炎疫情的背景下，迫于防疫、商贸、消费、人民生活、全球经济等的需要，中国物流必须快速运转起来，以确保疫情重点区域物资到位，非疫情区域中国人民的正常生活水平以及全球经济的正常运转。

调研团队通过座谈交流、实地考察以及问卷调研的形式对山东省不同区域的物流园区和物流企业进行样本调研，发现此次调研的各个目标物流公司都受到了不同程度的影响，经过几个月的复工复产，各物流公司相较于疫情初期的经济状态都有了一定程度的好转。

1. 疫情初期山东省物流企业复工复产情况

本次调研时间为2020年2月26日至3月5日，总样本量92份，全省主要区域均有样本企业。在调研的企业中，2家企业春节期间未停工停产，占比为2.17%；73家已于2月10日前复工，占比为79.35%；17家目前仍未复工，占比为18.48%，如图2所示。总体来说，山东省物流业的复工复产率将近八成，在防控疫情的同时，做到有序地正常运转，维持了正常的物流活动。

2. 后疫情期间山东省物流业的总体业务恢复情况

国家相关部门在做好疫情防控工作的同时，也在有序地推进企业复工复产，而物流公司的复工复产成为疫情防控的重中之重。调研数据显示，山东省大部分物流企业的生产活动已经恢复正常状态。截至2020年8月15日，86%的物流公司全面开工，全部或主营业务恢复正常状态；14%的物流公司处于半停工状态，只有部分业务在运营，具体见图3。

3. 物流公司采取的具体防疫措施

物流是疫情防控总体战的后盾，是保持生产生活平稳有序运行的重要一环。据调研，在复工复产阶段，全省所有的物流公司都制订了疫情防控和复工复产方案。

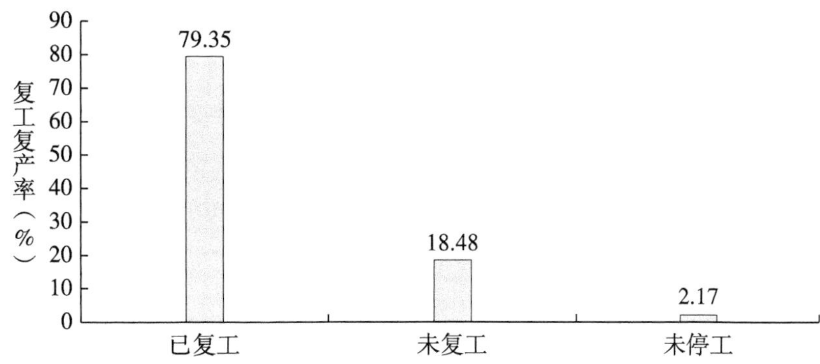

图2　山东省物流企业复工复产情况

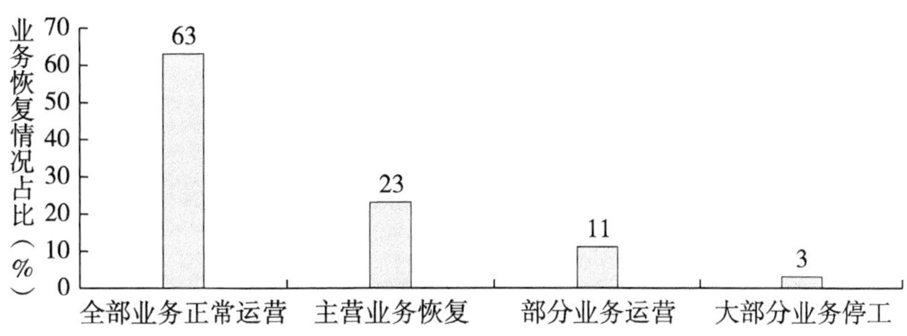

图3　各企业复工复产后的总体业务恢复情况

注：该数据截止时间为2020年8月15日。

配备充足的防疫物资，如口罩、温度计等，防止新冠病毒的传播。落实从业人员管控要求，做好员工排查登记，做好充足隔离观察工作。大部分物流公司都采用了电子设备收集员工的健康信息，提前做好了相应的防控紧急措施，并且能够定时进行企业内部的防疫安全教育。

执行公共场所防疫措施。生产经营场所、施工场地和生活区实施封闭管理，按要求对重点区域和设施设备进行清洁和消毒。

就餐方面，员工要排班错峰吃饭，实行一人一桌式，避免集中就餐。

采取隔离式办公，在办公区各工位上安装围挡，员工之间时刻保持1.5米的距离。

这些举措在很大程度上有效地预防了新冠病毒的传播，为企业的复工复产保驾护航。

（二）疫情后物流业复工复产存在的问题

目前，各大企业已经陆续复工，但是相较于疫情之前，企业复工复产的各方面都存在着一些问题。

在本次调研过程中同样发现，与大型的物流公司相比较，一些中小型的物流公司在复工复产方面显得尤为困难。一方面，各个企业的地理位置存在差异，防控形势也各不相同，难以在复工复产方面达到一致性；另一方面，产业链各端也由于疫情原因存在着信息差异性，物流企业的上下游不能同步复工复产，这就导致了企业的整体业务难以运营。

除去客观的因素之外，企业员工的心理状态和工作效率也在一定程度上受到了影响，并且在短期内很难恢复到疫情之前的状态。

1. 业务需求剧减

随着全国各地陆续开工，在进一步防控新冠肺炎疫情的同时，各行各业也进入了紧张有序的恢复生产阶段。然而，由于受到疫情的冲击，以及各地区的防控疫情的条件有所出入，且受制于各企业经营情况等的差异，国内的一部分产业链上出现了产能不足的情况。

截至 2020 年 8 月 15 日，56% 的企业认为疫情对企业影响最大的是业务需求剧减；18% 的企业认为是运力资源短缺；16% 的企业认为是服务需求改变；认为网络运营对企业影响最大的企业，占比为 10%，可见疫情期间的网络通信基本得到保障，对于物流公司的复工复产影响较小，具体如图 4 所示。

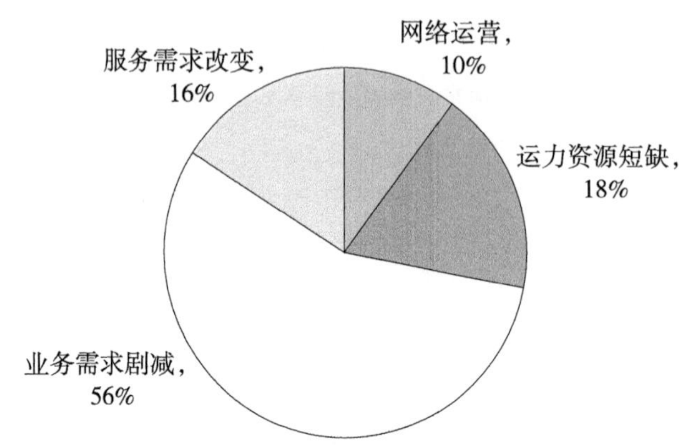

图 4　疫情对物流企业影响最大的因素分析情况

造成物流业务需求剧减的主要原因是作为物流业上游的制造业、商业，原本为其提供源源不断的业务，物流生产作业因此得以进行，企业也得以正常运营。受疫情影响，复工出现困难的生产制造企业无法稳定地输出货源，下游的物流企业存在着无货可运的尴尬境地。

牵一发而动全身，供应链条上任何一个环节无法正常运转都势必影响其他环节的顺利进行。物流业连接供需两端，供给端出现问题，必然将面临货源不足、不稳定等状况。加之自身被复工难等问题所拖累，受地租、运营成本等的压力所困，物流企业面临着前所未有的挑战。

目前看来，业务需求问题是最主要的问题。如果物流公司不能及时调整业务方向、改进业务流程、合理利用自身优势以提高市场上的竞争力，在复工复产方面就很难恢复到疫情之前的业务水平，甚至会难以维持正常的资金运转，造成企业停产倒闭。

2. 服务需求改变

新冠肺炎疫情的暴发对物流企业的服务提出了更高层次的要求，出于防疫的考虑，通过线上进行生活必需品、蔬菜生鲜的采购，并且采取无接触配送。此外，运送医疗物资、支援国内外物资等，都需要依托于物流企业。

与此同时，新冠肺炎疫情在很大程度上改变了人们的生活方式，让快递代收、家政服务、跑腿服务等“懒人经济”市场得到大力发展。与此同时，餐饮外卖、同城闪送、搬家业务等同城服务需求瞬间火爆。这使得传统物流企业必须对自身的服务进行转型升级。

疫情发生后，线上购买生鲜的需求大幅增加，这在很大程度上为生鲜电商的中长期发展创造了新机遇。越来越多的消费者将养成线上购买生鲜食品的习惯，同时，消费者对生鲜电商运输和配送的时效性要求将日渐提高，这将加速冷链物流服务的建设。

医药冷链物流作为物流业的一个分支，特指冷藏药品实体从生产者到使用者之间的一项系统工程，包括其生产、运输、储存、使用等一系列环节。医药冷链物流相较于普通物流运输有四个特殊性：安全性、需求突发性、高成本、专业性。据中商产业研究院相关数据，2020 年中国的冷链运输的药品市场规模可达到 1200 亿元。近期新冠肺炎导致对疫苗、注射剂等冷链相关医药需求增强，客观上进一步促进了医药冷链产业的发展完善，其市场规模增速有望高于预期。

对于一个中小型物流企业来说，在刚刚经历了半年之久的新冠肺炎疫情考验之后，这种转变势必会对公司本身的业务流程产生负面影响，不能及时调整运营模式就会拖累整个企业的复工复产，所以及时调整好企业内部的不稳定因素也成为一个关键问题。

3. 交通运输受限

疫情对于交通运输的影响是负面的，无论是最开始封城限流，还是后来关闭进出境通道，都严重影响到交通运输的各个方面。但是交通运输业的复工复产，对于疫情的防控和其他企业的复工复产又起着至关重要的作用。

在复工复产方面，交通运输业是前提条件。抗疫工作中，物流企业将大部分运力、干线、技术、人力等投入到抗疫物资的运输中，尽管如此，经调研发现，交通运力的问题仍然成为复工复产的难点。

随着国内疫情得到控制，交通运输趋于正常，但需求不足对交通运输的制约开始显现。7 月货运增长小幅回落，运输市场价格有所回调，物流和快递增长也出现下降态势。国际主要经济体解封会进一步促进国际货运需求回暖，但有效需求不足仍将制约未来的经济增长，交通运输增长仍会受到较大制约。

经调研发现，仅有 4% 的企业认为交通方面暂时没有受到任何影响，96% 的企业或多或少都认为有一定影响，其中主要体现在路段限制通行、运输时耗延长、运力资源短缺等方面，如图 5 所示。

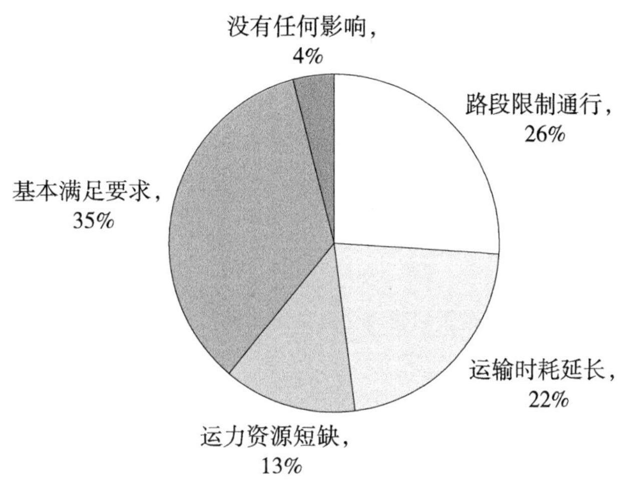

图 5　疫情对物流企业交通方面的影响情况

（1）城市公共交通方面。

2020 年上半年，为了防止新冠肺炎疫情蔓延，城市公交停运，对交通运输业产生了巨大的冲击。在疫情得到控制后，城市公交逐渐恢复运营，上车需要出示健康码、戴口罩。但民众对疫情的恐惧也使得在出行方式的选择上变得尤为谨慎，大多数人不会选择人多的公交出行，取而代之的是私家车出行或者打车出行，这也使得在这个方面复工复产速度显得缓慢。调研结束后，该情况得到有效缓解。

（2）长途客运方面。

高铁、动车、飞机等长途客运的方式也没有在短时间内得到很好的恢复。外地员工需要自行隔离两周才能复工，加之各地的疫情情况不同，员工的返岗时间不同，返岗途中所需要承担的风险不同，这也在很大程度上增加了企业复工复产的时间成本和机会成本。因此，长途客运的运力恢复缓慢以及乘客途中的安全难以得到万全保障成为企业员工返岗的巨大阻力。调研结束后，该情况得到有效缓解。

（3）货物运输方面。

货物的运输能力是企业复工复产的物资保障。为了统筹疫情防控和物流通畅，各大企业都根据公司情况采取了相应的措施，制订了合理的解决方案，响应了“一企一方案”的号召。经调研，各企业的物资也因为运输问题受到很大影响。

首先是货运司机等相关人员的安全保证，需要经过一系列复杂的检查方可上岗。其次是货物本身的安全检查，需要经过全面的杀菌消毒。尤其是进出口货物，还受到关口检查与报备等其他方面的限制。因此货物运输能力也被大大削弱，一时难以恢复到疫情之前的状态。

经调研发现，在近几个月的复工复产背景下，物流公司营运车辆的利用率没有完全恢复。截至2020年8月15日，车辆利用率在70%～90%的公司占比最大，达到53%，47%的企业车辆利用率低于70%，车辆没有充分利用。而在数据样本中，利用率达到90%以上的公司数量为零，说明数据样本中没有任何一家物流公司达到高度利用车辆进行货物运送的水平。由此可见，在货物运输方面，交通的未完全复工和物流公司本身的营运车辆利用率都对企业的复工复产有着消极的影响（见图6）。

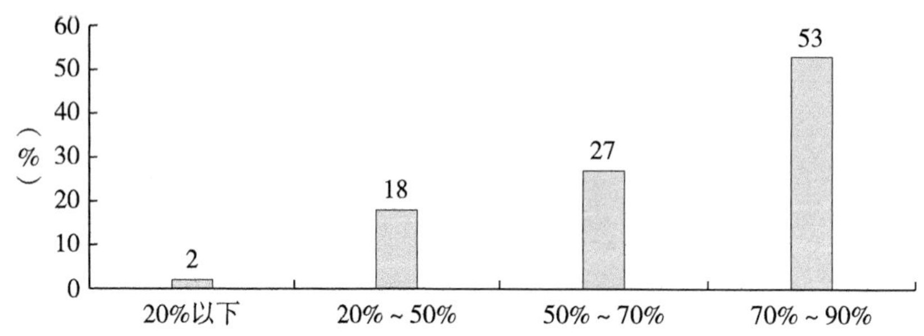

图6　疫情后物流企业营运车辆利用率情况

（三）针对疫情后物流业快速恢复的建议

突如其来的新冠肺炎疫情给物流企业的经济运行带来了明显影响，在这次防疫过程中，物流人担起了重要的保畅通行的责任，随着疫情防控进入常态化，山东省内许多企业已陆续复工，但据调研结果显示，受疫情影响，一些物流企业仍面临着人员短缺、货物积压、货物运输时效低、货物配送周期长等问题，针对山东省物流企业复工复产存在的具体问题提出以下建议，以便让物流企业尽快恢复正常运营。

1. 企业方面的建议

第一，物流企业要制订一个业务持续计划、业务恢复计划，要保障物流业的快速恢复，还需要关注疫情发展情况以及各地交通政策动态，与客户共同制定疫情期间货物流通应对策略。

第二，进行应急物流的专业训练，建立健全防疫应急预案；制定危险预估地图，合理调配车辆、仓库和数据；全力协调物流运输路线上各地政府和主管部门，对公司身体正常且未接触疫区的人员放行通过；全力动员身体正常的员工复工，积极保障客户的物流需求，并将防疫物资优先进行保障等。

第三，企业必须从零库存向适当库存转移，保障物资的持续供应，同时也应加强疫情防控的组织保障，加强在岗员工的健康保障。

第四，通过大数据、智能预测、智能调度等，加强在网络规划、场站规划、车辆调配等方面的统筹性，进行路由调整、人员安排、设备投入，确保人效、坪效的不断上升。

第五，通过设备工具的智能化，不断提升一线操作人员的效率；对于技术更新方面进行持续投入，扩大无人机、无人车、云柜等使用频率和范围；充分利用智能辅助，替代部分传统的人工业务。

第六，要适时转变服务需求，基于服务需求的改变，医疗健康行业和餐饮行业的比重发生改变，人们对于自身健康的重视提高。

因此，不管是物流企业的生产端还是销售端，其供需都发生了变化，这也使得物流公司的供应链管理模式发生了改变。及时调整运营模式才能更好地完成整个企业的复工复产，所以要及时调整好企业内部的各种不稳定因素。

2. 政府扶持方面的建议

第一，国家相关部门应该出台相关政策大力支持物流业复工复产，物流业作为劳动密集型行业，要保障企业防护物资到位。

第二，建议能给予跨区域运输支持，保障道路的通畅，给予利用互联网技术和科技信息开发项目更多的扶持基金，关注快递末端，为“最后一公里”打开“绿色通道”，对运输企业等一些利润微薄但能缓解就业压力的公司推出优惠政策，减轻其经营负担。

第三，建议出台专项扶持政策，对用工、仓库租金、运费承兑等方面给予优惠或补贴，针对不同的企业，能够调整行政事业性收费和缓缴税款等方面支持，以降低企业运营成本，对于支援疫区的企业，根据相关接收单位提供的证明，予以税收抵扣。

第四，建议在资金借贷方面，向核心物流企业提供一定时期的免息贷款。

第五，出台“无接触物流”相关标准，建立物流数字化信息平台，为企业提供贷款服务，建议在保障安全的情况下，鼓励平台型企业推动行业内资源共享，消除信息不对称，促进行业内货物、运力资源的优化匹配。

三、山东省物流企业降税减负情况

从 2020 年 1 月 22 日召开的全省税务工作会议上获悉，2019 年全省减税降费共新增减税 1176 亿元，其中，落实中央政策 1090 亿元，落实山东地方政策 86 亿元，有力减轻了企业负担，激发了市场主体活力。

疫情的暴发，在消费、投资、进出口等各个方面对我国经济形成较大冲击。税收政策是政府宏观调控经济的重要手段，为此，国家税务总局梳理了支持防疫工作的税收优惠政策，发布了政策指引，涵盖了防护救治、物资供应支持、鼓励公益捐赠、支持复工复产四个方面的 12 项政策，促进经济复苏，进一步释放经济活力，在推进疫情防控的同时助力企业复工复产是重要的工作。

2020 年 7 月 22 日，山东省十三届人大常委会第二十二次会议上报告，为推动企业复工复产、降低运营成本，2020 年全省各级把减税降费作为一项政治任务，在全国率先明确 17 项税费政策和便利措施，对受疫情影响严重的交通运输、餐饮、住宿、旅游、展览和电影放映六大困难行业免征房产税、城镇土地使用税，并通过减免“两税”的方式鼓励出租人为个体工商户减免租金。近期，又按照国家部署将部分减税降费政策执行期限延长至 2020 年年底，并确定在地方权限范围内，年底前对个体工商户和小微企业免除一切税费。初步统计，1—6 月全省新增减税降费约 800 亿元，预计全年将为市场主体新增减负 2000 亿元左右。

国家先后出台实施四批支持疫情防控和复工复产的税费优惠政策，聚焦疫情防控和支持医疗救治工作、减轻企业社保费负担、扶持微型企业和个体工商户、稳外贸稳外资等多个方面促进助力了企业的复工复产，为企业的复工复产提供了有力的政策扶持。

（一）降税减负存在的问题

近年来，我国政府一直在努力降低企业税费负担。2018 年，给企业和个人减税降费超过 1.3 万亿元。2019 年，进一步降低运输业、制造业等行业税率，减负将达到 2 万亿元。2020 年上半年，各地减税降费政策加速落地，助力市场主体实现更大发展，全国累计新增减税降费 15015 亿元。然而，调研发现，在我国不断出台减税降费措施、不断加大政策措施贯彻落实的同时，仍有企业反映优惠政策的获得感不强，部分地区落实降费减负政策不到位。

1. 税负政策以及企业自身经营导致的纳税困难

经调研，企业在纳税时会面临货运企业税负大幅增加、行业税率不统一、人力成本和过路过桥费存在抵扣难等问题，其中有 37% 的企业表示人力成本和过路过桥费存在抵扣难题（见图 7）。目前公路货运企业经营成本主要包括人力成本、过路过桥费、油料费用等，其中只有占运输成本 20% 左右的油料成本可以抵扣，过路过桥费无法抵扣，人力成本则是由于大部分运输是个体司机完成的，无法开具发票，进而无法抵扣。

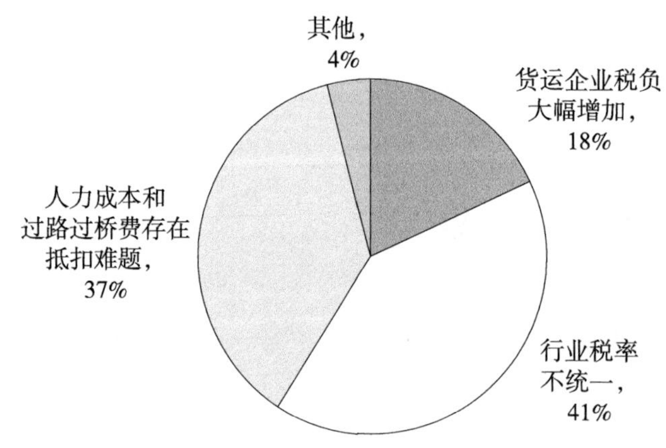

图 7　企业、园区纳税面临的困难情况

2. “营改增”后物流业税负增高问题

“营改增”后物流业税负增高是一个过程，现在导致税收成本上升的主要原因是抵扣问题，即没有形成完整的抵扣链，有些项目不能进入抵扣范围，如公路收费、人工费都不能抵扣，从而出现了物流业交易的灰色链条。

在调研企业中，半数表示税收优惠力度小或很少能享受到优惠的条款。税负增加而给予的财政返还政策不统一、不明确、不持续，加上相关部门原来承诺的相关奖励返回政策因各种原因少有兑现，也增加了园区负担。与此同时，增值税进项税抵扣少、发票难以取得都导致了企业的税负增加（见图8）。

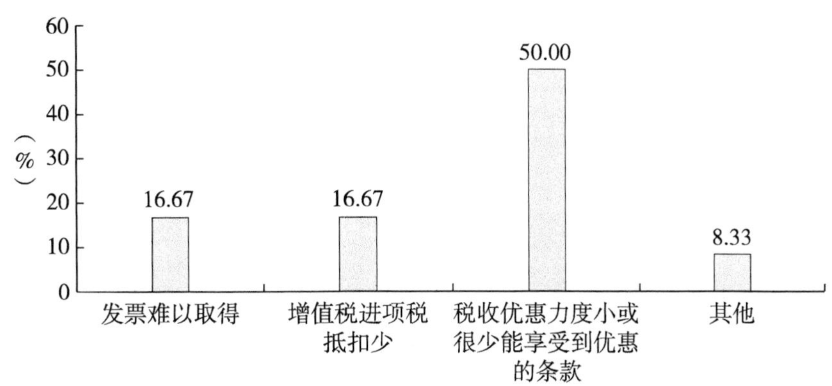

图8　企业、园区在缴纳增值税时出现增加税负问题

（二）山东省物流企业和园区降税减负的现状

1. 物流企业和园区的税收负担对比

通过调研数据显示，认为目前税收负担适中的物流企业所占百分比高达50%，其中7.89%的企业认为税收负担很重，42.11%的企业感觉其税收负担较重，没有企业认为该企业税收负担轻（见图9）。

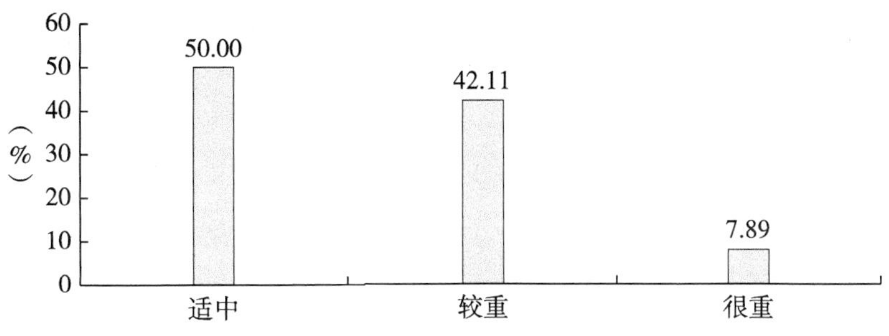

图9　物流企业税收负担程度

造成负担过重的主要原因有以下几方面。首先，“营改增”导致物流企业赋税增加，由于很多物流发票单证获取存在困难，企业负税不减反增。其次，降税减负政策落实不到位，政策落实存在区域差异以及园区和企业之间的差距。最后，由于新冠肺炎疫情影响，企业营收利润下降，从而导致企业承担税赋能力降低。

然而对于物流园区而言，有50%的物流园区感觉税收负担程度较轻，仅有少部分的物流园区认为税收负担较重或很重（见图10）。这与调研的物流企业结果并不相同，体现出国家对于物流企业和园区制定的降税减负政策可能略有不同。针对物流园区制定的相关政策能直击园区税收负担的痛点，对园区进行降税减负改革、提高园区经济效益起到了关键作用。

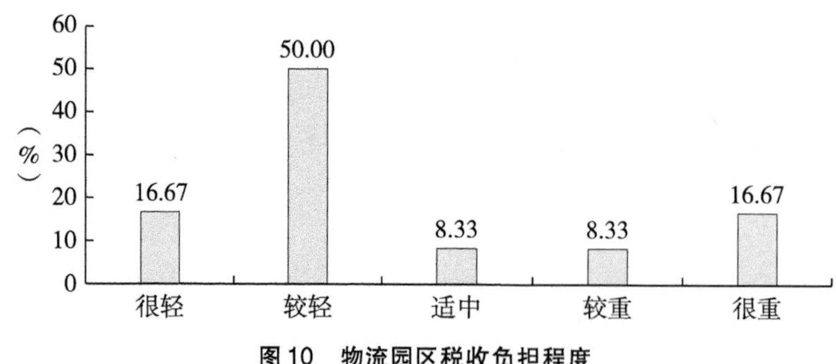

图10　物流园区税收负担程度

总体而言，目前山东省的整个物流行业中，企业受税收负担影响大，于企业自身而言，过重的税收负担必定影响其经济效益，使其经济效益缩水。由此调研结果可以发现，山东省内物流企业仍有降税减负的空间，同时也需发挥相关协会的协调作用，促进各企业间交流学习，探索学习最新的降税减负政策。

2. 物流企业和园区上年度上缴税额占上年度营业收入对比

经调研，约有八成的企业上年度上缴税额占上年度营业收入的比例在20%以下，而物流园区上年度上缴税额占上年度营业收入的比例均在20%以下。图11和图12可以体现出对于山东省的物流企业和物流园区，税收所占营业收入的比重并不太高，处于中下等的水平，可见降税减负卓有成效，整体税收负担并非普遍很重。税收占企业营业收入的比例，可以更直观地展现税收对于企业经济效益的影响，在企业经济效益基本保持同一水平的前提下，税收负担的增加会使企业运作经营的其他项目成本（如人工成本、原材料成本等）相应减少，势必会影响企业的产品和服务，而良好的降税减负政策使企业能拿出较大部分的资金用于产品开发和增值服务上，同时带来更大的经济效益，市场才会更加繁荣。

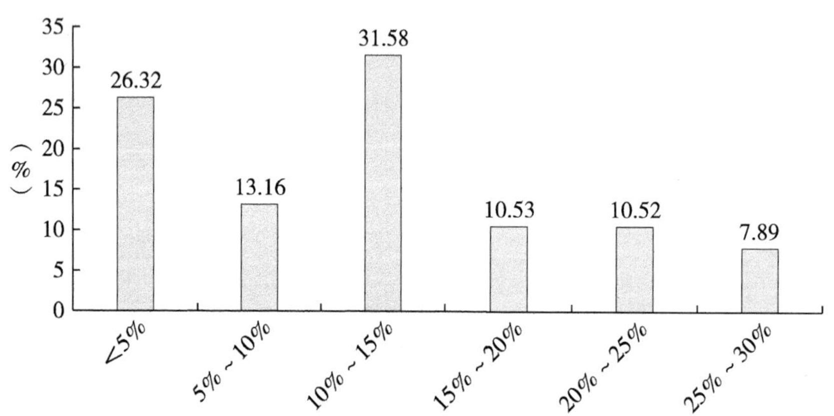

图11　物流企业上年度上缴税额占上年度营业收入的比例

3. 物流企业和园区能接受的总体税负对比

经调研，约有将近八成的企业希望公司税负比例在3%～12%（见图13和图14）。反映出较多企业仍然受到税收负担较大的影响，企业自身也希望通过降税减负来获得更大的经济效益。企业的管理层应更加主动积极地学习降税减负政策，探索国家、地方出台的符合自身的降税减负相关规定。而政府作为政策的制定者，应继续修改、完善降税减负政策，继续深化税收改革，做好基础调研，使得政策真正用于广大基层中小企业。

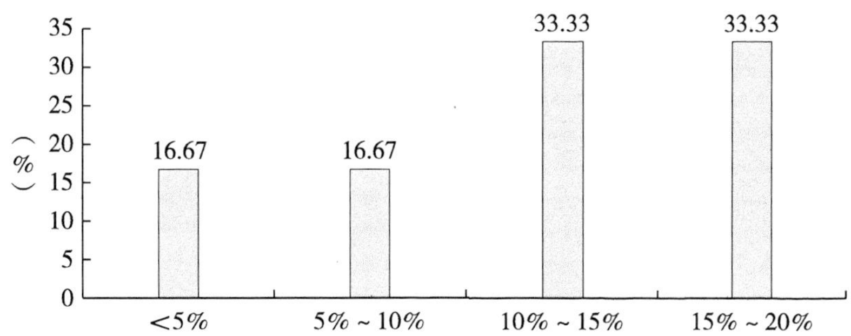

图 12　物流园区上年度上缴税额占上年度营业收入的比例

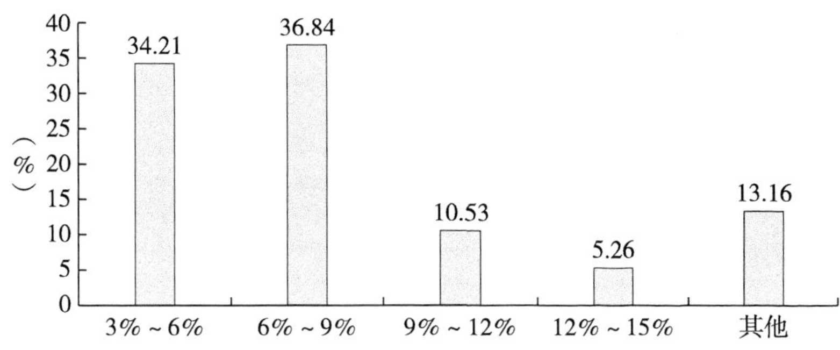

图 13　物流企业能接受的总体税负

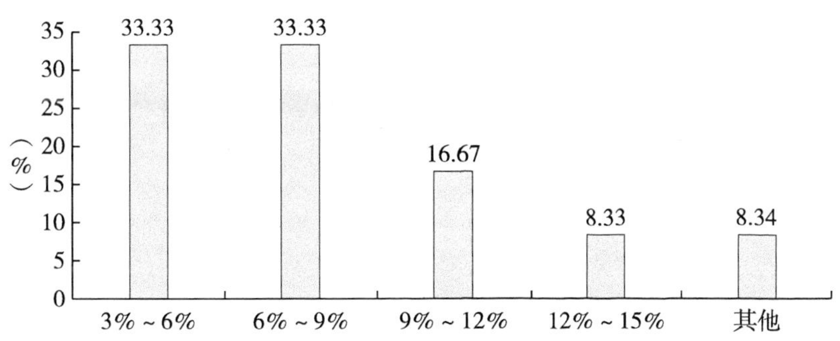

图 14　物流园区能接受的总体税负

同时，问卷数据显示物流园区能接受的总体税负大部分集中在 3%～12% 这一范围内，超过 12% 的税收负担对于企业来说比较难接受。与物流企业相同，物流园区同样不能接受较大的税收负担，需要企业管理层与政府共同努力，作为管理层，要继续学习税法及税收政策，而对于政府，要继续修改、完善降税减负政策，惠及更多物流企业和园区。根据上述的分析，我们可以大致得出 12% 以内的税收是较为合理的。

4. 政府是否对物流企业和物流园区举办税负培训对比

对比物流企业和物流园区，34.21% 的物流企业接受过政府举办的税负培训，与此同时，33.33% 的物流园区接受过政府举办的税负培训（见图 15），可以看出，物流企业和物流园区在这一方面差别较小，但是物流企业和物流园区接受过政府举办的税负培训比例都仅有 1/3 左右，占比较低。税收作为国家最主要的收入来源，同时也与企业的生命力息息相关，政府应积极增加对于企业税收方面的相关培训，加深企业对于税负的理解。

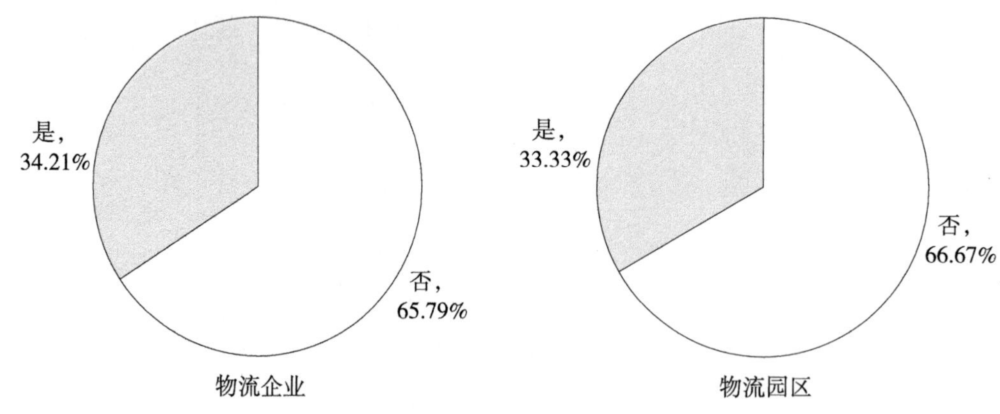

图 15　物流企业和物流园区接受政府举办的税负培训比例

如图 16 所示，71.05% 的物流企业和物流园区及时跟进税务税法的修改，并一直在关注税法政策调整的最新动态。由此可以看出税收对于企业自身发展和其经济效益的重要性，积极关注、学习税法及相关政策也是企业从自身进行降税减负的基本途径。国家更改税务政策，对于企业来讲可谓“牵一发而动全身”。

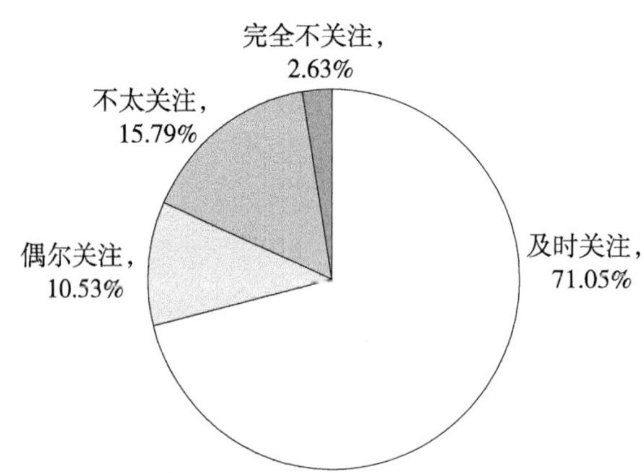

图 16　物流企业和物流园区了解税法相关动态情况

（三）关于政府通过降税减负扶持物流业发展的建议

物流产业是国民经济和社会发展的重要基础产业之一，在当前经济下行的压力下，为了鼓励物流产业发展，国家制定了一系列税收优惠政策，降低物流企业税收负担，但调研结果显示，某些物流园区和物流企业纳税仍面临一系列难题。为解决物流企业和物流园区税收政策上的烦恼，我们提出以下建议，给予物流行业发展的动力。

第一，为应对疫情对经济产生的负面影响，应加大政策扶持和落实力度，要坚决把减税降负政策落到企业，以增值税为例，前期国家已经降低了两档标准税率，下一步应该做好税率下调及并档工作，从现在的三档标准税率并为两档，减轻企业在疫情期间的税负。加快实施阶段性、有针对性的减税降费政策，保障政策的实施及经济的恢复。

第二，继续减免税费，切实减轻物流企业税收负担。通过调研得知一些物流企业仍认为税收负担较重、税负占比较大，减税降费是 2020 年恢复企业经济运营的大事，是减轻企业负担、激发市场活力的重大举措，是宏观政策支持稳增长、保就业、调结构的重大举措。国家出台更有针对性的政策，实施更大范围、更大强度的减税降费政策，扶持我国企业渡过难关。适当减免税费有利于物流行业更快更好发展。

第三，提高纳税服务水平质量。政府有关部门转变工作作风、简化办事程序、提高办事效率，尽快落实减税降费政策的实施，转变税务机关工作人员的工作作风，保持良好的工作态度。针对不同纳税对象进行服务，对辖区内企业进行分类，让纳税人明确纳税金额和内容，享受到税收优惠政策。确保各项优惠政策落到实处，以谋求物流行业的快速持续发展。

第四，从企业层面做好燃油费、修理费发票的统一规划，针对大多数加油站无法现场提供增值税专用发票的问题，物流企业可以根据《成品油零售加油站增值税征收管理办法》的规定进行筹划，物流企业应与石油公司签订协议，可待运输车辆加油后统一由企业财务人员到石油公司开具增值税专用发票。同时，做好路桥费发票的精细化管理，针对物流企业通行费发票种类多、数量巨大、抵扣工作量大、可抵扣税额低的问题，可以通过路桥费报销凭证重新设计、报销人员培训、使用电子发票等方式进行化解。

四、科技物流发展情况

（一）物流信息化与信息联盟

物流信息化是指物流企业运用现代信息技术对物流过程中产生的全部或部分信息进行采集、分类、传递、汇总、识别、跟踪、查询等一系列处理活动，以实现对货物流动过程的控制，从而降低成本、提高效益的管理活动。而物流信息联盟是介于独立的企业与市场交易关系之间的一种组织形态，是物流需求方即各种生产制造企业、商贸流通企业和物流企业间由于自身某些方面发展的需要而形成的相对稳定的、长期的契约关系。以信息共享为合作基础的企业战略联盟，是指两个或多个企业之间，为了实现自己生产发展目标、物流战略目标等物流相关战略目标，通过各种协议、契约而结成的优势互补、风险共担、信息共享、利益共享的组织，从而达成一种联盟合作模式。

新旧动能转换的核心内涵是用新技术、新业态、新产业、新模式“四新”来推进产业智慧化、智慧产业化、跨界融合化、品牌高端化“四化”。信息联盟就是依靠信息化技术，打造新兴产业，推动产业转型升级、提质增效。物流信息化与自动化是对传统物流的改革和创新，实现了传统产业的新型升级，是山东省新旧动能转换的一个重要体现和成果。所以，无论是“四新”还是“四化”都必须依靠信息化推进。

随着供应链这个概念为众人所知，企业间能共享的信息范围也越来越宽，消除了信息孤岛。供应链围绕核心企业，对信息流、物流、资金流进行控制。在共享经济理念的指引下物流行业迅速发展，企业间竞争与合作成为常态，构建物流企业信息共享模式极为重要。此次调研旨在了解中小型物流企业如何在激烈竞争中谋生存，了解物流企业信息联盟建设的发展趋势。

（二）物流园区与企业物流信息化与自动化现状

在企业拥有物流信息技术方面（见图17），宇佳物流、山东新兴集团有限公司拥有6种以上物流应用信息技术，仅占所有调研企业总数的3.84%，自动化和智能化程度在山东全省处于较高水平。61.54%的企业拥有3～6种物流信息技术，占比最大；另外有34.62%的企业拥有3种以下物流信息技术，处于信息水平较低的阶段。

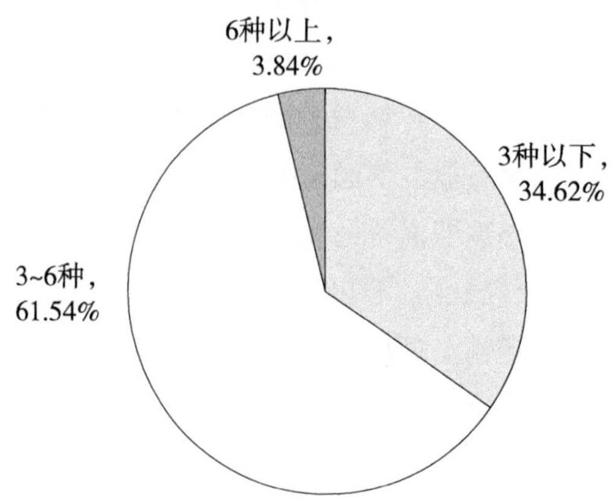

图17　企业拥有物流信息技术的数量分析

在物流信息技术应用中，WMS（仓库管理系统）和GPS（全球卫星定位系统）应用程度最高，由此可见，WMS和GPS深受企业的欢迎，对物流企业仓库管理和货物运输方面有非常大的帮助。

在物流园区业务拓展方面，大部分受访园区认为主要需要拓展这些业务：库内物流设备租赁、共享和二手交易，提供货料搬运及储存设备（货架、叉车和托盘等）的租赁和共享服务；人力资源外包与共享整合资源并提供库内一般操作人员和临时劳动力的人才中介、招聘、劳务派遣和上岗前的短期培训服务；仓储设施周边的生活配套服务；供应链金融支持服务、提供供应链金融服务、代理金融机构的抵押融资、国内保理、外汇保值业务等。这体现出许多物流园区基础设备的匮乏以及基础服务、资金供应的不足。

货物实时追踪方面，全省八成的物流企业和物流园区都在货物、托盘、货架、货车等上安装了追踪器来追踪货物的位置状态，反映出物流企业对于货物运输问题方面的重视。但是物流园区对这方面的意识比较薄弱，有一半以上的物流园区没有安装追踪器来对货物进行实时监控。另外，绝大多数物流企业和物流园区都会实时查看车辆路线和运行状态，并且根据实际情况优化运输路线，让整个货物运输过程提高了时效性和安全性。

自动识别技术方面，大部分物流企业拥有自动识别技术，且以成本低、收效快的条码识别技术为主，中瑞国际物流、潍坊联运入驻企业、东营万源物流有限公司应用了智能识别技术，临沂天通快运、松木物流，潍坊诚通物流、潍坊顺兴物流、潍坊联运入驻企业应用了光字符识别技术，大迈物流、潍坊华宇物流、德邦物流、苏宁物流、宇佳物流、济南盖世物流园应用了射频识别（RFID）技术，苏宁物流应用了生物识别技术，进一步实现了自动化。相比2019年，2020年山东省物流企业条码识别技术使用率上升了8.19%，光学字符识别技术使用率上升了6.98%，射频识别技术使用率上升了5.68%，虽然智能识别技术和生物识别技术使用率有所下降，但在自动识别技术方面总体是有进步的，说明发展自动识别技术是物流业发展的大方向，具体见图18。

加强自动化设备和信息技术建设方面，受访物流企业与物流园区主要认为可以在以下方面加强：盘库过程自动化，或者实时的库存库位监测；订单处理系统能够和货物自动出库系统无缝衔接，全程自动化完成；运输车辆路线跟踪与状态自动监测（位置、速度、油量、载重等）；对客户提供智能提

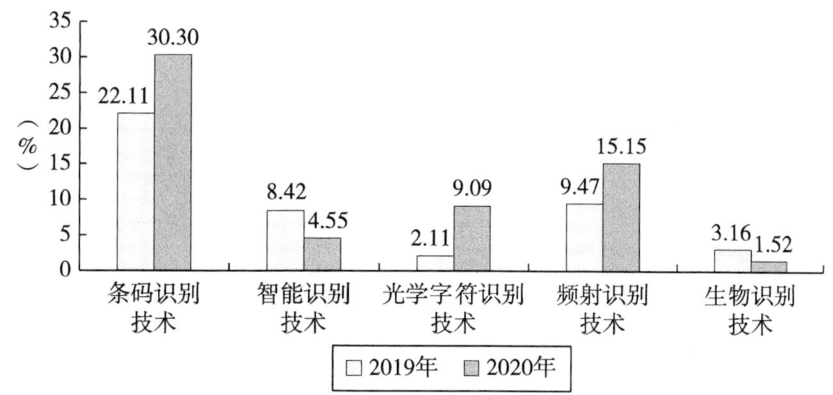

图 18　2019 年和 2020 年各种信息技术在物流企业和物流园区应用情况

醒，提高自动化设备和信息技术建设水平。可见，物流企业对物流信息化与自动化的发展存在高度认同和支持，物流自动化设备和信息技术的建设在山东省仍大有发展空间。

自动化设备方面，2019 年高架叉车在大多数企业里使用最多，体现出高位货架的应用已经普遍推广，但其他自动化设备如自动包装设备、自动分拣机、有轨巷道堆垛机、机械臂的普及力度仍不够。2020 年企业中自动引导搬运车（AGV）使用率上升了 3.24%，人工智能技术使用率上升了 4.89%，数据仓库和数据挖掘技术使用率上升了 4.62%，自动分拣机使用率上升了 3.11%，自动包装设备使用率上升了 11.53%，这说明山东省物流企业园区自动化设备使用率情况有所改善，如图 19 所示。

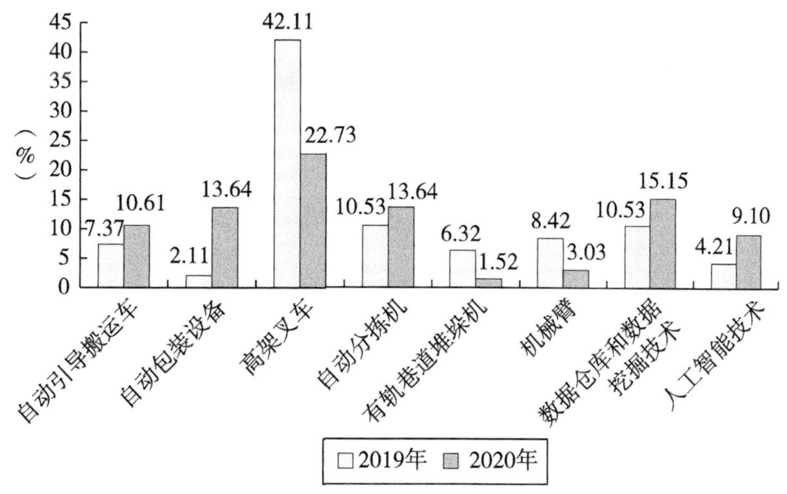

图 19　2019 年和 2020 年山东省自动化设备应用情况

公司自动化设备和信息技术引进具体实施过程中造成主要困难的原因有企业认为缺乏相关的复合型专业人才、标准体系尚未完善、资金压力太大三方面，反映出复合型人才在物流行业较为稀有、行业规范准则不完善、运营成本高。

由调研数据计算山东省不同区域自动化物流及信息化发展程度，济南周边企业发展程度高达 50%，沿海地区如青岛、烟台信息化程度普遍处于 30% ~45%，但是临日都市区和济枣都市区仅为 20% 左右，如图 20 所示。

由此可见，济南周边物流企业信息联盟的物流信息化程度及设备技术明显较高，与 GDP 存在一定正相关关系。鲁西北地区自动化程度比往年明显增多，处于发展阶段，可以通过加强物流信息化水平

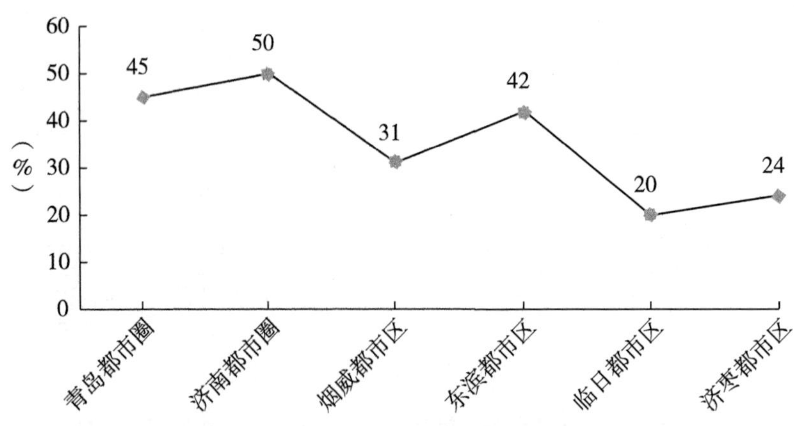

图20　山东省各地区物流信息及自动化水平

提高经济。此外，由于样本代表性不强，本次调研主要以济南企业为主，青岛和济南自动化水平较高，但山东省水平差距过大，其他地区自动化水平低，所以要重视信息自动化建设。

（三）山东省物流企业及物流园区物流信息联盟发展情况

1. 山东省企业物流信息联盟发展状况

区域物流的发展离不开物流企业信息联盟的建设，物流信息联盟可以增强企业的抗逆性。

在调研的山东省物流相关企业中，建立信息联盟较早的企业集中在青岛和济南地区。青岛企业在选择建立联盟关系是兼顾各方发展，各类型企业所占比例相差不大。而济南企业在选择联盟对象时，对四种企业类型的选择有明显的差异，更加偏爱于同类型企业，占比高达40%，多元化发展较差。企业多元化可以提高资本效率，实现资源信息共享，加强所在联盟（系统）的稳定性和抗逆性，有效规避企业经营风险，联盟企业类型多元化可以从多角度出发，从而应对危机。青岛物流企业及物流园区物流信息联盟选择对象占比分析如图21所示。济南物流企业及物流园区物流信息联盟选择对象占比分析如图22所示。

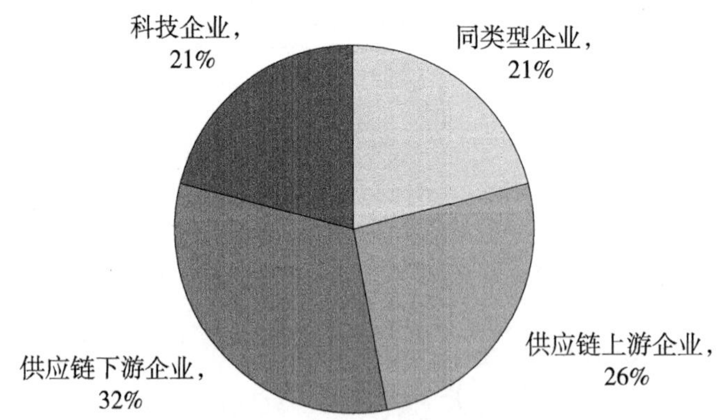

图21　青岛物流企业及物流园区物流信息联盟选择对象占比分析

总体来说，山东省物流企业的信息联盟建设程度不高，在经济较为发达的地区，如青岛、济南、烟台和威海等地已初具雏形，经济基础稍差的鲁西南地区等地的信息联盟建设尚未开始。

2. 山东省企业物流信息联盟合作类型

当企业间建立合作伙伴关系，互相利用资源网络的优势，能不断开发新的市场。通过调研发现，

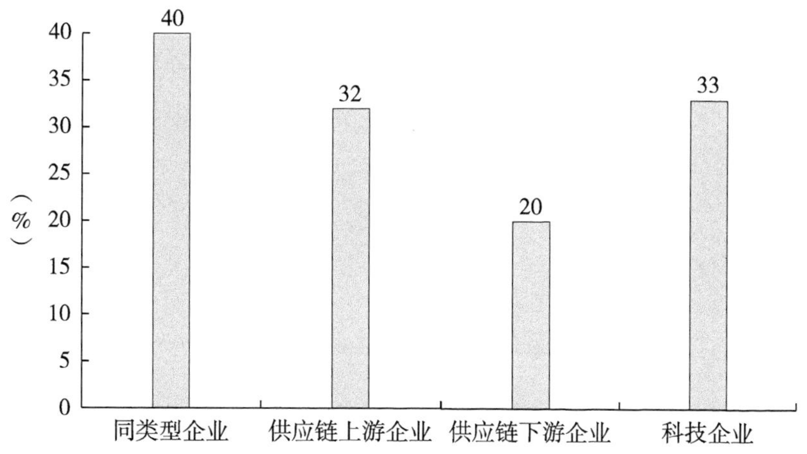

图 22　济南物流企业及物流园区物流信息联盟选择对象占比分析

企业选择的信息共享以及合作的公司，主要是同类型企业、供应链上游企业、供应链下游企业以及科技企业。据调研，83%的企业都与其他企业进行了合作，且有72%的企业会与其他企业进行信息共享，其中多数企业选择与供应链上游企业合作，少数选择与科技企业合作，如图23所示。

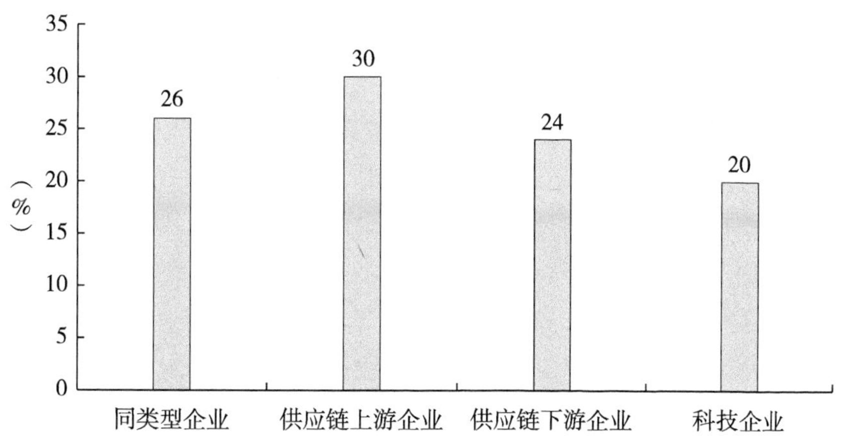

图 23　企业选择信息共享的企业类型

分析得知，企业大多愿意和供应链上游企业合作，所占比重达到30%，上游产业指处在整个产业链的开始端，包括重要资源和原材料的采掘、供应业以及零部件制造和生产的行业，这一行业决定着其他行业的发展速度，具有基础性、原料性、联系性强的特点。与上游企业合作共享信息多来源于共享双方的内部信息系统，内容涉及商流、资金流、人才流、技术研发、市场营销等多个方面，直接影响企业采购、生产、制造、销售战略的制定和方案决策。而与科技企业有合作意愿的信息共享程度最低，仅占所有样本企业的20%，这也意味着企业的信息联盟在科技方面薄弱，山东省物流企业与科技公司合作整体不高，这就在很大程度上影响了企业的物流信息化发展。

3. 物流园区合作及信息共享情况

物流园区是物流网络中的一个重要节点，它对于物流资源的整合、物流效率的提高以及物流信息的传递都发挥着重要的作用，园区的创新能力，对于园区降低成本、增加效益起到关键作用。

根据调研数据显示，在合作的过程中，优势资源和业务量及业务流程是物流园区最先考虑的，分别占27.50%和23.10%（见图24），而只有少数物流园区在选择合作对象的时候会考虑到其合作园区的劣势。每个园区都希望可以优势互补，但是不考虑短板，就如同木桶效应，在合作的过程中就会被放大，这样不仅不能提高效率，还会造成一定的损失。所以重视企业本身及合作方上的不足，才能建立一个更有效的联盟体制。

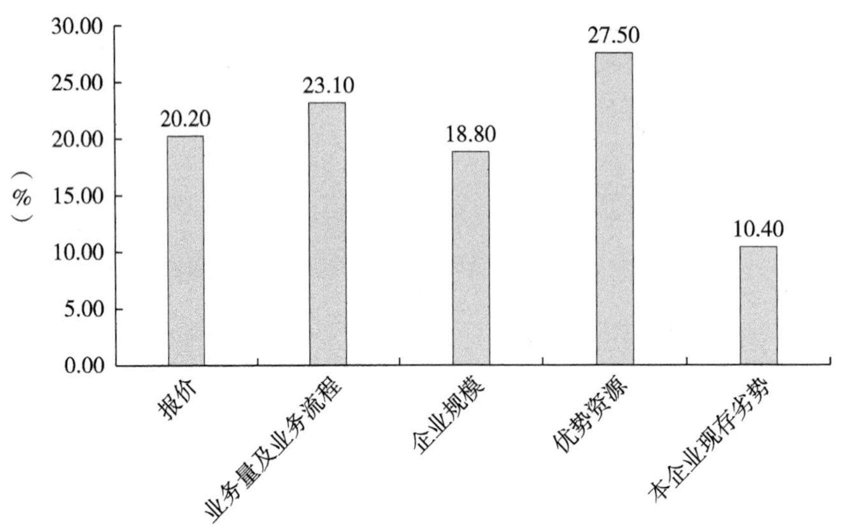

图24　物流园区合作考察项目

通过问卷调研得知，园区与园区之间加强合作的方式有很多，大多数的园区选择在如图25所示的几个方面进行合作。根据数据显示，山东省企业在货物信息定位方面的合作较少，这就从侧面反映出山东省货物信息定位追踪技术较落后。目前国内主要的定位系统是北斗卫星导航系统以及美国的GPS。这两个系统已经广泛应用于各个行业，对于中小型物流企业来说，引进成熟的导航系统所投入的人力、物力、财力非常大，资金是最大的难题。不过在调研中了解到，物流企业对现代通信技术的接受程度逐渐提高，开始积极采用GPS、GIS等先进技术提高企业运营水平和综合实力。通过信息化手段最大限度地整合了现有资源，使企业获得良好的经济效益。目前，山东某些物流公司已经安装胜通货运信息网和GPS车辆监控软件的配载户达1500个，每天为用户提供货源和车源信息15000多条，业务范围覆盖山东省10多个地市及东三省部分地区。

4. 园区信息联盟平台建设情况

信息化已经成为物流行业发展的大趋势，要逐步走向标准化和规范化，就要以信息化发展为前提。尤其是对于物流园区来说，只靠传统的出租库房的方式运作会越来越无法适应时代的要求，调研结果显示有88%的园区都有自己专门进行业务处理的网站或App，40%的园区自建网站或开发软件，少数园区选择部分外包、全部外包或入驻企业自建，几乎没有园区选择和内部企业共建，如图26所示。

（四）典型案例分析

1. 潍坊联运有限责任公司

潍坊联运有限责任公司位于奎文区，具有得天独厚的地理优势。管理体系完备，组织机构完善，具有近三十年的管理经验。目前已经拥有昌潍、南方、万方、西北四大物流园区。潍坊联运与

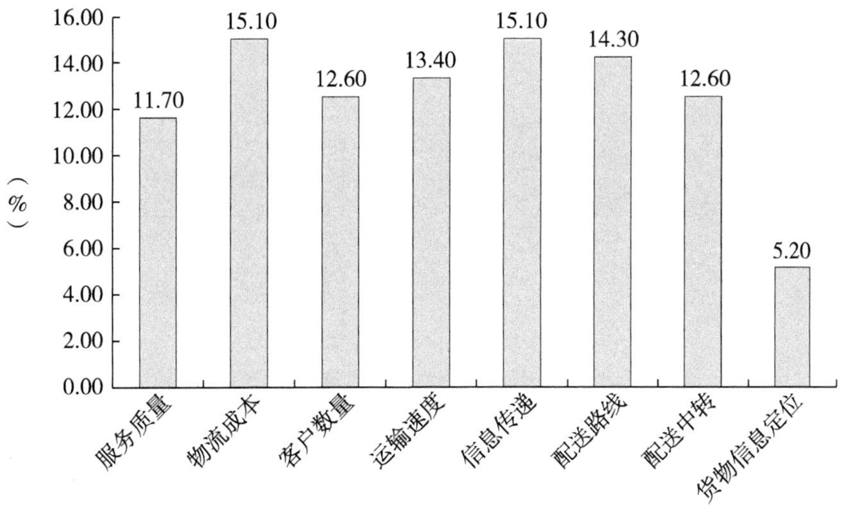

图 25 园区联盟合作方式

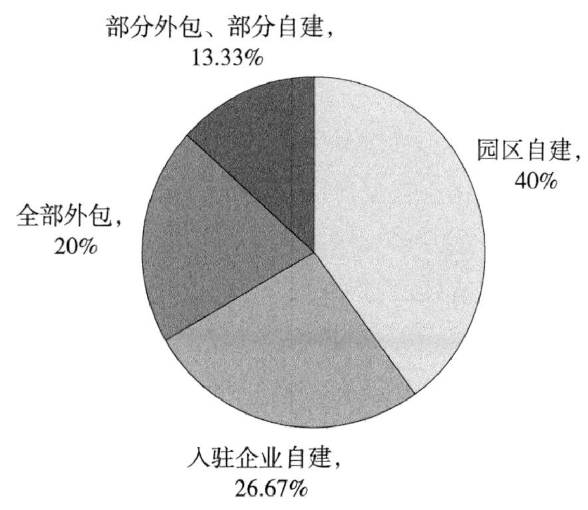

图 26 园区信息联盟平台建设方式

潍坊城区全面深化改革工作安排，该公司在建的山东省物流公共信息平台（5G 产业示范性项目）入选潍坊市重点改革试点项目。该平台基于计算机通信网络技术，提供物流信息、技术、设备等资源共享服务，具有整合供应链各环节物流信息、物流监管、物流技术和设备等资源，面向社会用户提供信息服务、管理服务、技术服务和交易服务的基本特征。潍坊联运有限责任公司积极响应上级政策以及安排部署，为推动现代物流行业发展、加快智慧物流园区与信息联盟建设，为园区在创新与应用方面提供物流一体化服务，物流信息系统的设计与优化实现全省物流园区间信息互联互通，为制造企业、物流公司等多方物流角色提供全方位的信息技术支撑，与合作的外部机构的信息进行整合，如图 27 所示。

2. 山东省金乡县鲁西南商贸物流区

山东省金乡县鲁西南商贸物流区（以下简称“金乡物流区”）位于山东省济宁市金乡县。从科技物流的角度看，其通过不同的外包与自营政策，实现实时信息共享，建设信息共享平台，入驻企业如圆通、顺丰等通过全国网点的辐射构建，实现海鲜冷链运输而非冷链储存水果、肉类的即时运达销售。为解决政府对企业活力、市场活力的管控问题，采用专人专事的决策，通过专业化的供应链的设计人

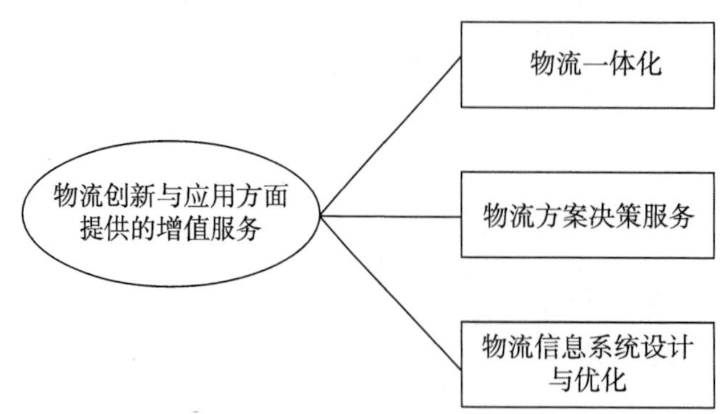

图 27　潍坊联运有限责任公司建立信息共享平台所提供的增值服务

员、专业化的企业自备设备及维修来进行招商引资，企业自负盈亏。园区的 KPI、ERP 等管理信息系统、精细考核全部自营，具有独特的园区特色。同时金乡物流区依托物流信息化与自动化的思想借助凯盛国际开发实现了交易模式的创新，实现电子拍卖，是一种数字经济的突破，成功将荷兰花卉承包模式引进改良。

（五）科技物流发展存在的问题

根据调研得知，山东省近 80% 的物流企业认为通过合作可以使客户增多，且半数的企业认为通过合作可以降低成本、扩大规模、优化业务流程。虽然科技物流可以为物流企业带来很多利益，但也存在一定的问题，如物流联盟有一定的盲目性，物流信息化和自动化设备使用率低，对联盟的质量和内容不甚关心，各联盟成员之间信息不对称、物流信息化程度不高、收益分配不均衡等，具体如图 28 所示。

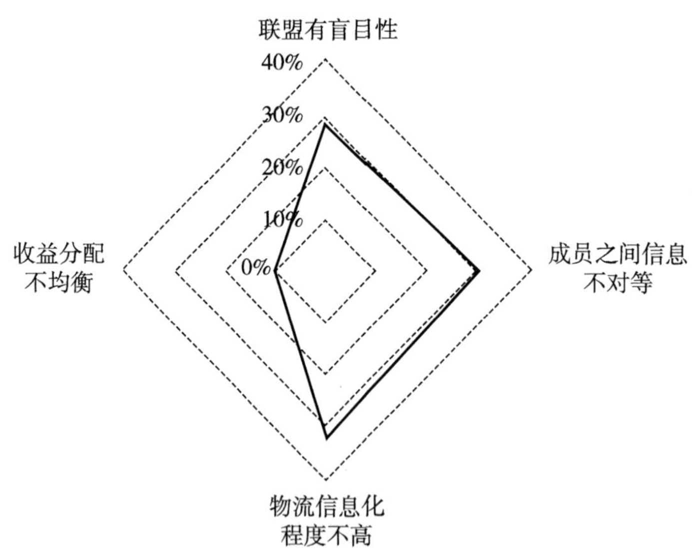

图 28　山东省企业信息联盟建设存在问题

1. 信息不对称

成员之间信息不对称是这次企业调研过程中信息联盟存在的问题之一。信息不对称理论强调市场经济活动中信息能够带来利益，如果某一方面信息充分便更加具有优势，也可以传递可靠信息给需要的一方获取利益，在信息联盟中，处于弱势的一方往往设法从对方获取相应的可靠信息。建立信息联盟的本质就是为了信息共享、互利互补，所以企业之间应加强合作，使信息尽量达到对称。

2. 物流信息化和自动化设备应用率低

根据此次调研发现，约30%的企业反映物流信息化和自动化程度不高。一些物流企业面临由于地理原因或交通造成的高成本问题，造成这些问题的原因之一是物流企业信息共享不充分或不共享引起的运力和效率问题，绝大多数中小型物流企业信息化设施建设投入不足，很多企业缺乏必要的货物跟踪、仓库管理和运输管理等物流服务系统。

信息化技术在不断的发展，一些先进的技术应用在物流企业中，能够很大限度地发挥其优势，降低企业经营风险，提高企业效益。但是很多物流企业还没有真正地将信息技术应用到物流的信息化过程中，依旧处于一种人工化或半人工化的状态。由于缺少创新，27%企业不能大量引进先进设备，致使人工成本增加。此外，在调研过程中，13%的中小型企业表示，引进专业化及自动化设备资金压力大且难以管理，许多企业不敢轻易尝试引进设备。而不少引进设备的企业表示，虽然自动化设备可以降低人工成本，但由于前期成本过大，企业的生存压力随之增加（见图29）。信息化技术不能普及最大的问题在于不能满足客户的个性化需求，客户满意度下降就会造成客源流失。

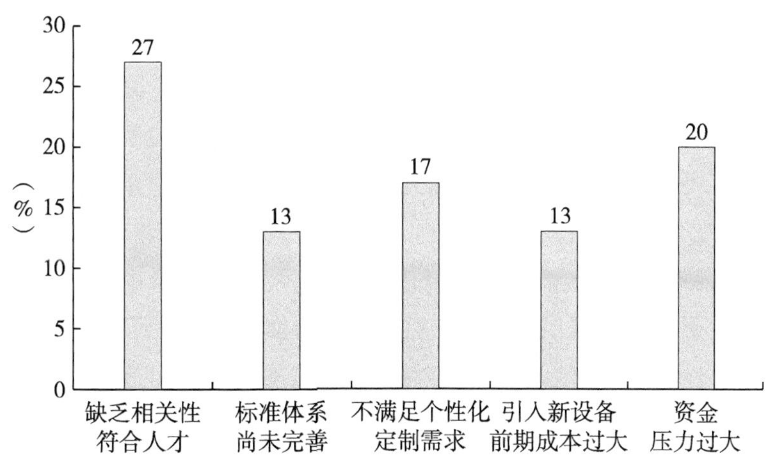

图29　园区自动化设备和信息化技术引入存在的问题

3. 物流企业整体上发展不平衡

物流企业因各自起点不同所以发展水平也不尽相同。经调研发现，山东省仅有少部分企业处于物流行业发展的前沿，这些企业多位于经济发展水平较高的城市，如山东顺丰速运有限公司、济南传化公路港有限公司、中通仓储等。除此之外，大部分物流企业自动化和信息化水平都比较落后，很多企业仍是以运输、仓储为主，基础设施建设较差、物流系统效率不高。

4. 创新制约了物流企业信息化和自动化

物流企业和园区在物流创新与应用方面可提供的服务太少，所以必须要以市场为导向，通过创新来实现物流服务绩效，仅仅识别顾客需求和竞争环境以及传统的物流服务模式已经不能满足顾客的需求，物流企业需要新的服务理念、方法和模式。

物流企业需要创新，创新就意味着需要人才，人才是推动创新的主要力量。在走访园区的过程中，不少园区都表示在人才招聘方面遇到了问题。其中企业反映最多的是大学生理论与实践的分离现象，毕业后和工作对接困难以及缺乏社会经验。由于人才的缺失，导致物流信息化和自动化设备引进出现问题，专业人才水平越高，设备使用效率越高。大部分的企业和园区表示，由于缺乏相关的复合型专业人才，所以不敢轻易引进先进的设备，导致物流企业和园区“新旧动能”转换困难，人力成本高居不下。

另外，资金的匮乏也是创新不足的一大原因，资金的缺少意味着创新的中断，新型技术研究和开发的不可持续不仅浪费了人力物力，还浪费了时间，所以很多创新方案的实施中断或不敢去尝试研究，以至于物流技术的不成熟和落后，制约了物流企业信息化和自动化的发展。

（六）建议

本次调研通过问卷调研和实地调研的方式对山东的物流企业进行了深入调研，团队发现在“新旧动能”转换背景下不同类型的物流企业和园区面临着不同的发展问题，针对这些问题，可以从政府调控、企业改进和人才培养三个方面提供对策。

1. 政府调控角度

（1）政府建立健全信息共享机制，整合各地区物流企业信息，实现与省信息平台互联互通和信息共享，加强物流信息化安全保护，注重网络信息共享的保密性，让企业能自愿且放心地交换各种信息，以此达到双赢目的。

（2）政府有关部门要加强引导，重点培养一批龙头骨干物流企业，以提升和带动山东省物流产业整体水平。扶持与产业相配套的信息化、专业化、一体化的物流集群发展。结合新旧动能转换，培育一批运营模式新、服务水平高、创新能力强的物流龙头企业。鼓励引导企业创新发展模式，推动线上与线下物流服务融合发展，培育物流发展新动能。加强物流人才培养，推动物流企业家队伍建设。

（3）发挥山东省物流协会作用，建立企业信息资料库，优化“两个中心、一个智库、四个平台”，让企业更大化利用协会搭建的信息联盟所带来的益处，从而推动信息联盟建设。

（4）给予适当政府财政补贴，放宽银行贷款政策，鼓励企业积极引进信息化、自动化新型物流设备，加强物流信息化和自动化的发展。

2. 企业改进角度

（1）加强物流标准化和信息化建设。物流标准化是加强物流管理的重要手段，信息化是现代物流业的重要支撑，与其他城市联合，重点支持物流节点城市的物流公共信息平台建设，加快建立平台间信息交换标准，通过科技的力量来优化经营、优化管理、提高效率。完善平台间互联互通机制，推动跨区域、多领域的信息网络联盟合作。对于大型物流企业，如潍坊联运物流公司，拥有多个大型综合服务型物流园区，可以将人脸识别、定位追踪、智能出入库、智能化托盘等设备运用于园区管理运营中，将极大提高企业效率。

（2）应当加强园区间信任关系，让优势互补、合作共赢惠及每个园区。由于园区间信任机制的问题，部分园区担心信息泄露而拒绝园区间合作，部分园区担心利益关系不稳定会造成利润的损失而拒绝合作。由于相关制度问题不少园区难以合作，因此政府应当制定相关政策支持园区间合作，进一步调动物流园区之间合作的主观能动性，实现各园区间信息共享以及高效的物流合作。

3. 人才培养角度

（1）企业管理人员需要与时俱进。想要加强物流企业和园区信息联盟建设和提高物流信息化和自动化水平，首先取决于企业相关管理者的决策，企业的决策决定了整个企业的活动，所以相关管理者的业务能力和管理思路必须要得到提高，要积极、及时了解到物流相关的最新技术和政策，才能及时改变和调整企业当下的活动，完成对本企业传统物流的转型和升级。

（2）及时加强对物流人员的业务学习和培训，鼓励人员创新。信息化时代的高速发展，各种创新型信息化、自动化物流设备的出现可以给企业带来各方面的益处，所以企业员工要具有较高的工作素质，加强对业务的熟练程度，推崇创新精神，整体提高企业园区的信息化水平，跟上“新旧动能”转换的脚步。

（3）加强与高校和其他行业的合作。各大物流园区可以与各高校和其他行业形成长期的合作关系，鼓励学生和相关人士前来学习交流，定向培养符合本企业发展的信息联盟和信息化、自动化所急需的创新型复合型人才。

五、托盘一体化调研

中国物流与采购联合会托盘专业委员会2019年物流市场回顾中显示，2019年托盘年产量大概为3亿片，目前我国现有托盘市场年保有量14.5亿片。我国托盘大多由木材、塑料制成，其中木质托盘约占九成，塑料托盘约占8%，其他材质的托盘约占2%。参与本次调研的园区中，某些园区的托盘循环使用率低于20%，托盘回收率过低不仅导致资源浪费，还会带来环境污染。因此遵循绿色可持续的发展理念开展物流业务，应该提高托盘的回收率，在保护环境的情况下尽量降低园区的利润损失。

托盘一体化指在物流过程中，托盘作业单元作为一个整体，即托盘生产、托盘组装、托盘搬运、托盘运输、托盘销售，保证商品由生产企业产出，经销售企业、物流企业，直至消费者手中都在同一托盘上，在商品流通过程中，回收相同数量的空托盘。

基于企业，托盘一体化能够减少商品的重复拆盘与码盘，降低了劳动力投入以及货损率，提高了作业效率；基于供应链，使得各企业间的衔接更加紧密，简化了中途换装停放等环节，节约时间加快了效率。

面对日趋激烈的市场竞争，山东省物流企业和园区致力于提高自己的服务能力，通过对物流、资金流、信息流的高效整合，形成三流合一的整体，为社会提供全面的物流服务。本次对山东境内的部分物流企业和园区进行调研，通过座谈交流、实地参观以及问卷调研的形式，分析当前山东省内物流企业和园区托盘一体化的发展现状。托盘作为基础单元组织货物流通，成为实现物流现代化的一个重要途径。托盘一体化旨在利用标准化托盘实现物流的智能化，并通过其循环利用实现绿色环保。因此，托盘一体化已成为物流企业发展趋势。

（一）托盘一体化发展现状

托盘一体化的首要要求便是托盘的标准化，所以可以通过托盘的标准化评价托盘一体化水平。通过对山东省物流园区和企业发放调研问卷，对山东省物流园区及各企业的托盘选择的依据进行分析（见图30）。

由物流企业2019—2020年托盘尺寸的选择依据变化可以看出，根据国家统一标准选择托盘的企业占比不增反降，由25%降至16.67%，根据公司运营策略选择托盘同样大幅度降低，降低大约15%，而根据目的地要求、根据客户要求、循环利用率至上的选择标准增长大约8%。虽然可能由于样本选

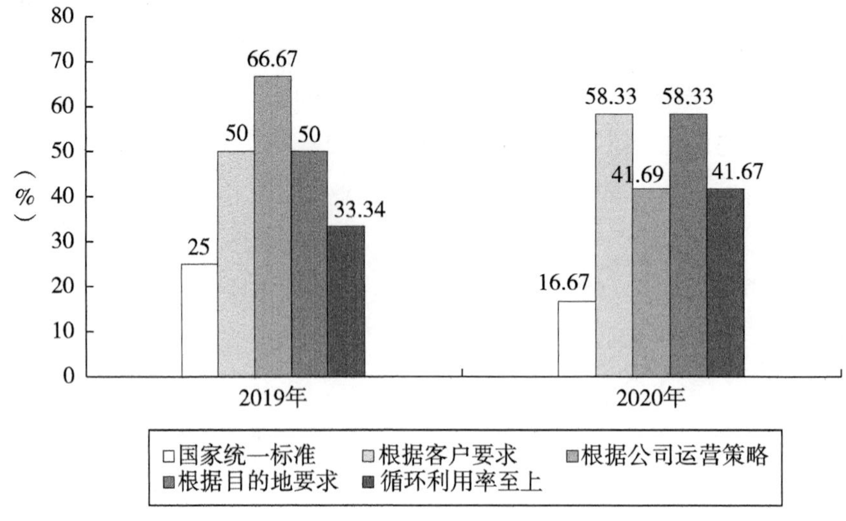

图 30　托盘尺寸的选择依据

择群体变化导致的结果波动，但由此可以看出大部分物流企业在选择托盘时，着重考虑的是满足服务对象的要求以及高循环利用率，是否满足国家标准则放到最后考虑。

通过上述数据分析可以发现，山东省物流企业的托盘标准化程度并不高，进而一体化程度偏低。

（二）托盘一体化难点分析

调研团队针对托盘标准化的实施难点进行调研，调研数据显示，由于物流商品单元繁多和缺少托盘共用系统是阻碍托盘标准化的主要因素，两者总计占比达到了 70%，如图 31 所示。

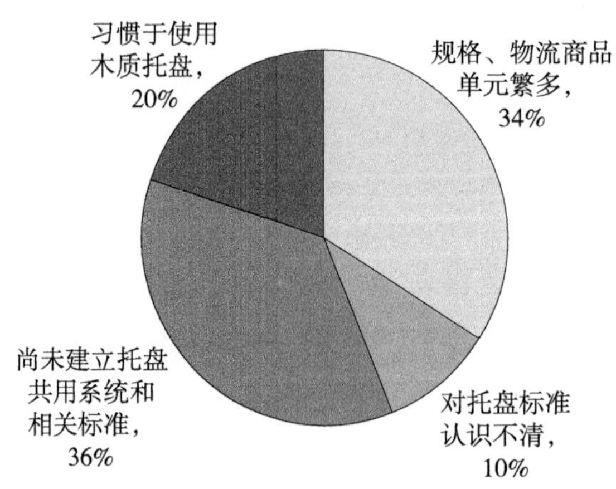

图 31　实施托盘标准化及共用的难点

1. 托盘的普及程度较低，托盘循环比例低

托盘的应用范围仅仅局限于仓库内部和运输环节之间的搬运作业等内部的周转过程。托盘的非标准化使得托盘在不同企业、地区之间不能完全流通，也就不能建立起多层次的托盘循环利用系统，导致托盘使用率低、浪费大。我国用于产品流通的托盘大多是一次性的，随着产品归属权的转移便结束了其使用寿命，这一因素导致托盘的回收率较低。因为制造商难以回收发往不同目的地的空托盘，目前最常见的做法是将托盘的使用范围只限于企业内部，这也给物流标准化的实现造成了困难。

货物在供应链内流通的过程中要变更数次托盘来完成运输和仓储，极大地限制了物流效率，使产品附加成本大为增加。从托盘的结构和材质上看，木质托盘使用率过高，其他材质托盘比例过低（见图 32）。考虑到木材资源紧缺、价格不断上涨等因素，选择替代材料和其他材质托盘是降低托盘使用成本、实现托盘标准化的关键。在使用托盘进行物流作业的过程中，发货人不仅需要提前准备托盘，而且要承担回收空托盘时发生的费用。此外，因为在实现托盘回收之前，须将托盘堆放在收货人处，从而会出现托盘质量劣化或与其他货主的托盘混放在一起而遗失的现象，最终致使发货人承担很高的费用，使托盘回收作业难以实施。

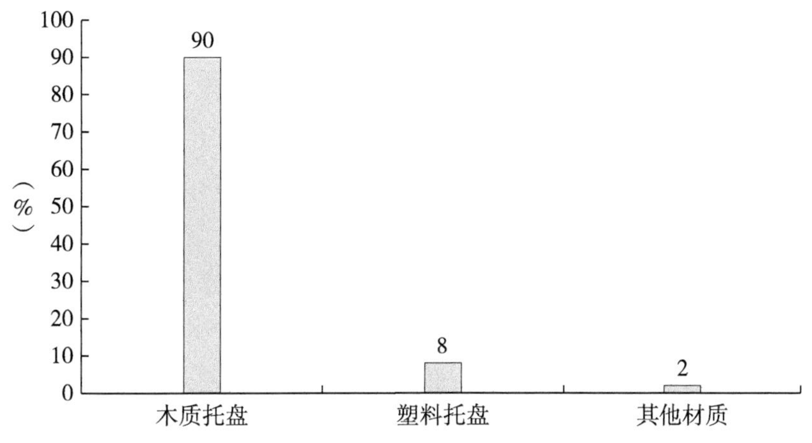

图 32　企业使用托盘种类

2. 使用成本高，且存在损耗

托盘自身的损耗严重，根据调研显示，在企业使用的托盘中木制托盘占比 90%。一方面，传统木质托盘的使用周期只有半年到一年，并且传统木质托盘在受潮或吸水后极易糜烂，导致其自重增加，从而增加了企业和园区的经营成本；另一方面，27.03% 的企业认为传统木质托盘便于装卸和搬运，从而不愿意放弃使用。在这种情况下，托盘易于搬运的优点与其损耗严重的局限性成为企业或园区是否使用托盘的决定条件。企业采用托盘后物资损耗的减少情况见图 33。

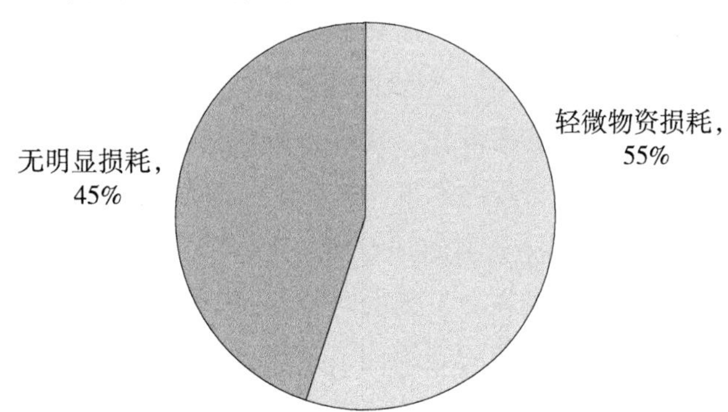

图 33　企业采用托盘后物资损耗的减少情况

托盘的保护性比集装箱差，虽然相比于原始操作方式，使用托盘运输的货损率降低，但与集装箱相比，使用托盘运输会存在一定的货损率，在恶劣天气情况下使用托盘运输和存放就会造成货物的损失和成本的增加。因此，托盘在使用过程中的物资损耗问题也就成为阻碍托盘一体化发展的一条重要原因。

3. 托盘不符合国家标准

中国物流与采购联合会托盘专业委员会调研中发现，目前流通中的托盘规格比较多。规格包括：2000mm×1000mm；1500mm×1100mm；1500mm×1000mm；1400mm×1200mm；1300mm×1100mm；1200mm×1000mm 等几十种规格，较多的托盘与国家标准不一致。

托盘使用单位通常依据其产品的规格设计订制托盘，与此同时托盘制造企业依据托盘使用单位的订单进行生产，这就导致我国现有的托盘规格混乱、物流运输商品单元大小不一，装载商品后难以形成整齐划一的单元，出现本末倒置的现象。

由于国内托盘规格尺寸五花八门，托盘规格和运输车辆、仓库、集装箱等不配套，与标准化托盘配套的货架、叉车、月台等相关设施、设备衔接性不强，致使各种运输工具的装载率、装载设备的荷载率、仓储设施空间利用率都较低，无效作业增加，速度降低，成本上升，托盘服务商不够壮大，铺设网点尚不健全，影响了物流的效益和竞争力。

（三）建议

调研团队根据此次对山东省物流园区及企业调研走访，发现了这些物流公司在托盘一体化方面存在的一定问题：无法实现托盘统一标准、托盘的循环利用率低等，使得物流的成本升高、资源浪费。这些问题让物流行业的发展受阻，需要物流公司和相关人员积极面对、共同解决。针对前文分析的物流托盘一体化存在的问题，提出以下几个解决方案。

1. 稳抓托盘标准化问题

由于存在托盘普及程度低、规格不统一等系列问题，导致托盘一体化难以有效实施，所以首要问题便是稳抓托盘标准化问题。

（1）提高物流企业、园区实施托盘一体化的意识。

企业自身需要重新审视托盘的作用，要从长远的角度看待托盘一体化的重要性，政府相关部门可以组织参观其他省份地区高度机械化和自动化的物流企业，让物流企业认识到自身与这些企业的差距，认识到实施托盘一体化的可行性。

同时物流企业和园区积极参加政府开设相关的课程，认真听取对物流企业的培训指导，加强企业对托盘一体化的认识，接受现代物流的观念，积极接受政府及物流行业组织的建议，推进物品规格、外形改革，并逐步完成托盘及相关设备的标准化。托盘一体化势必是今后物流行业的发展趋势，所以要尽早进行企业改革，这样有利于把握市场的先机、提升企业的竞争力。

（2）解决物流标准匹配问题，激励企业实施托盘标准化。

仅仅依靠每个企业自身的意识无法根本、长期的对托盘标准化进行有效的解决。企业的发展归根结底是实现其自身的利润最大化，若无外部的强制约束很难有实质性的变革。改革的过程中所包括的标准制定及实施等活动需要政府来监督完成。政府在物流托盘一体化的过程中充当着催化剂的角色。因此政府应该建立相关的物流管理职责部门，统筹完善托盘标准化方案，长期协调各个企业、事业单位，制定规范的发展策略，解决发展过程中出现的各种新问题。

（3）与国际标准接轨，推进跨境物流业务。

鼓励我国企业自身和政府相关物流管理机构学习和借鉴国外的优秀经验，并将总结的国外优秀经验与国内现状相结合，得出适应中国物流行业的托盘使用模式。同时有关部门应按照国家的相关要求，组织各方面专家按照国内物流行业及相关产业发展情况和国际贸易的需要，对六种国际托盘尺寸进行剖析，抉择出一种最契合我国经济利益的标准托盘并重点推广运用，进而实现我国与国际标准的接轨，推进跨境物流业务。

2. 实现托盘一体化信息管理

目前对托盘实现信息化管理还处于起始阶段，巨大的市场需求与技术空白呈现出极大的矛盾。这一矛盾使得园区以及企业难以实施高效的信息管理，严重影响了托盘一体化进程。

根据调研结果显示，在参与调研的企业中只有52%的企业投入了智能化托盘，大部分物流企业会选择在运输货车上装有GPS车辆管理系统。车辆和托盘的信息化管理出现这样的反差，究其原因还是不重视托盘的使用。物流公司应该积极参与到建设托盘一体化管理技术中，吸引第三方软件、硬件公司充分利用互联网技术填补托盘信息化管理的空白。实现在托盘管理方面推进信息系统的管理，在托盘上安装追踪器，实时追寻查看托盘的使用位置、使用状态、已使用时间年限。一方面，利用软件平台对托盘位置实现信息共享，客户可以查看并租借就近的托盘，这样托盘提前做好使用分配安排，提高了托盘的循环利用率，避免了资源浪费，同时可以有效解决各个地区因需求不均衡，存在部分空置积压状况。另一方面，托盘信息化的管理帮助了托盘共享公司降低了劳动成本，托盘的充分利用，提高了公司营业利润（见图34）。

企业在进行一体化建设过程中，托盘要与叉车、货架、货车、集装箱、仓库等设施实现一个有机的结合，这就需要部分企业对自身基础设施进行更新换代。面对日益变化的时代节奏，不仅需要这些企业从长远的眼光来重视一体化的建设，还要企业拥有这样的魄力去积极改革。

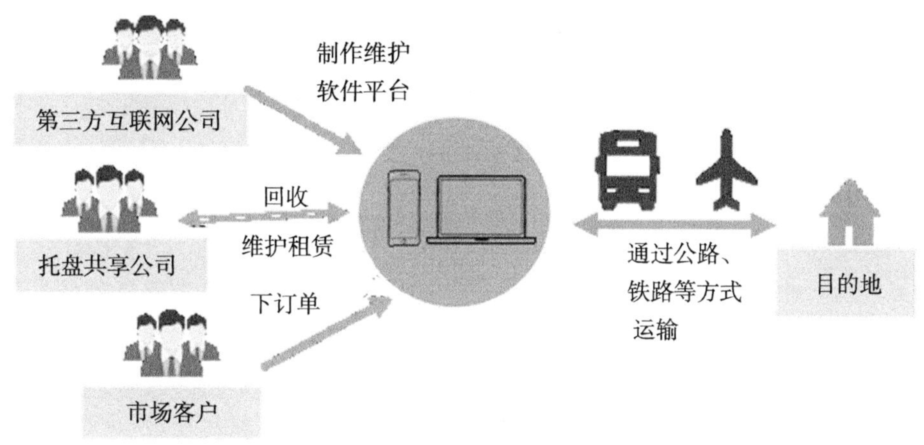

图34　托盘一体化信息管理流程

3. 落实托盘使用成本降低

由于托盘标准化程度不高，且大多以木制托盘为主，导致托盘的损耗率过高，循环使用率过低，流通中，多次的拆盘和码盘加大了托盘的损耗，造成托盘的使用成本过高。

作为一个提高物流效率的工具，托盘的成本是决定企业使用的重要影响因素。将托盘的使用成本降低不仅可以扩大企业的经营利润和营业规模，还可以提高托盘的使用率，促进托盘一体化进程。物流企业可以凭借自身经验与生产企业进行合作，共同研发生产出符合国家标准、适应市场、高质量、低成本的新型托盘。托盘成本降低具体可以从两方面去落实，首先从生产时就应把控托盘的成本，生产企业可以针对托盘制作的特点，设计合理的生产流程，使用完整的托盘生产线来提高生产效率、降低生产时间和人工费用。其次研发出新型材质的托盘。目前我国现有托盘的总量大且每年的增速快，我国托盘大多由木材、塑料制成，因此木质托盘占比极大。所以寻找新型环保材料来替代原有木质托盘，可以在降低成本的同时达到绿色环保要求。但是，我们应该以保证质量为前提。

（四）托盘一体化拓展

1. 托盘一体化在“智慧物流”“科技创新”方面的体现

随着创新驱动发展战略的实施和科技创新水平的不断提高，物流行业的创新正改变着人们的生活和社会的结构。根据本次调研，已经使用智能化托盘的企业占比达到了52%（见图35），越来越多的企业在重视智能化设备的使用。物流创新既包含意识层面的普及，也包括设备等物质方面的革新。调研报告显示，在本次参与调研的企业中，64.86%的企业希望政府能够在改善相对落后的物流设施方面给予企业一定的支持，而传统木质托盘等也包含在这些相对落后的物流设施当中。改变托盘标准使之与国际托盘标准对接就是一种推翻陈旧的制度、制订更加符合物流行业发展的规则的思想观念，78.38%的企业都具备这种思想并希望政府能够对其落实给予一定的支持。

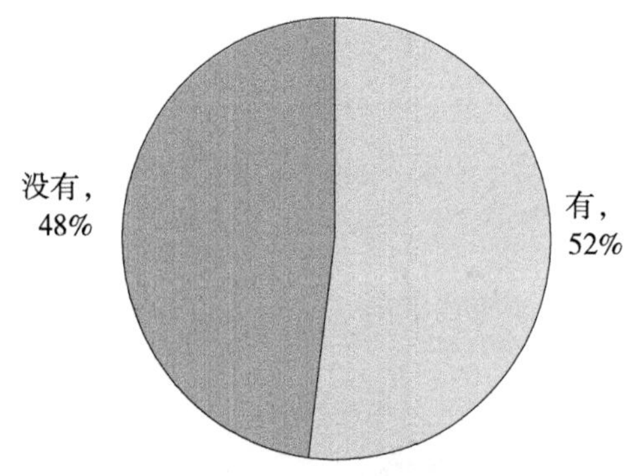

图35　山东省物流企业和园区使用智能化托盘情况

智慧物流是物流行业进行科技创新的具体体现，在托盘上安装追踪器追踪货物的位置状态就是智慧物流的表现。智能化托盘不仅能够帮助企业或园区掌握货物的实时位置，还能够使之了解托盘上装载的货物情况，真正实现无人化仓储，大大提高了仓储效率。参与调研的半数物流企业和园区表示其智能化托盘已经投入使用，而另外半数企业表示其尚未使用智能化托盘。

2. 托盘一体化在“绿色物流”方面的体现

1987年联合国环境与发展委员会发布的《我们共同的未来》标志着绿色包装的起源。绿色包装是对生态环境和人体健康无害、能循环使用和再生利用、可促进国民经济可持续发展的包装。包装从原材料选择、产品制造、使用、回收和废弃的整个过程均应符合生态环境保护要求。

托盘是一种非常典型的物流包装容器，绿色包装的推进也需要对托盘进行改造。而针对托盘的绿色改造也受到某些因素的阻碍，包括：国家缺乏有关于使用环保托盘的规范要求和强制性标准；物流企业及园区之间低价竞争，导致包装成本被压缩，无力使用价格高昂的绿色包装材料；企业和园区的业务人员进行包装时操作不规范，导致过度包装、资源浪费；供应链下游的消费者环保意识不强，不愿为物流企业或物流园区的绿色包装买单。

绿色物流作为一种新理念对我国可持续发展的意义重大，所以每个物流企业都需要响应国家号召，同样重视绿色发展。因此企业在物流运输的起始阶段就需要严格要求，要在包装方面减少过度包装、避免资源浪费和成本增加，要使托盘同包装的循环利用。参与本次调研的园区中，某些园区的托盘循环使用率低于20%，托盘回收率过低不仅导致资源浪费，还会带来环境污染。因此遵循绿色可持续的发展理念开展物流业务，应该提高托盘的回收率，在保护环境的情况下尽量降低园区的利润损失。在企业基础设施建设上需要进行优化仓库布局设计、调整特种车辆配比、定期检查托盘，延长使用寿命。

同时，政府应在绿色物流的实施方面为企业提供相应的支持和约束，制定相关的政策和法规，并向其发放专用款项，降低由于使用托盘绿色包装为企业或园区带来的利润损失。

六、绿色物流

（一）绿色物流相关政策

由于环境问题受到日益关注，企业需要解决如何减少物流活动对环境产生的负面影响，使物流活动更具环境可持续性。如果不采取相应的环保措施，到2050年，交通运输活动所产生的二氧化碳排放量将大幅增加。根据巴黎气候协定，全球变暖应幅度控制在2℃以下，最好控制在1.5℃以下，这更需要交通运输部门制定合适的环保政策。在“一带一路”倡议背景下，物流网络需要打破壁垒，加大开放力度，向集成化、柔性化方向发展演变，以符合经济发展的新趋势、新要求。然而，现代物流业在促进经济增长的同时也引发了一系列问题，如物流成本居高不下带来的经济发展社会总成本升高，能源消耗过度及高排放带来的生态环境损害日益显现，使整个社会的绿色发展受到阻碍。

早在2015年，山东省人民政府就为加快物流业转型升级、促进经济结构调整和产业升级发布了《山东省物流业转型升级实施方案（2015—2020年）》，在转型升级的任务和实施路径中，提出了积极推进绿色物流和应急物流发展，大力发展甩挂运输、共同配送、统一配送等先进的物流组织模式，提高储运装备的信息化水平，减少返空、迂回运输。鼓励采用低能耗、低排放的运输工具和仓储设施，推广集装单元技术，鼓励包装物和托盘重复使用和回收再利用。大力发展回收物流，推动废旧电器、电子产品等生活废弃物和加工中产生的边角废料等的废弃物回收物流发展。加强危化品运输管理，最大限度减少环境事故。加强应急仓储、中转、配送设施建设，提升应急物流设施的标准化、信息化水平，建立和完善应急物流信息系统，形成一批具有较强应急物流运作能力的物流企业和物流中心。

2017年，国家邮政局发布《快递业发展“十三五”规划》，将绿色物流确定为未来物流行业发展主基调。2018年1月，国务院办公厅发布《国务院办公厅关于推进电子商务与快递物流协同发展的意见》，鼓励电子商务企业与快递物流企业开展供应链绿色再造，推广绿色运输与配送。由此可见，绿色物流的建设是一项意义重大的工作，同时对于现代物流企业的发展创新也提出了更高的要求。绿色物流的落实，也是山东省物流行业发展的一大重要问题。

（二）山东省绿色物流发展现状

由上文山东省物流行业发展现状可知，“十三五”规划提出以来，山东省物流业发展迅猛，2018

年1月，国务院批复成立济南新旧动能转换先行区。到2018年12月为止，山东省有国家A级物流企业347家，5A级物流企业37家；国家星级冷链物流企业18家，占全国的29.5%，数量居全国首位；山东省国家级示范物流园区5家；国家优秀物流园区8家。与此同时，山东省物流企业在发展过程中仍然存在着各式各样的问题，整体发展呈现出小而散的局面，缺乏进一步发展的动力；一些物流企业在发展过程中片面追求利润，发展绿色物流意识不强、发展机制不尽完善；物流运作方式不尽合理，仍然存在着耗能高、产出少、污染严重等一系列问题。

1. 山东省物流业交通运输结构

根据《山东统计年鉴》，截至2018年年底，山东省物流业铁路营业里程为6335公里，全国铁路营业里程为13.1万公里，占比4.8%，当前山东省交通运输方式仍以公路运输为主，且民用载货汽车拥有量不断增高。由表2可知，当前省内铁路货运量一直处于较低水平且不断下降。不仅如此，山东省铁路货运量占铁路、公路和水路总比重除2015年外，2016—2019年均低于全国平均水平（见表3）。且相比于21世纪初，铁路货运量所占比重依旧呈现不断下降的趋势，铁路在运输方式中的优势和作用尚未得到有效发挥，交通运输结构有待优化。

表2　　山东省铁路、公路、水路货运量

年份	铁路货运量（万吨）	公路货运量（万吨）	水路货运量（万吨）	铁路货运量所占比重（%）
2015年	25527	266124	17758	8.25
2016年	23247	312807	17964	6.57
2017年	22295	288052	16659	6.82
2018年	20574	249752	15060	7.21
2019年	19191	227934	14724	7.33

表3　　中国铁路、公路、水路货运量

年份	铁路货运量（万吨）	公路货运量（万吨）	水路货运量（万吨）	铁路货运量所占比重（%）
2015年	335801	3150019	613567	8.19
2016年	333186	3341259	638238	7.73
2017年	368865	3686858	667846	7.81
2018年	402631	3956871	702684	7.95
2019年	431773	3435480	747225	9.36

2. 山东省物流行业能源消耗现状

由表4可知，山东省物流业能源消耗总体上呈现上涨趋势，原因可能是山东省交通运输方式以公路运输为主，且近年来公路运输占比一直偏高，需要消耗大量的能源。

根据图36和图37可知，山东省物流业能源消费比重均略高于物流业所创造的生产总值，2015年相比于2010年能源消费比重降低，2016年、2017年有所上升，因此相比其他能源消费比重低于物流业创造的生产总值的省份，山东省的能源消耗状况并不乐观。原因可能是大量采用公路运输导致能源消耗居高不下，当前山东省物流业发展状况仍处于高能耗、高污染、高排放的低效运转模式。

表 4　　山东省交通运输、仓储和邮政能源消耗情况及总量　　（单位：万吨标准煤）

	2010 年	2015 年	2016 年	2017 年
能源消耗总量	30235.7	37945.4	38722.8	38683.7
交通运输、仓储和邮政能源消耗	1761.1	2078.6	2192.6	2421.1

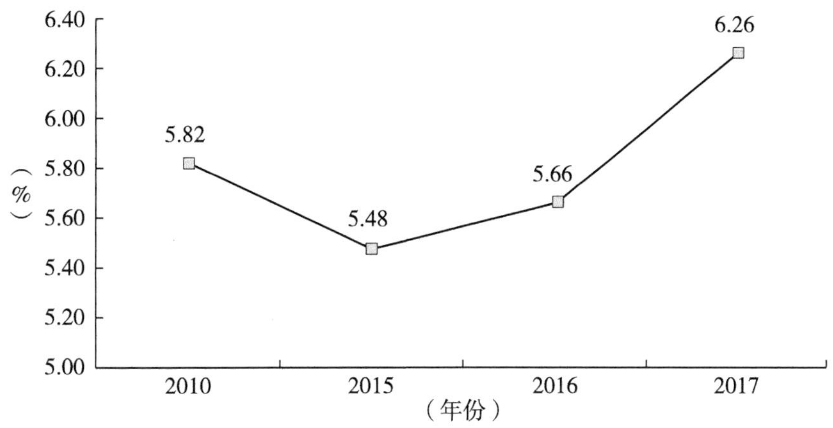

图 36　山东省物流业能源消费比重

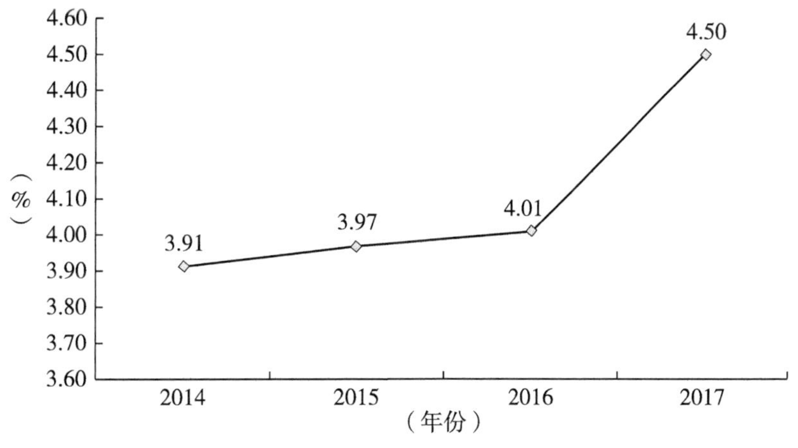

图 37　山东省物流业生产总值占比

3. 山东省物流园区及企业绿色物流发展现状

绿色物流的理念提出后，引起了整个物流行业的关注，但是绿色物流的理论与实施依旧处于萌芽阶段，绿色物流发展较为缓慢。

无论是《山东省物流业转型升级实施方案（2015—2020 年）》还是《快递业发展“十三五”规划》，均对绿色物流做出了指导，可见国家政策为物流企业及物流园区发展绿色物流提供了后台保障，但发展绿色物流不能仅靠国家推动，物流企业及物流园区也应积极承担社会责任，自发地参与到推动绿色物流发展的工作中。

调研问卷的统计结果表明：在节能降耗的措施方面，有 41.2% 的企业认为优化运输工具以及动力配置是最有效的措施，节能降耗措施问卷结果见图 38。

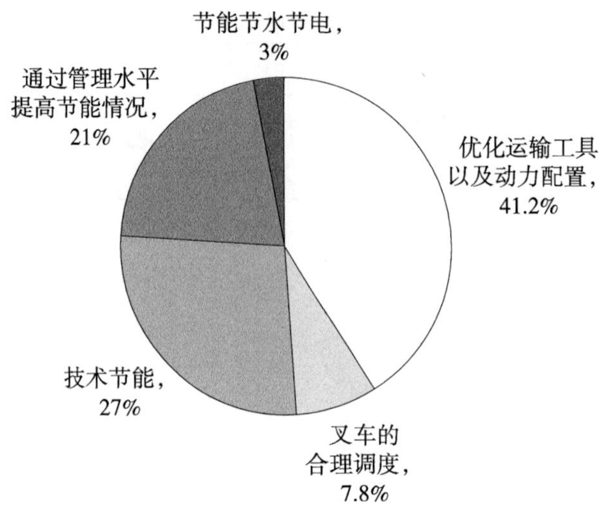

图 38　节能降耗措施问卷结果

在阻碍绿色物流发展原因方面，绿色物流基础设施技术不完善被认为是最为重要的原因，超过 20% 的物流企业都选择了此项，其他选项按比重排序依次为绿色物流观念仍然不太强，政策制度、法律建设缺乏，高新技术支撑绿色物流发展的动力不足，成本负担较重，绿色物流从业人员经验不足，选择“缺少合作与交流”选项的企业最少。阻碍绿色物流发展原因问卷结果见图 39。

在企业绿色仓储方面，“优化仓库布局设计”与“提高车载率、高效利用仓库”两者合计占比 69%，可以视为主要原因。企业绿色仓储问卷结果见图 40。

在绿色运输管理系统方面，除车辆升级与节油驾驶占比偏低以外，运输模式转换、优化路径选择、使用绿色能源、车辆调度与管理选择比例均在 20% 左右，差距不大。绿色运输管理系统问卷结果见图 41。

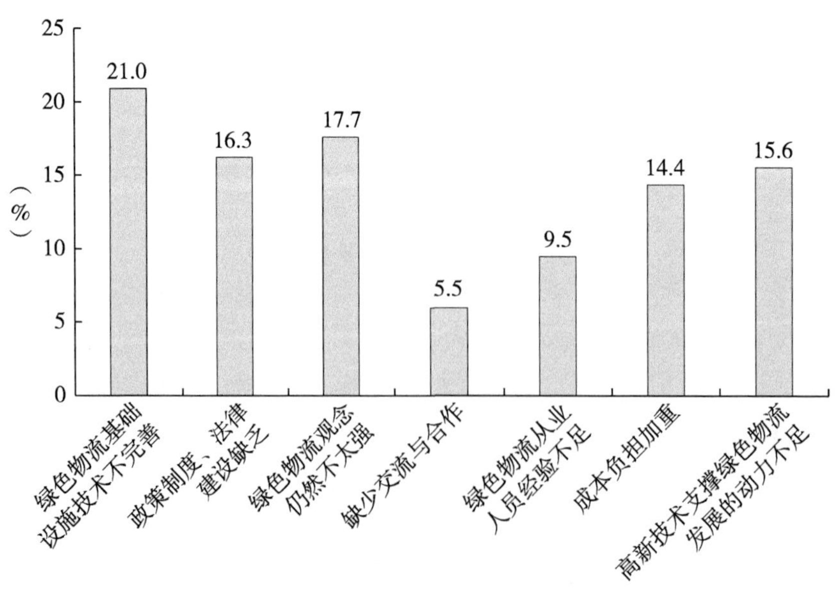

图 39　阻碍绿色物流发展原因问卷结果

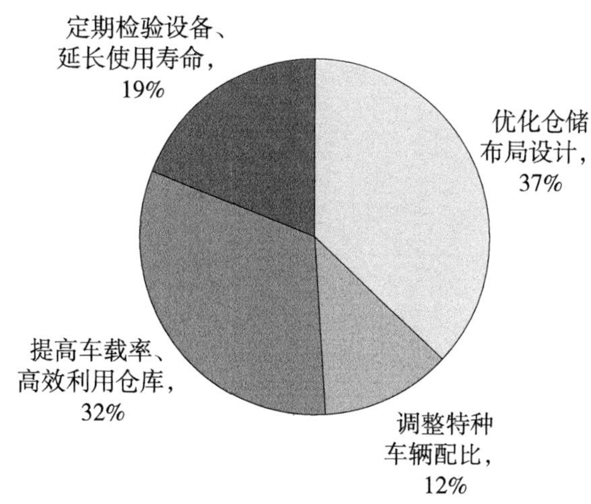

图 40　企业绿色仓储问卷结果

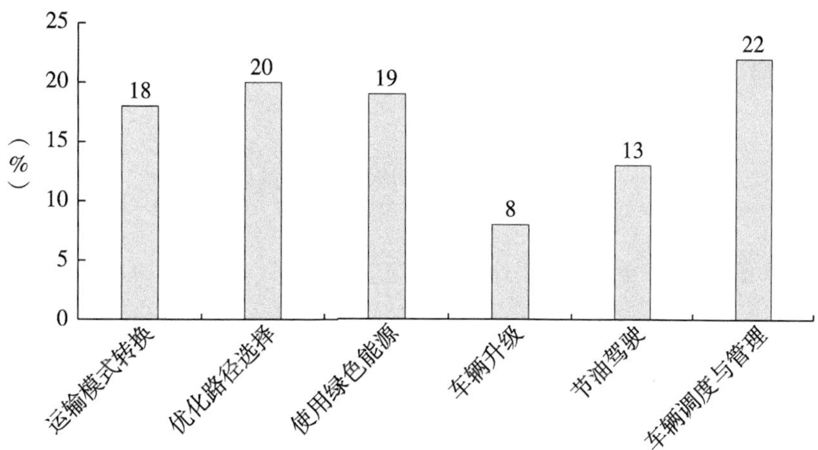

图 41　绿色运输管理系统问卷统计

在绿色包装普及方面，以下三个方面存在较大问题：绿色包装成本较高、缺乏企业规范和要求、低价竞争的影响，导致企业无力使用绿色包装。图 42 为绿色包装普及问卷结果。

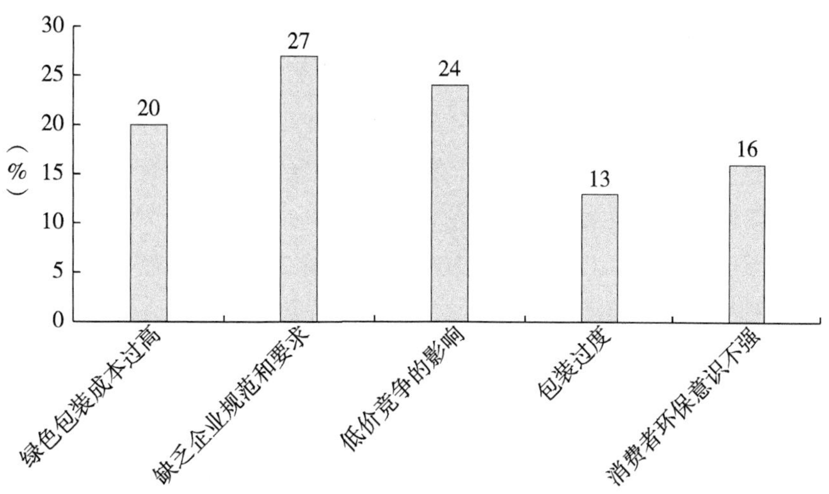

图 42　绿色包装普及问卷结果

除此之外，完善绿色物流基础设施建设、运用科技创新支撑物流产业绿色转型、绿色理念的宣传引导，均被认为可以有效促进我国绿色物流的发展。促进绿色物流发展问卷结果见图43。

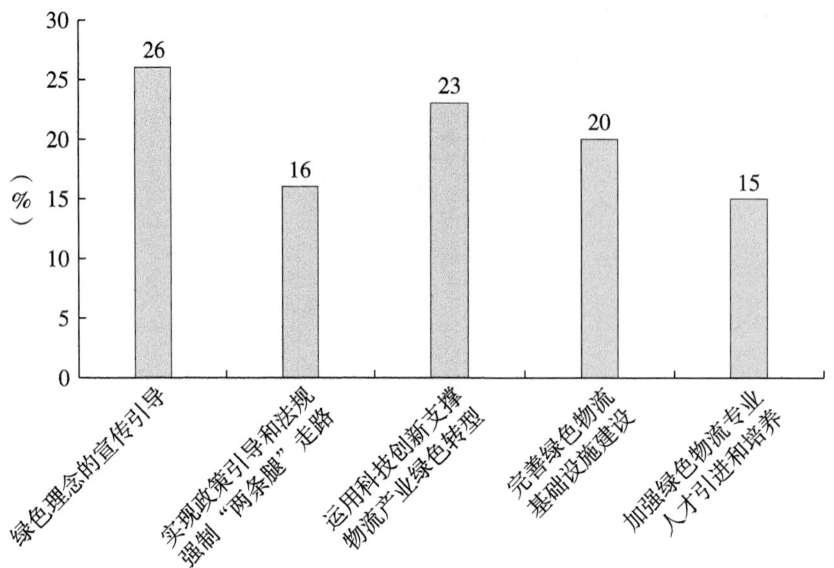

图43　促进绿色物流发展问卷结果

（三）山东省绿色物流目前存在问题

1. 运输结构亟须优化

山东省的铁路里程长达六千公里，但是大量的铁路线路并没有得到有效利用。作为绿色物流中非常重要的一个方面，铁路运输具有绿色环保的优势，铁路运输中所产生的废气、噪声污染比其他的运输方式都要低。在我国绿色物流发展主要内容是绿色运输及资源集约化，其特征主要以节能降耗为主，在此基础上实现资源的合理整合，提高资源的利用效率。铁路运输能够有效实现国民经济的可持续发展，在铁路运输中加速发展绿色物流势在必行。

2. 能源消耗亟须改进

目前山东省物流行业的能源利用率并不理想，从区域角度看，样本期内，东部地区物流业能源消耗量年均占比达64.11%，远超西部地区。这是经济发展状况所致，经济越发达，对货物的运输需求越旺盛，消耗的能源就相应越多。以上情况说明山东省物流业东部和西部地区能源消耗量差距较大，能源消耗情况亟须改进。2003—2017年山东省东部和西部地区能源消耗情况见图44。

3. 二氧化碳等气体排放持续增大

由图45可知，2003—2017年，山东省单位物流业增加值二氧化碳排放量呈现整体上升趋势，尤其是2012—2013年，更是呈现出大幅度的增加。二氧化碳排放量的增长反映出物流业发展迅速，需要投入大量能源等资源，但也能够看出该地区物流业绿色发展的现状堪忧，相关部门和企业应采取有效措施，提高山东省物流业绿色发展质量。

4. 绿色物流基础设施建设不完善

经过调研，绿色物流基础设施技术不完善一度被认为是阻碍绿色物流发展最为重要的原因。物流基础设施主要包括仓储、运载设施以及信息通信设备，而对于绿色物流来说，如何将传统仓库功

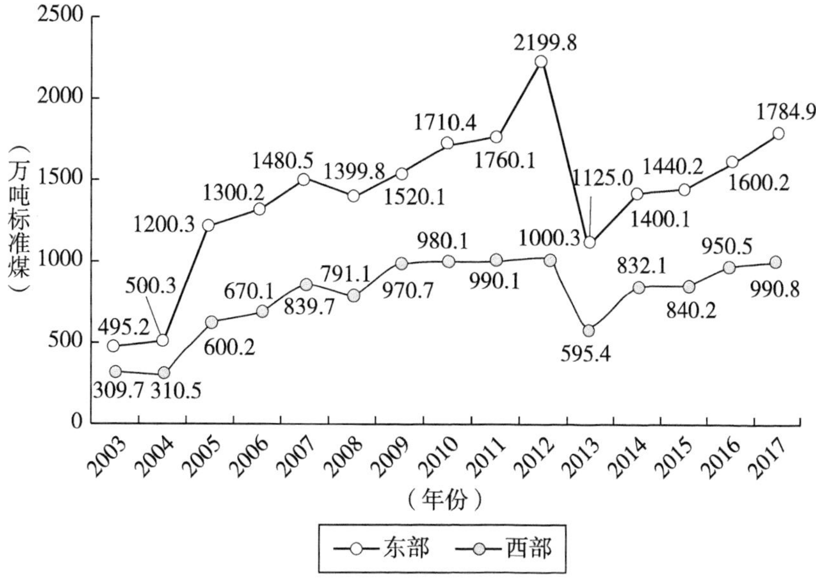

图 44　2003—2017 年山东省东部和西部地区能源消耗情况

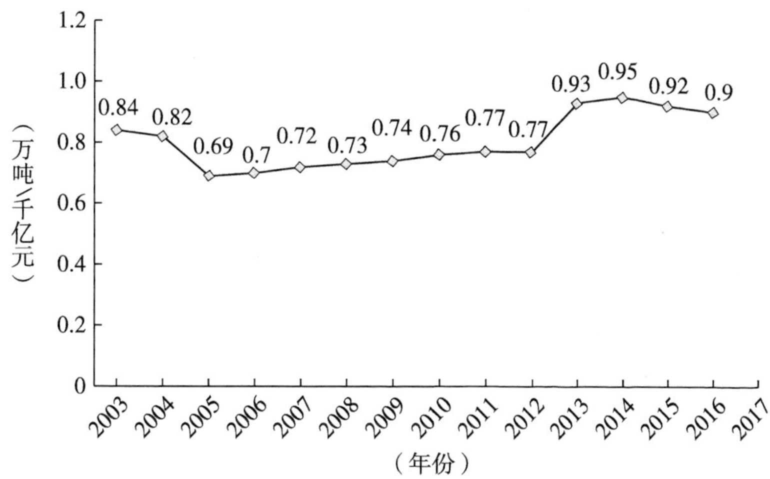

图 45　2003—2017 年山东省单位物流业增加值二氧化碳排放量

能升级，提高仓储利用率、资源节约率至关重要。目前山东省内物流企业及园区的仓库中多层建筑比例不大，且大部分仓库设计时未考虑光伏发电问题。国家出台了关于仓库屋顶光伏分布式发电的政策补贴标准，山东省能源局也印发了风电、光伏发电项目建设相关文件，如何有效利用大面积的仓库屋顶，实现清洁能源的有效利用，并利用好国家优惠政策，是目前企业实现绿色仓储的难点。

除此之外，在运输管理中，更多的企业把绿色物流发展聚焦在车辆的调度管理和路径的优化，而并非绿色能源与车辆升级，这是对原有物流系统的优化并非彻底的绿色物流改革。将内燃叉车替换为电动叉车除了可以减少废气污染外，还可以降低噪声，但这势必会造成企业短期内运营费用的大量增加，如何平衡好企业利润与绿色物流改革是非常重要的一点。

5. 企业对绿色物流重视程度不足

在物流业对自然环境影响的调研中，有近一半的物流企业认为物流业对于环境的影响一般，而在有关绿色包装普及方面，多数物流企业都认为绿色包装成本过高，快递行业低价竞争导致包装成本越来越低，企业无力使用绿色包装。只有通过国家出台相应政策或是强制性标准，才能改善绿色包装普及难的问题。由此可见，目前大多数的物流企业还是以利润为导向。在促进我国绿色物流发展的对策中，政府和行业协会要积极对消费者和企业进行绿色理念的宣传引导无论是托盘一体化还是循环共用物流周转箱，都没有达到比较高的程度。

（四）政策建议

1. 发展绿色物流相关技术

科学技术是第一生产力，科学技术的提升是企业生存与发展的生命线。第一，物流企业应不断加大研发投入强度，为物流技术创新提供坚实的资金支持；同时，物流企业更应注重研发投入分配的合理性，不断优化研发投入结构，避免资源浪费，提升要素利用效率。第二，人才是推动技术进步的保障，企业技术创新离不开高素质的人才队伍。因此，山东省物流企业一方面要重视对从业人员的培养，充分利用现有教育资源，让员工得到进一步的学习，不断提升其综合素质；另一方面要建立合理的绩效考核和薪酬管理体制，积极引进国内外优秀人才，为企业技术创新提供强有力的支撑。

（1）仓库屋顶光伏发电及叉车升级换代。

根据统计，光伏发电平均每平方米年发电量在 90 度左右。保守估计，仓储行业有 6000 多万平方米仓库屋顶可建设光伏发电系统，实际发电即使按理论发电量一半计算，每年也可突破 25 亿度。而每度光伏发电可减少二氧化碳排放 0. 734 克，折合减少碳排放 0. 272 千克，则每年仓库屋顶光伏发电可减少二氧化碳排放 1981. 8 吨。在推进绿色仓储与配送行动计划过程中，需要积极支持仓储与配送企业采用仓库屋顶光伏发电技术，协助落实国家和地方政策补贴，并根据实际节能降耗效果给予奖励或表彰。

在车辆污染物排放方面，柴油车对环境的污染远超汽油车。目前，我国物流行业使用的叉车中超过 70% 属于普通内燃叉车，而且绝大部分是柴油机叉车，多是符合国二排放标准，甚至更低。物流领域推进电动叉车的应用具有巨大优势，一是叉车都是在一定区域内作业，充电的问题容易解决；二是电动叉车价格较低，适当的政府补贴可以促进电动叉车的采购与应用；三是电动叉车的电力成本远远低于内燃叉车的耗油成本，与仓库光伏发电相结合可以极大改善能源的消耗情况。

（2）绿色包装技术的创新。

2017 年我国电商包裹已经超过 400 亿个，产生了大量的垃圾，引发了社会关注。物流企业应响应绿色包装理念，采用可循环包装、减量包装和可降解包装，这是物流配送领域减少污染的重要举措。目前，一些物流企业通过回收包装箱实现部分包裹包装循环利用，还有的物流企业用物流便利箱取代纸箱进行电商配送，物流便利箱可多次循环使用，大量减少了垃圾。初步测算，采用绿色包装技术创新，全国每年至少可以减少 50 亿个电商包裹产生的包装垃圾。

2. 运输结构优化升级

产业结构合理化是指各产业之间相互协调，有较强的产业结构转换能力和良好的适应性，能适应市场需求变化，使得产业获得最佳效益。2016 年，山东省第三产业占比超过了第二产业，实现历史性转变，但是第二产业仍然占据较高的地位。因此，山东省应当优先发展第二产业中的优势产业，逐渐淘汰落后的、高投入的、对生态环境有害的产业，提高第二产业综合发展质量，依托优势产业集聚形成的合力吸引人才、资金等要素聚集。

（1）提升铁路运输与水路运输占比。

公路运输在绿色物流方面具有天然劣势，会造成大量的能源消耗与废气排放，以及交通拥堵与噪声污染。而对于铁路运输与水路运输来说，不仅可以保障大批货物的运输速度，还可以减少能源的消耗。因此如何利用好省内四通八达的铁路线路以及山东半岛天然的港口条件，也是改善绿色物流运输结构中非常重要的方面。

（2）新能源配送车辆推广。

城市物流配送中，推动新能源配送车辆应用，节能降耗的效果极为明显，常见的新能源配送车辆中电动车、LNG（液化天然气）配送车节能降耗效果显著。

由于城市物流配送一般集中从仓储节点出发，配送车辆充电和加气的问题容易解决，一般的电动车或 LNG 配送车的运距也能满足要求。因此，在城市物流领域推动新能源配送车辆具备了较好基础。

目前，我国电动配送车辆发展有国家和地方层面的补贴，补贴全部到位后电动配送车辆的价格已经接近燃油配送车辆的价格。为了推动电动货车的发展，部分地方政府还给予了电动货车进城优先放行政策，大大促进了电动配送车辆的发展。为全面推进绿色仓储与配送行动计划，应该大力鼓励物流配送企业采用新能源车辆，积极探索新能源车辆应用推广的模式创新，采用金融手段、租赁模式等推动新能源配送车辆的发展。

3. 改善管理方式

当前粗放的管理方式导致了企业发展低效率，提升企业管理能力是推动企业绿色可持续发展的重要举措。一方面，企业要基于市场导向，逐渐淘汰落后的、不合时宜的管理方式，学习先进的管理理念，逐步激发管理要素对于物流业绿色高效发展的重要作用。另一方面，企业在实现自身经营效益的同时要担负起相应的社会责任，保护环境，降低对环境的污染。同时，企业内部要建立起科学可行的能源消耗和环境污染评价指标体系，正确把握经济发展与环境保护之间的平衡，在提高企业经营效益的同时强化对生态的保护力度，实现物流企业绿色高效发展。

在配送环节可以推行城市物流共同配送，多个客户共同由一个第三方物流服务公司提供配送服务。通过物流配送集约化和规模化，降低作业成本，提高物流资源的利用效率，减少车辆进城次数。2012—2014 年，商务部在全国 20 多个城市推动共同配送的试点工作，不仅提升了物流效率，在节能降耗方面也已经取得了显著成效。

2019 年 2 月，商务部办公厅发布了《商务部办公厅关于复制推广城市共同配送试点经验的通知》，提出了可复制推广的主要内容，包括完善组织机制，优化政策环境，提升管理水平，完善配送网络，优化配送模式。山东省内城市可以学习青岛市试点的做法和经验，健全城乡配送服务体系，提升服务能力，促进降本增效。

七、人才需求

近些年随着我国物流行业快速蓬勃的发展，对物流人才的需求也越来越大。山东省作为新旧动能转换的重点地区，物流人才的匮乏是影响物流行业发展的重要因素。

（一）物流人才资源结果分析

现代物流企业飞速发展，物流企业面临产业升级。想要构建绿色、智慧物流体系，物流企业不断向现代化、信息化靠拢，企业的物流人才是实现这些必不可少的先决条件，其中物流企业人才的年龄、学历是人才素质较大的影响因素。

1. 年龄

物流企业的年龄结构能反映一个企业的发展潜力，企业只有不断注入新鲜血液，才能取得长足发展。

如图 46 所示，可以看到目前山东省物流企业从业人员的年龄主要在 20 ~ 40 岁，包含拣货人员、人事部主任、办公室经理等。从调研的整体数据来看，青壮年是物流行业的主力军，是物流行业发展和进步的奠基石。对于物流行业来说，运输仓储和货物调度等实践操作流程都需要有经验丰富的员工，因此 30 ~ 40 岁的员工在从业人员中占比达到了 43%，20 ~ 30 岁的员工也不在少数，这说明物流行业正处于并将长期处于蓬勃发展的状态。

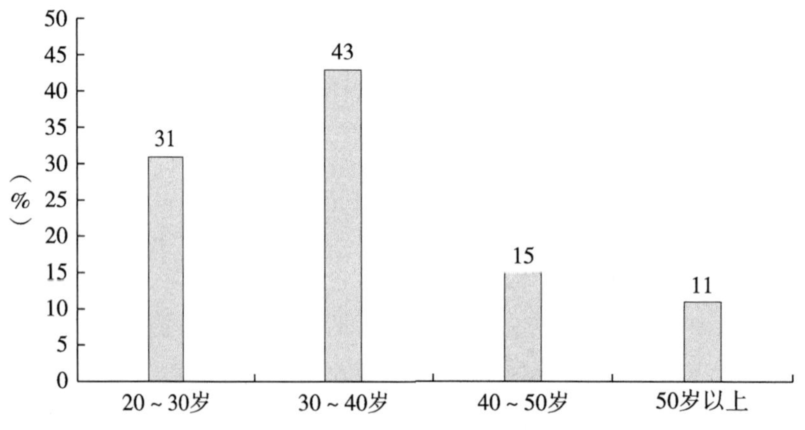

图 46　物流企业及园区员工年龄结构占比

2. 学历

员工的学历在一定程度上决定着企业的发展层次，高学历的员工可以为企业带来新的发展理念，不同企业的人才学历结构也有所不同。调研团队分别对物流园区和物流企业进行了学历结构的调研，这两类企业的人才结构有所不同。如图 47 所示，物流园区中本科生最多，约占 42. 86%，这与物流园区的职能型组织结构分不开。物流园区有明确的职能划分和职能部门，每个部门都需要对口的专业人才，相对来说本科生是最符合要求的群体。与此同时，很多本科生可以做的工作专科生也能胜任，因而专科生也高达 34. 29%，高中及以下学历的员工约占 20%。

相对于物流园区，物流企业情况有些不同。物流企业的业务相对单一，学历方面的要求相对不高，更需要的是劳动力。如图 48 所示，物流企业的员工还是专科生最多，占到总人数的 59%，而且这些企业的实际操作性比较强，专科生相对有更多的实践经验，同理学历高中及以下的员工也占到了 24%，比本科生的 15% 还要高，硕士学历的更是匮乏。

山东省物流园区员工学历结构如图 47 所示。山东省物流企业员工学历结构如图 48 所示。

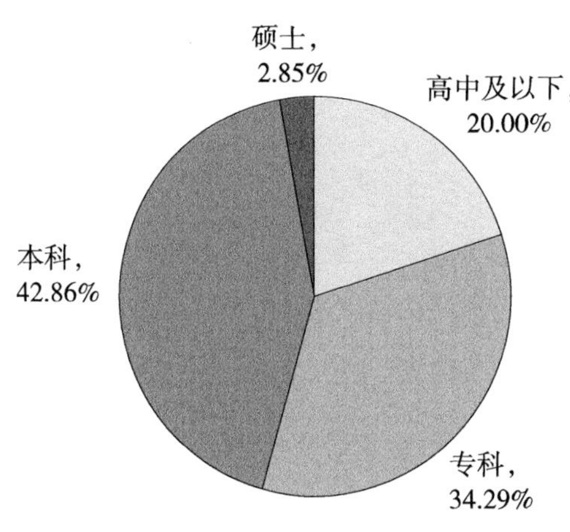

图 47　山东省物流园区员工学历结构

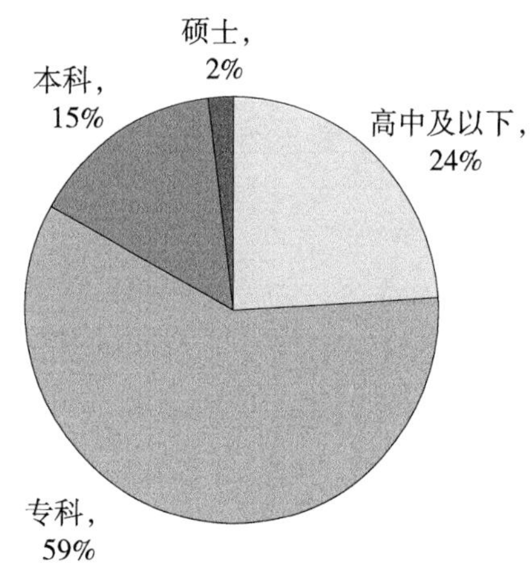

图 48　山东省物流企业员工学历结构

（二）人才需求分析

1. 需求人才类型

物流人才可划分为技术型人才和管理型人才。技术型人才主要从事技术开发、系统运营、物流仓储规划等，对于文化程度要求较高；管理型人才主要的工作是通过物流管理理念以及电子信息技术对物流系统进行优化以降低物流成本，提高效率，为企业创造新的价值。调研团队此次调研样本中，41%企业缺乏技术型人才，9%的企业缺乏管理型人才，50%的企业缺乏复合型人才（见图 49）。目前企业比较缺乏复合型人才与技术型人才，大多是企业对于员工没有明确的职责划分，职位分配模糊导致。

2. 人才来源

物流企业和物流园区人才来源较为广泛，如图 50 所示，企业在人才市场招聘人数超过半数，达到了 50. 78%，而企业人才来源校招（专科和本科院校）的只占 36. 92%。另外有一部分人才则来自内部培养，内部培养是一种很普遍的方式，每个公司都会有一定的晋升条件，为了选拔优秀员工作为管理层人员，内部培养必不可少；普通劳动力和非应届的毕业生，最普遍的方式便是通过人才市场招聘；显然，只有极少数企业会从竞争对手处挖人才，而且目前来说，猎头公司推荐这种方式更是不可取。

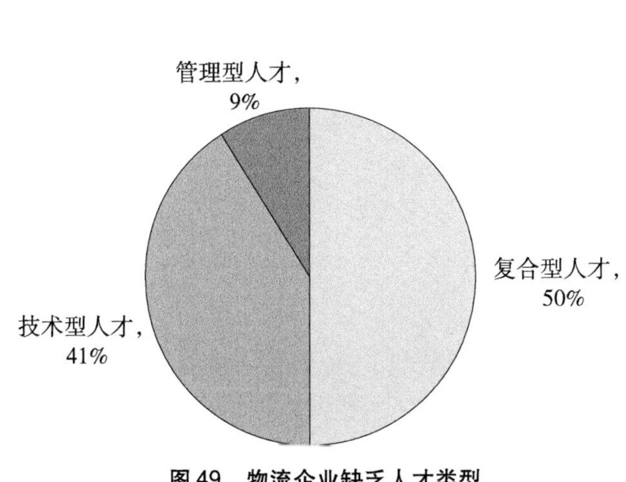

图 49　物流企业缺乏人才类型

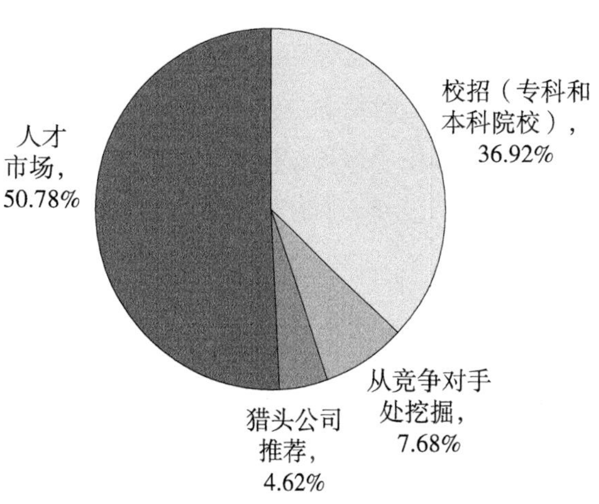

图 50　物流企业招聘人才的方式

中小型物流企业在招聘毕业生上相对看重吃苦耐劳的精神。在调研中了解到企业希望应聘的员工能有一定的实践经验，毕竟纸上得来终觉浅，实践后才能更熟悉物流，做好管理工作。

（三）物流人才需求存在的问题

1. 年龄结构单一

经过实地调研发现，物流行业的人员年龄主要以30~40岁为主，年龄结构单一，缺乏年轻、具有创新性的人才，不利于物流企业的人才团队建设。人才团队是以专业人才为引领，目标明确，结构合理，是适应人才培养的平台。而调研地区物流企业的人才后备力量不足，这就对物流企业人才团队的建设起到了阻碍作用。

2. 学历普遍不高

虽然物流行业的许多工作专科生可以胜任，也能够顺利保证传统物流行业的平稳发展，但高学历员工的匮乏严重阻碍了物流行业的创新性发展，影响了传统物流向智慧物流的转型进程，导致物流行业逐渐萧条。

企业的基层岗位的员工较多，而技术性岗位和管理岗位的员工较少。所以我们需要高学历、高素质的人才来实现企业产业结构优化和升级。

3. 招聘中存在问题

物流企业人才引进最直接的形式是招聘，然而企业在进行招聘时也会遇到很多问题，如校招人才缺乏实践经验等。很多应聘者缺少专业的物流知识，只能从事拣货等一线工作。而应聘的大学生存在理论与实践的结合问题，无法正确地将学到的知识运用到工作中去，无法满足企业的需要。

4. 物流企业应届生存在的问题

如图51所示，应届生在物流企业中出现的问题中缺乏专业操作技能所占比例最大，高达44%，其次是理论知识掌握欠缺和不能吃苦耐劳分别占22%、21%。应届生进入物流企业，是从课堂到实践的一大步跨越，理论与现实的较大差距导致应届生有或多或少的不适应情况出现，产生各种各样的问题。

5. 理论和实践的差异

理论和实践的差异也是物流人才存在的一大问题，复合型人才在物流发展领域较为稀缺。各物流企业指出课本中的理论知识过于理想化，没有较好地与实际结合，存在一定的差距。所以公司需要设置专门的部门进行培训，无法直接就职。

目前应届生中出现这种状况尤为明显，在校内学习的物流技术与进入企业后实际操作应用的技术往往有相当的差异，而且普遍实习经历不多，知识与实践通常有所分离。

（四）建议

1. 个人

对于物流企业反映的应届毕业生存在的专业知识掌握不佳、缺乏社会实践经验等问题，应当引起学生的重视。

应届毕业生应逐步做到掌握现代物流的新概念和各个环节的业务流程，并且能熟练使用和调配物

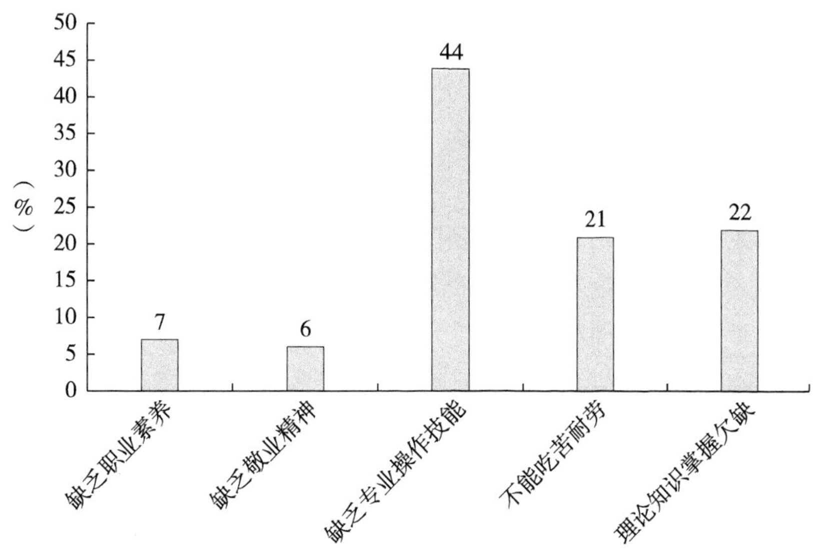

图51　物流企业中应届生出现的问题

流设施设备，掌握物流市场的基本结构、市场细分和市场需求。除了专业知识的学习，学生也应该综合发展。树立社会主义核心价值观，具有良好的公共道德和职业道德，具有终身学习理念，具有团队合作精神，具有坚强的实践能力、创新能力、就业能力、创业能力和学习能力，从而完成由课堂到企业、由理论到实践的平稳过渡。

2. 企业

（1）优化年龄结构。

一个充满活力的企业人员结构应该是呈梯次分布的，这样企业才能得到长久的发展。21～30岁员工大约应占40%，这样可以保证物流企业具有创新性并且可持续发展，31～40岁员工大约应占30%，这个年龄段的员工处于职业的黄金时期，既有学历又有实践经验，这个阶段的员工往往是公司的中层骨干、核心和最强劲的力量。45岁以上员工占比较小，这个阶段的员工大多是公司管理层人员，有着丰富的经验，能为物流企业做出决策并为以后的发展提供建议。

（2）加强内部培养。

如何提高企业的核心竞争力关系到一个企业的生死存亡，而企业内部人才的培养又是核心竞争力的关键。上述调研结果显示，山东省物流行业从业人员学历普遍不高，同时学生学习的专业知识脱离实际需要，这两点在一定程度上均可以通过企业加强内部培养解决。建立并完善内部培养体系，选择有发展前途的、忠心的员工进行培训和轮岗实践，让他们学习知识、培养能力，逐步发展为企业的得力人才。

轮岗即让企业的各类人才在不同类型的岗位上都工作一段时间，使其对各个部门的运行流程和技术要求有一定的了解，再最终确定该人才的最终岗位。轮岗，既能帮助企业筛选员工，又能帮助员工全方面适应企业。从长远来看，当某一职位空缺时，企业有大批的后备人才供选择，且这些人也认同公司文化，不会出现岗位空缺或磨合问题。

（3）提升企业核心竞争力。

核心竞争力指企业长期发展中形成的，能够创造经济效益并难以被竞争对手模仿的独特能力，它是企业建立和保持优势的必要条件，是企业发展的根本保证，是企业从技术到产品、从管理到战略综合素质的核心体现。

传统物流企业业务形式单一，与现代物流企业相比，业务范围及工作条件不足以吸引现在年轻人的需求。这类企业大多处于一个发展稳定的阶段，经历了多年运作，企业已经形成了自己独有的风格，可以保证企业盈利，但是没有太多的创新和突破，不能够吸引年轻的有想法的人才。在新旧动能转换背景下，企业想要增强企业活力，适应时代进步，应当在原有企业运作基础上引进先进技术及人才，补足企业的缺点，提高企业核心竞争力。核心竞争力的提高同时又可以促进企业吸引高学历、复合型人才，让企业在人才选择上占据主动地位。

3. 学校

（1）建立校企合作的复合型人才培养机制。

首先，校企合作要适应社会与市场需要。学校通过企业反馈了解人才需求，有针对性地培养人才，结合市场导向，注重学生实践技能，更能培养出社会需要的人才。其次，校企合作是一种双赢模式。做到了学校与企业信息、资源共享，学校利用企业提供设备，企业也不必为培养人才担心场地问题，实现了让学生在校所学与企业实践有机结合，让学校和企业的设备、技术实现优势互补，节约了成本。

通过校企合作培养出的复合型人才不仅在物流专业技能方面有较多的经验，还具备较高的相关技能水平，将会更加适应物流企业的人才需求。

（2）更加注重理论联系实际。

理论联系实际的原则，体现了认识与实践相统一、矛盾的普遍性和矛盾的特殊性相联结的马克思主义的认识论和辩证法，是辩证唯物主义世界观的具体表现。物流行业人才建设也要坚持这一原则，必须反对形形色色的主观主义和形而上学思想。

经调研团队考察，现有的物流专业理论知识与实际有偏差。物流类专业人才的培养应以满足经济发展、市场需求为最终目标，相较于传统物流，现代物流更加综合，学校应当开设与实际相符的专业课程。在学习过程中，加强创新能力、团队协作能力和综合执行能力的培养，学校课程应该涉猎各种物流企业相关的知识，如冷链技术、供应链、金融以及物流企业的运作模式等。

课本知识的学习固然重要，但是“纸上得来终觉浅”，在开设理论学习课程的同时，增加实践课程，在实践中学习，在实践中运用理论知识，多思考，多交流，才能与时代共进步。

八、结束语

2020 年暑期，由山东财经大学 73 名同学组成包含 7 支分队的山东省物流企业发展情况调研团队开展为期近一月的调研，以实地考察为主，网络调研、电话调研、深度访谈、举行座谈会等渠道为辅的多样化信息收集网络方法对山东省 66 家物流企业的绿色物流发展情况、税负与税务跟进情况、人才的需求情况、创新发展与智慧物流信息化平台发展情况四大方面进行了真实的调研，形成本调研报告。除报告中特别说明，报告中的数据截止日期为 2020 年 8 月 15 日。

本次受调研企业覆盖山东全省 16 地市，以济南、泰安、潍坊、临沂等地物流企业数量为主，约占全部样本的 66%，呈现集群分布的特征，企业类型以综合型、运输型、仓储型为主，占全部样本企业的 71%。

山东省在发展绿色物流方面，88.24% 的园区型物流企业已经开始积极响应山东省新旧动能转换的号召，购置新能源动力汽车，展开绿色运输；同时 58.82% 的企业开展绿色仓储系统的部署，52.94% 的企业开展绿色流通加工系统的建设。绿色包装和废弃物流回收的发展仍落后且缓慢，高成本低收益占到了主要原因。大部分企业通过优化运输工具及其动力装配、技术节能和提高管理水平来节能降耗。托盘一体化方面，临沂周边及青岛、日照地区超过 80%，托盘循环使用率高，但烟台和威海地区托盘循环使用率依旧较低，不足 50%。在可持续发展的时代背景下，山东建立现代绿色物流体系、推动托盘一体化建设、倡导节约能源和环境保护十分必要且紧迫。

山东省物流园区及企业在疫情后复工复产与降税减负情况方面如下。2/3 以上企业认为当前税负负担程度适中，80% 以上企业上缴税额所占年度销售额比例低于 15%，其中济南上缴税额比例较少，约 5%。大部分的企业都希望企业年度上缴税额占年度销售额比重逐渐减低，这对企业降低成本、减少负担有着关键作用。大多数企业和园区都在实时关注国家相关税负政策，并且向企业员工开展关于税务的培训，了解最新动态，但少部分企业由于资金、人才等问题仍暂时无法开展相关活动。

山东省物流园区及企业在人才需求方面，31 ~ 40 岁的员工比例最大，占 41.83%，年龄结构单一，缺乏高素质和高水平的创新性人才，中专及大专的员工占了 42%；其次是本科，占有 28%；高中以下的员工占有 22% 的比例。各类型的人才在工作中存在的问题最多的都是缺乏专业知识，管理型人才在工作中缺乏专业知识的问题尤为突出，复合型人才中大学生理论与实践相结合的能力较差，企业招聘技术型人才的方式存在问题较为明显。

山东省物流园区及企业在智慧物流科技创新与企业信息化信息联盟建设方面，85% 以上的企业进行了科技创新，最大阻碍是缺乏复合型人才。企业选择创新发展时，通常考虑功能布局和服务模式较多，其次是技术条件。对于现代物流行业，绝大部分物流园区型企业已经意识到建设智慧物流的重要性，配备物流信息平台作为智慧物流的支撑与保障。大部分园区型企业已经掌握物流追踪技术，但是在具体的应用过程中却没得到充分利用。近半数的园区内只有 20% 的企业与外部机构形成联盟，24% 的园区内有半数左右的企业与外部机构形成联盟，仅有 6% 的园区内有 80% 的企业与外部机构形成联盟。综合型物流企业信息共享程度高达 89%，配送型其次，运输型和第三方物流企业在 60% 左右，仓储型仅有 44%。

区域物流方面，随着经济全球化的广泛深入，竞争与合作逐渐成为国际贸易的主要环境，对现代物流产生重大影响。尤其中小型物流企业如何在激烈竞争中谋生存之道，如今追求集约化、协同化发展，区域物流成为一种企业合作发展方式。发展区域物流是现在物流行业不得不去选择的一个方向，区域物流是对不同区间物流活动资源整合状况与未来发展潜力的综合度量。山东省作为中国物流大省，在先天的区位优势与地理优势下，物流行业的迅猛发展不断的带动山东省的经济发展，必须全力发展区域物流行业。

本调研报告通过纵向对比往年数据，横向与国内外同期数据的比较，总结了七大问题：高素质与复合型物流人才匮乏、物流标准体系尚未完善、缺乏政府支持、物流个别环节受到忽略、税负存在重复纳税和不同地区税收执行上存在差异、智慧物流与信息化建设水平较低、企业间联系相对封闭。并据此查询相关文献和会议资料，提出了针对建立完善物流人才体系、制定规范物流行业标准、提高基础建设水平、加大政府政策支持和贴合实际、提倡行业互联互通、推动绿色物流发展、加强物流领域信息化建设的 8 方面建议。

最后，整理本次调研内容，结合实地调研中与各企业负责人交流成果，合理预测物流行业仍是一片蓝海，而规模化和企业联盟将成为今后发展趋势；同时，大数据、智慧物流的应用将趋于科技化和专业化，供应链金融也将成为物流行业一个新的增值点和新业态。

第四部分

物流标准化

农产品冷链物流服务质量规范　果蔬

DB 37/T 2112—2019

1　范围

本标准规定了果蔬类农产品冷链物流服务的基本要求、运输与储存前要求、预冷要求、储存要求、运输要求、销售存放要求、包装与标识要求及信息服务要求等。

本标准适用于开展果蔬类农产品冷链物流服务的相关经营主体。

2　规范性引用文件

下列文件对于本文件的应用是必不可少的。凡是注日期的引用文件，仅所注日期的版本适用于本文件。凡是不注日期的引用文件，其最新版本（包括所有的修改单）适用于本文件。

GB/T 191—2008　包装储运图示标志

GB 7718　食品安全国家标准　预包装食品标签通则

GB/T 11605—2005　湿度测量方法

GB/T 18354　物流术语

GB/T 29373　农产品追溯要求　果蔬

GB/T 31086—2014　物流企业冷链服务要求与能力评估指标

GB 50072—2010　冷库设计规范

QC/T 449—2010　保温车、冷藏车技术条件及试验方法

SB/T 10728—2012　易腐食品冷藏链技术要求　果蔬类

SB/T 10928—2012　易腐食品冷藏链温度检测方法

3　术语和定义

GB/T 18354—2006 和 SB/T 10728—2012 中界定的以及下列术语和定义适用于本文件。为了便于使用，以下重复列出了 GB/T 18354—2006 和 SB/T 10728—2012 中的一些术语和定义。

3.1　冷链　cold chain

根据物品特性，为保持其品质而采用的从生产到消费过程中始终处于低温状态下的物流过程。

3.2　农产品冷链物流　agricultural products cold chain logistic

使肉、禽、水产、蔬菜、水果、蛋等生鲜农产品从产地采收（或屠宰、捕捞）后，在产品加工、贮藏、运输、分销、零售等环节始终处于适宜的低温控制环境下，最大程度地保证产品品质和质量安全、减少损耗、防止污染的物流系统。

3.3　果蔬预冷　foods pre – cooling

果蔬采收后从初始温度快速降至冰点以上适宜储运温度的过程。

3.4　果蔬冷藏　foods refrigerated

以温度调控为手段，将水果和蔬菜在采后处理、预冷、储存、运输、配送、销售等环节中始终保持适宜温度。

3.5　冷藏运输　refrigerated transportation

采用可以达到低温要求的运输工具，将冷藏果蔬从供应地向接收地运送的物流活动。其中包括集货、装卸、搬运、运送等一系列操作。

3.6　压差预冷　pressure cooling

用风机强制循环冷风，在果蔬通风包装箱（包装箱必须开孔）的两侧产生压力差，使冷风从通风包装箱内部穿过，以对流换热的形式带走箱内的果蔬热量的冷却方式。

[SB/T 10728—2012，定义 3.7]

3.7　真空预冷　vacuum pre – cooling

将果蔬置于密闭的容器中抽真空，当压力降低到一定程度时，果蔬表面的水分蒸发，吸收汽化潜热，使果蔬自身品降低的一种冷却方法。

[SB/T 10728—2012，定义 3.8]

3.8　果蔬拼箱　less than container

在物流过程中，将两种或两种以上不同类型的果蔬装在同一个运输集装单元内进行装载的做法。

4　经营主体的基本要求

4.1　符合 GB/T 31086—2014 的规定，宜达到二星级及以上。

4.2　建立科学合理的管理制度，具有与企业经营内容和规模相适应的基础设施和服务设备。

4.3　具有可靠的计算机网络和物流信息管理系统，可为客户提供快速、准确、高效、及时的物流信息服务。

4.4　具备专业、经验丰富的物流服务人员团队。

4.5　具备完善的物流服务流程与操作规范。

4.6　果蔬类农产品冷链物流服务过程中接触农产品的人员应定期接受体检，体检合格方可上岗。

4.7　建立农产品冷链物流服务评价指标体系，根据评价结果改善冷链物流服务质量。

5　运输与储存前要求

5.1　挑选、修整

农产品采收后应及时进行挑选、修整，剔除不符合要求和不宜保鲜储藏的产品。

5.2　分级

根据农产品相关标准或商品化要求进行分级，可在采收、挑选和包装时进行，必要时可进行二次或多次分级。

5.3　保鲜处理

新鲜果蔬可根据需要在贮藏前及时采用预冷、涂被、辐照等方式进行处理。

6　预冷要求

6.1　需保鲜储运的果蔬应进行预冷。

6.2　根据新鲜果蔬的种类，可采用水冷预冷、强制通风预冷、真空预冷、压差预冷等方式预冷。

6.3　预冷温度的选择应依据果蔬种类而异，多数果蔬可预冷至适当储存温度，部分对冷害敏感作物，预冷终点应设定在冷害临界温度以上。

6.4　入库前温度宜预先降至略低于货品储藏要求温度。

6.5　预冷后果蔬应快速入库或装车。

7　储存要求

7.1　冷库与作业工具要求

7.1.1　冷库设计应符合 GB 50072—2010 的规定。

7.1.2　冷库宜建有封闭式站台，温度宜在 15 ℃以下，并设有与运输车辆对接的门套密封装置。冷库门应配有风幕或塑料门帘。

7.1.3　冷库内应设温度自动记录仪或温度湿度计；根据库容需要可设温度湿度自动控制装置。测量仪器应放置在不受冷凝、异常气流、辐射、震动和可能冲击的地方。

7.1.4　测量仪器至少每年校正一次，以保证精确度和灵敏度。

7.1.5　冷库中的各个冷间应配备报警装置，以便作业人员在被反锁或危急状态下，可迅速获得帮助。

7.1.6 仓储作业工具应根据冷藏果蔬的种类区分开来，防止交叉污染。

7.1.7 应定期对冷库设备和机器等进行检查、维护，发现异常应及时修理。

7.1.8 应定期或不定期对冷库、作业工具、周围环境等进行清洁、消毒，并达到相关果蔬卫生要求。

7.2 冷库作业要求

7.2.1 入库前，应对冷库和作业工具等进行清洁、消毒，并达到相关果蔬卫生要求；储存进口食用农产品时，应当查验并记录出入境检验检疫部门出具的入境货物检验检疫证明等证明文件。

7.2.2 冷库应提前制冷，当温度降到冷藏果蔬要求的温度时，方可将果蔬入库。

7.2.3 凡入库的果蔬，必须新鲜、清洁、经检验合格。

7.2.4 果蔬入库前的温度高于冷藏温度时，应先进行冷却处理，达到要求的冷藏温度后方可入库。

7.2.5 具有强烈挥发性气味和腥味的果蔬，要求不同冷藏温度的果蔬，需经特殊处理的果蔬，容易交叉污染的果蔬应专库储存，不得混放，以免串味或相互污染。

7.2.6 冷库的温度和湿度应根据所储存冷藏果蔬的种类、特性、成熟度等进行选择和调节。

7.2.7 仓储作业人员应记录每批果蔬的入库时间、冷藏温度和保质期等，并保留记录至该批果蔬保质期后六个月。

7.2.8 冷藏果蔬在冷库内的堆码方式应符合库房等相关要求，堆码地点不宜置于库门附近或人员进入频繁的区域。

7.2.9 货物应保持离墙0.3 m以上、离顶0.2 m～0.6 m以上、离排水管0.3 m以上、离风道0.3 m距离以上，以保证冷库内空气流通畅顺。

7.2.10 冷库温度和湿度应尽可能保持稳定。正常情况下，库房温度昼夜变化幅度不得超过±2 ℃；在果蔬进出库时，冷库温度升高不得超过3 ℃。

7.2.11 储存期间，应定时检测库冷库温度和湿度，并根据不同冷藏果蔬的需要定时通风换气。温度的检测应参考SB/T 10928—2012的规定执行。湿度的测定应参考GB/T 11605—2005的规定执行。

7.2.12 仓储作业人员应经常进行定期或不定期检查，发现即将过期或已变质果蔬应立即通知管理人员或货主，以便及时采取处理措施。

7.2.13 冷藏果蔬出库时，应遵循先进先出原则。

8 运输要求

8.1 运输工具要求

8.1.1 冷藏果蔬的运输宜采用冷藏车、保温车、冷藏列车、冷藏船、冷藏集装箱等运输工具。

8.1.2 冷藏车、保温车应符合QC/T 449—2010的规定，其他冷藏运输工具应符合相关规定和标准要求。

8.1.3 运输工具厢体内应配备温度自动记录装置，以记录厢体内部温度；设定的记录点时间间隔不应超过 30 分钟。

8.1.4　运输工具厢体内不宜放置具有尖角、棱角或突状物等设施或物品，以免损伤果蔬，造成污染。

8.1.5　如果运输工具制冷系统使用对人体健康有危害的冷媒，必须在厢体出入门扇的醒目位置设置警告标志或安全规程。

8.1.6　运输工具应定期检查和保养，发现设备异常应立即停止使用，并及时进行维修。

8.2　运输作业要求

8.2.1　装载前，应对运输工具进行检查，确定其运转正常。

8.2.2　运输工具需制冷并除霜后，当厢体内部温度降至或略低于冷藏果蔬要求的温度时才能够开始装货。

8.2.3　运输过程中，厢体内温度应维持在冷藏果蔬要求的温度范围内；厢体内冷风应循环顺畅，送风温度和回风温度温差应在 3 ℃以内。宜采用传感器、GPRS、GPS 等技术对运输车厢内的温度进行实时监控及回传。

8.2.4　在装载和卸货前，运输作业人员应对冷藏果蔬温度进行检测及记录；检测时应针对同一样品；检测记录应写入运输单证，并将附件提交给各相关方。

8.2.5　由任何原因导致装载或卸货作业中断时，应保证运输工具厢体的门即时关闭，制冷系统保持正常运转。

8.2.6　验收时，验收人员应对冷藏果蔬温度进行复检，检测位置应由运输作业人员和验收人员共同决定，并在低温环境下完成检测工作。一旦检测结果超过规定温度时，应及时通知管理人员或货主，征求处理措施及指示。

8.2.7　检测冷藏果蔬温度时，以测量冷藏果蔬中心温度为准。如果相关方同意，可测量果蔬包装表面温度代替果蔬中心温度。

8.2.8　每完成一次冷藏运输作业后，都必须对运输工具厢体进行严格的清洗、消毒和晾干，达到相关果蔬卫生要求后，方可进行新一轮的运输作业。

8.2.9　应定时对冷藏设备进行保养，当发现制冷设备有异常，应停止使用，及时抢修。冷藏车应及时融霜（有自动融霜除外）。

8.2.10　一般情况下，允许冷藏温度接近的多种果蔬拼箱装运，但具有以下任何一种情况时不应进行拼箱，避免串味或污染：

——不同加工状态的果蔬，如：原料、半成品、成品；

——具有强烈气味的果蔬和容易吸收异味的果蔬；

——产生较多乙烯气体的果蔬和对乙烯敏感的果蔬。

8.2.11　冷藏果蔬的堆积排列应稳定，货物间应留有通风口，堆积高度应低于厢体的最大装载限制线。

8.2.12　冷藏果蔬装卸货的温度和时间应进行适当控制。一般温度升高幅度不应超过 3 ℃，装卸货时间应控制如下：

——2.5 吨车或以下（15m^3 以内），装卸货时间应控制在 30 分钟以内；

——2.5 吨～5 吨车（$15m^3$～$25m^3$），装卸货时间应控制在 50 分钟以内；

——5 吨～8 吨车（$25m^3$～$40m^3$），装卸货时间应控制在 70 分钟以内；

——40 英尺（12m×2.35m×2.38m）集装箱，装卸货时间将应控制在 120 分钟以内。

9 销售存放要求

9.1 销售场地应定期清洁，保持整洁卫生，并对冷藏展售柜定期消毒。

9.2 应按包装果蔬、散装果蔬分类销售；果蔬宜放在冷藏展售柜中冷藏销售。

9.3 应定期检查果蔬的质量或保质期，做到先进先出，及时对果蔬进行分拣，将不合格的果蔬及时下架。

9.4 应配备符合展售温湿度要求的展售柜，其温湿度要求应符合果蔬存储的要求。

9.5 摆放在冷藏陈列柜中的果蔬，不应超过冷藏展售柜的负载线。

9.6 严禁展售柜设置于通风口、阳光直射或热源处。

9.7 展售柜应安装温度显示器，配置或预留温度数据传输模块；冷藏展售柜的温度传感器应定期校验。

9.8 展售柜应具备除霜功能和冷风循环系统，货架或隔板应有足够的间隙。

9.9 展售产品的内包装材料应无毒、清洁、无污染、无异味，保证果蔬干净卫生。

9.10 建立有关展售柜操作及维护程序，作业人员应依照作业程序操作。

10 包装与标识要求

10.1 包装要求

10.1.1 包装材料应根据果蔬的类型、形状、特性及预冷、冷藏、运输、销售的需求进行选择。

10.1.2 果蔬内包装应具有一定的通透性。

10.1.3 不耐压的果蔬包装时，应在包装容器内加支撑物或衬垫物，各种包装填充物应符合相关果蔬卫生要求。

10.1.4 果蔬外包装容器应具备足够的机械强度，保护产品在装卸、运输和码放过程中免受损伤。

10.1.5 果蔬外包装的尺寸应匹配 1200 mm×1000 mm 托盘的模数要求。

10.1.6 果蔬外包装容器应有防潮性及应具有清洁、无污染、无异味、无有毒化学物质、内壁光滑、美观、重量轻、成本低等特点。

10.2 标识要求

10.2.1 内包装标签应符合 GB/T 7718 的规定。

10.2.2 每一包装上应清楚标明以下货品信息，且标签上的字迹应当清晰、完整、准确：

——品名；

——产地；

——商标；
——净重或数量；
——规格（等级）；
——保存条件；
——保存期限；
——生产企业名称、地址和电话；
——生产日期。

10.2.3　包装储运标识应符合 GB/T 191—2008 的规定。

11　信息服务要求

11.1　单据信息审核要求

应对委托方提供的单据信息，审核其合法性、有效性及内容的准确、完整性，确认无误后执行。

11.2　单据信息传输与管理要求

11.2.1　根据委托方要求，应准确、完整地向委托方提供农产品运输过程的数据，并及时通报各种意外事件的相关信息。

11.2.2　单据应填写规范、完整、准确、清晰，按时汇总、存档，并保证单据、信息、资料的保密与安全。

11.3　信息追溯要求

11.3.1　运输服务过程中采集、处理、存储、交换的信息，应符合 GB/T 29373 的要求。

11.3.2　运输单据等各类记录应至少保留 6 个月。

11.4　风险控制要求

11.4.1　存放农产品的每个容器应有明显标识，以识别确认加工或配送委托人或货物批次；用于流通最终消费或再加工的包装应标识生产批次。

11.4.2　应具有保障农产品储存、配送、运输各环节温（湿）度或通风控制的应急预案。

11.4.3　宜采取存货保险、财产保险、运输保险等有效控制风险的措施。

农产品冷链温度的控制要求与采集规范

DB 37/T 3491—2019

1 范围

本标准规定了在储存、运输、销售作业过程中农产品冷链温度的环境要求，温度仪器要求、温度采集要求以及温度记录要求等。

本标准适用于有冷链储存、运输、销售行为的经营主体。

2 规范性引用文件

下列文件对于本文件的应用是必不可少的。凡是注日期的引用文件，仅所注日期的版本适用于本文件。凡是不注日期的引用文件，其最新版本（包括所有的修改单）适用于本文件。

GB/T 30103.1—2013 冷库热工性能试验方法 第1部分：温度和湿度检测

SB/T 10379—2012 速冻调制食品

DB12/T 560—2015 冷链物流 温度检测与要求规范

DB12/T 557—2015 冷链物流 冷库技术规范

3 术语和定义

下列术语和定义适用于本文件。

3.1 展售 display and sale

农产品在超市、门店等供应链末端的陈列、展示和销售。

4 农产品冷链温度环境要求

4.1 农产品种类

农产品包括水果类、蔬菜类、肉蛋类、水产类产品。

4.2 农产品冷链温度要求

4.2.1 农产品的冷链温度包括储存温度、运输温度和展售温度。农产品冷链的温度环境详见附录A。

4.2.2 农产品在入库、存储以及出库等储存过程中应保持适宜温度环境。

4.2.3 农产品在集货、装卸、搬运、运送等运输环节中应保持适宜温度环境。

4.2.4 农产品在展示、销售等展售环节中应保持适宜温度环境。

5 农产品冷链温度采集仪器要求

5.1 温度采集仪器

5.1.1 可采用膨胀式温度计、电阻温度计、温差电偶温度计等。

5.1.2 与食品接触的测温仪器应符合食品卫生要求，避免测量引起食品卫生交叉污染；避免采用水银温度计等对产品有潜在污染的仪器。

5.2 温度计性能要求

5.2.1 温度反应时间不宜超过2分钟。

5.2.2 精密度在 -50 ℃ ~50 ℃范围内不大于 ±0.5 ℃。

5.2.3 灵敏度应在0.1 ℃以内。

5.2.4 分度值应在1 ℃为准，可读的最小刻度在0.1 ℃以内。

5.3 温度计探针要求

5.3.1 探针长度应不小于15 cm。

5.3.2 测量货品内部温度时应采用尖顶探针。

5.3.3 测量货品表面温度时应采用平头探针。

5.3.4 探头宜采用易于清洗的材料。

6 产品冷链温度采集要求

6.1 仪器的预冷要求

6.1.1 任取一包装样品，作为将冰钩或钻孔机及传感器插入其中预冷的货品，以下均称为预冷包装样品。未经预冷的设备，不可放入测试样品中。

6.1.2 插入预冷包装样品中心的传感器应停留3分钟以上，直到要插入测试样品时，方可移出。

6.1.3 传感器与低温货品包装袋能接触紧密时，可将传感器插入两包装袋之间完成预冷作业；在低温仓库内测试货品温度时，传感器与低温仓库内空气温度相等即达到预冷目的。

6.2　农产品冷链温度采集方法

6.2.1　货品表面温度的采集

6.2.1.1　按6.1对温度传感器进行预冷。

6.2.1.2　打开货品外箱的上盖，取出含边角的包装货品上层或边层部分两层，由箱外的小孔插入温度计的传感器约8 cm后，放回第一层包装货品，传感器的感温部位与包装袋紧密接触。

6.2.1.3　温度稳定后记录温度值。

6.2.1.4　将传感器保留于箱内，直到后续测试样品均已完成测试后，方可移出。

6.2.1.5　测试样品为展售柜内的散装货品时，可重复货品表面温度采集步骤，待温度稳定后记录。

6.2.2　货品内部温度（中心温度）的采集

6.2.2.1　按6.1预冷后，温度传感器从预冷包装样品移出后，迅速插入测试样品。

6.2.2.2　温度传感器应沿着货品表面到热中心点最长距离的轴线插入，宜将传感器的检测位置全部包埋在货品内部。

6.2.2.3　货品内部温度应在最大表面中心下方2.5 cm处加以测定；单一方向比5 cm小的货品，测试点应在该方向距离的一半。

6.2.2.4　温度传感器无法贯穿冷冻食品时，可使用已预冷过的冰钩或钻孔机在货品打一小洞，其深度应可达货品的中心点。

6.2.2.5　读数达到稳定后记录温度。

6.2.2.6　在记录测试样品的温度后，将温度传感器保留在测试样品内，直到欲测试另一样品时方可移出。

6.3　农产品冷链温度采集位置

6.3.1　冷库温度采集位置

每个单体库应在回风口、中间部位和冷库门周边安装温湿度自动记录设备，冷库温度测量应符合GB/T 30103.1—2013中6.1的规定。

6.3.2　车厢温度采集位置

运输时要测量靠近所有门边的货品上方和下方的温度。

检查卸货时车厢的温度；抽样采集车厢前、中、后三段的货品温度。

6.3.3　展售柜温度采集位置

低温食品展售柜内温度采集的抽样位置最少应包括最上层、中央及最底层等部位，在除霜阶段时则应特别注明。

7　农产品冷链温度记录要求

7.1　记录内容

温度记录的内容要素至少应包括检测人、时间、设备编号、温度值、是否超标、检测员和主管签字等。

7.2　记录间隔要求

7.2.1　冷库温度测定装置应不间断记录温度变动；也可采用人工记录方式，每天至少 6 次，并保存温度记录一年以上。

7.2.2　运输车温度测定装置应能持续自动记录温度变动直到运输结束；也可采用人工记录方式，根据产品需要一般 30 分钟测量一次，并保存温度记录半年以上。

7.2.3　展售柜温度测定装置应不间断记录温度变动；也可采用人工记录方式，根据产品需要一般 30 分钟测量一次，并保存温度记录半年以上。

附录 A
（资料性附录）农产品温度要求表

A.1　水果产品温度要求

水果产品温度要求详见表 A.1。

表 A.1　　水果产品温度要求表

类型	名称		储存温度	运输温度	展售温度
核果类	桃		0℃～1 ℃	0℃～3 ℃	0℃～3 ℃
	樱桃		-1℃～0 ℃	0℃～3 ℃	0℃～3 ℃
	杏		-0.5℃～1 ℃	0℃～3 ℃	0℃～3 ℃
	李		-1℃～0 ℃	0℃～3 ℃	0℃～3 ℃
	枣		-1℃～1 ℃	0℃～3 ℃	0℃～3 ℃
	芒果	生果实	13℃～15 ℃	13℃～15 ℃	13℃～15 ℃
		催熟果	5℃～8 ℃	5℃～8 ℃	5℃～8 ℃
	杨梅		0℃～1 ℃	0℃～3 ℃	0℃～3 ℃
	橄榄		5℃～10 ℃	7℃～10 ℃	7℃～10 ℃
仁果类	苹果		-1℃～1 ℃	0℃～4 ℃	0℃～4 ℃
	梨		-1℃～0.5 ℃	0℃～4 ℃	0℃～4 ℃
	山楂		-1℃～0 ℃	0℃～4 ℃	0℃～4 ℃
浆果类	葡萄		-1℃～0 ℃	0℃～3 ℃	0℃～3 ℃
	猕猴桃		-0.5℃～0.5 ℃	0℃～3 ℃	0℃～3 ℃
	石榴		5℃～6 ℃	0℃～3 ℃	0℃～3 ℃
	蓝莓		-0.5℃～0.5 ℃	0℃～3 ℃	0℃～3 ℃
	柿子		-1℃～0 ℃	0℃～3 ℃	0℃～3 ℃
	草莓		-0.5℃～0.5 ℃	0℃～3 ℃	0℃～3 ℃
柑橘类	甜橙类、宽皮柑橘类		5℃～8 ℃	5℃～8 ℃	5℃～8 ℃
	柚类		5℃～10 ℃	5℃～10 ℃	5℃～10 ℃
	柠檬		12℃～15 ℃	12℃～15 ℃	12℃～15 ℃

续　表

类型	名称		储存温度	运输温度	展售温度
瓜类	西瓜		8℃～10 ℃	10℃	10℃
	哈密瓜、甜瓜和香瓜	中、晚熟	3℃～5 ℃	3℃～5 ℃	3℃～5 ℃
		早、中熟	5℃～8 ℃	5℃～10 ℃	5℃～10 ℃
热带、亚热带水果	香蕉		12℃～15 ℃	12℃～15 ℃	12℃～15 ℃
	荔枝、龙眼		1℃～4 ℃	4℃～7 ℃	4℃～7 ℃
	木菠萝		11℃～13 ℃	13℃～15 ℃	13℃～15 ℃
	番荔枝		15℃～20 ℃	15℃～20 ℃	15℃～20 ℃
	菠萝、红毛丹		10℃～13 ℃	10℃～13 ℃	10℃～13 ℃
	椰子		5℃～8 ℃	5℃～8 ℃	5℃～8 ℃

A.2　蔬菜产品温度要求

蔬菜产品温度要求详见表 A.2。

表 A.2　　蔬菜产品温度要求表

类型	名称	储存温度	运输温度	展售温度
根茎菜类	芹菜	－1℃～0 ℃	0℃～3 ℃	0℃～3 ℃
	芦笋、竹笋、萝卜、胡萝卜	0℃～1 ℃	0℃～3 ℃	0℃～3 ℃
	芋头	7℃～9 ℃	10℃～12 ℃	10℃～12 ℃
	辣根	－1℃～0 ℃	0℃～3 ℃	0℃～3 ℃
	土豆	3℃～5 ℃	5℃～7 ℃	5℃～7 ℃
	甘薯	12℃～14 ℃	12℃～14 ℃	12℃～14 ℃
	扁块山药	12℃～13 ℃	12℃～14 ℃	12℃～14 ℃
	长柱山药	1℃～2 ℃	2℃～4 ℃	2℃～4 ℃
	大蒜	－2.5℃～3 ℃	0℃～3 ℃	0℃～3 ℃
	蒜薹	－0.5℃～0 ℃	0℃～3 ℃	0℃～3 ℃
	生姜	13℃～14 ℃	13℃～15 ℃	13℃～15 ℃
叶菜类	生菜、油菜、奶白菜、茼蒿、小青葱、韭菜、甘蓝、乌塌菜、小白菜、芥蓝、菜心、大白菜、莴笋、欧芹、茭白、牛皮菜	0℃～1 ℃	0℃～3 ℃	0℃～3 ℃
	菠菜	－1℃～0 ℃	0℃～3 ℃	0℃～3 ℃
瓜菜类	苦瓜	12℃～13 ℃	12℃～15 ℃	12℃～15 ℃
	丝瓜	8℃～10 ℃	8℃～10 ℃	8℃～10 ℃
	佛手瓜	3℃～4 ℃	4℃～6 ℃	4℃～6 ℃

续 表

类型	名称	储存温度	运输温度	展售温度
瓜菜类	冬瓜	12℃～15 ℃	13℃～15 ℃	13℃～15 ℃
	矮生西葫芦	8℃～10 ℃	10℃～12 ℃	10℃～12 ℃
	冬西葫芦	10℃～13 ℃	10℃～13 ℃	10℃～13 ℃
	南瓜	10℃～13 ℃	13℃～15 ℃	13℃～15 ℃
	黄瓜	12℃～13 ℃	12℃～13 ℃	12℃～13 ℃
茄果类	甜玉米	0℃～1 ℃	0℃～3 ℃	0℃～3 ℃
	青椒	9℃～10 ℃	9℃～12 ℃	9℃～12 ℃
	红熟番茄	0℃～2 ℃	3℃～5 ℃	3℃～5 ℃
	绿熟番茄	10℃～11 ℃	10℃～12 ℃	10℃～12 ℃
	茄子	10℃～12 ℃	11℃～13 ℃	11℃～13 ℃
花菜类	白菜花、青花菜	0℃～1 ℃	0℃～3 ℃	0℃～3 ℃
食用菌类	双孢蘑菇、香菇、平菇、白灵菇	0℃～1 ℃	0℃～3 ℃	0℃～3 ℃
	金针菇	1℃～2 ℃	1℃～3 ℃	1℃～3 ℃
	草菇	11℃～12 ℃	11℃～13 ℃	11℃～13 ℃
菜用豆类	菜豆、豆角、芸豆、扁豆、四棱豆	8℃～10 ℃	8℃～10 ℃	8℃～10 ℃
	毛豆荚	5℃～6 ℃	6℃～8 ℃	6℃～8 ℃
	豇豆	9℃～10 ℃	9℃～12 ℃	9℃～12 ℃
	豌豆、荷兰豆、甜豆	0℃～1 ℃	0℃～3 ℃	0℃～3 ℃

A.3　肉类和蛋类产品温度要求

肉类和蛋类产品温度要求详见表 A.3。

表 A.3　　肉类和蛋类产品温度要求表

类型	储存温度	运输温度		展售温度
		中长途运输（超过 5 h 的作业）	短途配送（不超过 5 h 的作业）	
冷冻肉类	－18℃以下	－18℃以下	－12℃以下	－12℃以下
冷藏肉类—新鲜肉类、冷藏加工腌制肉、冷藏蛋品	0℃～4 ℃	0℃～4 ℃	0℃～4 ℃	0℃～4 ℃
冷冻加工腌制肉	－18℃以下	－18℃以下	－12℃以下	－12℃以下
冷冻蛋品	－18℃以下	－18℃以下	－12℃以下	－12℃以下

A.4　水产品温度要求

水产品温度要求详见表 A.4。

表 A.4　　水产品温度要求表

类型	储存温度	运输温度		展售温度
		中长途运输（超过5 h的作业）	短途配送（不超过5 h的作业）	
冷冻水产品	-18℃以下	-18℃以下	-12℃以下	-12℃以下
冷藏水产品、冷藏水产加工品、冷藏加工腌制品	0℃～4℃	0℃～4 ℃	0℃～4 ℃	0℃～4 ℃
冷冻水产加工品	-18℃以下	-18℃以下	-12℃以下	-12℃以下
超低温冷冻水产品	-56℃以下	-56℃以下	-30℃以下	-30℃以下

餐饮提供者无接触供餐实施指南

DB 37/T 3882—2020

1 范围

本标准规定了特殊公共卫生事件期间和日常餐饮服务提供过程中，无接触供餐过程、无接触供餐外围管理、监视检查、信息追溯等要求。

本标准适用于指导餐饮提供者实施堂食之外的无接触供餐。本标准涉及的配送环节无接触要求适用于网络餐饮交易第三方平台。

2 规范性引用文件

下列文件对于本文件的应用是必不可少的。凡是注日期的引用文件，仅注日期的版本适用于本文件。凡是不注日期的引用文件，其最新版本（包括所有的修改单）适用于本文件。

GB 27952 普通物体表面消毒剂的卫生要求

3 术语和定义

下列术语和定义适用于本文件。

3.1 餐饮提供者 catering providers

为消费者提供餐饮服务的单位与个人。

3.2 无接触供餐 contactless serving

餐饮销售服务提供过程中，人与人之间非直接接触的餐饮服务提供方式，包括取餐过程和配送过程中人员之间的无接触。

3.3 网络餐饮交易第三方平台 third - party platform of online catering trading

通过网络服务联系消费者和餐饮提供者达成双方网络订餐协议，并按协议要求实现餐饮配送的独立网络平台。

注：本标准简称“第三方平台”。

3.4　外来人员　outsiders

指餐饮提供者单位以外的人员，包括配送人员、消费者、监管检查人员等。

4　无接触供餐过程

4.1　订餐

4.1.1　消费者宜采用第三方平台或餐饮提供者自有的网络订餐平台进行网络订餐。

4.1.2　当因特殊原因无法进行网络订餐时，消费者可前往餐饮服务提供场所自行订餐取餐。

4.2　进场前准备

4.2.1　餐饮提供者应在餐饮提供场所入口处设置消毒台，配备外用消毒用品及体温登记薄。

4.2.2　消费者或配送人员进入餐饮提供场所前，应用75%的酒精对可能接触食品外包装的部位进行消毒。

4.2.3　餐饮服务提供者应对外来人员进行防护用品检查及体温检测，并记录。发现健康异常者，紧急疏散隔离，并上报。

4.3　进场等待

4.3.1　餐饮提供者应尽可能在外来人员到达餐饮提供场所前完成配餐，尽可能缩短外来人员入店等待时间。

4.3.2　当外来人员确实需入店等待时，应有引导人员引导其在指定区域有序等待，人员间隔 1 m 以上，禁止面对面近距离交谈。

4.3.3　外来人员等待期间，应尽可能减少与餐饮提供场所相关设备设施的触碰，减少交叉污染。

4.4　取餐

4.4.1　鼓励餐饮提供者采用信息化无人取餐设备进行餐品交接。

4.4.2　不具备无人交接条件时，应设置取餐台、餐品交接周转保温箱等设施设备，取餐台宽度应不小于 1 m。

4.4.3　应每 4 h 采用 75 % 的酒精对取餐台、餐品交接周转保温箱、无人取餐设备等进行全面擦拭并实施喷洒式消毒。

4.4.4　取餐前，餐饮提供者应对配送人员或消费者进行手部酒精消毒。

4.4.5　餐饮服务提供者应对餐品直接包装和外包装分别加装安全封口签或采用其它安全防护措施，防止餐品配送过程中的人为或意外开启。

4.4.6　餐饮提供者应随餐放置告知卡，包括但不限于以下事项：

——生产加工或餐品装配人员健康信息；

——安全封口签或其它安全防护措施确认信息；

——食用前卫生处理方法等。

4.5 配送

4.5.1 配送人员负责餐品交接后到交付前的包装配送安全，当发现餐品直接接触包装意外开启时应及时与餐饮提供者取得联系，协商解决。

4.5.2 配送人员应保证配送包装箱的卫生清洁，每 2 h 对配送包装箱用 75 % 的酒精实施消毒。

4.6 交付

4.6.1 配送人员应在与消费者约定的地点进行餐品交付，保持 1 m 以上的距离；或将餐品置于指定位置，由消费者自行领取。

4.6.2 消费者应对包装完整性以及餐品告知卡上的内容进行确认；若有需协商事项，消费者、配送人员双方应与第三方平台或餐饮提供者沟通解决。

5 无接触供餐外围管理要求

5.1 人员卫生管理

5.1.1 餐饮服务人员

5.1.1.1 疫情期间，经岗前检查合格列入健康人员名录的餐饮服务人员方可从事餐饮服务提供活动。

5.1.1.2 餐饮服务人员进入加工区域前，应洗手消毒，着卫生防护服，佩戴口罩、网帽等卫生防护用品。

5.1.1.3 当日经体温检测合格的餐饮服务人员，方可进入餐品加工区域，餐饮服务人员应按六步洗手法清洁双手，再用 75 % 的酒精揉搓消毒，时间各不低于 30 s。双手触碰不洁物品后应立即洗手消毒。

5.1.1.4 工装宜每日清洗更换，或采用紫外线消毒，每次消毒时间不少于 30 min。

5.1.1.5 工作过程中，应每 4 h 更换一次口罩并进行体温监测，且记录。

5.1.1.6 其他人员卫生管理要求应符合《食品安全法》《餐饮服务食品安全操作规范》《餐饮服务食品安全监督管理办法》等。

5.1.2 配送人员

5.1.2.1 第三方平台应对配送人员的健康负责，实行人员健康公示制度。

5.1.2.2 配送人员应全程佩戴口罩或其它防护用品。

5.1.2.3 配送人员应向餐饮提供者明示当日体温检测结果，防止有病毒传播风险的人员误入配送岗位。

5.1.2.4 配送人员应自备消毒液及防护用品，交付产品后应对配送保温箱实施消毒。

5.2 餐饮服务提供场所清洁消毒管理

5.2.1 餐饮服务提供者应每日对生产加工区、装配区、餐食交接区等场内区域进行清洁消毒，可采用紫外线消毒和汽化消毒等方式。

5.2.2　应加大对卫生间的清洗消毒频次，并暂停对外开放。

5.2.3　等待区与其它服务区应进行物理隔离，地面应有间隔不小于 1 m 且醒目的地标线。

5.2.4　餐厨废弃物管理应符合《餐饮服务食品安全操作规范》，并设置废弃口罩回收专用收集设备。

5.2.5　餐饮服务场所应通过电子屏、广告、制度上墙等方式宣传疾病防控安全知识。

5.3　食品接触表面管理

5.3.1　应采取措施，尽可能的减少人员与食品的接触，例如采用自动装配设施进行餐品装配。

5.3.2　可采用高温灭菌的方式对食品加工用器具、餐具等进行消毒，温度应不低于 100 ℃，时间应不少于 30 min。清洗消毒后的工器具、餐具等应密闭贮存。

5.3.3　对于不宜拆卸的食品接触表面，应采用 75 % 的酒精进行消毒，停留 10 min 后清水冲洗干净方可使用。

5.4　消毒剂使用要求

5.4.1　应选择符合 GB 27952 要求的消毒剂对一般环境物体表面进行消毒，常用消毒剂包括有效氯浓度 250 mg/L ~ 500 mg/L 含氯消毒液，0.1 % ~ 0.2 % 的过氧乙酸消毒液等。

5.4.2　应选择 75 % 的酒精对手部、远离热源的操作台、易被餐饮服务人员或消费者双手触摸到的物体表面消毒。采用 75 % 酒精进行消毒，作用时间不少于 10 min。

5.4.3　本标准所提消毒用酒精指 75 % 医用酒精。

6　监视检查

餐饮提供者应识别无接触供餐过程需要建立的监视检查制度并有效运行，包括但不限于以下监视活动：

——对餐饮服务人员的体温监测；

——对餐饮服务人员防护用品佩戴情况的检查；

——对进店外来人员的体温和其他异常体征监测；

——对餐饮服务提供场所的卫生检查；

——对餐饮服务提供场所的消毒检查；

——交接前，对餐品的卫生安全检查等。

7　信息追溯

7.1　餐饮提供者应建立可追溯体系并保持运行，保证餐品生产加工的全程可追溯，保证餐品与相应接触人员健康信息的可追溯。

7.2　网络订餐平台负责配送人员及配送过程的信息追溯，确保对配送人员健康信息、配送路线、重要时间节点的可追溯。

8　日常无接触供餐要求

8.1　日常无接触供餐的订餐、进场准备、进场等待过程，可取消对外来人员的消毒和体温检测等环节，其他可参照本标准 4.1、4.2、4.3 相关要求执行。

8.2　本标准 4.4 相关要求适用于日常无接触供餐服务取餐过程。

8.3　日常无接触供餐外围管理可取消对人员的体温监测、口罩回收等疫情特殊管理措施，其他参照本标准 5 相关要求执行。

8.4　日常实施无接触供餐的监视检查事项可取消对相关人员的体温监测，其他参照本标准 6 相关要求执行。

8.5　本标准 7 相关要求适用于日常无接触供餐信息追溯。

第五部分

国家政策

交通强国建设纲要

建设交通强国是以习近平同志为核心的党中央立足国情、着眼全局、面向未来作出的重大战略决策，是建设现代化经济体系的先行领域，是全面建成社会主义现代化强国的重要支撑，是新时代做好交通工作的总抓手。为统筹推进交通强国建设，制定本纲要。

一、总体要求

（一）指导思想

以习近平新时代中国特色社会主义思想为指导，深入贯彻党的十九大精神，紧紧围绕统筹推进“五位一体”总体布局和协调推进“四个全面”战略布局，坚持稳中求进工作总基调，坚持新发展理念，坚持推动高质量发展，坚持以供给侧结构性改革为主线，坚持以人民为中心的发展思想，牢牢把握交通“先行官”定位，适度超前，进一步解放思想、开拓进取，推动交通发展由追求速度规模向更加注重质量效益转变，由各种交通方式相对独立发展向更加注重一体化融合发展转变，由依靠传统要素驱动向更加注重创新驱动转变，构建安全、便捷、高效、绿色、经济的现代化综合交通体系，打造一流设施、一流技术、一流管理、一流服务，建成人民满意、保障有力、世界前列的交通强国，为全面建成社会主义现代化强国、实现中华民族伟大复兴中国梦提供坚强支撑。

（二）发展目标

到2020年，完成决胜全面建成小康社会交通建设任务和“十三五”现代综合交通运输体系发展规划各项任务，为交通强国建设奠定坚实基础。

从2021年到本世纪中叶，分两个阶段推进交通强国建设。

到2035年，基本建成交通强国。现代化综合交通体系基本形成，人民满意度明显提高，支撑国家现代化建设能力显著增强；拥有发达的快速网、完善的干线网、广泛的基础网，城乡区域交通协调发展达到新高度；基本形成“全国123出行交通圈”（都市区1小时通勤、城市群2小时通达、全国主要城市3小时覆盖）和“全球123快货物流圈”（国内1天送达、周边国家2天送达、全球主要城市3天送达），旅客联程运输便捷顺畅，货物多式联运高效经济；智能、平安、绿色、共享交通发展水平明显提高，城市交通拥堵基本缓解，无障碍出行服务体系基本完善；交通科技创新体系基本建成，交通关键装备先进安全，人才队伍精良，市场环境优良；基本实现交通治理体系和治理能力现代化；交通国际竞争力和影响力显著提升。

到本世纪中叶，全面建成人民满意、保障有力、世界前列的交通强国。基础设施规模质量、技术装备、科技创新能力、智能化与绿色化水平位居世界前列，交通安全水平、治理能力、文明程度、国际竞争力及影响力达到国际先进水平，全面服务和保障社会主义现代化强国建设，人民享有美好交通服务。

二、基础设施布局完善、立体互联

（一）建设现代化高质量综合立体交通网络

以国家发展规划为依据，发挥国土空间规划的指导和约束作用，统筹铁路、公路、水运、民航、管道、邮政等基础设施规划建设，以多中心、网络化为主形态，完善多层次网络布局，优化存量资源配置，扩大优质增量供给，实现立体互联，增强系统弹性。强化西部地区补短板，推进东北地区提质改造，推动中部地区大通道大枢纽建设，加速东部地区优化升级，形成区域交通协调发展新格局。

（二）构建便捷顺畅的城市（群）交通网

建设城市群一体化交通网，推进干线铁路、城际铁路、市域（郊）铁路、城市轨道交通融合发展，完善城市群快速公路网络，加强公路与城市道路衔接。尊重城市发展规律，立足促进城市的整体性、系统性、生长性，统筹安排城市功能和用地布局，科学制定和实施城市综合交通体系规划。推进城市公共交通设施建设，强化城市轨道交通与其他交通方式衔接，完善快速路、主次干路、支路级配和结构合理的城市道路网，打通道路微循环，提高道路通达性，完善城市步行和非机动车交通系统，提升步行、自行车等出行品质，完善无障碍设施。科学规划建设城市停车设施，加强充电、加氢、加气和公交站点等设施建设。全面提升城市交通基础设施智能化水平。

（三）形成广覆盖的农村交通基础设施网

全面推进“四好农村路”建设，加快实施通村组硬化路建设，建立规范化可持续管护机制。促进交通建设与农村地区资源开发、产业发展有机融合，加强特色农产品优势区与旅游资源富集区交通建设。大力推进革命老区、民族地区、边疆地区、贫困地区、垦区林区交通发展，实现以交通便利带动脱贫减贫，深度贫困地区交通建设项目尽量向进村入户倾斜。推动资源丰富和人口相对密集贫困地区开发性铁路建设，在有条件的地区推进具备旅游、农业作业、应急救援等功能的通用机场建设，加强农村邮政等基础设施建设。

（四）构筑多层级、一体化的综合交通枢纽体系

依托京津冀、长三角、粤港澳大湾区等世界级城市群，打造具有全球竞争力的国际海港枢纽、航空枢纽和邮政快递核心枢纽，建设一批全国性、区域性交通枢纽，推进综合交通枢纽一体化规划建设，提高换乘换装水平，完善集疏运体系。大力发展枢纽经济。

三、交通装备先进适用、完备可控

（一）加强新型载运工具研发

实现3万吨级重载列车、时速250公里级高速轮轨货运列车等方面的重大突破。加强智能网联汽车（智能汽车、自动驾驶、车路协同）研发，形成自主可控完整的产业链。强化大中型邮轮、大型液化天然气船、极地航行船舶、智能船舶、新能源船舶等自主设计建造能力。完善民用飞机产品谱系，在大型民用飞机、重型直升机、通用航空器等方面取得显著进展。

（二）加强特种装备研发

推进隧道工程、整跨吊运安装设备等工程机械装备研发。研发水下机器人、深潜水装备、大型溢油回收船、大型深远海多功能救助船等新型装备。

（三）推进装备技术升级

推广新能源、清洁能源、智能化、数字化、轻量化、环保型交通装备及成套技术装备。广泛应用智能高铁、智能道路、智能航运、自动化码头、数字管网、智能仓储和分拣系统等新型装备设施，开发新一代智能交通管理系统。提升国产飞机和发动机技术水平，加强民用航空器、发动机研发制造和适航审定体系建设。推广应用交通装备的智能检测监测和运维技术。加速淘汰落后技术和高耗低效交通装备。

四、运输服务便捷舒适、经济高效

（一）推进出行服务快速化、便捷化

构筑以高铁、航空为主体的大容量、高效率区际快速客运服务，提升主要通道旅客运输能力。完善航空服务网络，逐步加密机场网建设，大力发展支线航空，推进干支有效衔接，提高航空服务能力和品质。提高城市群内轨道交通通勤化水平，推广城际道路客运公交化运行模式，打造旅客联程运输系统。加强城市交通拥堵综合治理，优先发展城市公共交通，鼓励引导绿色公交出行，合理引导个体机动化出行。推进城乡客运服务一体化，提升公共服务均等化水平，保障城乡居民行有所乘。

（二）打造绿色高效的现代物流系统

优化运输结构，加快推进港口集疏运铁路、物流园区及大型工矿企业铁路专用线等“公转铁”重点项目建设，推进大宗货物及中长距离货物运输向铁路和水运有序转移。推动铁水、公铁、公水、空陆等联运发展，推广跨方式快速换装转运标准化设施设备，形成统一的多式联运标准和规则。发挥公路货运“门到门”优势。完善航空物流网络，提升航空货运效率。推进电商物流、冷链物流、大件运输、危险品物流等专业化物流发展，促进城际干线运输和城市末端配送有机衔接，鼓励发展集约化配送模式。综合利用多种资源，完善农村配送网络，促进城乡双向流通。落实减税降费政策，优化物流组织模式，提高物流效率，降低物流成本。

（三）加速新业态新模式发展

深化交通运输与旅游融合发展，推动旅游专列、旅游风景道、旅游航道、自驾车房车营地、游艇旅游、低空飞行旅游等发展，完善客运枢纽、高速公路服务区等交通设施旅游服务功能。大力发展共享交通，打造基于移动智能终端技术的服务系统，实现出行即服务。发展“互联网＋”高效物流，创新智慧物流营运模式。培育充满活力的通用航空及市域（郊）铁路市场，完善政府购买服务政策，稳步扩大短途运输、公益服务、航空消费等市场规模。建立通达全球的寄递服务体系，推动邮政普遍服务升级换代。加快快递扩容增效和数字化转型，壮大供应链服务、冷链快递、即时直递等新业态新模式，推进智能收投终端和末端公共服务平台建设。积极发展无人机（车）物流递送、城市地下物流配送等。

五、科技创新富有活力、智慧引领

（一）强化前沿关键科技研发

瞄准新一代信息技术、人工智能、智能制造、新材料、新能源等世界科技前沿，加强对可能引发交通产业变革的前瞻性、颠覆性技术研究。强化汽车、民用飞行器、船舶等装备动力传动系统研发，突破高效率、大推力/大功率发动机装备设备关键技术。加强区域综合交通网络协调运营与服务技术、城市综合交通协同管控技术、基于船岸协同的内河航运安全管控与应急搜救技术等研发。合理统筹安排时速600公里级高速磁悬浮系统、时速400公里级高速轮轨（含可变轨距）客运列车系统、低真空管（隧）道高速列车等技术储备研发。

（二）大力发展智慧交通

推动大数据、互联网、人工智能、区块链、超级计算等新技术与交通行业深度融合。推进数据资源赋能交通发展，加速交通基础设施网、运输服务网、能源网与信息网络融合发展，构建泛在先进的交通信息基础设施。构建综合交通大数据中心体系，深化交通公共服务和电子政务发展。推进北斗卫星导航系统应用。

（三）完善科技创新机制

建立以企业为主体、产学研用深度融合的技术创新机制，鼓励交通行业各类创新主体建立创新联盟，建立关键核心技术攻关机制。建设一批具有国际影响力的实验室、试验基地、技术创新中心等创新平台，加大资源开放共享力度，优化科研资金投入机制。构建适应交通高质量发展的标准体系，加强重点领域标准有效供给。

六、安全保障完善可靠、反应快速

（一）提升本质安全水平

完善交通基础设施安全技术标准规范，持续加大基础设施安全防护投入，提升关键基础设施安全防护能力。构建现代化工程建设质量管理体系，推进精品建造和精细管理。强化交通基础设施养护，加强基础设施运行监测检测，提高养护专业化、信息化水平，增强设施耐久性和可靠性。强化载运工具质量治理，保障运输装备安全。

（二）完善交通安全生产体系

完善依法治理体系，健全交通安全生产法规制度和标准规范。完善安全责任体系，强化企业主体责任，明确部门监管责任。完善预防控制体系，有效防控系统性风险，建立交通装备、工程第三方认证制度。强化安全生产事故调查评估。完善网络安全保障体系，增强科技兴安能力，加强交通信息基础设施安全保护。完善支撑保障体系，加强安全设施建设。建立自然灾害交通防治体系，提高交通防灾抗灾能力。加强交通安全综合治理，切实提高交通安全水平。

（三）强化交通应急救援能力

建立健全综合交通应急管理体制机制、法规制度和预案体系，加强应急救援专业装备、设施、队伍建设，积极参与国际应急救援合作。强化应急救援社会协同能力，完善征用补偿机制。

七、绿色发展节约集约、低碳环保

（一）促进资源节约集约利用

加强土地、海域、无居民海岛、岸线、空域等资源节约集约利用，提升用地用海用岛效率。加强老旧设施更新利用，推广施工材料、废旧材料再生和综合利用，推进邮件快件包装绿色化、减量化，提高资源再利用和循环利用水平，推进交通资源循环利用产业发展。

（二）强化节能减排和污染防治

优化交通能源结构，推进新能源、清洁能源应用，促进公路货运节能减排，推动城市公共交通工具和城市物流配送车辆全部实现电动化、新能源化和清洁化。打好柴油货车污染治理攻坚战，统筹油、路、车治理，有效防治公路运输大气污染。严格执行国家和地方污染物控制标准及船舶排放区要求，推进船舶、港口污染防治。降低交通沿线噪声、振动，妥善处理好大型机场噪声影响。开展绿色出行行动，倡导绿色低碳出行理念。

（三）强化交通生态环境保护修复

严守生态保护红线，严格落实生态保护和水土保持措施，严格实施生态修复、地质环境治理恢复与土地复垦，将生态环保理念贯穿交通基础设施规划、建设、运营和养护全过程。推进生态选线选址，强化生态环保设计，避让耕地、林地、湿地等具有重要生态功能的国土空间。建设绿色交通廊道。

八、开放合作面向全球、互利共赢

（一）构建互联互通、面向全球的交通网络

以丝绸之路经济带六大国际经济合作走廊为主体，推进与周边国家铁路、公路、航道、油气管道

等基础设施互联互通。提高海运、民航的全球连接度，建设世界一流的国际航运中心，推进21世纪海上丝绸之路建设。拓展国际航运物流，发展铁路国际班列，推进跨境道路运输便利化，大力发展航空物流枢纽，构建国际寄递物流供应链体系，打造陆海新通道。维护国际海运重要通道安全与畅通。

（二）加大对外开放力度

吸引外资进入交通领域，全面落实准入前国民待遇加负面清单管理制度。协同推进自由贸易试验区、中国特色自由贸易港建设。鼓励国内交通企业积极参与“一带一路”沿线交通基础设施建设和国际运输市场合作，打造世界一流交通企业。

（三）深化交通国际合作

提升国际合作深度与广度，形成国家、社会、企业多层次合作渠道。拓展国际合作平台，积极打造交通新平台，吸引重要交通国际组织来华落驻。积极推动全球交通治理体系建设与变革，促进交通运输政策、规则、制度、技术、标准“引进来”和“走出去”，积极参与交通国际组织事务框架下规则、标准制定修订。提升交通国际话语权和影响力。

九、人才队伍精良专业、创新奉献

（一）培育高水平交通科技人才

坚持高精尖缺导向，培养一批具有国际水平的战略科技人才、科技领军人才、青年科技人才和创新团队，培养交通一线创新人才，支持各领域各学科人才进入交通相关产业行业。推进交通高端智库建设，完善专家工作体系。

（二）打造素质优良的交通劳动者大军

弘扬劳模精神和工匠精神，造就一支素质优良的知识型、技能型、创新型劳动者大军。大力培养支撑中国制造、中国创造的交通技术技能人才队伍，构建适应交通发展需要的现代职业教育体系。

（三）建设高素质专业化交通干部队伍

落实建设高素质专业化干部队伍要求，打造一支忠诚干净担当的高素质干部队伍。注重专业能力培养，增强干部队伍适应现代综合交通运输发展要求的能力。加强优秀年轻干部队伍建设，加强国际交通组织人才培养。

十、完善治理体系，提升治理能力

（一）深化行业改革

坚持法治引领，完善综合交通法规体系，推动重点领域法律法规制定修订。不断深化铁路、公路、航道、空域管理体制改革，建立健全适应综合交通一体化发展的体制机制。推动国家铁路企业股份制改造、邮政企业混合所有制改革，支持民营企业健康发展。统筹制定交通发展战略、规划和政策，加快建设现代化综合交通体系。强化规划协同，实现“多规合一”、“多规融合”。

（二）优化营商环境

健全市场治理规则，深入推进简政放权，破除区域壁垒，防止市场垄断，完善运输价格形成机制，构建统一开放、竞争有序的现代交通市场体系。全面实施市场准入负面清单制度，构建以信用为基础的新型监管机制。

（三）扩大社会参与

健全公共决策机制，实行依法决策、民主决策。鼓励交通行业组织积极参与行业治理，引导社会组织依法自治、规范自律，拓宽公众参与交通治理渠道。推动政府信息公开，建立健全公共监督机制。

（四）培育交通文明

推进优秀交通文化传承创新，加强重要交通遗迹遗存、现代交通重大工程的保护利用和精神挖掘，讲好中国交通故事。弘扬以“两路”精神、青藏铁路精神、民航英雄机组等为代表的交通精神，增强行业凝聚力和战斗力。全方位提升交通参与者文明素养，引导文明出行，营造文明交通环境，推动全社会交通文明程度大幅提升。

十一、保障措施

（一）加强党的领导

坚持党的全面领导，充分发挥党总揽全局、协调各方的作用。建立统筹协调的交通强国建设实施工作机制，强化部门协同、上下联动、军地互动，整体有序推进交通强国建设工作。

（二）加强资金保障

深化交通投融资改革，增强可持续发展能力，完善政府主导、分级负责、多元筹资、风险可控的资金保障和运行管理体制。建立健全中央和地方各级财政投入保障制度，鼓励采用多元化市场融资方式拓宽融资渠道，积极引导社会资本参与交通强国建设，强化风险防控机制建设。

（三）加强实施管理

各地区各部门要提高对交通强国建设重大意义的认识，科学制定配套政策和配置公共资源，促进自然资源、环保、财税、金融、投资、产业、贸易等政策与交通强国建设相关政策协同，部署若干重大工程、重大项目，合理规划交通强国建设进程。鼓励有条件的地方和企业在交通强国建设中先行先试。交通运输部要会同有关部门加强跟踪分析和督促指导，建立交通强国评价指标体系，重大事项及时向党中央、国务院报告。

中华人民共和国国务院令

第 722 号

《优化营商环境条例》已经 2019 年 10 月 8 日国务院第 66 次常务会议通过，现予公布，自 2020 年 1 月 1 日起施行。

总理　李克强

2019 年 10 月 22 日

优化营商环境条例

第一章　总　则

第一条　为了持续优化营商环境，不断解放和发展社会生产力，加快建设现代化经济体系，推动高质量发展，制定本条例。

第二条　本条例所称营商环境，是指企业等市场主体在市场经济活动中所涉及的体制机制性因素和条件。

第三条　国家持续深化简政放权、放管结合、优化服务改革，最大限度减少政府对市场资源的直接配置，最大限度减少政府对市场活动的直接干预，加强和规范事中事后监管，着力提升政务服务能力和水平，切实降低制度性交易成本，更大激发市场活力和社会创造力，增强发展动力。

各级人民政府及其部门应当坚持政务公开透明，以公开为常态、不公开为例外，全面推进决策、执行、管理、服务、结果公开。

第四条　优化营商环境应当坚持市场化、法治化、国际化原则，以市场主体需求为导向，以深刻转变政府职能为核心，创新体制机制、强化协同联动、完善法治保障，对标国际先进水平，为各类市场主体投资兴业营造稳定、公平、透明、可预期的良好环境。

第五条　国家加快建立统一开放、竞争有序的现代市场体系，依法促进各类生产要素自由流动，保障各类市场主体公平参与市场竞争。

第六条　国家鼓励、支持、引导非公有制经济发展，激发非公有制经济活力和创造力。

国家进一步扩大对外开放，积极促进外商投资，平等对待内资企业、外商投资企业等各类市场主体。

第七条　各级人民政府应当加强对优化营商环境工作的组织领导，完善优化营商环境的政策措施，建立健全统筹推进、督促落实优化营商环境工作的相关机制，及时协调、解决优化营商环境工作中的重大问题。

县级以上人民政府有关部门应当按照职责分工，做好优化营商环境的相关工作。县级以上地方人民政府根据实际情况，可以明确优化营商环境工作的主管部门。

国家鼓励和支持各地区、各部门结合实际情况，在法治框架内积极探索原创性、差异化的优化营商环境具体措施；对探索中出现失误或者偏差，符合规定条件的，可以予以免责或者减轻责任。

第八条　国家建立和完善以市场主体和社会公众满意度为导向的营商环境评价体系，发挥营商环境评价对优化营商环境的引领和督促作用。

开展营商环境评价，不得影响各地区、各部门正常工作，不得影响市场主体正常生产经营活动或者增加市场主体负担。

任何单位不得利用营商环境评价谋取利益。

第九条　市场主体应当遵守法律法规，恪守社会公德和商业道德，诚实守信、公平竞争，履行安全、质量、劳动者权益保护、消费者权益保护等方面的法定义务，在国际经贸活动中遵循国际通行规则。

第二章　市场主体保护

第十条　国家坚持权利平等、机会平等、规则平等，保障各种所有制经济平等受到法律保护。

第十一条　市场主体依法享有经营自主权。对依法应当由市场主体自主决策的各类事项，任何单位和个人不得干预。

第十二条　国家保障各类市场主体依法平等使用资金、技术、人力资源、土地使用权及其他自然资源等各类生产要素和公共服务资源。

各类市场主体依法平等适用国家支持发展的政策。政府及其有关部门在政府资金安排、土地供应、税费减免、资质许可、标准制定、项目申报、职称评定、人力资源政策等方面，应当依法平等对待各类市场主体，不得制定或者实施歧视性政策措施。

第十三条　招标投标和政府采购应当公开透明、公平公正，依法平等对待各类所有制和不同地区的市场主体，不得以不合理条件或者产品产地来源等进行限制或者排斥。

政府有关部门应当加强招标投标和政府采购监管，依法纠正和查处违法违规行为。

第十四条　国家依法保护市场主体的财产权和其他合法权益，保护企业经营者人身和财产安全。

严禁违反法定权限、条件、程序对市场主体的财产和企业经营者个人财产实施查封、冻结和扣押等行政强制措施；依法确需实施前述行政强制措施的，应当限定在所必需的范围内。

禁止在法律、法规规定之外要求市场主体提供财力、物力或者人力的摊派行为。市场主体有权拒绝任何形式的摊派。

第十五条　国家建立知识产权侵权惩罚性赔偿制度，推动建立知识产权快速协同保护机制，健全知识产权纠纷多元化解决机制和知识产权维权援助机制，加大对知识产权的保护力度。

国家持续深化商标注册、专利申请便利化改革，提高商标注册、专利申请审查效率。

第十六条　国家加大中小投资者权益保护力度，完善中小投资者权益保护机制，保障中小投资者的知情权、参与权，提升中小投资者维护合法权益的便利度。

第十七条 除法律、法规另有规定外，市场主体有权自主决定加入或者退出行业协会商会等社会组织，任何单位和个人不得干预。

除法律、法规另有规定外，任何单位和个人不得强制或者变相强制市场主体参加评比、达标、表彰、培训、考核、考试以及类似活动，不得借前述活动向市场主体收费或者变相收费。

第十八条 国家推动建立全国统一的市场主体维权服务平台，为市场主体提供高效、便捷的维权服务。

第三章 市场环境

第十九条 国家持续深化商事制度改革，统一企业登记业务规范，统一数据标准和平台服务接口，采用统一社会信用代码进行登记管理。

国家推进“证照分离”改革，持续精简涉企经营许可事项，依法采取直接取消审批、审批改为备案、实行告知承诺、优化审批服务等方式，对所有涉企经营许可事项进行分类管理，为企业取得营业执照后开展相关经营活动提供便利。除法律、行政法规规定的特定领域外，涉企经营许可事项不得作为企业登记的前置条件。

政府有关部门应当按照国家有关规定，简化企业从申请设立到具备一般性经营条件所需办理的手续。在国家规定的企业开办时限内，各地区应当确定并公开具体办理时间。

企业申请办理住所等相关变更登记的，有关部门应当依法及时办理，不得限制。除法律、法规、规章另有规定外，企业迁移后其持有的有效许可证件不再重复办理。

第二十条 国家持续放宽市场准入，并实行全国统一的市场准入负面清单制度。市场准入负面清单以外的领域，各类市场主体均可以依法平等进入。

各地区、各部门不得另行制定市场准入性质的负面清单。

第二十一条 政府有关部门应当加大反垄断和反不正当竞争执法力度，有效预防和制止市场经济活动中的垄断行为、不正当竞争行为以及滥用行政权力排除、限制竞争的行为，营造公平竞争的市场环境。

第二十二条 国家建立健全统一开放、竞争有序的人力资源市场体系，打破城乡、地区、行业分割和身份、性别等歧视，促进人力资源有序社会性流动和合理配置。

第二十三条 政府及其有关部门应当完善政策措施、强化创新服务，鼓励和支持市场主体拓展创新空间，持续推进产品、技术、商业模式、管理等创新，充分发挥市场主体在推动科技成果转化中的作用。

第二十四条 政府及其有关部门应当严格落实国家各项减税降费政策，及时研究解决政策落实中的具体问题，确保减税降费政策全面、及时惠及市场主体。

第二十五条 设立政府性基金、涉企行政事业性收费、涉企保证金，应当有法律、行政法规依据或者经国务院批准。对政府性基金、涉企行政事业性收费、涉企保证金以及实行政府定价的经营服务性收费，实行目录清单管理并向社会公开，目录清单之外的前述收费和保证金一律不得执行。推广以金融机构保函替代现金缴纳涉企保证金。

第二十六条 国家鼓励和支持金融机构加大对民营企业、中小企业的支持力度，降低民营企业、中小企业综合融资成本。

金融监督管理部门应当完善对商业银行等金融机构的监管考核和激励机制，鼓励、引导其增加对民营企业、中小企业的信贷投放，并合理增加中长期贷款和信用贷款支持，提高贷款审批效率。

商业银行等金融机构在授信中不得设置不合理条件，不得对民营企业、中小企业设置歧视性要求。商业银行等金融机构应当按照国家有关规定规范收费行为，不得违规向服务对象收取不合理费用。商业银行应当向社会公开开设企业账户的服务标准、资费标准和办理时限。

第二十七条　国家促进多层次资本市场规范健康发展，拓宽市场主体融资渠道，支持符合条件的民营企业、中小企业依法发行股票、债券以及其他融资工具，扩大直接融资规模。

第二十八条　供水、供电、供气、供热等公用企事业单位应当向社会公开服务标准、资费标准等信息，为市场主体提供安全、便捷、稳定和价格合理的服务，不得强迫市场主体接受不合理的服务条件，不得以任何名义收取不合理费用。各地区应当优化报装流程，在国家规定的报装办理时限内确定并公开具体办理时间。

政府有关部门应当加强对公用企事业单位运营的监督管理。

第二十九条　行业协会商会应当依照法律、法规和章程，加强行业自律，及时反映行业诉求，为市场主体提供信息咨询、宣传培训、市场拓展、权益保护、纠纷处理等方面的服务。

国家依法严格规范行业协会商会的收费、评比、认证等行为。

第三十条　国家加强社会信用体系建设，持续推进政务诚信、商务诚信、社会诚信和司法公信建设，提高全社会诚信意识和信用水平，维护信用信息安全，严格保护商业秘密和个人隐私。

第三十一条　地方各级人民政府及其有关部门应当履行向市场主体依法作出的政策承诺以及依法订立的各类合同，不得以行政区划调整、政府换届、机构或者职能调整以及相关责任人更替等为由违约毁约。因国家利益、社会公共利益需要改变政策承诺、合同约定的，应当依照法定权限和程序进行，并依法对市场主体因此受到的损失予以补偿。

第三十二条　国家机关、事业单位不得违约拖欠市场主体的货物、工程、服务等账款，大型企业不得利用优势地位拖欠中小企业账款。

县级以上人民政府及其有关部门应当加大对国家机关、事业单位拖欠市场主体账款的清理力度，并通过加强预算管理、严格责任追究等措施，建立防范和治理国家机关、事业单位拖欠市场主体账款的长效机制。

第三十三条　政府有关部门应当优化市场主体注销办理流程，精简申请材料、压缩办理时间、降低注销成本。对设立后未开展生产经营活动或者无债权债务的市场主体，可以按照简易程序办理注销。对有债权债务的市场主体，在债权债务依法解决后及时办理注销。

县级以上地方人民政府应当根据需要建立企业破产工作协调机制，协调解决企业破产过程中涉及的有关问题。

第四章　政务服务

第三十四条　政府及其有关部门应当进一步增强服务意识，切实转变工作作风，为市场主体提供规范、便利、高效的政务服务。

第三十五条　政府及其有关部门应当推进政务服务标准化，按照减环节、减材料、减时限的要求，编制并向社会公开政务服务事项（包括行政权力事项和公共服务事项，下同）标准化工作流程和办事指南，细化量化政务服务标准，压缩自由裁量权，推进同一事项实行无差别受理、同标准办理。没有法律、法规、规章依据，不得增设政务服务事项的办理条件和环节。

第三十六条 政府及其有关部门办理政务服务事项，应当根据实际情况，推行当场办结、一次办结、限时办结等制度，实现集中办理、就近办理、网上办理、异地可办。需要市场主体补正有关材料、手续的，应当一次性告知需要补正的内容；需要进行现场踏勘、现场核查、技术审查、听证论证的，应当及时安排、限时办结。

法律、法规、规章以及国家有关规定对政务服务事项办理时限有规定的，应当在规定的时限内尽快办结；没有规定的，应当按照合理、高效的原则确定办理时限并按时办结。各地区可以在国家规定的政务服务事项办理时限内进一步压减时间，并应当向社会公开；超过办理时间的，办理单位应当公开说明理由。

地方各级人民政府已设立政务服务大厅的，本行政区域内各类政务服务事项一般应当进驻政务服务大厅统一办理。对政务服务大厅中部门分设的服务窗口，应当创造条件整合为综合窗口，提供一站式服务。

第三十七条 国家加快建设全国一体化在线政务服务平台（以下称一体化在线平台），推动政务服务事项在全国范围内实现“一网通办”。除法律、法规另有规定或者涉及国家秘密等情形外，政务服务事项应当按照国务院确定的步骤，纳入一体化在线平台办理。

国家依托一体化在线平台，推动政务信息系统整合，优化政务流程，促进政务服务跨地区、跨部门、跨层级数据共享和业务协同。政府及其有关部门应当按照国家有关规定，提供数据共享服务，及时将有关政务服务数据上传至一体化在线平台，加强共享数据使用全过程管理，确保共享数据安全。

国家建立电子证照共享服务系统，实现电子证照跨地区、跨部门共享和全国范围内互信互认。各地区、各部门应当加强电子证照的推广应用。

各地区、各部门应当推动政务服务大厅与政务服务平台全面对接融合。市场主体有权自主选择政务服务办理渠道，行政机关不得限定办理渠道。

第三十八条 政府及其有关部门应当通过政府网站、一体化在线平台，集中公布涉及市场主体的法律、法规、规章、行政规范性文件和各类政策措施，并通过多种途径和方式加强宣传解读。

第三十九条 国家严格控制新设行政许可。新设行政许可应当按照行政许可法和国务院的规定严格设定标准，并进行合法性、必要性和合理性审查论证。对通过事中事后监管或者市场机制能够解决以及行政许可法和国务院规定不得设立行政许可的事项，一律不得设立行政许可，严禁以备案、登记、注册、目录、规划、年检、年报、监制、认定、认证、审定以及其他任何形式变相设定或者实施行政许可。

法律、行政法规和国务院决定对相关管理事项已作出规定，但未采取行政许可管理方式的，地方不得就该事项设定行政许可。对相关管理事项尚未制定法律、行政法规的，地方可以依法就该事项设定行政许可。

第四十条 国家实行行政许可清单管理制度，适时调整行政许可清单并向社会公布，清单之外不得违法实施行政许可。

国家大力精简已有行政许可。对已取消的行政许可，行政机关不得继续实施或者变相实施，不得转由行业协会商会或者其他组织实施。

对实行行政许可管理的事项，行政机关应当通过整合实施、下放审批层级等多种方式，优化审批服务，提高审批效率，减轻市场主体负担。符合相关条件和要求的，可以按照有关规定采取告知承诺的方式办理。

第四十一条　县级以上地方人民政府应当深化投资审批制度改革，根据项目性质、投资规模等分类规范投资审批程序，精简审批要件，简化技术审查事项，强化项目决策与用地、规划等建设条件落实的协同，实行与相关审批在线并联办理。

第四十二条　设区的市级以上地方人民政府应当按照国家有关规定，优化工程建设项目（不包括特殊工程和交通、水利、能源等领域的重大工程）审批流程，推行并联审批、多图联审、联合竣工验收等方式，简化审批手续，提高审批效能。

在依法设立的开发区、新区和其他有条件的区域，按照国家有关规定推行区域评估，由设区的市级以上地方人民政府组织对一定区域内压覆重要矿产资源、地质灾害危险性等事项进行统一评估，不再对区域内的市场主体单独提出评估要求。区域评估的费用不得由市场主体承担。

第四十三条　作为办理行政审批条件的中介服务事项（以下称法定行政审批中介服务）应当有法律、法规或者国务院决定依据；没有依据的，不得作为办理行政审批的条件。中介服务机构应当明确办理法定行政审批中介服务的条件、流程、时限、收费标准，并向社会公开。

国家加快推进中介服务机构与行政机关脱钩。行政机关不得为市场主体指定或者变相指定中介服务机构；除法定行政审批中介服务外，不得强制或者变相强制市场主体接受中介服务。行政机关所属事业单位、主管的社会组织及其举办的企业不得开展与本机关所负责行政审批相关的中介服务，法律、行政法规另有规定的除外。

行政机关在行政审批过程中需要委托中介服务机构开展技术性服务的，应当通过竞争性方式选择中介服务机构，并自行承担服务费用，不得转嫁给市场主体承担。

第四十四条　证明事项应当有法律、法规或者国务院决定依据。

设定证明事项，应当坚持确有必要、从严控制的原则。对通过法定证照、法定文书、书面告知承诺、政府部门内部核查和部门间核查、网络核验、合同凭证等能够办理，能够被其他材料涵盖或者替代，以及开具单位无法调查核实的，不得设定证明事项。

政府有关部门应当公布证明事项清单，逐项列明设定依据、索要单位、开具单位、办理指南等。清单之外，政府部门、公用企事业单位和服务机构不得索要证明。各地区、各部门之间应当加强证明的互认共享，避免重复索要证明。

第四十五条　政府及其有关部门应当按照国家促进跨境贸易便利化的有关要求，依法削减进出口环节审批事项，取消不必要的监管要求，优化简化通关流程，提高通关效率，清理规范口岸收费，降低通关成本，推动口岸和国际贸易领域相关业务统一通过国际贸易“单一窗口”办理。

第四十六条　税务机关应当精简办税资料和流程，简并申报缴税次数，公开涉税事项办理时限，压减办税时间，加大推广使用电子发票的力度，逐步实现全程网上办税，持续优化纳税服务。

第四十七条　不动产登记机构应当按照国家有关规定，加强部门协作，实行不动产登记、交易和缴税一窗受理、并行办理，压缩办理时间，降低办理成本。在国家规定的不动产登记时限内，各地区应当确定并公开具体办理时间。

国家推动建立统一的动产和权利担保登记公示系统，逐步实现市场主体在一个平台上办理动产和权利担保登记。纳入统一登记公示系统的动产和权利范围另行规定。

第四十八条 政府及其有关部门应当按照构建亲清新型政商关系的要求，建立畅通有效的政企沟通机制，采取多种方式及时听取市场主体的反映和诉求，了解市场主体生产经营中遇到的困难和问题，并依法帮助其解决。

建立政企沟通机制，应当充分尊重市场主体意愿，增强针对性和有效性，不得干扰市场主体正常生产经营活动，不得增加市场主体负担。

第四十九条 政府及其有关部门应当建立便利、畅通的渠道，受理有关营商环境的投诉和举报。

第五十条 新闻媒体应当及时、准确宣传优化营商环境的措施和成效，为优化营商环境创造良好舆论氛围。

国家鼓励对营商环境进行舆论监督，但禁止捏造虚假信息或者歪曲事实进行不实报道。

第五章 监管执法

第五十一条 政府有关部门应当严格按照法律法规和职责，落实监管责任，明确监管对象和范围、厘清监管事权，依法对市场主体进行监管，实现监管全覆盖。

第五十二条 国家健全公开透明的监管规则和标准体系。国务院有关部门应当分领域制定全国统一、简明易行的监管规则和标准，并向社会公开。

第五十三条 政府及其有关部门应当按照国家关于加快构建以信用为基础的新型监管机制的要求，创新和完善信用监管，强化信用监管的支撑保障，加强信用监管的组织实施，不断提升信用监管效能。

第五十四条 国家推行“双随机、一公开”监管，除直接涉及公共安全和人民群众生命健康等特殊行业、重点领域外，市场监管领域的行政检查应当通过随机抽取检查对象、随机选派执法检查人员、抽查事项及查处结果及时向社会公开的方式进行。针对同一检查对象的多个检查事项，应当尽可能合并或者纳入跨部门联合抽查范围。

对直接涉及公共安全和人民群众生命健康等特殊行业、重点领域，依法依规实行全覆盖的重点监管，并严格规范重点监管的程序；对通过投诉举报、转办交办、数据监测等发现的问题，应当有针对性地进行检查并依法依规处理。

第五十五条 政府及其有关部门应当按照鼓励创新的原则，对新技术、新产业、新业态、新模式等实行包容审慎监管，针对其性质、特点分类制定和实行相应的监管规则和标准，留足发展空间，同时确保质量和安全，不得简单化予以禁止或者不予监管。

第五十六条 政府及其有关部门应当充分运用互联网、大数据等技术手段，依托国家统一建立的在线监管系统，加强监管信息归集共享和关联整合，推行以远程监管、移动监管、预警防控为特征的非现场监管，提升监管的精准化、智能化水平。

第五十七条 国家建立健全跨部门、跨区域行政执法联动响应和协作机制，实现违法线索互联、监管标准互通、处理结果互认。

国家统筹配置行政执法职能和执法资源，在相关领域推行综合行政执法，整合精简执法队伍，减少执法主体和执法层级，提高基层执法能力。

第五十八条 行政执法机关应当按照国家有关规定，全面落实行政执法公示、行政执法全过程记录和重大行政执法决定法制审核制度，实现行政执法信息及时准确公示、行政执法全过程留痕和可回溯管理、重大行政执法决定法制审核全覆盖。

第五十九条　行政执法中应当推广运用说服教育、劝导示范、行政指导等非强制性手段，依法慎重实施行政强制。采用非强制性手段能够达到行政管理目的的，不得实施行政强制；违法行为情节轻微或者社会危害较小的，可以不实施行政强制；确需实施行政强制的，应当尽可能减少对市场主体正常生产经营活动的影响。

开展清理整顿、专项整治等活动，应当严格依法进行，除涉及人民群众生命安全、发生重特大事故或者举办国家重大活动，并报经有权机关批准外，不得在相关区域采取要求相关行业、领域的市场主体普遍停产、停业的措施。

禁止将罚没收入与行政执法机关利益挂钩。

第六十条　国家健全行政执法自由裁量基准制度，合理确定裁量范围、种类和幅度，规范行政执法自由裁量权的行使。

第六章　法治保障

第六十一条　国家根据优化营商环境需要，依照法定权限和程序及时制定或者修改、废止有关法律、法规、规章、行政规范性文件。

优化营商环境的改革措施涉及调整实施现行法律、行政法规等有关规定的，依照法定程序经有权机关授权后，可以先行先试。

第六十二条　制定与市场主体生产经营活动密切相关的行政法规、规章、行政规范性文件，应当按照国务院的规定，充分听取市场主体、行业协会商会的意见。

除依法需要保密外，制定与市场主体生产经营活动密切相关的行政法规、规章、行政规范性文件，应当通过报纸、网络等向社会公开征求意见，并建立健全意见采纳情况反馈机制。向社会公开征求意见的期限一般不少于30日。

第六十三条　制定与市场主体生产经营活动密切相关的行政法规、规章、行政规范性文件，应当按照国务院的规定进行公平竞争审查。

制定涉及市场主体权利义务的行政规范性文件，应当按照国务院的规定进行合法性审核。

市场主体认为地方性法规同行政法规相抵触，或者认为规章同法律、行政法规相抵触的，可以向国务院书面提出审查建议，由有关机关按照规定程序处理。

第六十四条　没有法律、法规或者国务院决定和命令依据的，行政规范性文件不得减损市场主体合法权益或者增加其义务，不得设置市场准入和退出条件，不得干预市场主体正常生产经营活动。

涉及市场主体权利义务的行政规范性文件应当按照法定要求和程序予以公布，未经公布的不得作为行政管理依据。

第六十五条　制定与市场主体生产经营活动密切相关的行政法规、规章、行政规范性文件，应当结合实际，确定是否为市场主体留出必要的适应调整期。

政府及其有关部门应当统筹协调、合理把握规章、行政规范性文件等的出台节奏，全面评估政策效果，避免因政策叠加或者相互不协调对市场主体正常生产经营活动造成不利影响。

第六十六条　国家完善调解、仲裁、行政裁决、行政复议、诉讼等有机衔接、相互协调的多元化纠纷解决机制，为市场主体提供高效、便捷的纠纷解决途径。

第六十七条　国家加强法治宣传教育，落实国家机关普法责任制，提高国家工作人员依法履职能力，引导市场主体合法经营、依法维护自身合法权益，不断增强全社会的法治意识，为营造法治化营商环境提供基础性支撑。

第六十八条 政府及其有关部门应当整合律师、公证、司法鉴定、调解、仲裁等公共法律服务资源，加快推进公共法律服务体系建设，全面提升公共法律服务能力和水平，为优化营商环境提供全方位法律服务。

第六十九条 政府和有关部门及其工作人员有下列情形之一的，依法依规追究责任：

（一）违法干预应当由市场主体自主决策的事项；

（二）制定或者实施政策措施不依法平等对待各类市场主体；

（三）违反法定权限、条件、程序对市场主体的财产和企业经营者个人财产实施查封、冻结和扣押等行政强制措施；

（四）在法律、法规规定之外要求市场主体提供财力、物力或者人力；

（五）没有法律、法规依据，强制或者变相强制市场主体参加评比、达标、表彰、培训、考核、考试以及类似活动，或者借前述活动向市场主体收费或者变相收费；

（六）违法设立或者在目录清单之外执行政府性基金、涉企行政事业性收费、涉企保证金；

（七）不履行向市场主体依法作出的政策承诺以及依法订立的各类合同，或者违约拖欠市场主体的货物、工程、服务等账款；

（八）变相设定或者实施行政许可，继续实施或者变相实施已取消的行政许可，或者转由行业协会商会或者其他组织实施已取消的行政许可；

（九）为市场主体指定或者变相指定中介服务机构，或者违法强制市场主体接受中介服务；

（十）制定与市场主体生产经营活动密切相关的行政法规、规章、行政规范性文件时，不按照规定听取市场主体、行业协会商会的意见；

（十一）其他不履行优化营商环境职责或者损害营商环境的情形。

第七十条 公用企事业单位有下列情形之一的，由有关部门责令改正，依法追究法律责任：

（一）不向社会公开服务标准、资费标准、办理时限等信息；

（二）强迫市场主体接受不合理的服务条件；

（三）向市场主体收取不合理费用。

第七十一条 行业协会商会、中介服务机构有下列情形之一的，由有关部门责令改正，依法追究法律责任：

（一）违法开展收费、评比、认证等行为；

（二）违法干预市场主体加入或者退出行业协会商会等社会组织；

（三）没有法律、法规依据，强制或者变相强制市场主体参加评比、达标、表彰、培训、考核、考试以及类似活动，或者借前述活动向市场主体收费或者变相收费；

（四）不向社会公开办理法定行政审批中介服务的条件、流程、时限、收费标准；

（五）违法强制或者变相强制市场主体接受中介服务。

第七章　附　则

第七十二条 本条例自2020年1月1日起施行。

中共中央　国务院关于营造更好发展环境支持民营企业改革发展的意见

（2019年12月4号）

改革开放40多年来，民营企业在推动发展、促进创新、增加就业、改善民生和扩大开放等方面发挥了不可替代的作用。民营经济已经成为我国公有制为主体多种所有制经济共同发展的重要组成部分。为进一步激发民营企业活力和创造力，充分发挥民营经济在推进供给侧结构性改革、推动高质量发展、建设现代化经济体系中的重要作用，现就营造更好发展环境支持民营企业改革发展提出如下意见。

一、总体要求

（一）指导思想。以习近平新时代中国特色社会主义思想为指导，全面贯彻党的十九大和十九届二中、三中、四中全会精神，深入落实习近平总书记在民营企业座谈会上的重要讲话精神，坚持和完善社会主义基本经济制度，坚持“两个毫不动摇”，坚持新发展理念，坚持以供给侧结构性改革为主线，营造市场化、法治化、国际化营商环境，保障民营企业依法平等使用资源要素、公开公平公正参与竞争、同等受到法律保护，推动民营企业改革创新、转型升级、健康发展，让民营经济创新源泉充分涌流，让民营企业创造活力充分迸发，为实现“两个一百年”奋斗目标和中华民族伟大复兴的中国梦作出更大贡献。

（二）基本原则。坚持公平竞争，对各类市场主体一视同仁，营造公平竞争的市场环境、政策环境、法治环境，确保权利平等、机会平等、规则平等；遵循市场规律，处理好政府与市场的关系，强化竞争政策的基础性地位，注重采用市场化手段，通过市场竞争实现企业优胜劣汰和资源优化配置，促进市场秩序规范；支持改革创新，鼓励和引导民营企业加快转型升级，深化供给侧结构性改革，不断提升技术创新能力和核心竞争力；加强法治保障，依法保护民营企业和企业家的合法权益，推动民营企业筑牢守法合规经营底线。

二、优化公平竞争的市场环境

（三）进一步放开民营企业市场准入。深化“放管服”改革，进一步精简市场准入行政审批事项，不得额外对民营企业设置准入条件。全面落实放宽民营企业市场准入的政策措施，持续跟踪、定期评估市场准入有关政策落实情况，全面排查、系统清理各类显性和隐性壁垒。在电力、电信、铁路、石油、天然气等重点行业和领域，放开竞争性业务，进一步引入市场竞争机制。支持民营企业以参股形式开展基础电信运营业务，以控股或参股形式开展发电配电售电业务。支持民营企业进入油气勘探开发、炼化和销售领域，建设原油、天然气、成品油储运和管道输送等基础设施。支持符合条件的企业参与原油进口、成品油出口。在基础设施、社会事业、金融服务业等领域大幅放宽市场准入。上述行业、领域相关职能部门要研究制定民营企业分行业、分领域、分业务市场准入具体路径和办法，明确路线图和时间表。

（四）实施公平统一的市场监管制度。进一步规范失信联合惩戒对象纳入标准和程序，建立完善信用修复机制和异议制度，规范信用核查和联合惩戒。加强优化营商环境涉及的法规规章备案审查。深入推进部门联合“双随机、一公开”监管，推行信用监管和“互联网＋监管”改革。细化明确行政执法程序，规范执法自由裁量权，严格规范公正文明执法。完善垄断性中介管理制度，清理强制性重复鉴定评估。深化要素市场化配置体制机制改革，健全市场化要素价格形成和传导机制，保障民营企业平等获得资源要素。

（五）强化公平竞争审查制度刚性约束。坚持存量清理和增量审查并重，持续清理和废除妨碍统一市场和公平竞争的各种规定和做法，加快清理与企业性质挂钩的行业准入、资质标准、产业补贴等规定和做法。推进产业政策由差异化、选择性向普惠化、功能性转变。严格审查新出台的政策措施，建立规范流程，引入第三方开展评估审查。建立面向各类市场主体的有违公平竞争问题的投诉举报和处理回应机制并及时向社会公布处理情况。

（六）破除招投标隐性壁垒。对具备相应资质条件的企业，不得设置与业务能力无关的企业规模门槛和明显超过招标项目要求的业绩门槛等。完善招投标程序监督与信息公示制度，对依法依规完成的招标，不得以中标企业性质为由对招标责任人进行追责。

三、完善精准有效的政策环境

（七）进一步减轻企业税费负担。切实落实更大规模减税降费，实施好降低增值税税率、扩大享受税收优惠小微企业范围、加大研发费用加计扣除力度、降低社保费率等政策，实质性降低企业负担。建立完善监督检查清单制度，落实涉企收费清单制度，清理违规涉企收费、摊派事项和各类评比达标活动，加大力度清理整治第三方截留减税降费红利等行为，进一步畅通减税降费政策传导机制，切实降低民营企业成本费用。既要以最严格的标准防范逃避税，又要避免因为不当征税影响企业正常运行。

（八）健全银行业金融机构服务民营企业体系。进一步提高金融结构与经济结构匹配度，支持发展以中小微民营企业为主要服务对象的中小金融机构。深化联合授信试点，鼓励银行与民营企业构建中长期银企关系。健全授信尽职免责机制，在内部绩效考核制度中落实对小微企业贷款不良容忍的监管政策。强化考核激励，合理增加信用贷款，鼓励银行提前主动对接企业续贷需求，进一步降低民营和小微企业综合融资成本。

（九）完善民营企业直接融资支持制度。完善股票发行和再融资制度，提高民营企业首发上市和再融资审核效率。积极鼓励符合条件的民营企业在科创板上市。深化创业板、新三板改革，服务民营企业持续发展。支持服务民营企业的区域性股权市场建设。支持民营企业发行债券，降低可转债发行门槛。在依法合规的前提下，支持资管产品和保险资金通过投资私募股权基金等方式积极参与民营企业纾困。鼓励通过债务重组等方式合力化解股票质押风险。积极吸引社会力量参与民营企业债转股。

（十）健全民营企业融资增信支持体系。推进依托供应链的票据、订单等动产质押融资，鼓励第三方建立供应链综合服务平台。民营企业、中小企业以应收账款申请担保融资的，国家机关、事业单位和大型企业等应付款方应当及时确认债权债务关系。推动抵质押登记流程简便化、标准化、规范化，建立统一的动产和权利担保登记公示系统。积极探索建立为优质民营企业增信的新机制，鼓励有条件的地方设立中小民营企业风险补偿基金，研究推出民营企业增信示范项目。发展民营企业债券融资支持工具，以市场化方式增信支持民营企业融资。

（十一）建立清理和防止拖欠账款长效机制。各级政府、大型国有企业要依法履行与民营企业、中小企业签订的协议和合同，不得违背民营企业、中小企业真实意愿或在约定的付款方式之外以承兑汇票等形式延长付款期限。加快及时支付款项有关立法，建立拖欠账款问题约束惩戒机制，通过审计监察和信用体系建设，提高政府部门和国有企业的拖欠失信成本，对拖欠民营企业、中小企业款项的责任人严肃问责。

四、健全平等保护的法治环境

（十二）健全执法司法对民营企业的平等保护机制。加大对民营企业的刑事保护力度，依法惩治侵犯民营企业投资者、管理者和从业人员合法权益的违法犯罪行为。提高司法审判和执行效率，防止因诉讼拖延影响企业生产经营。保障民营企业家在协助纪检监察机关审查调查时的人身和财产合法权益。健全知识产权侵权惩罚性赔偿制度，完善诉讼证据规则、证据披露以及证据妨碍排除规则。

（十三）保护民营企业和企业家合法财产。严格按照法定程序采取查封、扣押、冻结等措施，依法严格区分违法所得、其他涉案财产与合法财产，严格区分企业法人财产与股东个人财产，严格区分涉案人员个人财产与家庭成员财产。持续甄别纠正侵犯民营企业和企业家人身财产权的冤错案件。建立涉政府产权纠纷治理长效机制。

五、鼓励引导民营企业改革创新

（十四）引导民营企业深化改革。鼓励有条件的民营企业加快建立治理结构合理、股东行为规范、内部约束有效、运行高效灵活的现代企业制度，重视发挥公司律师和法律顾问作用。鼓励民营企业制定规范的公司章程，完善公司股东会、董事会、监事会等制度，明确各自职权及议事规则。鼓励民营企业完善内部激励约束机制，规范优化业务流程和组织结构，建立科学规范的劳动用工、收入分配制度，推动质量、品牌、财务、营销等精细化管理。

（十五）支持民营企业加强创新。鼓励民营企业独立或与有关方面联合承担国家各类科研项目，参与国家重大科学技术项目攻关，通过实施技术改造转化创新成果。各级政府组织实施科技创新、技术转化等项目时，要平等对待不同所有制企业。加快向民营企业开放国家重大科研基础设施和大型科研仪器。在标准制定、复审过程中保障民营企业平等参与。系统清理与企业性质挂钩的职称评定、奖项申报、福利保障等规定，畅通科技创新人才向民营企业流动渠道。在人才引进支持政策方面对民营企业一视同仁，支持民营企业引进海外高层次人才。

（十六）鼓励民营企业转型升级优化重组。鼓励民营企业因地制宜聚焦主业加快转型升级。优化企业兼并重组市场环境，支持民营企业做优做强，培育更多具有全球竞争力的世界一流企业。支持民营企业参与国有企业改革。引导中小民营企业走“专精特新”发展之路。畅通市场化退出渠道，完善企业破产清算和重整等法律制度，提高注销登记便利度，进一步做好“僵尸企业”处置工作。

（十七）完善民营企业参与国家重大战略实施机制。鼓励民营企业积极参与共建“一带一路”、京津冀协同发展、长江经济带发展、长江三角洲区域一体化发展、粤港澳大湾区建设、黄河流域生态保护和高质量发展、推进海南全面深化改革开放等重大国家战略，积极参与乡村振兴战略。在重大规划、重大项目、重大工程、重大活动中积极吸引民营企业参与。

六、促进民营企业规范健康发展

（十八）引导民营企业聚精会神办实业。营造实干兴邦、实业报国的良好社会氛围，鼓励支持民营企业心无旁骛做实业。引导民营企业提高战略规划和执行能力，弘扬工匠精神，通过聚焦实业、做精主业不断提升企业发展质量。大力弘扬爱国敬业、遵纪守法、艰苦奋斗、创新发展、专注品质、追求卓越、诚信守约、履行责任、勇于担当、服务社会的优秀企业家精神，认真总结梳理宣传一批典型案例，发挥示范带动作用。

（十九）推动民营企业守法合规经营。民营企业要筑牢守法合规经营底线，依法经营、依法治企、依法维权，认真履行环境保护、安全生产、职工权益保障等责任。民营企业走出去要遵法守法、合规经营，塑造良好形象。

（二十）推动民营企业积极履行社会责任。引导民营企业重信誉、守信用、讲信义，自觉强化信用管理，及时进行信息披露。支持民营企业赴革命老区、民族地区、边疆地区、贫困地区和中西部、东北地区投资兴业，引导民营企业参与对口支援和帮扶工作。鼓励民营企业积极参与社会公益、慈善事业。

（二十一）引导民营企业家健康成长。民营企业家要加强自我学习、自我教育、自我提升，珍视自身社会形象，热爱祖国、热爱人民、热爱中国共产党，把守法诚信作为安身立命之本，积极践行社会主义核心价值观。要加强对民营企业家特别是年轻一代民营企业家的理想信念教育，实施年轻一代民营企业家健康成长促进计划，支持帮助民营企业家实现事业新老交接和有序传承。

七、构建亲清政商关系

（二十二）建立规范化机制化政企沟通渠道。地方各级党政主要负责同志要采取多种方式经常听取民营企业意见和诉求，畅通企业家提出意见诉求通道。鼓励行业协会商会、人民团体在畅通民营企业与政府沟通等方面发挥建设性作用，支持优秀民营企业家在群团组织中兼职。

（二十三）完善涉企政策制定和执行机制。制定实施涉企政策时，要充分听取相关企业意见建议。保持政策连续性稳定性，健全涉企政策全流程评估制度，完善涉企政策调整程序，根据实际设置合理过渡期，给企业留出必要的适应调整时间。政策执行要坚持实事求是，不搞“一刀切”。

（二十四）创新民营企业服务模式。进一步提升政府服务意识和能力，鼓励各级政府编制政务服务事项清单并向社会公布。维护市场公平竞争秩序，完善陷入困境优质企业的救助机制。建立政务服务“好差评”制度。完善对民营企业全生命周期的服务模式和服务链条。

（二十五）建立政府诚信履约机制。各级政府要认真履行在招商引资、政府与社会资本合作等活动中与民营企业依法签订的各类合同。建立政府失信责任追溯和承担机制，对民营企业因国家利益、公共利益或其他法定事由需要改变政府承诺和合同约定而受到的损失，要依法予以补偿。

八、组织保障

（二十六）建立健全民营企业党建工作机制。坚持党对支持民营企业改革发展工作的领导，增强“四个意识”，坚定“四个自信”，做到“两个维护”，教育引导民营企业和企业家拥护党的领导，支持企业党建工作。指导民营企业设立党组织，积极探索创新党建工作方式，围绕宣传贯彻党的路线方针政策、团结凝聚职工群众、维护各方合法权益、建设先进企业文化、促进企业健康发展等开展工作，充分发挥党组织的战斗堡垒作用和党员的先锋模范作用，努力提升民营企业党的组织和工作覆盖质量。

（二十七）完善支持民营企业改革发展工作机制。建立支持民营企业改革发展的领导协调机制。将支持民营企业发展相关指标纳入高质量发展绩效评价体系。加强民营经济统计监测和分析工作。开展面向民营企业家的政策培训。

（二十八）健全舆论引导和示范引领工作机制。加强舆论引导，主动讲好民营企业和企业家故事，坚决抵制、及时批驳澄清质疑社会主义基本经济制度、否定民营经济的错误言论。在各类评选表彰活动中，平等对待优秀民营企业和企业家。研究支持改革发展标杆民营企业和民营经济示范城市，充分发挥示范带动作用。

各地区各部门要充分认识营造更好发展环境支持民营企业改革发展的重要性，切实把思想和行动统一到党中央、国务院的决策部署上来，加强组织领导，完善工作机制，制定具体措施，认真抓好本意见的贯彻落实。国家发展改革委要会同有关部门适时对支持民营企业改革发展的政策落实情况进行评估，重大情况及时向党中央、国务院报告。

关于加强金融服务民营企业的若干意见

民营经济是社会主义市场经济的重要组成部分，在稳定增长、促进创新、增加就业、改善民生等方面发挥着不可替代的作用。党中央、国务院始终高度重视金融服务民营企业工作。各地区各部门及各金融机构认真落实，出台措施，积极支持民营企业融资，取得一定成效，但部分民营企业融资难融资贵问题仍然比较突出。为深入贯彻落实党中央、国务院决策部署，切实加强对民营企业的金融服务，现提出如下意见。

一、总体要求

（一）指导思想

以习近平新时代中国特色社会主义思想为指导，全面贯彻党的十九大和十九届二中、三中全会精神，落实中央经济工作会议和全国金融工作会议要求，坚持基本经济制度，坚持稳中求进工作总基调，围绕全面建成小康社会目标和高质量发展要求，毫不动摇地巩固和发展公有制经济，毫不动摇地鼓励、支持、引导非公有制经济发展，平等对待各类所有制企业，有效缓解民营企业融资难融资贵问题，增强微观主体活力，充分发挥民营企业对经济增长和创造就业的重要支撑作用，促进经济社会平稳健康发展。

（二）基本原则

——公平公正。坚持对各类所有制经济一视同仁，消除对民营经济的各种隐性壁垒，不断深化金融改革，完善金融服务体系，按照市场化、法治化原则，推动金融资源配置与民营经济在国民经济中发挥的作用更加匹配，保证各类所有制经济依法公平参与市场竞争。

——聚焦难点。坚持问题导向，着力疏通货币政策传导机制，重点解决金融机构对民营企业“不敢贷、不愿贷、不能贷”问题，增强金融机构服务民营企业特别是小微企业的意识和能力，扩大对民营企业的有效金融供给，完善对民营企业的纾困政策措施，支持民营企业持续健康发展，促进实现“六稳”目标。

——压实责任。金融管理部门要切实承担监督、指导责任，财政部门要充分发挥财税政策作用并履行好国有金融资本出资人职责，各相关部门要加强政策支持，督促和引导金融机构不断加强和改进对民营企业的金融服务。各省（自治区、直辖市）政府要认真落实属地管理责任，因地制宜采取措施，促进本地区金融服务民营企业水平进一步提升。金融机构要切实履行服务民营企业第一责任人的职责，让民营企业有实实在在的获得感。

——标本兼治。在有效缓解当前融资痛点、堵点的同时，精准分析民营企业融资难融资贵背后的制度性、结构性原因，注重优化结构性制度安排，建立健全长效机制，持续提升金融服务民营企业质效。

（三）主要目标

通过综合施策，实现各类所有制企业在融资方面得到平等待遇，确保对民营企业的金融服务得到切实改善，融资规模稳步扩大，融资效率明显提升，融资成本逐步下降并稳定在合理水平，民营企业特别是小微企业融资难融资贵问题得到有效缓解，充分激发民营经济的活力和创造力。

二、加大金融政策支持力度，着力提升对民营企业金融服务的针对性和有效性

（四）实施差别化货币信贷支持政策

合理调整商业银行宏观审慎评估参数，鼓励金融机构增加民营企业、小微企业信贷投放。完善普惠金融定向降准政策。增加再贷款和再贴现额度，把支农支小再贷款和再贴现政策覆盖到包括民营银行在内的符合条件的各类金融机构。加大对民营企业票据融资支持力度，简化贴现业务流程，提高贴现融资效率，及时办理再贴现。加快出台非存款类放贷组织条例。支持民营银行和其他地方法人银行等中小银行发展，加快建设与民营中小微企业需求相匹配的金融服务体系。深化联合授信试点，鼓励银行与民营企业构建中长期银企关系。

（五）加大直接融资支持力度

积极支持符合条件的民营企业扩大直接融资。完善股票发行和再融资制度，加快民营企业首发上市和再融资审核进度。深化上市公司并购重组体制机制改革。结合民营企业合理诉求，研究扩大定向可转债适用范围和发行规模。扩大创新创业债试点，支持非上市、非挂牌民营企业发行私募可转债。抓紧推进在上海证券交易所设立科创板并试点注册制。稳步推进新三板发行与交易制度改革，促进新三板成为创新型民营中小微企业融资的重要平台。支持民营企业债券发行，鼓励金融机构加大民营企业债券投资力度。

（六）提高金融机构服务实体经济能力

支持金融机构通过资本市场补充资本。加快商业银行资本补充债券工具创新，支持通过发行无固定期限资本债券、转股型二级资本债券等创新工具补充资本。从宏观审慎角度对商业银行储备资本等进行逆周期调节。把民营企业、小微企业融资服务质量和规模作为中小商业银行发行股票的重要考量因素。研究取消保险资金开展财务性股权投资行业范围限制，规范实施战略性股权投资。聚焦民营企业融资增信环节，提高信用保险和债券信用增进机构覆盖范围。引导和支持银行加快处置不良资产，将盘活资金重点投向民营企业。

三、强化融资服务基础设施建设，着力破解民营企业信息不对称、信用不充分等问题

（七）从战略高度抓紧抓好信息服务平台建设

依法开放相关信息资源，在确保信息安全前提下，推动数据共享。地方政府依托国家数据共享交

换平台体系，抓紧构建完善金融、税务、市场监管、社保、海关、司法等大数据服务平台，实现跨层级跨部门跨地域互联互通。健全优化金融机构与民营企业信息对接机制，实现资金供需双方线上高效对接，让信息“多跑路”，让企业“少跑腿”。发展各类信用服务机构，鼓励信用服务产品开发和创新。支持征信机构、信用评级机构利用公共信息为民营企业提供信用产品及服务。加大守信激励和失信惩戒力度。

（八）采取多种方式健全地方增信体系

发挥国家融资担保基金引领作用，推动各地政府性融资担保体系建设和业务合作。政府出资的融资担保机构应坚持准公共定位，不以营利为目的，逐步减少反担保等要求，对符合条件的可取消反担保。对民营企业和小微企业贷款规模增长快、户数占比高的商业银行，可提高风险分担比例和贷款合作额度。鼓励有条件的地方设立民营企业和小微企业贷款风险补偿专项资金、引导基金或信用保证基金，重点为首贷、转贷、续贷等提供增信服务。研究探索融资担保公司接入人民银行征信系统。

（九）积极推动地方各类股权融资规范发展

积极培育投资于民营科创企业的天使投资、风险投资等早期投资力量，抓紧完善进一步支持创投基金发展的税收政策。规范发展区域性股权市场，构建多元融资、多层细分的股权融资市场。鼓励地方政府大力开展民营企业股权融资辅导培训。

四、完善绩效考核和激励机制，着力疏通民营企业融资堵点

（十）抓紧建立“敢贷、愿贷、能贷”长效机制

商业银行要推动基层分支机构下沉工作重心，提升服务民营企业的内生动力。尽快完善内部绩效考核机制，制定民营企业服务年度目标，加大正向激励力度。对服务民营企业的分支机构和相关人员，重点对其服务企业数量、信贷质量进行综合考核。建立健全尽职免责机制，提高不良贷款考核容忍度。设立内部问责申诉通道，为尽职免责提供机制保障。授信中不得附加以贷转存等任何不合理条件，对相关违规行为一经查实，严肃处理。严厉打击金融信贷领域强行返点等行为，对涉嫌违法犯罪的机构和个人，及时移送司法机关等有关机关依法查处。

（十一）有效提高民营企业融资可获得性

新发放公司类贷款中，民营企业贷款比重应进一步提高。贷款审批中不得对民营企业设置歧视性要求，同等条件下民营企业与国有企业贷款利率和贷款条件保持一致。金融监管部门按法人机构实施差异化考核，形成贷款户数和金额并重的考核机制。发现数据造假的，依法严肃处理相关机构和责任人员。国有控股大型商业银行要主动作为，加强普惠金融事业部建设，落实普惠金融领域专门信贷政策，完善普惠金融业务专项评价机制和绩效考核制度，在提高民营企业融资可获得性和金融服务水平等方面积极发挥“头雁”作用。

（十二）减轻对抵押担保的过度依赖

商业银行要坚持审核第一还款来源，把主业突出、财务稳健、大股东及实际控制人信用良好作为授信主要依据，合理提高信用贷款比重。商业银行要依托产业链核心企业信用、真实交易背景和物流、信息流、资金流闭环，为上下游企业提供无需抵押担保的订单融资、应收应付账款融资。

（十三）提高贷款需求响应速度和审批时效

商业银行要积极运用金融科技支持风险评估与信贷决策，提高授信审批效率。对于贷款到期有续贷需求的，商业银行要提前主动对接。鼓励商业银行开展线上审批操作，各商业银行应结合自身实际，将一定额度信贷业务审批权下放至分支机构；确需集中审批的，要明确内部时限，提高时效。

（十四）增强金融服务民营企业的可持续性

商业银行要遵循经济金融规律，依法合规审慎经营，科学设定信贷计划，不得组织运动式信贷投放。健全信用风险管控机制，不断提升数据治理、客户评级和贷款风险定价能力，强化贷款全生命周期的穿透式风险管理，在有效防范风险前提下加大对民营企业支持力度。加强享受优惠政策低成本资金使用管理，严格监控资金流向，防止被个别机构或个人截留、挪用甚至转手套利，有效防范道德风险。加强金融监管与指导，处理好支持民营企业发展与防范金融风险之间关系。

五、积极支持民营企业融资纾困，着力化解流动性风险并切实维护企业合法权益

（十五）从实际出发帮助遭遇风险事件的企业摆脱困境

加快实施民营企业债券融资支持工具和证券行业支持民营企业发展集合资产管理计划。研究支持民营企业股权融资，鼓励符合条件的私募基金管理人发起设立民营企业发展支持基金。支持资管产品、保险资金依法合规通过监管部门认可的私募股权基金等机构，参与化解处置民营上市公司股票质押风险。对暂时遇到困难的民营企业，金融机构要按照市场化、法治化原则，区别对待，分类采取支持处置措施。

（十六）加快清理拖欠民营企业账款

坚持边界清晰、突出重点、源头治理、循序渐进，运用市场化、法治化手段，抓紧清理政府部门及其所属机构（包括所属事业单位）、大型国有企业（包括政府平台公司）因业务往来与民营企业形成的逾期欠款，确保民营企业有明显获得感。政府部门、大型国有企业特别是中央企业要做重合同、守信用的表率，认真组织清欠，依法依规及时支付各类应付未付账款。要加强政策支持，完善长效机制，严防新增拖欠，切实维护民营企业合法权益。

（十七）企业要主动创造有利于融资的条件

民营企业要依法合规经营，珍惜商业信誉和信用记录。严格区分个人家庭收支与企业生产经营收

支，规范会计核算制度，主动做好信息披露。加强自身财务约束，科学安排融资结构，规范关联交易管理。不逃废金融债务，为金融支持提供必要基础条件。

（十八）加强对落地实施的监督检查

各地区各部门及各金融机构要树牢“四个意识”，坚定“四个自信”，坚决做到“两个维护”，坚持问题导向，明确责任，确定时限，狠抓落实。推动第三方机构开展金融服务民营企业政策落实情况评估，提高政策落实透明度。及时总结并向各地提供可复制易推广的成功案例和有效做法。对贯彻执行不力的，要依法依规予以严肃问责，确保各项政策落地落细落实。

国务院办公厅转发交通运输部等部门关于加快道路货运行业转型升级促进高质量发展意见的通知

（国办发〔2019〕16号）

各省、自治区、直辖市人民政府，国务院各部委、各直属机构：

交通运输部、发展改革委、教育部、工业和信息化部、公安部、财政部、人力资源社会保障部、生态环境部、住房城乡建设部、应急部、税务总局、市场监管总局、全国总工会《关于加快道路货运行业转型升级促进高质量发展的意见》已经国务院同意，现转发给你们，请认真贯彻执行。

国务院办公厅

2019年4月21日

（此件公开发布）

关于加快道路货运行业转型升级促进高质量发展的意见

交通运输部　发展改革委　教育部　工业和信息化部

公安部　财政部　人力资源社会保障部　生态环境部

住房城乡建设部　应急部　税务总局

市场监管总局　全国总工会

为深入贯彻落实党中央、国务院决策部署，加快道路货运行业转型升级，切实改善市场环境，促进行业健康稳定发展，现提出以下意见：

一、总体要求

以习近平新时代中国特色社会主义思想为指导，全面贯彻党的十九大和十九届二中、三中全会精神，牢固树立和贯彻落实新发展理念，以供给侧结构性改革为主线，坚持远近结合、标本兼治、改革引领、创新驱动、综合治理，加快建设安全稳定、经济高效、绿色低碳的道路货运服务体系，促进道路货运行业高质量发展。

二、深化货运领域“放管服”改革

（一）持续推进货运领域简政放权

进一步推动普通货车跨省异地安全技术检验、尾气排放检验和综合性能检测有关要求严格落实。2019年实现普通货运车辆年度审验网上办理。（交通运输部、公安部、市场监管总局、生态环境部负责）优化道路货运企业登记注册、经营许可办理手续及流程，推广互联网物流平台企业代开增值税专用发票政策，进一步规范港口涉及道路货运的经营服务性收费，不得违规加收任何价外费用。（交通运输部、市场监管总局、税务总局负责）

（二）改革危险货物道路运输管理制度

加快制定危险货物道路运输安全管理办法，研究改革完善危险货物道路运输押运员管理制度。加快修订常压液体危险货物运输罐车罐体相关国家标准，明确罐体介质兼容要求。（交通运输部、公安部、工业和信息化部、生态环境部、应急部、市场监管总局负责）

（三）便利货运车辆通行

进一步完善城市交通运输部门配送运力需求管理与公安交通管理部门车辆通行管控的联动机制，优化车辆通行管控，对符合标准的新能源城市配送车辆给予通行便利，除特殊区域外，对纯电动轻型货车原则上不得限行。（各省级人民政府、交通运输部、公安部负责）鼓励货运车辆电子道路运输证和ETC卡“两卡合一”，加快推广货车不停车收费。（交通运输部负责）

三、推动新旧动能接续转换

（四）加快运输组织模式创新

深入推进多式联运示范工程、城乡交通运输一体化示范工程、城市绿色货运配送示范工程，推广应用先进运输组织模式。指导行业协会、企业联盟研究推广挂车互换标准协议，创新普通货车租赁、挂车共享、长途接驳甩挂、集装单元化等新模式。（交通运输部、发展改革委负责）

（五）推进规模化、集约化发展

以冷链物流、零担货运、无车承运等为重点，加快培育道路货运龙头骨干示范企业，引导小微货运企业开展联盟合作，鼓励提供优质干线运力服务的大车队模式创新发展。已经取得道路运输经营许可的普通货运企业设立分支机构、增设经营网点无需再办理报备手续。（交通运输部负责）

（六）鼓励规范“互联网＋”新业态发展

大力发展无车承运人等道路货运新业态，支持道路货运企业加强信息系统建设，提高线上线下一体化服务能力。（交通运输部、发展改革委、工业和信息化部负责）加快制定出台网络平台道路货物运输经营管理办法，建立货运信用信息共享交换联动机制，规范“互联网＋”车货匹配平台经营活动，依法查处平台企业排除和限制竞争、损害货车司机合法权益等垄断行为。（市场监管总局、发展改革委、交通运输部、工业和信息化部、税务总局负责）

四、加快车辆装备升级改造

（七）积极稳妥淘汰老旧柴油货车

开展常压液体危险货物运输罐车专项治理。鼓励各地制定营运柴油货车和燃气车辆提前淘汰更新目标及实施计划，对提前淘汰中重型柴油货车、高耗低效非标准汽车列车及罐车等老旧柴油货车的，给予适当补助。研究对重点区域提前淘汰老旧柴油货车给予支持。（交通运输部、公安部、生态环境部、工业和信息化部、财政部、应急部、市场监管总局、各省级人民政府负责）

（八）推广应用先进货运车型

全面推广高速公路差异化收费，鼓励发展符合国家标准的中置轴汽车列车、厢式半挂车。积极推进货运车型标准化，加快推动城市建成区轻型物流配送车辆使用新能源或清洁能源汽车，鼓励物流园区、产业园、配送中心等地集中规划建设专用充电设施。（交通运输部、公安部、工业和信息化部、住房城乡建设部负责）

（九）加强货车超限超载治理

严格执行全国统一的超限超载认定标准和超限检测站联合执法工作流程，杜绝重复罚款、只罚款不卸载等行为，明确并公布各区域超限检测站点的联合执法模式，严格落实“一超四罚”。在普通公路超限检测站全面安装电子抓拍系统。建立健全依法打击冲关闯卡违法行为长效机制和应急管控措施，加快推进车辆信息、执法信息共享。将规范治超执法纳入地方政府年度考核目标，加强执法监督考核，拓宽投诉举报渠道。（交通运输部、公安部、工业和信息化部、各省级人民政府负责）

五、改善货运市场从业环境

（十）加强从业人员职业教育培训

推进落实普通货运驾驶员线上线下及异地从业考试，2019 年实现普通货运驾驶员从业资格证诚信考核网上办理。实行差异化道路货运驾驶员继续教育制度，鼓励道路货运企业组织开展货车司机继续教育，支持地方为转岗货车司机提供再就业培训。按照相关规定支持道路货运企业推行新型学徒制。（交通运输部、人力资源社会保障部、教育部负责）

（十一）切实维护货车司机权益

道路货运企业要依法与其雇佣的货车司机签订劳动合同并缴纳社会保险费，完善职工代表大会制度和工会组织，保障货车司机劳动权益。（人力资源社会保障部、交通运输部、全国总工会负责）引导道路货运企业、货车司机建立互帮互助机制。鼓励各地加大政策支持力度，加快建设一批功能实用、经济实惠、服务便捷的“司机之家”。指导货主企业、道路货运企业合理制定运输方案，保障货车司机充分休息。（交通运输部、全国总工会负责）

六、提升货运市场治理能力

（十二）依法打击车匪路霸

部署全国公安机关严厉打击车匪路霸，重点加强高速公路服务区、国省道沿线停车场等区域治安管理，严厉打击黑恶势力收取“保护费”和偷盗车辆燃油及货物等违法行为。指导各地高速公路服务区经营管理单位完善停车广场照明设施、公共场所监控设施等配置，为货车司机创造更加安全的工作环境。（中央政法委、公安部、交通运输部负责）

（十三）推进分类分级管理

建立货运企业分类分级监管体系，推进道路货运企业及其车辆、驾驶人的交通违法、安全事故等相关信息跨部门共享，加大对违法失信经营主体的惩戒和定向监管力度，实现“一处违法、处处受限”，情节严重的淘汰退出道路货运市场。（交通运输部、公安部、发展改革委、市场监管总局负责）

（十四）加强运行动态监测

利用大数据等信息化手段提高道路货运市场运行监测分析能力。指导行业协会、科研机构等加强市场运行监测，定期向社会公告道路货运市场供需状况等信息，及时引导、合理调控市场运力，实现供求基本平衡。（交通运输部、发展改革委、市场监管总局负责）

国务院办公厅关于印发深化收费公路制度改革取消高速公路省界收费站实施方案的通知

（国办发〔2019〕23号）

各省、自治区、直辖市人民政府，国务院各部委、各直属机构：

《深化收费公路制度改革取消高速公路省界收费站实施方案》已经国务院同意，现印发给你们，请结合实际，认真组织实施。

国务院办公厅

2019年5月16日

（此件公开发布）

深化收费公路制度改革取消高速公路省界收费站实施方案

为贯彻落实党中央、国务院决策部署，进一步深化收费公路制度改革，加快取消全国高速公路省界收费站，实现不停车快捷收费，制定本方案。

一、总体要求

深化收费公路制度改革，提高综合交通运输网络效率，降低物流成本，两年内基本取消全国高速公路省界收费站，实现不停车快捷收费。按照“远近结合、统筹谋划，科学设计、有序推进，安全稳定、提效降费”的原则，明确技术路线，加快工程建设，力争2019年底前基本取消全国高速公路省界收费站，提升人民群众的获得感、幸福感、安全感。

二、工作任务

（一）加快建设和完善高速公路收费体系

按照实现电子不停车快捷收费、辅以车牌图像识别、多种支付手段融合应用的技术路线，制定印发总体技术方案、工程建设方案、运营和服务规则、网络安全防护制度。（交通运输部负责，2019 年 5 月底前完成）推进中央与地方两级运营管理等系统升级，收费站、收费车道、电子不停车收费系统（ETC）门架系统硬件及软件标准化建设改造，加强系统网络安全保障。（交通运输部、财政部、省级人民政府负责，2019 年 10 月底前完成）开展系统联调联试，基本具备系统切换条件。（交通运输部、省级人民政府负责，2019 年 12 月底前完成）适时实现新旧系统切换，基本取消全国高速公路省界收费站。（交通运输部、省级人民政府负责）

（二）加快电子不停车收费系统推广应用

制定印发加快推进高速公路电子不停车快捷收费应用服务实施方案。（发展改革委、交通运输部负责，相关部门配合，2019 年 5 月底前完成）拓展服务功能，鼓励 ETC 在停车场等涉车场所应用。（交通运输部牵头）加快现有车辆免费安装 ETC 车载装置。组织发行单位开展互联网发行、预约安装、上门安装等服务。依托商业银行网点以及汽车主机厂、4S 店、高速公路服务区和收费站出入口广场等车辆集中场所，增加安装网点，方便公众就近便捷免费安装。组织基层政府及相关部门，深入居民小区和村镇，开展宣传和安装服务，2019 年底前各省（区、市）高速公路入口车辆使用 ETC 比例达到 90% 以上，同时实现手机移动支付在人工收费车道全覆盖。完善结算系统，提供便捷高效服务。（人民银行、省级人民政府负责）推动汽车预置安装。2019 年底前完成 ETC 车载装置技术标准制定工作，从 2020 年 7 月 1 日起，新申请批准的车型应在选装配置中增加 ETC 车载装置。（工业和信息化部负责，交通运输部配合）升级优化 ETC 车载装置，研究推动 ETC 与新技术融合发展。（交通运输部负责，公安部、工业和信息化部配合）实现机动车注册登记信息共享，便利车辆安装 ETC 车载装置。（公安部、交通运输部负责）

（三）加快修订完善法规政策

加快推进公路法、收费公路管理条例等相关法律法规修订工作。（司法部负责，交通运输部配合）清理规范地方性通行费减免政策，出台优化重大节假日小型客车免费通行、鲜活农产品运输“绿色通道”等通行费减免政策的具体实施意见。（交通运输部、发展改革委、财政部负责，2019 年 6 月底前完成）修订《收费公路车辆通行费车型分类》标准。（交通运输部负责）调整货车通行费计费方式，从 2020 年 1 月 1 日起，统一按车（轴）型收费，并确保不增加货车通行费总体负担，同步实施封闭式高速公路收费站入口不停车称重检测。全面推广高速公路差异化收费，引导拥堵路段、时段车辆科学分流，进一步提升高速公路通行效率。（省级人民政府负责）研究统一危险化学品运输车辆、摩托车高速公路通行管理政策。（交通运输部、公安部负责）完善高速公路信用体系，对偷逃车辆通行费等失信行为实施联合惩戒。（交通运输部、发展改革委负责，人民银行等配合）

（四）推动政府收费公路存量债务置换

允许地方政府债券置换截至 2014 年底符合政策规定的政府收费公路存量债务，优化债务结构，减轻债务利息负担，防范化解债务风险，为取消高速公路省界收费站创造有利条件。（财政部、人民银行、银保监会、省级人民政府负责）

三、保障措施

（一）加强组织领导

成立交通运输部牵头，发展改革委、工业和信息化部、公安部、司法部、财政部、人力资源社会保障部、人民银行、国资委、银保监会等参加的深化收费公路制度改革取消高速公路省界收费站工作领导小组，统筹指导协调相关工作，定期汇总分析工作进展情况，重大问题及时报告国务院。（交通运输部牵头）各地成立由省级人民政府牵头、相关部门参加的工作领导小组，按照应急工程简化基建程序加快推进项目建设。（省级人民政府负责）

（二）细化工作方案

坚持以人民为中心，更多从用户角度出发，深入调查研究，摸清基本情况，完善政策措施。要明确时间表和路线图，层层压实责任，积极稳妥推进各项工作，确保地方债务管理平稳有序。（国务院有关部门、省级人民政府负责）

（三）强化资金支持

中央财政和地方财政要对取消高速公路省界收费站工作给予资金支持。部级系统建设资金纳入年度部门预算，从车辆购置税资金中列支。（交通运输部、财政部负责）各地 ETC 车载装置安装、系统和设施建设改造资金由省级人民政府统筹负责，采用通行费收入列支、财政补助等方式解决，鼓励各地通过市场机制筹集资金。（省级人民政府负责）中央财政通过结构调整安排车辆购置税资金，对各地相关设施和系统建设改造予以适当补助。（交通运输部、财政部负责）

（四）强化安全管理

加强相关设施和系统建设改造期间施工管理，加强后期运营管理，加强系统和网络安全保障。拆除高速公路省界正线收费设施，保障正线公路畅通；对正线外的设施，要统筹应急、养护、服务、监督检查和公安查控等工作需要综合利用。（省级人民政府负责）

（五）妥善分流安置收费人员

各地要坚持属地负责和转岗不下岗的原则，结合本地区实际，按照国家法律法规和政策，制定收费人员安置工作方案，以内部择优转岗为主，多渠道分流安置收费人员，依法妥善处理职工人事劳动关系，保障收费人员合法权益。财政部门要给予必要支持。（省级人民政府负责，交通运输部、财政部、国资委、人力资源社会保障部指导）

（六）加强宣传引导

加强对取消高速公路省界收费站、实现不停车快捷收费相关政策的宣传解读，正确引导社会预期，及时回应公众关切，营造良好舆论氛围。及时妥善处置突发事件，确保社会稳定。（交通运输部、省级人民政府负责）

国务院办公厅关于加快发展流通促进商业消费的意见

（国办发〔2019〕42号）

各省、自治区、直辖市人民政府，国务院各部委、各直属机构：

党中央、国务院高度重视发展流通扩大消费。近年来，各地区、各部门积极落实中央决策部署，取得良好成效，国内市场保持平稳运行。但受国内外多重因素叠加影响，当前流通消费领域仍面临一些瓶颈和短板，特别是传统流通企业创新转型有待加强，商品和生活服务有效供给不足，消费环境需进一步优化，城乡消费潜力尚需挖掘。为推动流通创新发展，优化消费环境，促进商业繁荣，激发国内消费潜力，更好满足人民群众消费需求，促进国民经济持续健康发展，经国务院同意，现提出以下意见：

一、促进流通新业态新模式发展

顺应商业变革和消费升级趋势，鼓励运用大数据、云计算、移动互联网等现代信息技术，促进商旅文体等跨界融合，形成更多流通新平台、新业态、新模式。引导电商平台以数据赋能生产企业，促进个性化设计和柔性化生产，培育定制消费、智能消费、信息消费、时尚消费等商业新模式。鼓励发展“互联网＋旧货”、“互联网＋资源循环”，促进循环消费。实施包容审慎监管，推动流通新业态新模式健康有序发展。（发展改革委、工业和信息化部、生态环境部、商务部、文化和旅游部、市场监管总局、体育总局按职责分工负责）

二、推动传统流通企业创新转型升级

支持线下经营实体加快新理念、新技术、新设计改造提升，向场景化、体验式、互动性、综合型消费场所转型。鼓励经营困难的传统百货店、大型体育场馆、老旧工业厂区等改造为商业综合体、消费体验中心、健身休闲娱乐中心等多功能、综合性新型消费载体。在城市规划调整、公共基础设施配套、改扩建用地保障等方面给予支持。（工业和信息化部、自然资源部、住房城乡建设部、商务部、体育总局按职责分工负责）

三、改造提升商业步行街

地方政府可结合实际对商业步行街基础设施、交通设施、信息平台和诚信体系等新建改建项目予以支持，提升品质化、数字化管理服务水平。在符合公共安全的前提下，支持商业步行街等具备条件的商业街区开展户外营销，营造规范有序、丰富多彩的商业氛围。扩大全国示范步行街改造提升试点范围。（住房城乡建设部、商务部、市场监管总局按职责分工负责）

四、加快连锁便利店发展

深化“放管服”改革，在保障食品安全的前提下，探索进一步优化食品经营许可条件；将智能化、品牌化连锁便利店纳入城市公共服务基础设施体系建设；强化连锁企业总部的管理责任，简化店铺投入使用、营业前消防安全检查，实行告知承诺管理；具备条件的企业从事书报刊发行业务实行“总部审批、单店备案”。支持地方探索对符合条件的品牌连锁企业试行“一照多址”登记。开展简化烟草、乙类非处方药经营审批手续试点。（住房城乡建设部、商务部、应急部、市场监管总局、新闻出版署、烟草局、药监局按职责分工负责）

五、优化社区便民服务设施

打造“互联网＋社区”公共服务平台，新建和改造一批社区生活服务中心，统筹社区教育、文化、医疗、养老、家政、体育等生活服务设施建设，改进社会服务，打造便民消费圈。有条件的地区可纳入城镇老旧小区改造范围，给予财政支持，并按规定享受有关税费优惠政策。鼓励社会组织提供社会服务。（发展改革委、教育部、民政部、财政部、住房城乡建设部、商务部、文化和旅游部、卫生健康委、税务总局、体育总局按职责分工负责）

六、加快发展农村流通体系

改造提升农村流通基础设施，促进形成以乡镇为中心的农村流通服务网络。扩大电子商务进农村覆盖面，优化快递服务和互联网接入，培训农村电商人才，提高农村电商发展水平，扩大农村消费。改善提升乡村旅游商品和服务供给，鼓励有条件的地区培育特色农村休闲、旅游、观光等消费市场。（发展改革委、工业和信息化部、农业农村部、商务部、文化和旅游部、邮政局按职责分工负责）

七、扩大农产品流通

加快农产品产地市场体系建设，实施“互联网＋”农产品出村进城工程，加快发展农产品冷链物流，完善农产品流通体系，加大农产品分拣、加工、包装、预冷等一体化集配设施建设支持力度，加强特色农产品优势区生产基地现代流通基础设施建设。拓宽绿色、生态产品线上线下销售渠道，丰富城乡市场供给，扩大鲜活农产品消费。（发展改革委、财政部、农业农村部、商务部按职责分工负责）

八、拓展出口产品内销渠道

推动扩大内外销产品“同线同标同质”实施范围，引导出口企业打造自有品牌，拓展内销市场网络。在综合保税区积极推广增值税一般纳税人资格试点，落实允许综合保税区内加工制造企业承接境内区外委托加工业务的政策。（财政部、商务部、海关总署、税务总局、市场监管总局按职责分工负责）

九、满足优质国外商品消费需求

允许在海关特殊监管区域内设立保税展示交易平台。统筹考虑自贸试验区、综合保税区发展特点和趋势，扩大跨境电商零售进口试点城市范围，顺应商品消费升级趋势，抓紧调整扩大跨境电商零售进口商品清单。（财政部、商务部、海关总署、税务总局按职责分工负责）

十、释放汽车消费潜力

实施汽车限购的地区要结合实际情况，探索推行逐步放宽或取消限购的具体措施。有条件的地方对购置新能源汽车给予积极支持。促进二手车流通，进一步落实全面取消二手车限迁政策，大气污染防治重点区域应允许符合在用车排放标准的二手车在本省（市）内交易流通。（工业和信息化部、公安部、生态环境部、交通运输部、商务部按职责分工负责）

十一、支持绿色智能商品以旧换新

鼓励具备条件的流通企业回收消费者淘汰的废旧电子电器产品，折价置换超高清电视、节能冰箱、洗衣机、空调、智能手机等绿色、节能、智能电子电器产品，扩大绿色智能消费。有条件的地方对开展相关产品促销活动、建设信息平台和回收体系等给予一定支持。（工业和信息化部、生态环境部、商务部按职责分工负责）

十二、活跃夜间商业和市场

鼓励主要商圈和特色商业街与文化、旅游、休闲等紧密结合，适当延长营业时间，开设深夜营业专区、24 小时便利店和“深夜食堂”等特色餐饮街区。有条件的地方可加大投入，打造夜间消费场景和集聚区，完善夜间交通、安全、环境等配套措施，提高夜间消费便利度和活跃度。（住房城乡建设部、交通运输部、商务部、文化和旅游部、应急部按职责分工负责）

十三、拓宽假日消费空间

鼓励有条件的地方充分利用开放性公共空间，开设节假日步行街、周末大集、休闲文体专区等常态化消费场所，组织开展特色促消费活动，探索培育专业化经营管理主体。地方政府要结合实际给予规划引导、场地设施、交通安全保障等方面支持。（住房城乡建设部、交通运输部、商务部、文化和旅游部、应急部、市场监管总局按职责分工负责）

十四、搭建品牌商品营销平台

积极培育形成若干国际消费中心城市，引导自主品牌提升市场影响力和认知度，推动国内销售的国际品牌与发达国家市场在品质价格、上市时间、售后服务等方面同步接轨。因地制宜，创造条件，吸引知名品牌开设首店、首发新品，带动扩大消费，促进国内产业升级。保护和发展中华老字号品牌，对于中华老字号中确需保护的传统技艺，可按相关规定申请非物质文化遗产保护相关资金。（商务部、文化和旅游部、市场监管总局按职责分工负责）

十五、降低流通企业成本费用

推动工商用电同价政策尽快全面落实。各地不得干预连锁企业依法申请和享受总分机构汇总纳税政策。（发展改革委、财政部、税务总局按职责分工负责）

十六、鼓励流通企业研发创新

研究进一步扩大研发费用税前加计扣除政策适用范围。加大对国内不能生产、行业企业急需的高性能物流设备进口的支持力度，降低物流成本；研究将相关领域纳入《产业结构调整指导目录》“鼓励类”，推动先进物流装备产业发展，加快推进现代物流发展。（发展改革委、科技部、财政部、商务部、税务总局按职责分工负责）

十七、扩大成品油市场准入

取消石油成品油批发仓储经营资格审批，将成品油零售经营资格审批下放至地市级人民政府，加强成品油流通事中事后监管，强化安全保障措施落实。乡镇以下具备条件的地区建设加油站、加气站、充电站等可使用存量集体建设用地，扩大成品油市场消费。（发展改革委、自然资源部、生态环境部、住房城乡建设部、交通运输部、商务部、应急部、海关总署、市场监管总局按职责分工负责）

十八、发挥财政资金引导作用

统筹用好中央财政服务业发展资金等现有专项资金或政策，补齐流通领域短板。各地可因地制宜，加强对创新发展流通、促进扩大消费的财政支持。（财政部、商务部按职责分工负责）

十九、加大金融支持力度

鼓励金融机构创新消费信贷产品和服务，推动专业化消费金融组织发展。鼓励金融机构对居民购买新能源汽车、绿色智能家电、智能家居、节水器具等绿色智能产品提供信贷支持，加大对新消费领域金融支持力度。（人民银行、银保监会按职责分工负责）

二十、优化市场流通环境

强化消费信用体系建设，加快建设覆盖线上线下的重要产品追溯体系。严厉打击线上线下销售侵权假冒商品、发布虚假广告等违法行为，针对食品、药品、汽车配件、小家电等消费品，加大农村和城乡接合部市场治理力度。修订汽车、平板电视等消费品修理更换退货责任规定。积极倡导企业实行无理由退货制度。（发展改革委、工业和信息化部、公安部、农业农村部、商务部、应急部、海关总署、市场监管总局、药监局按职责分工负责）

各地区、各有关部门要充分认识创新发展流通、推动消费升级、促进扩大消费的重要意义，切实抓好各项政策措施的落实落地。各地区要结合本地实际完善政策措施，认真组织实施。各有关部门要落实责任，加强协作，形成合力，确保推动各项政策措施落实到位。

国务院办公厅
2019 年 8 月 16 日
（以此文件发布）

关于推动物流高质量发展促进形成强大国内市场的意见

（发改经贸〔2019〕352 号）

各省、自治区、直辖市及计划单列市发展改革、网信、工业和信息化、公安、财政、自然资源、生态环境、住房城乡建设、交通运输、农业农村、商务、应急管理部门，中国人民银行上海总部，各分行、营业管理部，各省会（首府）城市中心支行，各副省级城市中心支行，海关总署广东分署、各直属海关，市场监管、统计、气象、银保监、证监、能源部门，各地区铁路监督管理局，民航各地区管理局，邮政管理局，各铁路局集团公司：

物流业是支撑国民经济发展的基础性、战略性、先导性产业。物流高质量发展是经济高质量发展的重要组成部分，也是推动经济高质量发展不可或缺的重要力量。为巩固物流降本增效成果，增强物流企业活力，提升行业效率效益水平，畅通物流全链条运行，按照党中央、国务院关于推动高质量发展的要求和中央经济工作会议精神，现提出以下意见。

一、深刻认识物流高质量发展的重要意义

物流是实体经济的有机组成部分，加快解决物流发展不平衡不充分问题，推动物流高质量发展是推进物流业发展方式转变、结构优化和动力转换，实现物流业自身转型升级的必由之路；是降低实体经济特别是制造企业物流成本水平，增强实体经济活力的必然选择；是深化供给侧结构性改革，增强经济发展内生动力，提升社会经济运行效率的迫切需要；是促进形成强大国内市场，构建现代化经济体系，实现国民经济高质量发展的内在要求。物流业发展的贡献不仅在于行业企业本身创造的税收、就业等，更在于支撑和促进区域内各相关产业产生更多的税收和就业，有力推动区域经济较快增长。要把推动物流高质量发展作为当前和今后一段时期改善产业发展和投资环境的重要抓手，培育经济发展新动能的关键一招，以物流高质量发展为突破口，加快推动提升区域经济和国民经济综合竞争力。

二、构建高质量物流基础设施网络体系

（一）推动国家物流枢纽网络建设

围绕“一带一路”建设、京津冀协同发展、长江经济带发展、粤港澳大湾区建设、长三角一体化发展等重大战略实施，依据国土空间规划，在国家物流骨干网络的关键节点，选择部分基础条件成熟

的承载城市，启动第一批 15 个左右国家物流枢纽布局建设，培育形成一批资源整合能力强、运营模式先进的枢纽运营企业，促进区域内和跨区域物流活动组织化、规模化、网络化运行。（发展改革委、交通运输部负责，列第一位的为牵头部门，下同）

（二）加强联运转运衔接设施短板建设

发挥政府投资的示范带动作用，引导各类社会资本加大对公铁、铁水、空陆等不同运输方式的转运场站和“不落地”装卸设施等的投入力度，提高一体化转运衔接能力和货物快速换装便捷性，破解制约物流整体运作效率提升的瓶颈。推动具备条件的物流园区引入铁路专用线。加强入港铁路专用线等基础设施短板建设，支持铁路专用线进码头，打通公铁水联运衔接“最后一公里”，实现铁路货运场站与港口码头、前方堆场等的无缝衔接。（发展改革委、交通运输部、财政部、自然资源部、铁路局、民航局、铁路总公司按职责分工负责）

（三）完善城乡消费物流体系

实施城乡高效配送专项行动，完善城乡配送网络，鼓励企业在城乡和具备条件的村建立物流配送网点，加强公用型城市配送节点和社区配送设施建设，将末端配送设施纳入社区统一管理，推进设施共享共用，支持试点城市和企业加快构建城乡双向畅通的物流配送网络。实施“邮政在乡”工程，完善县乡村三级邮政农村物流配送体系建设。升级“快递下乡”工程，加快农村物流快递公共取送点建设，提升乡镇快递网点覆盖率。深入开展电子商务进农村综合示范，提升农村物流服务质量和效率，2019 年力争对具备条件的国家级贫困县全覆盖。通过合资合作等方式发展面向乡镇（村）的农村物流服务体系。（商务部、交通运输部、住房城乡建设部、财政部、农业农村部、邮政局按职责分工负责）

（四）建立资源共享的物流公共信息平台

推进国家交通运输物流公共信息平台完善工作，鼓励和引导城市共同配送公共信息平台加强与国家交通运输物流公共信息平台有效衔接，促进相关部门、大型市场主体的物流公共数据互联互通和开放共享。在保障信息安全的情况下，扩大物流相关信息公开范围和内容，为物流企业和制造业企业查询提供便利。依托骨干物流信息平台试点单位，探索市场化机制下物流信息资源整合利用的新模式，推动建立国家骨干物流信息网络，畅通物流信息链，加强社会物流活动全程监测预警、实时跟踪查询。依托行业协会实施全国百家骨干物流园区“互联互通”工程，促进信息匹配、交易撮合、资源协同。（交通运输部、公安部、发展改革委、商务部、中央网信办、住房城乡建设部、自然资源部、铁路局、民航局、气象局、铁路总公司、中国物流与采购联合会按职责分工负责）

三、提升高质量物流服务实体经济能力

（五）促进现代物流业与制造业深度融合

加强生产服务型国家物流枢纽建设，利用枢纽聚集的大量物流资源，为制造企业提供高效快捷的

物流服务，降低制造企业物流成本，提升区域制造企业竞争力，支撑制造业高质量集群化发展。以深化实施“互联网+”高效物流和物流降本增效专项行动为突破口，促进物流业与制造业深度融合创新发展。研究出台促进物流业与制造业深度融合发展的政策措施，鼓励物流企业为制造企业量身定做供应链管理库存、“线边物流”、供应链一体化服务等物流解决方案。实施服务型制造示范遴选，支持物流企业开展服务化转型。增加开行面向大型厂矿、制造业基地等的“点对点”直达货运列车，提高协议制运输比重，扩大大宗物资运量运能互保协议范围，2019年力争达到25亿吨左右。加快发展面向集成电路、生物制药、高端电子消费产品等高附加值制造业的航空货运服务，加大“卡车航班”开行力度，构建高价值商品的快捷物流服务网络。（发展改革委、交通运输部、工业和信息化部、民航局、铁路总公司负责）

（六）积极推动物流装备制造业发展

加大重大智能物流技术研发力度，加强物流核心装备设施研发攻关，推动关键技术装备产业化。开展物流智能装备首台（套）示范应用，推动物流装备向高端化、智能化、自主化、安全化方向发展。研究推广尺寸和类型适宜的内陆集装箱，提高集装箱装载和运送能力。在适宜线路开展铁路双层集装箱运输，推广铁路重载运输技术装备，提升铁路运能。（工业和信息化部、交通运输部、铁路总公司按职责分工负责）

（七）提升制造业供应链智慧化水平

鼓励物流和供应链企业在依法合规的前提下开发面向加工制造企业的物流大数据、云计算产品，提高数据服务能力，协助制造企业及时感知市场变化，增强制造企业对市场需求的捕捉能力、响应能力和敏捷调整能力。鼓励发展以个性化定制、柔性化生产、资源高度共享为特征的虚拟生产、云制造等现代供应链模式，提升全物流链条的价值创造水平。（发展改革委、工业和信息化部、商务部、人民银行按职责分工负责）

（八）发挥物流对农业的支撑带动作用

加强农产品物流骨干网络和冷链物流体系建设。聚焦农产品流通“最先一公里”，加强农产品产地冷链物流体系建设，鼓励企业利用产地现有常温仓储设施改造或就近新建产后预冷、贮藏保鲜、分级包装等冷链物流基础设施，开展分拣、包装等流通加工业务。鼓励企业创新冷链物流基础设施经营模式，开展多品种经营和“产销双向合作”，提高淡季期间设施利用率。加强邮政、快递物流与特色农产品产地合作，畅通农产品“上行”通道。发展第三方冷链物流全程监控平台，加强全程温度、湿度监控，减少“断链”隐患，保障生鲜农产品品质和消费安全。鼓励和引导大型农产品流通企业拓展社区服务网点，减少中间环节，降低农产品物流成本。发展“生鲜电商+冷链宅配”“中央厨房+食材冷链配送”等冷链物流新模式，改善消费者体验。推动地方全面落实冷链物流企业用水、用电、用气与工业同价政策。（商务部、农业农村部、发展改革委、邮政局按职责分工负责）

四、增强物流高质量发展的内生动力

（九）发展物流新服务模式

健全完善相关法规制度和标准规范，推动以网络为依托的货运新业态规范有序发展。大幅提高铁路企业开行班列化货物列车数量。优化铁路班列运行组织方案，推动铁路“门到门”运输全程可追踪，提供信息查询服务。探索开行国内冷链货运班列和“点对点”铁路冷链运输。发展铁路危化品运输。发展“端到端”的物流模式。鼓励和支持云仓等共享物流模式、共同配送、集中配送、夜间配送、分时配送等先进物流组织方式发展，在具备条件的地区探索发展无人机配送等创新模式。（交通运输部、铁路总公司、商务部、公安部、民航局、发展改革委按职责分工负责）

（十）实施物流智能化改造行动

大力发展数字物流，加强数字物流基础设施建设，推进货、车（船、飞机）、场等物流要素数字化。加强信息化管理系统和云计算、人工智能等信息技术应用，提高物流软件智慧化水平。支持物流园区和大型仓储设施等应用物联网技术，鼓励货运车辆加装智能设备，加快数字化终端设备的普及应用，实现物流信息采集标准化、处理电子化、交互自动化。发展机械化、智能化立体仓库，加快普及“信息系统＋货架、托盘、叉车”的仓库基本技术配置，推动平层仓储设施向立体化网格结构升级。鼓励和引导有条件的乡村建设智慧物流配送中心。鼓励各地为布局建设和推广应用智能快（邮）件箱提供场地等方面的便利。（发展改革委、工业和信息化部、商务部、中央网信办、交通运输部、农业农村部、民航局、邮政局按职责分工负责）

（十一）推进多式联运发展

总结多式联运示范工程工作经验，研究制定统一的多式联运服务规则，完善多式联运转运、装卸场站等物流设施标准，力争在货物交接、合同运单、信息共享、责任划分、货损理赔等方面实现突破。加快建设多式联运公共信息平台，促进货源与公铁水空等运力资源有效匹配，降低车船等载运工具空驶率。依托国家物流枢纽网络开发“一站式”多式联运服务产品，加快实现集装箱多式联运“一单制”。研究在适宜线路开展驮背运输。发展海铁联运班列。在保障安全的前提下，积极推动 LNG 罐箱多式联运。（交通运输部、发展改革委、能源局、铁路局、民航局、铁路总公司负责）

（十二）促进物流供应链创新发展

充分发挥物流供应链系统化组织、专业化分工、协同化合作和敏捷化调整的优势，发展符合中国特色的供应链企业，提高生产、流通资源的配置效率，提升企业综合运行效率效益。支持具备条件的物流企业做大做强，发展基于核心企业的“链主型”供应链，将上下游小微企业整合嵌入生产经营过程，强化资源系统整合与优化能力；发展基于现代信息技术的“平台型”供应链，重点解决信息不对称问题，提高资源整体配置效率；发展依托专业化分工的“互补型”供应链，实现资源和渠道的优势互补，提高企业协同发展水平；发展基于区域内分工协作的“区块型”供应链，促进区域内企业高效协同和集聚化发展，提升区域整体竞争优势；发展基于存货控制的“共享型”供应链，打通与整合生产、分销等各环节的库存管理，促进供应商与零售商之间的统仓共配。（发展改革委、商务部、工业和信息化部按职责分工负责）

（十三）加快国际物流发展

深入推进通关一体化改革，建立现场查验联动机制，推进跨部门协同共管，鼓励应用智能化查验设施设备，推动口岸物流信息电子化，压缩整体通关时间，提高口岸物流服务效率，提升通道国际物流便利化水平。加强陆上边境口岸型物流枢纽建设，完善境外沿线物流节点、渠道网络布局。积极推动中欧班列枢纽节点建设，打造一批具有多式联运功能的大型综合物流基地，促进大型集结中心建设。加大中欧班列组织协调和品牌宣传力度，利用进口博览会等平台引导班列运营公司加强与中亚、欧洲沿线各国的大型生产制造企业的对接，针对大型企业打造“量身定做”的班列物流服务产品，促进中欧班列双向均衡运行，提升中欧班列国际物流服务能力与质量。（海关总署、发展改革委、商务部、铁路总公司按职责分工负责）

（十四）加快绿色物流发展

持续推进柴油货车污染治理力度。研究推广清洁能源（LNG）、无轨双源电动货车、新能源（纯电动）车辆和船舶，加快岸电设施建设，推进靠港船舶使用岸电。加快车用 LNG 加气站、内河船舶 LNG 加注站、充电桩布局，在批发市场、快递转运中心、物流园区等建设充电基础设施。鼓励企业使用符合标准的低碳环保配送车型。落实新能源货车差别化通行管理政策，提供通行便利，扩大通行范围，对纯电动轻型货车少限行甚至不限行。发展绿色仓储，鼓励和支持在物流园区、大型仓储设施应用绿色建筑材料、节能技术与装备以及能源合同管理等节能管理模式。以绿色物流为突破口，带动上下游企业发展绿色供应链，使用绿色包材，推广循环包装，减少过度包装和二次包装，推行实施货物包装和物流器具绿色化、减量化。（生态环境部、交通运输部、住房城乡建设部、发展改革委、能源局、工业和信息化部、公安部、邮政局、商务部按职责分工负责）

（十五）促进标准化单元化物流设施设备应用

精简货运车型规格数量，严查严处货车非法改装企业。研究制定常压液体危险货物罐车专项治理工作方案，稳步开展超长平板半挂车、超长集装箱半挂车等非标货运车辆治理工作。合理设置过渡期，通过既有政策措施加快淘汰存量非标货运车辆和鼓励应用中置轴厢式货车等标准厢式货运车辆，推动货运车辆市场平稳过渡和转型升级。推动城市配送车辆结构升级，逐步建立以新能源配送车辆为主体、小型末端配送车辆为补充的配送车辆体系。支持集装箱、托盘、笼车、周转箱等单元化装载器具循环共用以及托盘服务运营体系建设，推动二手集装箱交易流转。鼓励和支持公共“挂车池”“运力池”“托盘池”等共享模式和甩挂运输等新型运输发展。鼓励企业使用智能化托盘等集装单元化技术，研发使用适应生鲜农产品网络销售的可重复使用的冷藏箱或保冷袋，提升配送效率。鼓励企业使用 1200mm×1000mm 的标准托盘。加快物流信息、物流设施、物流装备等标准对接。（交通运输部、工业和信息化部、财政部、公安部、商务部、市场监管总局、铁路局、民航局、铁路总公司按职责分工负责）

五、完善促进物流高质量发展的营商环境

（十六）深化物流领域“放管服”改革

按照“只进一扇门”“最多跑一次”原则，简化物流企业开展业务的行政审批手续，最大程度减少对物流企业业务创新的制约。规范、简化铁路专用线接轨审查手续、压缩审查时间。在简化住所（经营场所）登记手续的基础上，支持地方在物流领域开展“一照多址”改革。精简快递分支机构办理手续，2019 年内将快递业务经营许可审批时间缩短至法定时限一半以内，全面实施快递末端网点备案管理。加快推动道路货运车辆异地审验工作，2019 年 12 月底前全面实现普通货运车辆全国跨省异地审验。深入推进治理车辆超限超载联合执法常态化制度化工作，严格执行全国统一的公路货运车辆超限超载认定标准。（交通运输部、公安部、市场监管总局、海关总署、邮政局、铁路总公司等按职责分工负责）

（十七）推进铁路货运服务提质增效

清理规范铁路运输企业开展专用线、专用铁路、自备货车、自备机车等铁路运输设备代维护、维修及运用环节相关服务收费。进一步开放专用线代运营代维护、自备车检修、铁路运输两端短驳等市场，允许工程施工、装备制造、社会物流企业等参与并提供相关服务，促进降低铁路物流成本水平。支持铁路运输企业开展载运工具共管共用试点，降低企业自备载运工具运用成本。完善铁路运价灵活调整机制，进一步清理规范铁路货运经营服务性收费，推动货物运输由公路向铁路转移。研究推动 160 公里时速的新型货运列车投入使用，完善相关技术标准和运行图。实施铁路货运增量行动，2019 年国家铁路货物发送量达到 33. 68 亿吨。（铁路局、铁路总公司、市场监管总局、交通运输部、发展改革委按职责分工负责）

（十八）降低车辆通行和港口物流成本

深化收费公路制度改革，加快修订出台《收费公路管理条例》。全面推广高速公路差异化收费，完善货车使用 ETC 非现金支付等优惠政策。深入推动取消高速公路省界收费站试点工作，总结经验，逐步扩大取消高速公路省界收费站的范围。降低水路运输过闸费。进一步清理港口收费，合理降低收费标准，规范收费行为，严格执行收费目录清单和公示制度，严禁违规收费。（交通运输部、发展改革委、市场监管总局按职责分工负责）

（十九）提升城市物流管理水平

科学制定城市物流政策，指导城市提高配送车辆通行管理的精细化水平，合理规划城市货运通道，避免“一刀切”限行。实行分车型、分时段、分路段通行管控，有效释放货运通行路权，保障城市生产生活的必要需求。鼓励地方政府在城市中心区建设一批公共物流配送中心，通过租赁等方式为服务居民生活的物流企业提供必要经营场所。完善城市物流配送装卸、停靠作业设施。指导企业按照新近发布的《物流建筑设计规范》等标准要求，建设大型物流仓储设施，应用大型分拣作业流水线，便利

企业经营。在符合相关法规标准要求并保障安全生产的基础上，允许在物流仓储设施内从事再包装等流通加工业务。在货物来源可追溯、流向可追踪的情况下，研究出台允许动检证变更目的地的操作规范，为冷链物流跨区域分拨提供便利。（交通运输部、公安部、商务部、应急部、住房城乡建设部、农业农村部按职责分工负责）

六、建立物流高质量发展的配套支撑体系

（二十）完善现代物流业统计制度

加快研究建立物流行业统计分类标准。研究完善反映物流重点领域、重点环节高质量发展的监测指标体系。加大对物流统计体系建设的支持力度，推动落实社会物流统计制度，加快企业样本库扩容提质，加强对物流重点企业运营成本、效率的监测。利用骨干物流平台开展公路物流监测。（发展改革委、统计局、中国物流与采购联合会负责）

（二十一）健全物流标准规范体系

完善物流标准体系，对不适应国民经济运行和行业发展需要的标准进行修订、转化或废止。深入推进物流标准化试点示范和供应链体系建设试点等工作，加强已发布物流标准在物流领域相关试点示范中的应用，提升物流标准化水平。支持具备条件的物流企业标准上升为行业标准、国家标准。（市场监管总局、发展改革委、交通运输部、商务部、财政部、农业农村部负责）

（二十二）构建物流高质量发展评价体系

研究编制并适时发布“中国物流发展指数”，从物流发展质量、效率、动力、贡献等方面，对我国物流发展质量水平进行客观、全面、可量化的综合性评价，为有针对性地研究制定政策措施提供可量化的参考依据。（发展改革委、中国物流与采购联合会负责）

（二十三）健全完善物流行业信用体系

研究出台运输物流行业失信联合惩戒对象“黑名单”管理办法，明确严重失信企业标准，构建政府层面失信惩戒机制。充分发挥行业组织和社会信用机构作用，组织建立物流企业信用联盟，鼓励开发针对物流行业的信用产品，推动信用信息市场化应用，强化守信激励和失信惩戒效果。（发展改革委负责）

七、健全物流高质量发展的政策保障体系

（二十四）创新用地支持政策

加强城市物流发展规划与国土空间规划的协同衔接。指导地方加大土地政策支持力度，鼓励地方政府利用有效载体和多种渠道整合盘活存量闲置土地资源，用于物流用途。探索政府负责土地平整并建设道路、管网等基础设施，企业负责建设经营性物流基础设施，约定土地物流用途并长期租赁的新

型物流用地供应保障模式。研究利用工业企业旧厂房、仓库和存量土地资源建设物流设施或提供物流服务的支持政策。铁路划拨用地用于物流相关设施建设，从事长期租赁等物流经营活动的，可在五年内实行继续按原用途和土地权利类型使用土地的过渡期政策，期满及涉及转让需办理相关用地手续的，按新的用途、权利类型和市场价格以协议方式办理。对企业利用原有土地进行物流基础设施建设的，在办理规划条件、规划许可等方面予以支持。（自然资源部、铁路总公司负责）

（二十五）加强投融资支持方式创新

按照“扶优做强”原则，研究设立国家物流枢纽中央预算内投资专项，支持国家物流枢纽的物流基础设施建设。鼓励符合条件的金融机构或大型物流企业集团等发起物流产业发展投资基金，按照市场化原则运作，加强重要节点物流设施建设。支持符合条件的物流企业发行各类债务融资工具，拓展市场化主动融资渠道，稳定企业融资链条。鼓励持牌金融机构在相应的金融业务资质范围内开发基于供应链的金融产品，引导和支持资金流向实体企业，加大对小微企业融资支持力度。（发展改革委、财政部、人民银行、银保监会、证监会负责）

各地区有关部门要认真贯彻落实党中央、国务院决策部署，结合本地区实际，加强组织领导，明确任务分工，强化协调配合，加大政策创新和支持力度，扎实推进物流高质量发展各项工作。国家发展改革委将会同有关部门加强工作指导和督促检查，及时协调解决政策实施中存在的问题，推动各项政策措施落地实施。

附件：2019 年推动物流高质量发展 10 项重点工作

国家发展改革委
中央网信办
工业和信息化部
公安部
财政部
自然资源部
生态环境部
住房城乡建设部
交通运输部
农业农村部
商务部
应急部
人民银行
海关总署
市场监管总局
统计局
气象局
银保监会

证　监　会
能　源　局
铁　路　局
民　航　局
邮　政　局
铁 路 总 公 司
2019年2月26日

附件：2019 年推动物流高质量发展 10 项重点工作（略）

关于做好2019年降成本重点工作的通知

（发改运行〔2019〕819号）

公安部、民政部、司法部、人力资源社会保障部、自然资源部、生态环境部、住房城乡建设部、交通运输部、水利部、农业农村部、商务部、应急部、国资委、海关总署、税务总局、市场监管总局、统计局、银保监会、证监会、能源局、林草局、铁路局、民航局、外汇局、知识产权局，铁路总公司，各省、自治区、直辖市及计划单列市、副省级省会城市、新疆生产建设兵团发展改革委、工信厅（经信委、经信厅、经信局、工信局）、财政厅（局）、物价局，人民银行上海总部、各分行、营业管理部、各省会（首府）城市中心支行、各副省级城市中心支行：

三年来，各地区、各有关部门认真落实党中央、国务院决策部署，深入推进降低实体经济企业成本各项工作，取得显著成效，年度目标任务均顺利完成。为贯彻中央经济工作会议精神，落实好《政府工作报告》提出的各项降成本重点任务，降低实体经济企业成本工作部际联席会议2019年将重点组织落实好8个方面27项任务。

一、总体要求

以习近平新时代中国特色社会主义思想为指导，全面贯彻党的十九大和十九届二中、三中全会精神，坚持稳中求进工作总基调，深化供给侧结构性改革。在“巩固、增强、提升、畅通”八个字上下功夫，巩固“三去一降一补”成果，加大“破、立、降”力度，降低全社会各类营商成本，有效减轻企业负担。坚持降成本与推进高质量发展相结合，坚持降成本与推动产业转型升级相结合，坚持降低企业外部成本与企业内部挖潜相结合，充分调动各方面积极性，确保各项政策措施落实到位。

二、继续推动大规模减税和降费

（一）降低增值税税率

落实好将制造业等行业16%的税率降至13%，将交通运输业、建筑业等行业10%的税率降至9%等政策，确保所有行业税负只减不增。对政策实施后纳税人新增的留抵税额，按有关规定予以退还。继续向推进税率三档并两档、税制简化方向迈进。

（二）加大税收减免力度

落实好小规模纳税人增值税起征点从月销售额3万元提高到10万元、小微企业所得税优惠等政策。将固定资产加速折旧政策扩大至全部制造业领域。

（三）清理规范政府性基金

将国家重大水利工程建设基金和航空公司民航发展基金征收标准降低一半。至2024年底对中央所属企事业单位减半征收文化事业建设费，并授权各省（区、市）在50%幅度内对地方企事业单位和个人减征此项收费。对产教融合试点企业兴办职业教育符合条件的投资，落实按投资额30%抵免当年应缴教育费附加和地方教育附加的政策。

（四）继续清理规范涉企收费

清理规范部分中央设立的行政事业性收费，减免不动产登记费，调整专利收费减缴条件，降低因私普通护照等出入境证照、部分商标注册及无线电频率占用收费标准。开展政府部门下属单位、行业协会商会、中介机构收费行为专项治理，切实规范行政审批中介服务收费，进一步清理规范协会商会涉企收费，进一步打破中介服务垄断。

（五）持续推动网络提速降费

实现中小企业宽带资费再降低15%，移动网络流量平均资费再降低20%以上。

（六）确保清费减负措施落到实处

加大对转供电环节以及铁路、港口、民航、电信等领域降费政策落实情况的监督检查。健全乱收费投诉举报查处机制，加大对乱收费的查处和整治力度。

三、加大金融对实体经济的支持力度

（七）畅通金融服务实体经济渠道

改革完善货币信贷投放机制，抓紧建立对中小银行实行较低存款准备金率的政策框架，引导金融机构扩大信贷投放、降低小微企业信贷综合融资成本，精准有效支持实体经济。

（八）更好地发挥政府性融资担保基金作用

强化融资服务平台建设，着力破解小微企业、民营企业信息不对称、信用不充分问题。实施降低小微企业融资担保成本的奖补政策，健全民营企业贷款风险补偿机制。

（九）完善商业银行绩效考核和激励机制

推动商业银行基层分支机构下沉工作重心，提升服务小微企业、民营企业的内生动力。健全并落实尽职免责制度，设立内部问责申诉通道，为尽职免责提供机制保障。激励银行加强普惠金融业务。

（十）扩大直接融资规模

积极支持符合条件的企业扩大直接融资。推动债券品种创新，扩大优质企业债券发行规模。实施好民营企业债券融资支持工具，适时启动股权融资支持工具。

（十一）清理规范银行及中介服务收费

推动银行业进一步减费让利。加强监管督导和检查，深入整治不当收费，严禁附加不合理贷款条件或收费。

四、持续降低制度性交易成本

（十二）推进市场准入负面清单制度全面实施

建立市场准入负面清单动态调整机制，开展《市场准入负面清单（2019年版）》修订工作，进一步缩减市场准入负面清单，推动“非禁即入”普遍落实。完善市场准入负面清单信息公开机制，扩大信息公开范围，丰富信息公开内容，不断提升市场准入政策透明度和清单使用便捷性。

（十三）进一步深化简政放权

继续压减行政许可事项、工业产品生产许可证和产品强制性认证种类，优化审批许可或评价发证流程。在自贸试验区率先对所有涉企经营许可事项实行“证照分离”改革。推进固定资产投资项目审批制度改革，清理和规范项目审批前置性条件，推广投资项目承诺制。在全国推开工程建设项目审批制度改革，大幅缩短全流程审批时间。继续压缩开办企业、注册商标、获得电力等时间，优化注销、破产办理流程。

（十四）进一步强化事中事后监管

改革完善公平竞争审查和公正监管制度，加快清理妨碍统一市场和公平竞争的各种规定和做法。推进“双随机、一公开”跨部门联合监管，推行信用监管和“互联网＋监管”改革，优化环保、消防、税务、市场监管等执法方式，对守法意识强、管理规范、守法记录良好的企业减少监管频次，清理规范行政处罚事项，降低企业合规成本。

（十五）持续优化政府服务

推行网上审批和服务，加快实现一网通办、异地可办，使更多事项不见面办理，确需到现场办理的要“一窗受理、限时办结”“最多跑一次”。确保全国一体化在线政务服务平台上线运行，同步实现“互联网＋监管”功能。

五、明显降低企业社保缴费负担

（十六）下调企业社保缴费比例

自2019年5月起，职工基本养老保险单位缴费比例高于16%的省份，可降至16%。

（十七）稳定社保缴费方式

稳步推进社保征收体制改革，各地在改革过程中不得采取增加小微企业实际缴费负担的做法，不得自行对历史欠费进行集中清缴。

（十八）保持前期政策连续性

将阶段性降低失业和工伤保险费率政策延长至2020年4月底；其中，工伤保险基金累计结余可支付月数在18至23个月的统筹地区可将现行费率再下调20%，可支付月数在24个月以上的可下调50%。

（十九）合理确定社保缴费基数

以城镇非私营单位就业人员平均工资和私营单位就业人员平均工资加权计算的全口径就业人员平均工资，核定缴费基数上下限，合理降低部分参保人员和企业的社保缴费基数。

六、继续降低用能用地成本

（二十）继续降低一般工商业电价

运用降低增值税税率和降低国家重大水利工程建设基金征收标准产生的降价空间，以及通过延长电网企业固定资产平均折旧年限政策和扩大电力市场化交易等措施降电价，使一般工商业平均电价再降低10%。

（二十一）提高电力交易市场化程度

深化电力市场化改革，放开所有经营性行业发用电计划，鼓励售电公司代理中小用户参与电力市场化交易，鼓励清洁能源参与交易。

（二十二）降低企业用地综合成本

进一步优化工业用地供应管理政策，加快长期租赁、先租后让、租让结合、弹性年期等方式供应工业用地政策落地，支持各地以土地使用权作价出资或入股方式供应标准厂房用地。

七、推进物流降本增效

（二十三）取消或降低一批公路、铁路、民航、港口收费

深化收费公路制度改革，降低过路过桥费用。全面推广高速公路差异化收费、货车使用非现金支付、客车ETC等优惠政策，优化通行费增值税发票开具。下浮铁路货物执行运价，将降低增值税税率的实惠传导至下游企业；进一步清理规范铁路货运杂费及铁路专用线等收费。减并港口收费项目，降低港口设施保安费、货物港务费等收费标准。降低民用机场收费。引导督促国际班轮公司降低码头操

作费及单证类附加费。

（二十四）着力提高物流效率

深入推进多式联运示范工程，加强多式联运公共信息服务能力建设。全面推广无车承运人发展，促进模式创新和资源整合。推进城市绿色配送示范工程建设。

（二十五）提高高速公路通行效率

两年内基本取消全国高速公路省界收费站，力争提前实现，做到不停车快捷收费，加快通行。

八、提高资金周转效率

（二十六）加大清理规范保证金工作力度

加大对企业收取保证金行为的检查指导力度，取消没有法律法规依据的保证金。加快推进房屋建筑和市政基础设施工程担保制度建设，推行银行保函替代、工程保证保险替代和工程担保公司保函替代，减轻建筑业成本负担。进一步明确农民工工资保证金差异化缴存政策。

九、支持企业内部挖潜

（二十七）引导企业加强成本管控和提升管理水平

引导企业强化资源能源集约管理，推进资源能源高效循环利用，做好成本控制。支持企业深入推进管理、产品、组织、业态及模式创新，拓宽效益提升空间。

有关方面要进一步完善降成本工作协调推进机制，加强会商，密切跟踪重点任务进展情况，扎实推进降成本各项政策落地见效。要加强降成本政策宣传，让企业了解并用好各项优惠政策。降低实体经济企业成本工作部际联席会议将继续加强对各地好的经验、做法的梳理，并做好宣传和推广。

国家发展改革委
工业和信息化部
财　政　部
人　民　银　行
2019 年 5 月 7 日

国家发展改革委　交通运输部关于印发《加快推进高速公路电子不停车快捷收费应用服务实施方案》的通知

（发改基础〔2019〕935号）

各省、自治区、直辖市人民政府，工业和信息化部、公安部、财政部、住房城乡建设部、人民银行、税务总局、市场监管总局、银保监会：

为贯彻落实党中央、国务院关于深化收费公路制度改革取消高速公路省界收费站的决策部署，实现高速公路不停车快捷收费，减少拥堵、便利群众，发展改革委、交通运输部会同有关部门研究制定了《加快推进高速公路电子不停车快捷收费应用服务实施方案》，经国务院同意，现印发你们，请认真贯彻执行。

国家发展改革委
交　通　运　输　部
2019年5月28日

加快推进高速公路电子不停车快捷收费应用服务实施方案

2015年9月，全国高速公路电子不停车快捷收费（ETC）系统实现联网运营，有力推进了交通运输转型升级、提质增效，取得了明显的社会和经济效益。但部分地区ETC发展系统功能和应用领域相对单一，车载终端安装不便利，货车无法实现不停车收费，市场化进程缓慢，服务质量和服务水平有待提高，制约了ETC的加快推广。为进一步深化交通运输领域供给侧结构性改革，提高高速公路通行效率，实现不停车快捷收费，减少拥堵、便利群众，经国务院同意，现就加快推进ETC应用服务提出如下实施方案。

一、总体要求

（一）指导思想

以习近平新时代中国特色社会主义思想为指导，全面贯彻党的十九大和十九届二中、三中全会精神，牢固树立新发展理念，按照高质量发展要求，坚持以供给侧结构性改革为主线，以满足人民群众安全便捷经济出行需求为导向，创新 ETC 发展模式，强化 ETC 应用与服务，提升 ETC 使用率，加快推进多种电子收费方式融合协同发展，提高高速公路通行效率，更好地服务经济社会发展。

（二）基本原则

——政府引导、市场主导。加强政府统筹协调和政策扶持，突出高速公路公共属性，落实高速公路使用者的社会责任，优化发展环境；充分发挥市场在资源配置中的决定性作用和企业的主体作用，激发市场需求和企业发展的内生动力。

——统筹规划、协同推进。加强提升 ETC 应用与服务的统筹规划，聚焦优质服务，明确发展路径，强化电子收费应用的需求拉动作用，实现技术、产业、网络、应用的协同推进。

——创新发展、示范引领。坚持服务创新、技术创新和管理创新，大力促进高速公路电子收费与经济社会各领域的融合创新，鼓励先行先试，充分发挥示范引领作用。

——注重实效、惠及民生。坚持以人民为中心的发展思想，紧紧围绕人民群众的期待和需求，不断提升收费服务水平，便捷高速公路通行，丰富服务内容，让人民群众共享高速公路发展成果。

（三）发展目标

到 2019 年 12 月底，全国 ETC 用户数量突破 1.8 亿，高速公路收费站 ETC 全覆盖，ETC 车道成为主要收费车道，货车实现不停车收费，高速公路不停车快捷收费率达到 90% 以上，所有人工收费车道支持移动支付等电子不停车快捷收费体系。

二、夯实工作基础

（一）加强基础服务设施建设维护

加大 ETC 基础服务设施建设投入力度，提升收费站 ETC 专用车道比例。高速公路新建、改扩建及大修时，应根据通行需要，提前规划并适度超前增设 ETC 专用车道。2019 年 10 月底前，所有车道均具备 ETC 服务功能，其中大中城市、新建城镇、旅游景区周边收费站 ETC 专用车道占比不低于 70%。加强 ETC 车道检测和维护力度。（交通运输部，各省级人民政府）

（二）推进货车不停车收费

调整货车通行费计费方式，从 2020 年 1 月 1 日起，统一按车（轴）型收费，并确保不增加货车通行费总体负担。封闭式高速公路收费站入口同步实施不停车称重检测，提高货车通行效率。（各省级人民政府，交通运输部、发展改革委、市场监管总局）

（三）强化 ETC 车道运行保障

按照标准规范，设置统一醒目的 ETC 车道标识。优化 ETC 车道布局。严格执行《公路电子不停车收费联网运营和服务规范》，强化车道运行监测能力，保障 ETC 车道 24 小时不间断服务。除下坡等特殊路段的收费站外，2019 年 7 月底前，拆除 ETC 车道减速带等非必要设施。加强对 ETC 门架和车道系统的运行状态监测和维护，保证系统运行指标满足相关要求。（各省级人民政府，交通运输部）

（四）提升网络安全防护能力

按照国家网络安全等级保护制度以及《联网收费系统省域系统并网接入网络安全基本技术要求》等有关要求，定期开展测评评估，不断强化系统安全防护能力。制定完善网络安全事件应急预案，建立健全应急处置机制。将高速公路收费清分结算系统纳入国家信息安全专项计划。2019 年 10 月底前，完成 ETC 系统国产密码算法迁移工程。（交通运输部、公安部、发展改革委，各省级人民政府）

（五）提高高速公路进城路段通行效率

优化高速公路出口与城市道路交织路段布设，保证主线交通安全顺畅。对于布置在高速公路出入口附近并易造成交通拥堵的货运枢纽、物流园区或商贸市场，结合城市总体规划有序外迁。（各省级人民政府，交通运输部、发展改革委）

三、健全服务体系

（一）拓宽 ETC 发行服务渠道

推动建立全网协同服务模式，完善服务规则，鼓励银行业金融机构、非银行支付机构和互联网企业等服务机构紧密合作。允许 ETC 绑定既有银行账户和支付账户。支持商业银行推广发行加载交通行业应用的联名卡，停止 ETC 储值卡发行、逐步减少 ETC 储值卡使用。（各省级人民政府，交通运输部、人民银行、银保监会）

（二）推动 ETC 便捷安装

结合商业银行网点以及汽车主机厂、4S 店、高速公路服务区和收费站出入口广场等车辆集中场所，增加安装网点，方便公众就近便捷安装，并实现 ETC 业务办理一站式服务。组织发行单位，开展互联网发行、预约安装、集中上门安装等服务，便利车辆安装 ETC 车载装置。（各省级人民政府，交通运输部、人民银行、银保监会）

（三）推广移动支付应用

鼓励通过市场化手段，扩大移动支付车道覆盖范围，2019 年 12 月底前基本实现所有人工收费车道全覆盖。鼓励结合信用体系建设，推动“后台账户”应用，将移动支付纳入联网收费结算体系。（各省级人民政府，交通运输部、人民银行）

（四）加大 ETC 使用优惠力度

实现车载装置免费安装全覆盖，非人为损坏的，由发行方免费更换。2019 年 12 月底前，发行方完成与新修订的《收费公路车辆通行费车型分类》不符的 ETC 车载装置换发工作。鼓励社会资本参与发行，通过积分、打折、返利、红包等形式优惠用户通行。（交通运输部，各省级人民政府）

（五）完善基本优惠政策

给予 ETC 车辆不少于 5% 的通行费优惠，对通行本区域的 ETC 车辆实行无差别基本优惠政策。自 2020 年 1 月 1 日起，除国务院另有规定外，各类通行费减免等优惠政策均依托 ETC 系统实现。（交通运输部，各省级人民政府）

（六）拓展服务场景

鼓励 ETC 在停车场等涉车领域应用，2020 年 12 月底前，基本实现机场、火车站、客运站、港口码头等大型交通场站停车场景 ETC 服务全覆盖。推广 ETC 在居民小区、旅游景区等停车场景的应用。（省级人民政府，交通运输部）

（七）规范发行管理

修订《公路电子不停车收费联网运营和服务规范》，规范发行服务流程，完善内部发行监督检查和责任追究机制。加强发行监管，促进市场公平有序竞争。鼓励有服务能力的发行方按照统一规则开展异地发行。合作发行的，应通过协议明确合作发行机构的责任和义务，严格遵守相关标准规范及合作协议。（各省级人民政府，交通运输部、人民银行、银保监会）

四、完善系统配套

（一）加快推进车载装置产品创新和汽车前装

鼓励车载装置产品形态及服务功能多样化发展，研发与行车记录仪、智能后视镜等车载电子产品结合的多功能一体化终端，满足不同用户应用和消费需求。支持开展车载装置汽车前装，鼓励汽车生产企业与 ETC 设备制造商、发行方开展合作，加强车载装置汽车前装技术研究、试点和推广应用。2019 年 12 月底前完成 ETC 车载装置技术标准制定工作。自 2020 年 7 月 1 日起，新申请批准的车型应在选装配置中增加 ETC 车载装置，供用户自主选装。（工业和信息化部、交通运输部、市场监管总局，各省级人民政府）

（二）加快公务、特种车辆车载装置安装

2019 年 7 月底前，完成机关事业单位公务用车、国有企业车辆，以及救护车、消防车、警车、工程抢险车辆、城市管理执法执勤用车等特种车辆安装使用 ETC。自 2019 年 8 月 1 日起，行政事业单位、国有企业等对所属车辆实行高速公路通行费电子发票报销。（交通运输部、住房城乡建设部、财政部、税务总局，各省级人民政府）

（三）推动营运车辆车载装置安装

2019 年 12 月底前，完成客运车辆、租赁汽车、公路货运车辆等营运车辆安装使用 ETC。修改完善出租车计价器相关标准，准许 ETC 设备与出租车计价器之间通信，不断提高乘客获取 ETC 通行费发票、出租车费发票的便利性。（交通运输部、财政部、税务总局，各省级人民政府）

（四）加强车载装置质量监督

兼顾各种产品形态和多种销售渠道，进一步完善检测标准和质量监督体系，加强 ETC 产品和关键设备的质量监督，鼓励开展 ETC 设备自愿性产品认证。继续加大 ETC 产品质量行业抽查力度，完善抽查指标，有关结果及时向社会公众和相关单位通报。（市场监管总局、交通运输部，各省级人民政府）

（五）开展 ETC 无卡化应用研究

开展 ETC 无卡化应用研究，推广单片式车载装置，推动从离线“电子钱包”向“后台账户”应用发展，实现车道前端识别、账户后端扣费，简化车道系统处理流程，提高运行效率。（交通运输部、人民银行，各省级人民政府）

五、创新体制机制

（一）完善联网收费管理体系。建立健全交通运输部门与公安部门间有关交通管理信息共享机制，从源头杜绝“大车小标、大车小签”等行为。依托北斗卫星定位、视频识别、大数据分析等技术手段，开展联网收费稽查体系建设，加强对恶意偷逃通行费的车辆监管与稽查。（交通运输部、公安部、人民银行）

（二）构建高速公路信用体系。2019 年 12 月底前，制定信用评价机制和评价标准，建立以信用承诺、信用公示为特点的新型监管机制，通过全国信用信息共享平台，利用收费公路联网收费、绿色通道、交通执法等基础数据，加快建立车辆信用记录，集成车辆登记信息、交通管理信息、通行交费信息等信息，并通过“信用中国”网站公示。对恶意闯关、倒卡、逃费等严重失信行为实施联合惩戒。（交通运输部、发展改革委、公安部、人民银行、银保监会）

（三）建立市场化服务体系。推进 ETC 发行方从政府部门或事业单位剥离，实现独立企业化运行。逐步实现政府通过公平竞争确定服务主体。鼓励 ETC 发行方及合作机构采用市场化手段开展商业优惠活动，促进 ETC 应用推广。（各省级人民政府，交通运输部、人民银行）

（四）完善清分结算机制。依据国家相关法律法规，建立健全清分结算工作制度，兼顾各方利益诉求，维护用户和收费公路经营管理者合法权益。推动清分结算机制逐步向市场化运作机制过渡，车载装置发行方、道路运营方、清分结算方等各主体之间，通过运营协议约定权利义务和清分结算服务费标准。（交通运输部、发展改革委、财政部、人民银行，各省级人民政府）

（五）拓宽投融资渠道。强化资金支持，各地 ETC 车载装置安装、系统和设施建设改造资金由省级人民政府统筹负责，采用通行费收入列支、财政补助等方式解决，鼓励各地通过市场机制筹集资金。健全完善资金监管机制，保障市场机制下资金流转的规范性和合理性。（各省级人民政府，交通运输

部、发展改革委、人民银行）

六、加强组织保障

（一）细化工作方案

各地区、各有关部门要充分认识推动高速公路电子不停车收费的重要意义，强化组织领导，细化工作方案，明确时间表、路线图。加强工作指导和监督检查，确保各项工作落实到位。（各省级人民政府，相关部门）

（二）加强技术创新

充分发挥我国自主北斗导航技术在高速公路收费站快速通行、智能驾驶等方面的技术优势，依托基于北斗卫星定位、现代通信技术的前沿收费技术和车路协同技术等开发成果，加快推进成果转化，鼓励地方先行先试，促进系统优化升级，推动管理服务创新发展。（交通运输部，各省级人民政府）

（三）加强分析通报

建立全国高速公路电子不停车快捷收费应用服务质量评价指标体系，定期组织分析评价，对各省（区、市）不停车快捷收费率、ETC 安装率、ETC 车道占比、用户满意度调查结果等主要指标进行通报。（交通运输部）

（四）做好人员安置

各级地方政府要按照“谁主管、谁负责”的原则，严格落实相关法律法规规定，妥善做好高速公路收费站工作人员转岗安置工作，保障收费人员合法权益，确保社会稳定。（各省级人民政府，交通运输部）

（五）加强宣传引导

高速公路不停车收费工作涉及面广、影响大，要加强舆论引导，充分宣传 ETC 在便捷交通、节能减排、提高公路通行效率等方面的重要意义，树立 ETC 服务品牌，扩大社会影响力，及时回应公众关切，切实提高人民群众的获得感、幸福感，为高速公路持续健康发展营造良好氛围。（交通运输部，各省级人民政府）

关于加快推进铁路专用线建设的指导意见

（发改基础〔2019〕1445号）

各省、自治区、直辖市及计划单列市、新疆生产建设兵团发展改革委、自然资源厅（局）、交通运输厅（委），各铁路监督管理局，各铁路局集团公司，国家能源集团，国家开发投资集团有限公司：

为优化调整运输结构、打赢蓝天保卫战，更好发挥铁路在综合交通运输体系中的骨干作用和绿色低碳优势，推进铁路进港口、大型工矿企业和物流园区，解决好铁路运输“最后一公里”问题，促进多式联运，降低物流成本，现就加快推进铁路专用线建设提出以下意见。

一、重要意义

专用线是解决铁路运输“最后一公里”问题的重要设施，对于减少短驳、发挥综合交通效率、提升经济社会效益具有重要作用。近年来，有关部门、地方和企业坚持以供给侧结构性改革为主线，按照高质量发展要求，着力提升综合交通运输服务水平和效益，积极推动以铁路为骨干的多式联运发展，大力发展铁路专用线，实施长江干线港口铁水联运设施联通行动计划，打通铁路“最后一公里”，畅通“微循环”，“公转铁”、铁水联运等结构调整效果初步显现。为更好落实《国务院办公厅关于印发推进运输结构调整三年行动计划（2018—2020年）的通知》（国办发〔2018〕91号）有关要求，进一步增加铁路货运量，迫切需要加快铁路专用线建设进度，实现铁路干线运输与重要港口、大型工矿企业、物流园区等的高效联通和无缝衔接。

二、总体要求

（一）指导思想

以习近平新时代中国特色社会主义思想为指导，全面贯彻党的十九大和十九届二中、三中全会精神，按照党中央、国务院关于调整运输结构、打赢蓝天保卫战的重大决策部署，坚持以供给侧结构性改革为主线，坚持目标导向和问题导向，以推进大宗货物运输“公转铁”为主攻方向，坚持市场主体、企业实施、政府推动，充分利用既有铁路设施，加快铁路专用线建设，构建支撑多式联运更高效、运输结构更优化、降本增效更明显的铁路集疏运体系，打通铁路运输“最后一公里”，提高共建共享利用效率，提升服务水平，增加铁路货运量，降低物流成本，减少碳排放，提升运输绿色发展水平。

（二）发展目标

到2020年，一批铁路专用线开工建设，沿海主要港口、大宗货物年运量150万吨以上的大型工矿企业、新建物流园区铁路专用线接入比例均达到80%，长江干线主要港口基本引入铁路专用线。到2025年，沿海主要港口、大宗货物年运量150万吨以上的大型工矿企业、新建物流园区铁路专用线力争接入比例均达到85%，长江干线主要港口全部实现铁路进港。

三、重点任务

（三）深入对接需求

各省级发展改革委、自然资源厅（局）、交通运输厅（委）、地区铁路监督管理局和铁路企业牵头建立对接工作机制，按照运量前景可观、基础条件成熟、“公转铁”效果明显的原则，对接调查辖域内港口、企业、物流园区铁路专用线建设需求，梳理大宗货物年货运量150万吨以上的大型工矿企业和新建物流园区名单，研究确定铁路专用线建设总体目标，明确铁路专用线重点建设项目清单，细化明确项目推进时间节点、实施主体、资金筹措方案等。

（四）同步规划建设

规划新建客货共线、货运专线铁路时，要充分考虑沿线铁路专用线接入需求，同步做好专用线线路走向和衔接条件的论证，鼓励铁路专用线与之同步规划设计、同期建成开通。具备同步实施条件的，新建铁路要提供有利的接轨条件，按照专用线能力需要配套建设接轨站。暂不具备同步建设条件的，新建铁路应做好接轨条件预留。结合新线铁路建设和既有线扩能改造，鼓励根据需要对既有专用线实施相关改造，尽可能盘活既有专用线资源和运能，提高利用效率。主要港口新建集装箱、大宗散货作业区原则上同步规划建设进港铁路。

（五）合理确定标准

在保障运输安全顺畅的前提下，合理确定新建及改扩建铁路专用线建设等级和技术标准，经济适用配置站后设施设备。铁路专用线优先采用再用轨、再用枕，牵引供电可采用单路外部电源或单台牵引变压器等。办理煤炭等易产生扬尘污染的专用线，应配套建设绿色环保设施。不得随意采用设计上限标准和配置不相关的设施设备，从源头上降低专用线造价，切实减轻企业负担。专用线选址要符合国土空间规划，合理避让永久基本农田和生态保护红线，节约集约用地。

（六）简化接轨条件

有关企业提出铁路专用线接轨需求时，接轨站所属铁路企业应无条件受理，严禁设置门槛或拒绝受理。接轨站应按照顺畅衔接的原则进行适应性改造，原则上以接轨点为界，由铁路企业根据需要改造接轨站及相关设施设备并承担其投资。铁路专用线与繁忙干线、设计时速200公里客货共线铁路车站接轨时，应综合运输安全、咽喉通过能力、工程代价等因素，充分论证设置疏解线的必要性和建设时机；与其他线路车站接轨时，原则上不设置疏解线。

（七）压缩办理时限

进一步深化“放管服”改革，按照“最多跑一趟”的目标，精简手续、提高效率。铁路企业在受理专用线接轨申请后，原则上应在20个工作日内出具同意接轨意见，因技术原因不能接轨的需作出书面答复并提出有关建议。地方有关部门受理专用线核准申请后，应按照规定时限完成核准手续，确保专用线建设符合国家相关产业政策。省级投资主管部门负责专用线核准，并征求相关方面意见，初步设计、施工图设计等审查由企业自行决定。合理压缩铁路专用线项目前期工作周期，简化设计程序，提高审批效率，除工程地质复杂、技术难度大的项目外，原则上在可行性研究后可直接开展施工图设计。

（八）创新运维模式

专用线产权单位自主决策、按市场化原则开展运营维护，可采取自营、委托运营等方式。进一步开放专用线代运营代维护市场，允许工程施工、装备制造、社会物流企业等参与并提供相关服务，鼓励建立区域性、专业化铁路专用线运营维护机制和企业。专用线委托铁路企业运营维护的，铁路企业应积极采用车、工、电、供一体化生产组织模式，集中集约设置生产生活设施，统筹检修工装设备运用，尽可能降低运营支出，同时参照自身运营相关作业的内部成本控制定额，在平等协商基础上，合理确定收费标准。专用线由产权单位自己运营维护的，铁路企业要加强指导，确保满足国家相关标准和规定，保障运输安全。

（九）优化运输服务

铁路企业要加快转变理念，主动上门对接和服务企业，优化服务流程和运输组织，减少中间短驳，简化作业环节，规范收费行为，提高运输服务效率和品质，加强与港口、航运等企业合作，促进港口通过铁路进行大宗货物和集装箱集疏运。结合受委托专用线需求特点，制定针对性运输计划，鼓励企业签订长期协议，优先满足专用线运输需求。鼓励铁路企业与专用线产权单位、第三方客户加强合作，协商制定全程物流方案，为广大客户提供更直接、更方便、更高效的服务，推动铁路货运向现代物流转变。加快完善以铁水联运为重点的多式联运公共信息交换共享，实现铁路现车、装卸车、货物在途、到达预确报以及港口装卸、货物堆存、船舶进出港等铁水联运信息互联共享。

（十）提升综合效益

鼓励铁路企业、有关企业和地方政府加强合作，按照市场化原则推进铁路专用线共建共享共用，规范线路使用、运输服务收费项目和标准，明确清算规则，规范专用线价格行为，建立适应市场变化的运价灵活动态调整机制，增强铁路专用线运输市场竞争能力，制定铁路专用线代运营代维护收费计费办法，向社会公开。加强产运销协同，开发多层次运输服务产品，提高专用线利用效率和综合效益，更好地发挥铁路运输安全、节能、环保优势，推动运输结构调整优化。

四、措施要求

（十一）强化协同推动

省级发展改革委、自然资源厅（局）、交通运输厅（委）、地区铁路监督管理局和铁路企业要建立常态化协调机制，加强与地方及有关企业沟通协调，共同推进专用线建设，着力解决重点难点问题，每半年将有关工作推进情况报送国家发展改革委、自然资源部、交通运输部、国家铁路局和中国国家铁路集团有限公司。充分发挥铁路企业运营管理优势和企业市场主体作用，坚持市场导向，合理确定其在专用线建设的资金筹措、建设实施、资产管理、运营维护等责任。

（十二）加大支持力度

铁路企业要强化市场和服务意识，在接轨手续办理、方案审查、工程建设、运维管理、运输组织、安全保障等方面优化服务，有关情况及时向社会主动公开。地方有关部门要简化审批程序，在要件办理、项目核准、建设施工许可、用地指标保障等方面积极支持。自然资源部将加大铁路专用线用地、用海支持力度，对重点支持项目纳入占用永久基本农田用地预审受理范围，并对符合海域管理法律法规及围填海管理政策的项目保障用海需求。国家铁路局将会同有关部门和单位加快制定完善铁路专用线标准规范，加强行业质量安全监督管理，促进铁路专用线安全优质建设。

（十三）拓宽筹资渠道

全面开放铁路专用线投资建设、运营维护市场，支持各市场主体按照市场化原则，以股权合作方式共同建设铁路专用线。中国国家铁路集团有限公司将与有关企业加强平等协商和互利合作，积极参与铁路专用线建设。鼓励金融机构加大对铁路和多式联运企业金融服务的支持力度，积极引导社会资本以多种形式参与投资建设铁路专用线，研究进一步加大中央和地方财政性资金的支持力度。

（十四）加强督促指导

根据发展需求和经济社会效益情况，梳理提出了2019—2020年推动先行实施的一批铁路专用线重点项目。国家发展改革委、自然资源部、交通运输部、国家铁路局、中国国家铁路集团有限公司将加强跟踪指导，及时总结和协调解决铁路专用线项目建设过程中的问题和困难，对进展滞后的项目督促有关方面重点帮助协调推进。同时，完善相关政策措施，推动有关方面加快推进项目前期工作和工程建设，尽快打通铁路运输“最后一公里”。

附件：铁路专用线重点项目（2019—2020年）

国家发展改革委
自然资源部
交通运输部
国家铁路局
中国国家铁路集团有限公司
2019年9月1日

附件：铁路专用线重点项目（2019—2020年）（略）

交通运输部等十八部门关于认真落实习近平总书记重要指示推动邮政业高质量发展的实施意见

（交政研发〔2019〕92号）

邮政业是现代服务业的重要组成部分，是推动流通方式转型、促进消费升级的现代化先导性产业。党的十八大以来，习近平总书记多次作出重要指示，为邮政业发展指明了方向。为认真落实习近平总书记重要指示精神，推动邮政业高质量发展，现提出如下实施意见。

一、重大意义

习近平总书记强调，要加强快递队伍建设，做美好生活的创造者、守护者，加快农村“电商配送”渠道建设，强化快递包装废弃物防治，加强寄递渠道安全管理。这些重要指示，彰显了以习近平同志为核心的党中央执政为民的宗旨和情怀，体现了党中央对邮政业的高度重视和殷切期望，为邮政业高质量发展提出了要求，指明了方向。当前和今后一个时期，我国正处于并将长期处于发展的重要战略机遇期，落实好总书记重要指示精神、推动邮政业高质量发展，是践行党的宗旨、建设人民满意邮政的必然要求，是聚焦社会主要矛盾变化、满足人民群众对美好生活向往的客观需要，是鼓励和规范新业态健康发展、推动邮政业转型升级的内在要求，也是进一步搞活流通、更好发挥邮政快递作用的重要举措。

二、总体要求

（一）指导思想

坚持以习近平新时代中国特色社会主义思想为指导，全面贯彻党的十九大和十九届二中、三中全会精神，认真落实党中央、国务院决策部署，坚持新发展理念，以建设人民满意邮政为宗旨，以推动高质量发展为根本要求，以供给侧结构性改革为主线，着力全面深化改革、强化创新驱动、调整优化结构、提升服务质量、推动绿色发展、加强队伍建设，奋力建设交通强国邮政篇，更好服务于国民经济社会发展和人民福祉。

（二）发展目标

到2022年，基本建成普惠城乡、技术先进、服务优质、安全高效、绿色节能的邮政快递服务体系，形成覆盖全国、联通国际的服务网络。

普惠城乡。基本实现邮政“村村直通邮”、快递“乡乡有网点”，通过邮政、快递渠道基本实现建制村电商配送服务全覆盖。

技术先进。建成20家以上的行业科技研发中心，行业自动化分拣率超过90%，电子运单使用基本实现全覆盖，科技创新和应用水平明显提升。

安全高效。基本实现省级和重点城市邮政业安全机构全覆盖，完成寄递渠道安全监管“绿盾”工程建设，实现邮件、快件寄递“动态可跟踪、隐患可发现、事件可预警、风险可管控、责任可追溯”。

服务优质。寄递服务产品体系更加丰富，智能快件箱投递率上升到12%以上，重点快递企业国内重点城市间实现48小时送达，国际快递服务通达范围更广、速度更快，服务满意度稳步提高。

绿色节能。符合《快递封装用品》系列标准的包装材料应用比例超过95%，单个快件封装胶带平均用量减少20%，85%以上电商快件不再进行二次包装，城市地区快递营业网点设置回收再利用装置和循环中转袋使用基本实现全覆盖。

到2035年，基本建成现代化邮政快递服务体系，行业科技创新和应用处于世界领先水平，邮政和快递网络覆盖全国城乡、通达世界各国，行业治理体系和治理能力现代化基本实现，拥有若干家具有较强国际竞争力的跨国企业集团，我国在世界邮政业的话语权和影响力进一步提升，进入世界邮政强国行列。

三、主要任务

（一）全面深化改革

1. 深化“放管服”改革。进一步简政放权，改革快递业务经营许可年度报告制度，实施快递末端网点备案管理。大力推行“双随机、一公开”监管、信用监管、“互联网＋监管”，健全市场主体准入与退出机制。推进“互联网＋政务”服务，深化“一门”“一网”“一次”改革。依托交通运输新业态协同监管联席会议机制，构建完善“包容审慎”的新业态监管格局。

2. 完善寄递安全管理机制。强化寄递企业安全主体责任，加强数据采集的规范化建设，提升企业上报数据的质量和时效，督促企业健全完善寄递安全管理体系，严格落实“收寄验视、实名收寄、过机安检”三项制度。落实国家网络安全等级保护制度，保障企业网络和公民个人信息安全。充分发挥寄递安全联合监管机制作用，强化综合治理，推动落实属地管理责任，强化支撑体系建设，提升安全管理信息化、智能化水平，推动多部门情况互通、信息共享，保障寄递渠道安全畅通。

（二）强化创新驱动

3. 推动科技创新。大力推进“互联网＋”“智能＋”邮政快递发展。加快推广应用自动化分拣设备、机械化装卸设备，提升装备自动化、智能化、专业化水平。推进库存前置、智能分仓、科学配载、线路优化，努力实现信息协同化、服务智能化。支持和培育具有自主知识产权和核心竞争力的创新型企业。

4. 推动产业协同创新。加快建立完善邮政业与先进制造业、商贸业、现代农业等协同发展机制。

积极服务智能制造、个性化定制等生产方式，创设制造业“移动仓”。加快推动邮政业与电子商务融合发展，支持国家电子商务示范基地、电子商务产业园区和快递物流园区协同建设。推广“一市一品”和“快递+”金牌项目，打造服务农特产品“直通车”。

5. 创新交邮合作模式。推动邮政业与铁路、公路、水路、民航等的行业间标准对接和企业间信息共享。推动邮政、快递与铁路、民航企业优化安检流程，实现安全衔接，提高安检效率。推动在快递物流领域开展多式联运、城市绿色货运配送试点示范。

（三）加快结构调整

6. 优化市场主体结构。深化邮政体制改革，做强做优做大国有资本。支持民营企业发展，进一步优化营商环境。引导邮政快递企业建立现代企业制度，加快培育形成一批具有国际竞争力的企业集团。

7. 调整寄递运输结构。推进快递“上车、上船、上飞机”工程，加强交通枢纽与快递仓储、分拨、接驳等设施的规划衔接，支持在大型车站、码头、机场等新建交通枢纽配套建设邮件快件绿色通道和接驳场所。鼓励企业组建航空货运公司，在国际航线、航班时刻、货机购置等方面给予政策支持。积极推广高铁+邮件快件的运输模式，优化交接流程。

8. 完善寄递网络结构。深入实施“邮政在乡”和“快递下乡”工程。健全以县级分拨中心、乡镇递送节点、村级公共服务点为支撑的农村寄递网络，实现与干线运输网络有效衔接。鼓励快递企业合作建设县级快件处理中心，推动形成乡镇快件统一递送的合作机制，提升建制村快递通达率。鼓励利用电子商务进农村综合示范乡村服务站点开展寄递服务。鼓励企业加快推广定时、定点、定线的邮件班线，支持农村客运班车代运邮件快件。

（四）提高服务质量

9. 提升寄递末端服务集约化水平。鼓励邮政快递企业和社会第三方企业共同建设末端综合服务场所，开展联收联投。实施快递“三进”工程，推动社区、机关、企业、高校等有关单位划定专门派件区域或建设快递服务站点。加快社区、高等院校、商务中心、地铁站周边等末端节点布局，鼓励多个经营快递业务的企业共享末端服务设施。

10. 提升城乡寄递服务均等化水平。推广“村邮站+快递超市+简易金融”模式，鼓励叠加电商快件收转投及自提服务功能。支持快递企业加强与农业、供销、商贸企业的合作，完善农村、西部地区快递服务网络。鼓励邮政企业将农村邮政网点建设成“快递超市”，鼓励邮政、快递企业在农村业务量较大地区互相开放自提网点。支持邮政企业依托自身渠道资源，发展“一市一品”农特产品进城精品项目。

11. 提升跨境寄递服务便利化水平。积极推进全国跨境电子商务综合试验区建设，支持跨境电子商务综合试验区所在地城市建设国际邮件互换局和快件监管中心。提升进出境邮件数据申报和通关监管信息化水平，促进便捷通关。支持边贸寄递发展。加快推进中欧班列运输邮（快）件试点并逐步实现常态化。加快推动快递企业走出去，支持在境外依法开办快递服务机构并设置快件处理场所、海外仓，完善国际快件航空运输网络规划布局，建设自主航空网络，提高国际竞争力。推动在我国设立国际快递合作组织。

（五）推动绿色发展

12. 推广使用绿色包装。推进邮件快件包装减量化、绿色化、可循环，推行垃圾分类，鼓励使用可降解、可重复利用的环保包装材料。加快瘦身胶带、低重高强包装箱、简约包装等推广应用。鼓励电商经营者使用减量化、可循环、可降解材料制成的寄递包装。推广《快递封装用品》等系列标准，逐步淘汰重金属和特定物质超标的包装物料。推广应用可循环中转袋和共享快递盒，回收利用填充物等快递包装。

13. 大力推广绿色运输。逐步提高铁路等清洁运输方式应用比例。加快推进城市建成区新增和更新的邮政、快递车辆采用新能源或清洁能源汽车，2020 年底重点区域使用比例达到 80%。2019 年 7 月 1 日起，新增和更新的燃气邮政、快递车辆应符合国六排放标准。规范快递车辆管理，逐步统一编号和标识，推动车型标准化、专业化、厢式化、清洁化，为合规车辆提供通行便利。鼓励邮政快递企业开展供应链绿色流程再造，提高资源复用率。

14. 完善绿色治理。加快构建邮政业绿色发展指标体系、政策体系、标准体系、统计体系和考核体系。将生态环保作为对市场主体监管的重要内容，建立实施信息报告和定期通报制度。鼓励开发和推广应用符合行业实际的低碳环保技术装备。发挥协会桥梁纽带作用，支持中国快递绿色包装产业联盟建设发展。

（六）加强队伍建设

15. 强化党组织和工会组织建设。深入贯彻落实新时代党的建设总要求，全面提高邮政业党的建设质量，推动全行业全面从严治党向纵深发展，推动非公快递企业党的组织和党的工作“两个覆盖”。加强对快递小哥的主动关注、积极联系、有效覆盖，把快递员群体吸引过来、组织起来、稳固下来。加强行业工会和共青团组织建设，重视从快递员工中发展党员、团员，支持快递员工积极参与工人先锋号、青年文明号、青年安全示范岗创建和青年对外交往等活动。

16. 维护从业人员合法权益。快递企业应当依法与招用的劳动者签订劳动合同，按时足额支付工资，参加社会保险。完善利益分配向西部和基层一线劳动者倾斜的机制。经营快递业务的企业，由第三方组织劳动者以快递企业名义提供快递服务的，应选择具备合法经营资格的用人单位，并与第三方在协议中明确依法用工的要求。推动快递行业协会制定行业规范，指导企业科学合理确定劳动定额标准。探索推进快递业集体协商，支持快递行业工会与企业代表组织就劳动报酬、工作时间、休息休假等订立集体合同。推进工伤保险全覆盖，鼓励企业为员工投保意外伤害等商业保险。督促企业加大安全生产投入，减少安全事故和职业病危害。依托 12355 青少年服务台开展咨询服务，了解、反映劳动和就业保障问题。

17. 优化从业人员工作环境。积极推进智能快件箱和转运中心自动化建设，降低一线员工操作强度。推进快递网点标准化建设，完善快递站点建设标准、卫生条件、服务功能。组织开展“关爱工程”，协调地方政府在住房、子女入学、医疗等方面为快递员工提供支持。开展快递从业青年服务月、送温暖、金秋助学等活动。推动建设更多户外劳动者服务站点等场所，为快递员工等提供休息、充电、饮水供给等服务。

18. 拓展从业人员发展空间。推动杰出基层快递员工参选担任各级人大代表和政协委员。实施行业优秀人才推进计划。推动快递企业加强职业教育和培训。加强快递工程专业技术人才培养。健全完善劳动和职业技能竞赛体系。在邮政业中大力选树全国劳动模范、全国五一劳动奖章获得者、中国青年五四奖章获得者、全国优秀共青团干部（团员）等，开展评选表彰工作。

四、组织实施

19. 强化政治担当。各部门要牢固树立“四个意识”，坚定“四个自信”，做到“两个维护”，把学习贯彻习近平总书记重要指示作为一项重大政治任务，以忠诚为本，以勤劳为基，以创造为荣，以守护为责，以最深刻的认识、最坚决的态度、最有力的行动、最有效的成果，切实推动习近平总书记重要指示精神在行业落到实处，奋力建设交通强国邮政篇。

20. 加强组织实施。各部门要强化组织领导和统筹协调，制订具体实施方案，建立专门台账，明确责任分工，强化跟踪考核，定期对责任落实情况、相关工作完成情况等进行分析，督促整改，确保各项措施落实到位。

21. 营造良好氛围。各部门要加大宣传力度，大力弘扬“小蜜蜂”精神，深度挖掘报道“快递小哥”的凡人善举，持续开展寻找“最美快递员”等系列活动，讲好邮政故事，传播行业正能量，形成尊重快递员劳动、关爱快递员发展的良好社会氛围。

交通运输部
中央政法委
科技部
工业和信息化部
公安部
人力资源社会保障部
生态环境部
农业农村部
商务部
卫生健康委
海关总署
市场监管总局
铁路局
民航局
邮政局
中国国家铁路集团有限公司
中华全国总工会
共青团中央
2019年8月1日

交通运输部　国家邮政局　中国邮政集团公司关于深化交通运输与邮政快递融合推进农村物流高质量发展的意见

（交运发〔2019〕107号）

为贯彻落实党中央、国务院关于打赢脱贫攻坚战决策部署，健全完善贫困地区农村物流服务体系，推动交通运输与邮政快递在农村地区融合发展，提高农村物流服务覆盖率，全面推进农村物流高质量发展，为打赢脱贫攻坚战、实施乡村振兴战略提供更加坚实的服务保障，提出如下意见：

一、总体要求

以习近平新时代中国特色社会主义思想为指导，全面贯彻落实党的十九大和十九届二中、三中全会精神，以深化供给侧结构性改革为主线，以交邮融合、推进农村物流高质量发展为目的，坚持市场主导、政府统筹，多方协同、资源整合，因地制宜、融合创新，通过节点网络共享、运力资源共用、标准规范统一、企业融合发展，加快构建畅通便捷、经济高效、便民利民的县、乡、村三级物流服务体系，促进农产品、农村生产生活物资、邮政快递寄递物品等高效便捷流通，为农村地区脱贫攻坚、乡村振兴提供有力支撑。

二、推动网络节点共建共享

1. 支持县级公路客货运站拓展建设邮政快递作业设施。在有效保障客运服务和满足安全管理要求的基础上，促进物流资源集聚整合，因地制宜、根据实际需求拓展县级客运站物流服务功能，合理规划客、货分流线路，设立仓储、分拣、泊车等设施，为邮政、快递企业提供邮件快件的中转装卸、运输配送等服务。引导县域内邮政、快递企业入驻县级客运站，共享场站资源和设施。引导县域内快递企业通过联盟、合资等方式，开展县域内快递业务的共同揽收、分拣、运输、派送。充分利用县域内货运场站、邮件快件处理场所、电子商务物流配送中心、农资配送中心等资源，打造功能集约、服务高效、资源整合的县级农村物流节点。

2. 积极拓展乡镇客运站邮政快递中转及收投服务功能。按照《中华人民共和国道路运输条例》《道路旅客运输及客运站管理规定》等相关法规规章要求，在确保安全的前提下，可根据邮政快递等相关物流服务需求，对经营困难、运营效率不高的乡镇客运站进行改造，视情增设邮件快件作业区、电商服务区、货物堆存中转区，拓展邮件快件的中转分拣及收投、电商产品展示及代销代购、农村居民缴费购票等服务，提高乡镇客运站综合利用效率和乡镇快递网点覆盖率。鼓励在交通便利、人员相对集中的区域规划建设集客运、货运、邮政、快递于一体的乡镇运输服务站，引导和支持邮政、快递、电商、供销等企业入驻乡镇运输服务站，实现站场资源集约利用。

3. 依托邮政乡村服务点延伸农村物流服务网络。充分发挥农村地区邮政网点健全、配送网络通达的优势，积极拓展邮政乡镇网点、村邮站的服务功能，以互利互惠为原则，提供邮件快件收投、信息收集发布、电商及农产品代销代购、普惠金融、便民缴费等服务，健全乡到村工业品下行“最后一公里”和农产品上行“最初一公里”的物流服务网络，全面提高农村物流服务村级覆盖率。

三、支持运力资源互用互补

4. 鼓励推广农村客运车辆代运邮件快件。加强建制村通客车与建制村直接通邮工作的协同联动，鼓励邮政、快递企业与农村客运经营者开展合作，更新符合相关标准、满足农村客货运输需求的农村客运车辆，在保障农村旅客乘车需求和安全的前提下，依托农村客运车辆代送已经安检的邮件快件包裹、党报党刊、信件（国务院规定范围内的信件除外）等服务，降低邮政快递的末端配送成本，提高农村客运经营者运营效益。

5. 支持开展农村邮件快件货运服务。鼓励县级物流企业在统筹当地商贸、农资、电商等货源的基础上，结合邮政快递对配送线路、频次和时效的要求，合理规划运输网络，开展“定时、定点、定线”的货运服务，利用沿途取送、循环配送等模式，为农村地区邮政快递、电子商务、农资销售、连锁商超等企业提供共同配送、集中配送服务，提高农村物流服务的直接通达和覆盖能力。

6. 大力发展“互联网＋”农村物流新业态。支持农村物流企业建设互联网物流信息平台，并实现与农村电子商务平台的对接，发展网络货运、车货匹配等新型运营服务模式，实现人、车、货、站、线等要素的精准匹配，提高农村物流组织效率。

7. 鼓励新技术新设备普及应用。推广应用条形码、射频识别技术、车载卫星定位装置等先进技术，加强物流运输动态监控和数字化管理，实现农村物流信息化运作，提高运营管理效率。支持邮政快递、运输企业推广标准化托盘、集装篮和笼车循环共用，降低农产品运输损耗。

四、推进融合规范运作

8. 建立融合发展工作对接机制。积极联合农业、商务、供销等部门建立推进农村物流体系建设工作协调机制，通过签订合作协议、联合出台政策性文件、定期召开联席会议等方式，破除市场主体在融合发展中的体制机制障碍，为农村地区各方资源的充分整合创造良好的外部环境。

9. 制定融合发展服务规范。按照职责指导运输、邮政、快递企业围绕节点规划布局、运载工具、收寄交付、仓储保管、中转分拨、时效要求、安全管理、信息查询、结算方式、纠纷处理及赔偿等方面按需制定交邮融合的服务规范，结合各地农村物流实际，鼓励企业在特色农产品外销、家电产品下乡、县域内邮政快递集中配送等领域推出定制化的服务产品，打造交邮融合服务品牌。

五、推动多方协作联动

10. 依托邮政网点开展道路运输便民政务服务。积极利用乡镇邮政营业场所为广大农村居民提供高效便捷的便民政务服务。协调乡镇邮政营业场所设置互联网道路运输便民政务服务自助终端、联网售票等服务终端，为农村地区客货运输经营者提供相关道路运输证照代办便民服务，方便农村地区客货运输经营者在“家门口”办理相关业务。省级交通运输主管部门要会同邮政管理部门建立完善乡镇邮政营业场所道路运输证照代办工作协商机制，规范代办场所、窗口和设施，打造标准化的样板网点。

11. 打造产运销一体化农村物流服务体系。鼓励交通运输、邮政、快递企业与农业生产企业、商超、电商、农产品经销商等跨行业联营合作或组建产业联盟，以电子商务平台及商贸流通企业为载体，以物流运输为纽带，建立“种植基地＋生产加工＋商贸流通＋物流运输＋邮政金融服务”一体化的供应链体系，积极推广“寄递＋电商＋农特产品＋金融”产业扶贫模式，实现产、运、销一体化的农村物流服务，畅通农产品产销衔接机制，支撑农村地区经济发展。

六、协同抓好落地实施

12. 建立健全工作机制。把推进农村物流发展作为打赢脱贫攻坚战的重要任务，建立工作协调机制，研究解决交邮融合发展中的具体问题，健全完善交邮融合促进农村物流发展工作方案。要充分发挥交通运输、邮政快递龙头骨干企业的示范引领作用，鼓励企业积极拓展乡村物流网点、完善服务网络、创新运营模式、健全服务标准，促进农村物流资源的高效集约配置。

13. 加大政策支持力度。跟踪研究农村物流发展中面临的用地难、效益差等实际问题，积极争取地方各级人民政府、各行业主管部门对农村物流发展的政策支持，对站场设施建设改造、邮政和快递网点建设、车辆装备淘汰更新、运输组织模式创新、信息系统建设等给予引导扶持。

14. 加强经验总结推广。在全国推广农村物流服务创新品牌，编制典型案例集，总结交邮融合、促进农村物流发展的典型模式和成功经验，加强宣传推广力度，通过示范引领，指导各地深化交通运输、邮政快递融合，创新发展模式、提高农村物流服务水平。

交 通 运 输 部
国 家 邮 政 局
中国邮政集团公司
2019年8月12日

交通运输部　国家税务总局关于印发《网络平台道路货物运输经营管理暂行办法》的通知

各省、自治区、直辖市、新疆生产建设兵团交通运输厅（局、委），国家税务总局各省、自治区、直辖市和计划单列市税务局：

为贯彻落实国务院关于促进平台经济规范健康发展的决策部署，规范网络平台道路货物运输经营，维护道路货物运输市场秩序，促进物流业降本增效，交通运输部、国家税务总局在系统总结无车承运人试点工作的基础上，制定了《网络平台道路货物运输经营管理暂行办法》（以下简称《办法》），现将《办法》印发给你们，请遵照执行。

交通运输部无车承运人试点工作于2019年12月31日结束。从2020年1月1日起，试点企业可按照《办法》规定要求，申请经营范围为“网络货运”的道路运输经营许可；县级负有道路运输监督管理职责的机构应按照《办法》，对符合相关条件要求的试点企业，换发道路运输经营许可证。未纳入交通运输部无车承运人试点范围的经营者，可按照《办法》申请经营许可，依法依规从事网络货运经营。

交 通 运 输 部
国家税务总局
2019年9月6日

网络平台道路货物运输经营管理暂行办法

第一章　总　则

第一条　为促进道路货物运输业与互联网融合发展，规范网络平台道路货物运输经营活动，维护道路货物运输市场秩序，保护网络平台道路货物运输经营各方当事人的合法权益，根据《中华人民共和国道路运输条例》及有关法律法规规章的规定和国务院关于促进平台经济规范健康发展的决策部署，制定本办法。

第二条　从事网络平台道路货物运输（以下简称网络货运）经营，应当遵守本办法。

本办法所称网络货运经营，是指经营者依托互联网平台整合配置运输资源，以承运人身份与托运人签订运输合同，委托实际承运人完成道路货物运输，承担承运人责任的道路货物运输经营活动。网络货运经营不包括仅为托运人和实际承运人提供信息中介和交易撮合等服务的行为。

实际承运人，是指接受网络货运经营者委托，使用符合条件的载货汽车和驾驶员，实际从事道路货物运输的经营者。

第三条 网络货运经营者从事经营活动，应当遵循自愿、平等、公平、诚信的原则，遵守法律和商业道德，公平参与市场竞争，承担运输服务质量责任，接受行业管理部门和社会的监督。

网络货运管理应当公正、公平、便民。

第四条 国务院交通运输主管部门主管全国网络货运管理工作。

县级以上地方人民政府交通运输主管部门主管本行政区域的网络货运管理工作。

县级以上负有道路运输监督管理职责的机构具体实施本行政区域的网络货运管理工作。

第五条 鼓励网络货运经营者利用大数据、云计算、卫星定位、人工智能等技术整合资源，应用多式联运、甩挂运输和共同配送等运输组织模式，实现规模化、集约化运输生产。鼓励组织新能源车辆、中置轴模块化汽车列车等标准化车辆运输。

第二章 经营管理

第六条 鼓励发展网络货运，促进物流资源集约整合、高效利用。

需要申领道路运输经营许可证的，可向所在地县级负有道路运输监督管理职责的机构提出申请，县级负有道路运输监督管理职责的机构应按照《中华人民共和国道路运输条例》《道路货物运输及站场管理规定》的规定，向符合条件的申请人颁发《道路运输经营许可证》，经营范围为网络货运。

第七条 从事网络货运经营的，应当符合《互联网信息服务管理办法》等相关法律法规规章关于经营性互联网信息服务的要求，并具备与开展业务相适应的信息交互处理及全程跟踪记录等线上服务能力。

第八条 网络货运经营者应按照《中华人民共和国安全生产法》的规定，建立健全安全生产管理制度，落实安全生产主体责任。

第九条 网络货运经营者应当在许可的经营范围内从事经营活动。

网络货运经营者不得运输法律法规规章禁止运输的货物。

第十条 网络货运经营者应当对实际承运车辆及驾驶员资质进行审查，保证提供运输服务的车辆具备合法有效的营运证（从事普通货物运输经营的总质量4.5吨及以下普通货运车辆除外）、驾驶员具有合法有效的从业资格证（使用总质量4.5吨及以下普通货运车辆的驾驶人员除外）。

网络货运经营者和实际承运人应当保证线上提供服务的车辆、驾驶员与线下实际提供服务的车辆、驾驶员一致。

网络货运经营者委托运输不得超越实际承运人的经营范围。

第十一条 网络货运经营者不得虚构运输交易相互委托运输服务。

第十二条 网络货运经营者委托实际承运人从事道路货物运输服务，经营行为应符合合同约定条款及国家相关运营服务规范。

第十三条 网络货运经营者应当遵守车辆装载的要求，不得指使或者强令要求实际承运人超载、超限运输。

第十四条 网络货运经营者应按照相关技术规范的要求上传运单数据至省级网络货运信息监测系统。

第十五条　鼓励网络货运经营者采取承运人责任保险等措施，充分保障托运人合法权益。

第十六条　网络货运经营者从事零担货物运输经营的，应当按照《零担货物道路运输服务规范》的相关要求，对托运人身份进行查验登记，督促实际承运人实行安全查验制度，对货物进行安全检查或者开封验视。网络货运经营者应当如实记录托运人身份、物品信息。

第十七条　网络货运经营者应当建立健全交易规则和服务协议，明确实际承运人及其车辆及驾驶员进入和退出平台，托运人及实际承运人权益保护等规定，建立对实际承运人的服务评价体系，公示服务评价结果。

网络货运经营者应当建立健全投诉和举报机制，公开投诉举报电话，及时受理并处理投诉举报。鼓励网络货运经营者建立争议在线解决机制，制定并公示争议解决规则。

第十八条　网络货运经营者应按照《中华人民共和国电子商务法》《中华人民共和国税收征收管理法》及其实施细则等法律法规规章的要求，记录实际承运人、托运人的用户注册信息、身份认证信息、服务信息、交易信息，并保存相关涉税资料，确保信息的真实性、完整性、可用性。信息的保存时间自交易完成之日起不少于三年，相关涉税资料（包括属于涉税资料的相关信息）应当保存十年；法律、行政法规另有规定的，依照其规定。

前款所指交易信息包括订单日志、网上交易日志、款项结算、含有时间和地理位置信息的实时行驶轨迹数据等。

网络货运经营者应对运输、交易全过程进行实时监控和动态管理，不得虚构交易、运输、结算信息。

第十九条　网络货运经营者应遵照国家税收法律法规，依法依规抵扣增值税进项税额，不得虚开虚抵增值税发票等扣税凭证。

第二十条　网络货运经营者和实际承运人均应当依法履行纳税或扣缴税款义务。

第二十一条　网络货运经营者应当遵守《中华人民共和国网络安全法》等国家关于网络和信息安全有关规定。

第二十二条　网络货运经营者应当采取有效措施加强对驾驶员、车辆、托运人等相关信息的保密管理，未经被收集者同意，不得泄露、出售或者非法向他人提供信息，不得使用相关信息开展其他业务。

第三章　监督检查

第二十三条　省级交通运输主管部门应按照相关技术规范的要求建立和完善省级网络货运信息监测系统，实现与网络货运经营者信息平台的有效对接；应定期将监测数据上传至交通运输部网络货运信息交互系统，并及时传递给同级税务部门；应利用省级网络货运信息监测系统对网络货运经营者经营行为进行信息化监测，并建立信息通报制度，指导辖区内负有道路运输监督管理职责的机构基于网络货运经营者的信用等级和风险类型，实行差异化监管。

第二十四条　网络货运经营者发生虚开虚抵增值税发票等税收违法违规行为的，税务部门按照《中华人民共和国税收征收管理法》等有关法律法规规定处理。

网络货运经营者虚构交易、运输、结算信息，造成监测结果异常的，县级以上负有道路运输监督管理职责的机构应依法查处。

第二十五条 网络货运经营者、实际承运人有违反道路运输法律法规规章规定的，由县级以上负有道路运输监督管理职责的机构按照《公路安全保护条例》《中华人民共和国道路运输条例》《道路货物运输及站场管理规定》《道路危险货物运输管理规定》等相关法律法规规章的规定查处。

网络货运经营者有下列行为之一，造成重大责任事故的，县级以上负有道路运输监督管理职责的机构应依法查处，并将其纳入道路货物运输失信联合惩戒对象名单，实施联合惩戒：

（一）委托不具备资质的实际承运人从事运输；

（二）承运国家法律法规规章禁止运输的货物；

（三）指使、强令实际承运人超限超载运输货物。

第二十六条 网络货运经营者违反道路运输法律法规规章及本办法相关规定的，县级以上负有道路运输监督管理职责的机构按照《中华人民共和国行政处罚法》的规定，可将其违法证据先行登记保存。

第二十七条 省级交通运输主管部门应当建立网络货运经营者信用评价机制，定期组织开展网络货运经营者信用评价，并将信用评价结果、处罚记录等信息公示。

第二十八条 支持成立行业协会，鼓励行业协会商会等社会组织引导企业贯彻落实国家法规制度及标准规范，加强行业自律，规范企业经营行为，推动网络货运发展模式创新。

第四章 附 则

第二十九条 《中华人民共和国电子商务法》《中华人民共和国行政许可法》《中华人民共和国行政处罚法》《公路安全保护条例》《中华人民共和国道路运输条例》《道路货物运输及站场管理规定》《道路危险货物运输管理规定》《中华人民共和国税收征收管理法实施细则》等相关法律法规规章有明确规定的，从其规定；未作出明确规定的，按照本办法执行。

第三十条 本办法自 2020 年 1 月 1 日起施行，有效期 2 年。

交通运输部　国家发展改革委关于深化道路运输价格改革的意见

（交运规〔2019〕17 号）

各省、自治区、直辖市、新疆生产建设兵团交通运输厅（局、委）、发展改革委：

为贯彻落实《中共中央 国务院关于推进价格机制改革的若干意见》和《国务院办公厅关于深化改革推进出租汽车行业健康发展的指导意见》（国办发〔2016〕58 号）等有关部署，深化道路运输价格市场化改革，促进行业高质量发展，现提出以下意见。

一、总体要求

（一）指导思想

以习近平新时代中国特色社会主义思想为指导，全面贯彻党的十九大和十九届二中、三中全会精神，坚持以供给侧结构性改革为主线，按照党中央、国务院决策部署和高质量发展要求，深化道路运输价格市场化改革，完善道路运输价格管理方式，使市场在资源配置中起决定性作用，更好发挥政府作用，促进道路运输转型升级、提质增效，更好满足人民日益增长的美好生活需要。

（二）基本原则

——坚持市场导向。充分发挥价格调节市场供求关系的杠杆作用，加快完善主要由市场决定价格的机制，凡是能由市场形成价格的都交给市场，激发市场活力，提高资源配置效率。对暂不具备放开条件的道路运输价格，建立健全科学反映成本、体现质量效率、灵活动态调整的政府定价机制。

——坚持保障民生。牢固树立以人民为中心的发展思想，坚持在发展中保障和改善民生，妥善处理提高市场效率和保障社会公平的关系，保持基本公共服务领域运输服务价格基本稳定，防止春运、节假日等运输旺季价格大起大落，保障人民群众基本出行和合法价格权益，努力满足人民群众个性化、多样化、高品质出行需求。

——坚持包容审慎。落实新发展理念，对道路运输新业态新模式实施包容审慎的价格政策。按照放管结合的要求，加强价格行为事中事后监管和市场价格水平监测，保障市场稳定，促进公平竞争。

——坚持统筹推进。把价格改革放在道路运输“放管服”改革、优化完善市场准入和事中事后监管体系的大局中统筹谋划，坚持正确方向，把握好时机、节奏和力度，妥善处理政府和市场、短期和长期、供给和需求的关系，因地制宜，稳慎推进，以进促稳，以稳保进。

（三）改革目标

到2020年，道路运输竞争性领域和环节价格基本放开，确需保留的实行政府定价、政府指导价的道路运输价格动态调整机制有效建立，道路客运、出租汽车等领域经营者价格行为更加规范，主要由市场决定的道路运输价格形成机制和科学、规范、透明的道路运输价格监管制度基本健全，价格机制引导资源配置、促进行业高质量发展、满足人民群众出行需求的作用明显增强。

二、主要任务

（一）深化道路客运价格市场化改革。除农村客运外，由三家及以上经营者共同经营线路、与高铁动车组线路平行线路等竞争充分的班车客运，原则上实行市场调节价；同一方向上运输方式单一且同业竞争不充分的班车客运，可实行政府指导价（最高上限价格）管理。取得道路客运经营许可、按照固定线路运行或者实行区域经营的农村客运，原则上实行政府指导价（最高上限价格）管理。完善事前公告要求，取消班车客运价格确定、调整的事前备案。

（二）完善汽车客运站收费分类管理。汽车客运站提供的可由班车客运经营者、旅客自主选择的服务收费，应实行市场调节价。汽车客运站提供的客运代理、客车发班、车辆安全例行检查等车辆站务基本服务，以及退票、站务等旅客基本服务收费，原则上实行政府指导价。各地也可结合实际，部分实行或者全部实行市场调节价。

（三）健全巡游出租汽车运价形成机制。对于巡游出租汽车价格实行政府定价或者政府指导价管理的，各地要按照国办发〔2016〕58号文件要求，加快健全运价形成机制，建立完善运价动态调整机制，并定期评估完善。要根据本地实际情况，综合考虑出租汽车运营成本、居民和驾驶员收入水平、交通状况、服务质量等因素，按照规定程序，及时调整巡游出租汽车运价水平和结构。鼓励各地逐步建立完善运价调整机制，对运价调整机制进行听证，达到启动条件时应及时实施运价调整并向社会公告，实现运价调整工作机制化、动态化，增强价格时效性、灵活性。

（四）规范道路运输新业态新模式价格管理。规范网络预约出租汽车（以下简称网约车）价格行为，对网约车实行市场调节价，城市人民政府认为确有必要的可实行政府指导价。网约车平台公司应主动公开定价机制和动态加价机制，通过公司网站、移动互联网应用程序（APP）等方式公布运价结构、计价加价规则，保持加价标准合理且相对稳定，保障结算账单清晰、规范、透明，并接受社会监督。道路客运定制服务（含预约响应式的农村客运服务）实行市场调节价。在农村地区开通的公共汽电车客运，原则上纳入公共交通价格管理。

（五）健全特殊旅客权益保障。班车客运经营者和汽车客运站应对持《中华人民共和国残疾军人证》的伤残军人、持《中华人民共和国伤残人民警察证》的伤残人民警察、持国家综合性消防救援队伍残疾人员证件的残疾消防救援人员执行客票半价优待，具体按照所乘班次执行票价的50%计算。除9座及以下客车外，符合条件的儿童享受免费乘车或者客票半价优待。具体条件为：每一成人旅客可携带1名6周岁（含6周岁）以下或者身高1.2米（含1.2米）以下、且不单独占用座位的儿童免费乘车，需单独占用座位或者超过1名时超过的人数执行客票半价优待，并提供座位；6～14周岁或者身高为1.2～1.5米的儿童乘车执行客票半价优待，并提供座位。证明儿童年龄的有效身份证件包括中华人民共和国居民身份证、中华人民共和国临时居民身份证、港澳台居民居住证、港澳居民来往内地通行证、台湾居民来往大陆通行证、护照、外国人永久居留身份证等。在客车满载情况下免费乘车儿童数量不得超过核定载客人数的10%（舍去小数位取整）。

三、相关措施

（一）规范政府定价行为。对实行政府定价、政府指导价的道路运输价格和汽车客运站收费，要依法纳入地方定价目录。定价机关制定或者调整价格，应依法开展定价成本监审或者成本调查，并广泛听取社会各方面意见。春运和节假日期间，班车客运票价不得在正常的政府指导价规定范围或者政府定价水平以外实行特殊的加价政策。

（二）规范经营者自主定价行为。非定线旅游客运、包车客运、道路货物运输继续实行市场调节价。道路运输经营者应实行明码标价，公示服务项目及价格，并保持价格基本稳定。班车客运经营者应至少提前7日在汽车客运站、售票渠道等向社会公布执行票价；班车客运实行政府指导价的，还应在客票（含电子客票）标注或者通过售票渠道公示上限票价。鼓励汽车客运站、班车客运经营者向旅客免费提供改签服务。道路运输经营者按照价格政策规定制定或者调整价格、网约车平台公司调整定价机制或者动态加价机制，应至少提前7日向社会公布。

（三）加强价格监测和信用体系建设。各地价格、交通运输等主管部门，应建立健全道路运输价格监测分析预警机制，密切跟踪分析本地区道路运输价格总体水平和重要领域价格走势，着重加强春运、节假日等重点时段价格监测，完善价格异常波动应对预案，及时提出调控建议，保持价格水平处于合理区间。要推动建立道路运输价格信用监管机制，依法依规对相关失信责任主体实施失信联合惩戒。

（四）推进完善行业治理体系。各级交通运输主管部门要会同相关部门，持续深化道路运输简政放权、放管结合、优化服务改革，完善道路运输管理和经营服务的法规规章和标准规范，创新运输组织方式，优化准入条件、许可程序和许可事项，为价格改革营造良好的市场环境。鼓励道路运输经营者依法加强行业自律，规范价格行为。

四、工作要求

（一）加强组织。各地交通运输、价格主管部门要充分认识推进道路运输价格改革的重要意义，认真贯彻落实改革措施，充实工作力量，加强统筹协调，明确责任分工，因地制宜、因时制宜，深入调研、科学论证，充分考虑社会承受能力，依法依规推动本地道路运输价格改革工作，确保改革稳妥有序。

（二）务求实效。各省级交通运输、价格主管部门要统筹推进本地区道路运输“放管服”改革和价格改革，加强督促指导和评估工作，加强制度“立改废”工作，坚持分类指导，确保改革落到实处，精准有效。

（三）加强宣传。各地交通运输、价格主管部门要深入开展宣贯培训、政策解读工作，将改革举措及时、准确地传达到相关经营者。要加强宣传报道和社会沟通，及时回应社会关切，合理引导社会舆论和市场预期，确保改革推进过程中行业和社会稳定。要深入总结改革取得的成效和经验，宣传价格改革对推动行业转型升级、满足人民美好生活需要的作用，营造道路运输价格改革良好舆论氛围。

本意见自2020年1月1日起施行，1996年3月18日《交通部 国家计划委员会关于发布〈汽车客运站收费规则〉的通知》（交公路发〔1996〕263号）和2009年6月19日《交通运输部 国家发展和改革委员会关于印发〈汽车运价规则〉和〈道路运输价格管理规定〉的通知》（交运发〔2009〕275号）同时废止。

交通运输部
国家发展改革委
2019年10月30日

交通运输部　发展改革委　财政部　自然资源部　生态环境部　应急部　海关总署　市场监管总局　国家铁路集团关于建设世界一流港口的指导意见

（交水发〔2019〕141号）

各省、自治区、直辖市交通运输、发展改革、财政、自然资源、生态环境、应急管理、市场监管厅（局、委），海关总署广东分署、各直属海关，国家铁路集团所属各单位，中国远洋海运集团、招商局集团、中国交通建设集团：

港口是综合交通运输枢纽，也是经济社会发展的战略资源和重要支撑。为深入贯彻习近平新时代中国特色社会主义思想和习近平总书记关于港口发展的重要指示精神，贯彻落实《交通强国建设纲要》，加快世界一流港口建设，现提出如下指导意见。

一、总体要求

以习近平新时代中国特色社会主义思想为指导，全面贯彻党的十九大和十九届二中、三中、四中全会精神，深入贯彻新发展理念，以高质量发展为主题，以供给侧结构性改革为主线，以交通强国建设为统领，坚持市场主导、政府引导，坚持目标导向、改革创新，坚持整体推进、重点突破，坚持因港制宜、分类指导，着力促进降本增效，着力促进绿色、智慧、安全发展，着力推进陆海联动、江河海互动、港产城融合，着力把港口建设好、管理好、发展好，打造一流设施、一流技术、一流管理、一流服务，强化港口的综合枢纽作用，整体提升港口高质量发展水平，以枢纽港为重点，建设安全便捷、智慧绿色、经济高效、支撑有力、世界先进的世界一流港口，更好服务人民群众、服务国家重大战略，为社会主义现代化强国建设提供重要支撑，谱写交通强国建设港口篇章。

到2025年，世界一流港口建设取得重要进展，主要港口绿色、智慧、安全发展实现重大突破，地区性重要港口和一般港口专业化、规模化水平明显提升。到2035年，全国港口发展水平整体跃升，主要港口总体达到世界一流水平，若干个枢纽港口建成世界一流港口，引领全球港口绿色发展、智慧发展。到2050年，全面建成世界一流港口，形成若干个世界级港口群，发展水平位居世界前列。

二、重点任务

（一）着力提升港口综合服务能力

1. 系统优化供给体系。着力优化供给布局，节约集约利用空间资源，优化港口布局规划，促进港口间合理分工、错位发展，优化重点货类运输系统。统筹新港区开发与老港区搬迁，引导新建港区码头集中布置、连片开发。扩大优质增量供给，开展港口智能建造技术创新，提升工程质量品质。优化存量资源，坚持新建与既有码头技术升级改造并重，坚持建设、管理和养护并重，强化监测监控、健康诊断与日常维护，提高港口设施使用年限和耐久可靠性。

2. 提升港口综合服务功能。进一步优化港口装卸存储主业，完善港口船舶供应和服务保障体系。大力发展冷链、汽车、化工等专业物流，增强中转配送、流通加工等增值服务，延伸港口物流产业链。积极发展港航信息、商贸、金融保险等现代服务业，吸引国际货物中转、集拼等业务，提升航运服务能级，支撑世界一流的国际航运中心建设。完善以邮轮母港为引领、邮轮始发港为主体、访问港为补充的邮轮港口布局，提升邮轮等客运码头综合服务功能，拓展邮轮产业链，改善旅客候船环境和陆岛客运码头条件，加强与城市公交和其他运输方式衔接，提升旅客体验和满意度。

3. 以多式联运为重点补齐短板。健全港口集疏运体系，促进不同运输方式间有效衔接，重点解决铁路进港“最后一公里”问题，重要港区新建集装箱、大宗干散货作业区原则上同步规划建设进港铁路。以铁水联运、江海联运、江海直达等为重点，大力发展以港口为枢纽、“一单制”为核心的多式联运。加快专业化、规模化内河港区建设，积极推进新出海通道相关港区建设和 LNG 接收站配套码头、江海联运码头等建设。完善客运码头设施，有序建设改造内河游轮码头。加强进港深水航道和锚地建设。到 2025 年，集装箱、干散货重要港区铁路进港率达到 60% 以上，矿石、煤炭等大宗货物主要由铁路或水路集疏运；到 2035 年，重要港区基本实现铁路进港全覆盖，港口集装箱铁水联运比例显著提升。

（二）加快绿色港口建设

4. 着力强化污染防治。推进港口和船舶污染防治攻坚，开展既有码头环保设施升级改造及港口规范作业专项行动。推动市县人民政府依法统筹规划建设港口船舶污染物接收、转运、处置设施，加强分类管理、有效处置和利用。优化污染治理模式，新建港区同步推进环保设施的规划建设和综合利用，逐步推行内河船舶污染物集中接收转运、小型船舶“船上储存交岸处置”为主的排放治理模式。健全环保标准制度，强化散货作业防尘抑尘措施，推进原油、成品油装船码头油气回收。严格实施危险废物、船舶水污染物转移联合监管制度，加快单证电子化管理和多部门共享。2025 年初步形成设施齐备、制度健全、运行有效的港口和船舶污染防治体系；2035 年港口和船舶污染防治水平居于世界前列。

5. 构建清洁低碳的港口用能体系。完善港口 LNG 加注、岸电标准规范和供应服务体系。完善船舶大气污染物排放控制区，协同推进、大力提升船舶靠港岸电使用率，加强岸电使用绩效考核。鼓励新增和更换港口作业机械、港内车辆和拖轮等优先使用新能源和清洁能源，加快提升港口作业机械和车辆清洁化比例。

6. 加强资源节约循环利用和生态保护。严格落实围填海管控政策，严格管控和合理利用深水岸线，提倡建设公用码头，鼓励现有货主自用码头提供公共服务。实施既有设施设备改造，推广应用节能节水新技术、新工艺。综合利用航道疏浚土、施工材料、废旧材料。推进港区生产生活污水、雨污水循环利用。实施港区绿化工程，引导有条件的港口开展陆域、水域生态修复。到 2025 年，港口资源节约循环利用水平明显提升，2035 年主要港口绿色发展达到国际先进水平。

（三）加快智慧港口建设

7. 建设智能化港口系统。加强自主创新、集成创新，加大港作机械等装备关键技术、自动化集装箱码头操作系统、远程作业操控技术研发与推广应用，积极推进新一代自动化码头、堆场建设改造。建设基于5G、北斗、物联网等技术的信息基础设施，推动港区内部集卡和特殊场景集疏运通道集卡自动驾驶示范，深化港区联动。到2025年，部分沿海集装箱枢纽港初步形成全面感知、泛在互联、港车协同的智能化系统。到2035年，集装箱枢纽港基本建成智能化系统。

8. 加快智慧物流建设。大力推进港口无纸化作业，完善“一站式”“一网通”等信息服务系统，主要港口加快实现主要作业单证电子化和业务项目在线办理。推广应用铁水联运数据交换报文标准，实现信息交换共享。实施“互联网＋”战略，建立港口企业云服务数据中心，创新港口物流模式，促进与上下游产业的有效衔接、业务协同。

（四）加快推进开放融合发展

9. 积极推动港航协同发展。开展中小港口企业专优特精行动。加强港口互动，合作建设完善专业化码头服务网络。以更高质量一体化为导向，推动区域性航道、锚地共享共用，完善干支联动、江海互动的发展格局。强化枢纽港的引领作用，加快建设布局合理、功能完善、优势互补、协同高效的京津冀、长三角、东南沿海、粤港澳大湾区、西南沿海等区域港口群。鼓励港航企业通过产权置换、共同开发、联合运营、航线合作等方式，促进港航互动联合、合作共赢。

10. 推动港产城深度融合发展。按照国土空间规划总体布局，加强港口与城乡建设、产业发展布局的有效衔接，推进城市景观岸线与港口生产岸线协调发展，将港口污染防治融入城市生态环境保护体系，促进港城协调发展。依托港口建设物流中心、商品车和大宗商品交易平台、跨境贸易中心，促进要素资源集聚，服务临港产业升级。推动港口岸线与后方土地统筹开发，鼓励共建共用内陆无水港，增强港口的辐射带动作用。

11. 持续优化口岸营商环境。依托自由贸易试验区、自由贸易港的口岸监管和政策创新，探索港口建设管理模式创新。继续简化一体化通关流程，优化海事监管和引航服务，进一步简化进出口环节监管证件，加快推进“单一窗口”功能覆盖海运和贸易全链条，推动运输和通关便利化、一体化。落实口岸经营服务性收费目录清单和公示制度，联合开展监督检查。加快推进口岸通关物流服务全过程电子化，推动大型港航企业与“单一窗口”的合作对接，共同建设跨境贸易大数据平台，打造“一站式”贸易服务平台。

12. 更好服务“一带一路”建设。通过设点、连线、成网、布局，构建完善的海上互联互通网络，加强港口与中欧班列、西部陆海新通道、中欧陆海快线等衔接，加快建设便捷高效的国际贸易综合运输体系，推动形成陆海内外联动、东西双向互济的开放格局。完善港口国际合作机制，加强政策技术交流，促进物流信息共享和标准互通。优化外商投资港口的发展环境，吸引境外投资；鼓励我国企业积极参与“一带一路”沿线港口投资、建设、运营，交流共享港口管理经验和发展模式，形成若干个世界一流全球码头建设和运营商、综合服务商。推动建设国际港口联盟，完善海丝港口国际合作论坛等“21世纪海上丝绸之路”港口合作机制。

（五）加快平安港口建设

13. 着力强化本质安全。加强安全设施建设维护，建立完善港口储罐、安全设施检测和日常管控制度，提高设施设备安全可靠性。提升客运码头安检查危能力，推动高危作业场所和环节逐步实现自动化、无人化。推进建立省级港口危险货物监管平台，实现重要设施设备实时监测、智能感知和风险预警。强化重要港口网络安全保障，确保关键信息基础设施安全。

14. 着力推进双重预防机制建设。加强源头管控，严格落实港口危险货物建设项目安全审查制度。以危险货物作业和重大危险源等为重点，定期全面排查，形成安全风险清单，落实分级分类管控措施。加强港口客运站、危险货物储罐、堆场等区域风险联防联控。建立健全隐患排查治理制度，实行隐患定期排查、重大隐患及时“清零”，形成闭环管理。

15. 着力强化安全保障与应急能力。落实管行业必须管安全、管业务必须管安全、管生产经营必须管安全的要求，严密安全责任体系；强化基层监管能力建设，建立部门间信息共享、协同监管和应急联动机制。建立实施港口客运、危险货物作业安全生产责任保险制度。完善港口应急预案，纳入城市应急预案体系。加强消防和应急救援专业设备设施、队伍建设，强化港口非预设场景应急演练和实战演练，加快应急保障关键技术研发应用。到 2025 年，港口安全发展水平显著提升。到 2035 年，主要港口安全发展达到国际先进水平。

（六）推进港口治理体系现代化

16. 深化重点领域改革。加强资源整合，有序推进区域港口一体化改革，促进港口资源利用集约化、运营一体化、竞争有序化、服务现代化。鼓励国有骨干港口企业向资本投资、营运管理转变。深化“放管服”改革，精简港口经营许可事项，逐步推行普通货物港口经营许可告知承诺制。深化港口价格形成机制改革，进一步放开市场竞争性服务收费。

17. 推动完善法规政策标准。加快《中华人民共和国港口法》修订研究工作，完善配套规章制度。以高质量发展为导向，建立实施港口发展指标体系（附件），完善港口管理体制机制、投融资体制、统计监测制度和港口发展政策。以安全、绿色、智慧为重点，完善港口标准。

18. 建立健全市场监管体系。以客运和危险货物作业等为重点，加强“双随机、一公开”检查，推进跨部门联合监管和“互联网 + 监管”。强化信用监管，构建以信用为基础的新型监管机制，强化行业自律和企业自我约束。

19. 加强人才队伍建设。引导航海类高校增加港口危险货物安全、国际化管理等课程设置，推动建立国际港口专业人员培训平台，推进智库建设。开展从业人员素质提升行动，强化技能等级评价、岗位练兵、技能竞赛，建设知识型、技能型、创新型港口劳动者大军。培养科技领军人才、创新团队、国际运营团队，打造高素质专业化港口人才队伍。

三、保障措施

（一）加强组织领导。把党的领导贯穿到世界一流港口建设全过程。推动地方政府将港口发展纳入经济社会发展全局中谋划推进，依法落实港口公共基础设施建设维护资金责任。要因港施策，根据自身特点和功能定位，对标国际同类型先进港口，找准差距补短板。地区性重要港口和一般港口要科学定位，突出特色，防止贪大求全。细化完善任务措施，明确任务分工，加强协作配合，狠抓任务落实，确保港口高质量发展取得实效。

（二）加强政策支持。加快研究建立港口发展长效资金保障机制。采取多元化筹资方式，鼓励社会资本设立多式联运产业基金；利用中央、地方资金等现有资金，支持港口多式联运和安全、绿色、智慧发展。对纳入港口总体规划和运输结构调整计划的项目，符合国家重大战略的，加大支持力度，保障合理用海、用地需求，纳入环评审批绿色通道，加快审查审批进度。加强指导督促，协调解决企业发展难题。

（三）营造良好环境。强化舆论宣传和典型引路，加强港口重大建设成就、“最美港口人”等宣传。强化港口文化建设，推进港口历史文化展示区、港口博物馆建设，打造一批港口文化作品；统筹兼顾沿岸生态景观和交通功能，因地制宜发展港口游、工业遗产游。支持友好港建设，讲好中国港口故事。鼓励有条件的主要港口、企业纳入交通强国建设试点范围，开展世界一流港口对标和综合评价。

附件：港口发展指标体系

交通运输部
发展改革委
财　政　部
自然资源部
生态环境部
应　急　部
海关总署
市场监管总局
国家铁路集团
2019年11月6日

附件：港口发展指标体系（略）

国家邮政局　国家发展改革委　财政部　农业农村部　商务部　文化和旅游部　供销合作总社关于推进邮政业服务乡村振兴的意见

（国邮发〔2019〕36号）

各省、自治区、直辖市邮政管理、发展改革、财政、农业农村、商务、文化和旅游、供销合作部门，国家邮政局直属各单位、机关各司室，中国邮政集团公司、各主要快递企业：

邮政体系是国家战略性基础设施和社会组织系统，邮政业是推动流通方式转型、促进消费升级的现代化先导性产业，具有服务“三农”的资源优势，担负着服务乡村振兴的重要职责。为深入贯彻落实《中共中央国务院关于实施乡村振兴战略的意见》《乡村振兴战略规划（2018—2022年）》重大决策部署，持续提升邮政业服务“三农”能力，加快推进农业农村现代化，现就推进邮政业服务乡村振兴工作提出如下意见。

一、总体要求

（一）指导思想

以习近平新时代中国特色社会主义思想为指导，全面贯彻党的十九大和十九届二中、三中全会精神，牢固树立新发展理念，落实高质量发展要求，践行人民邮政为人民的服务宗旨，按照产业兴旺、生态宜居、乡风文明、治理有效、生活富裕的总要求，建立健全邮政业服务乡村振兴的工作机制，加快补齐农村邮政快递基础设施短板，提升农村寄递服务水平，推进邮政业与现代农业体系融合发展，促进邮政业绿色发展，保障寄递渠道安全畅通，助力脱贫攻坚和持续减贫，服务农民创业增收，为实现农业农村现代化贡献力量。

（二）基本原则

坚持以农为先。统筹谋划邮政业城乡发展，把服务农业农村摆在优先位置，注重部门政策协同和规划衔接，推动邮政业和上下游要素资源更多投向农村地区，充分发挥寄递网络覆盖城乡优势，畅通行业服务现代农业双向主渠道，推进农产品寄递物流现代化。

坚持普惠均衡。处理好政府与市场关系，完善邮政普遍服务乡村振兴供给机制，提高邮政普遍服务质量，持续推进快递普惠化，加快补齐农村邮政快递基础设施短板，逐步缩小城乡寄递服务水平差距，不断提升农民的获得感、幸福感和安全感。

坚持绿色发展。践行绿水青山就是金山银山理念，创新工作机制、商业模式和服务方式，增品种、提品质、创品牌，充分利用农村站点资源和服务体系，主动融入现代农业体系和乡村产业发展，高标准推进县域邮政业绿色化、减量化和可循环。

坚持因地制宜。结合各地区实际和资源禀赋，科学合理设定阶段性目标任务，分类确定具体举措和方案，充分调动地方、企业和社会等各方面积极性，形成工作合力，既担当尽责、全力而为，又保持韧劲、久久为功。

（三）发展目标

到2022年，邮政服务乡乡有局所、建制村直通邮，快递服务乡乡有网点、村村通快递，实现建制村电商寄递配送全覆盖。深度融入现代农业体系和乡村产业发展，县域邮政业供给能力和供给质量显著提高，涉农寄递物流产品丰富，打造一批服务现代农业示范项目，有效促进农民持续增收和巩固脱贫成果。县域邮政业绿色发展成效明显，寄递渠道安全畅通。邮政业在农业农村发展和社会治理中发挥重要作用，形成服务乡村振兴的制度框架和措施体系。

二、主要任务

（一）打造农村现代寄递物流网。推动邮政普遍服务高质量发展，提升邮政普遍服务水平。支持邮政、快递企业新建扩建县级邮政处理中心和快件中转集散中心，鼓励有条件的县整合邮政、商贸、农业、交通、供销等资源，建设县域电商公共仓储设施、快递专业类物流园区。实施“邮政在乡”“快递下乡”换挡升级工程，推进乡镇邮政局所、快递网点标准化、信息化改造，提升乡镇邮政、快递网点服务能力，支持农村市场扩大品牌消费、品质消费。开展村邮站转型提升行动，推动将村邮站纳入乡村公共基础设施，强化电子商务、便民服务、收寄投递、自提服务等功能。引导邮政、快递企业总部完善利益分配机制，保障农村快递网点稳定运行。鼓励有条件的乡村布设智能快件（信包）箱。

（二）实施农产品冷链建设工程。打造农业产业园、现代农业示范区、农产品加工园、快递物流园区的冷链快递物流，合理规划冷藏库、冷冻库等设施布局，推动建设一批现代化农产品冷链快递物流集散中心。支持邮政、快递企业在农产品产地和部分田头市场建设预冷、保鲜等初加工冷链设施，建立覆盖农产品生产、加工、运输、储存、销售等环节的全程冷链快递物流体系。支持重点龙头企业、行业协会制定推广农产品冷链寄递标准和服务规范。

（三）提升农村寄递物流效率。推动县域邮政网络设施资源社会共享，发展农村邮件快件共同收寄、运输、分拨、投递。支持邮政、快递企业与电子商务、农业、供销、商贸、交通等企业合作，建立县、乡、村消费品和农资寄递网络体系。鼓励快递企业在业务量较少的乡镇建立合作网点，统一开展快件揽收、分拣、运输和投递业务。支持邮政、快递企业依托农村客运站、货运站等交通基础设施建立仓储分拨中心，利用农村客运班车代运邮件快件。鼓励邮政、快递企业在农村地区合理选择邮件快件运输组织模式，优化运输投递路线设计，降低运输成本。支持有条件的乡村布局建设无人机起降场地，打造无人机农村投递示范区。

（四）开展邮政业兴农行动。支持邮政、快递企业联合其他涉农主体积极参与特色农产品优势区等建设，设立农特产品预处理中心，加强仓储物流基地建设，形成从田间到餐桌的产品集群，打造邮政业＋现代农业融合发展示范区。实施“一地一品”示范工程，鼓励邮政、快递企业树立农业品牌意识，助推“农字号”特色小镇建设，促进形成一乡一业、一村一品的发展格局。深入实施电子商务进农村综合示范，推动完善农村物流体系。推广“寄递＋电商＋农特产品＋农户”模式，培育“快递＋金银铜牌项目”，打造农特产品直通车。加强农商互联，推广“农产品＋大同城寄递”业务模式，开展农超、农社、农企、农校等产销直接对接，就近销售寄递本地农产品。支持邮政、快递企业对农产品分等分级，制定发布农特产品电商寄递服务标准，实现质量安全可追溯。鼓励邮政、快递企业提供农业智能化服务，建立标准化生产、投入品监管、流通、销售和技术等一体化的管理体系，助推智慧农业发展。

（五）高起点发展农村绿色寄递。支持包装生产企业研发符合农产品特点的绿色包装，积极推广应用技术先进、节能环保的新产品新材料。鼓励对农产品包裹使用环保胶带，着力减少封装胶带使用量。支持邮政、快递企业加强与电子商务企业合作，共同减少网购农产品二次包装。淘汰重金属和特定物质超标的包装物料，着力减轻农村环境负担。大力推广循环中转袋（箱）、循环快递盒、环保袋、环保填充物等物料设备，推行减量化、复用化的农产品包装产品。探索建立政府引导、市场运作、共享共用的农产品寄递包装物社会化循环使用体系。在农村地区逐步加大新能源车使用比例。

（六）促进乡村文化和旅游发展。注重挖掘宣传文物古迹、古村落、古民居、少数民族特色村寨、农业遗迹、灌溉工程遗产、优秀农耕文化、乡村传统工艺、优秀戏曲曲艺、少数民族文化、民间文化等乡村文化和旅游资源，发行纪特邮票、纪念封、明信片等邮资票品。推动邮政企业深入做好县以下区域的政务图书发行和报刊征订工作，实现全国建制村报刊征订全覆盖。依托风景名胜区、历史文化名城名镇名村、重要农业文化遗产地、特色景观旅游名镇、传统村落、乡村休闲旅游点，合理布局建设主题邮局，提供集邮产品、旅游纪念品等销售服务，丰富乡村旅游内容。鼓励邮政、快递企业利用自有电商平台宣传、销售具有地方特色的服饰、手工艺品、农特产品等，为乡村旅游提供便捷寄递服务，推进乡村旅游经济发展。

（七）打造农村综合服务平台。深入参与“互联网＋政务服务”，衔接全国一体化网上政务服务系统，依托县乡邮政网点打造“一门式办理”“一站式服务”的政务代理综合服务平台，贴近农村群众需求做好政策咨询和办事服务，提供制证寄证、辅助审批、征缴代发等一体化服务。争取中央和地方有关部门支持，发挥邮政通政功能，推广警邮合作、税邮合作等模式，全面推动农村邮政网点代办警务、税务等业务，不断将代理政务范围向乡村拓展，实现“只进一扇门”“最多跑一次”。鼓励邮政、供销企业拓展代理收费、金融、票务、网购等服务，借助益农信息社等各类农村信息服务站点，发挥便民利商兴农的综合服务功能。

（八）实施农村寄递安全提升计划。加快实施寄递渠道安全监管“绿盾”工程，开展联防联控和网格化管理，在农村地区有效落实收寄验视、实名收寄、过机安检三项制度。落实企业主体责任，推动县域邮政、快递企业配备安全生产管理人员和符合标准的设施，加强安全生产教育培训。会同有关部门研究调整《禁止寄递物品指导目录》，在确保安全的基础上满足鲜活农产品寄递服务需求。全面实施“双随机、一公开”监管，有力查处农村地区寄递枪支弹药、管制器具、易燃易爆物品、毒品、濒危野生动物制品等违法行为，为平安乡村建设贡献行业力量。

（九）开展农民就业创业扶持行动。发挥行业网络和市场优势，支持家庭工场、手工作坊、乡村车间发展，助力乡村经济发展。依托邮政行业人才培养基地，采取定向和定岗等方式，加强农民快递职业技能培训。支持邮政、快递企业采取组建农产品电商营销团队等形式，参与特色农产品项目孵化，服务产销对接，扩大农村就业。鼓励快递企业提供营运体系支持，帮扶员工返乡参与中西部乡村网点建设，发展乡村快递员队伍，促进农村人口创业就业。鼓励邮政、快递企业为农民开展电商及快递培训，传授实务、培养技能、分享经验，提升农民网络营销能力，培育当地电商快递致富带头人。

（十）助力打赢脱贫攻坚战。积极推广电商快递脱贫模式，加快推进行业扶贫工作。在贫困地区优先加强邮政网点、危旧邮政局所改造，加大运输投递车辆投入，2020 年如期实现全部建制村直接通邮，不断巩固通邮质量。支持邮政企业推进农村电商 O2O 平台建设，实现自有网点对贫困县、有条件的贫困村全覆盖。鼓励邮政、快递企业重点加强贫困地区仓储物流体系建设，加强同中国电商扶贫联盟合作，助力贫困地区农特产品上行。引导龙头快递企业积极开展产业扶贫、就业扶贫、公益扶贫。鼓励行业公益性基金，在定点扶贫地区实施扶贫项目、结对帮扶、捐赠款物等。采取政府购买服务方式，组织对定点联系贫困村的贫困人口开展专项培训，培育提升贫困群众发展生产和务工经商的基本能力。

三、保障措施

（一）加强组织领导

各级邮政管理、发展改革、财政、农业农村、商务、文化和旅游、供销合作等部门要将邮政业纳入本地区实施乡村振兴战略的工作布局，在规划编制、政策制定、项目建设、资金保障、机制建设等方面加强协同，形成工作合力。各地邮政管理部门要会同有关部门结合实际制定务实管用的举措，强化工作督导，确保取得实效。可采取上级邮政管理部门设置派出机构或依托县级交通运输部门的方式，推动成立县级邮政监管机构，鼓励有条件的县成立县级邮政业安全中心。加强农村地区邮政、快递企业的基层党组织建设，发挥党建引领邮政业服务乡村振兴作用。

（二）强化政策支持

推动将县域邮政业发展内容纳入地方国民经济和社会发展规划。加强普遍服务资金监督检查。中央基建投资支持农村和西部地区公益性、基础性快递基础设施建设。各地乡村振兴专项资金，支持农产品寄递物流网络、现代化冷链寄递设施以及村级电商配送站点等建设。鼓励有条件的地方结合实际研究建立农产品绿色包装补贴机制。支持社会资本探索设立快递绿色包装产业发展基金，促进农产品绿色包装研发、生产和推广使用。

（三）推动示范宣传

围绕产业融合、服务创新、设施共享、绿色发展和政策扶持等方面，挖掘和总结邮政业服务乡村振兴典型案例，形成可复制可推广的经验，发挥示范带动作用。广泛宣传邮政业服务乡村振兴的政策措施，讲好邮政故事，汇集社会力量，营造良好氛围。开展优秀乡邮员、快递员表彰活动，树立行业先进楷模。充分发挥中国邮政快递报、快递杂志等行业媒体作用，用好微博、微信等新兴媒体平台，协调其他中央和地方媒体形成宣传合力。

国 家 邮 政 局
国家发展改革委
财　　政　　部
农 业 农 村 部
商　　务　　部
文 化 和 旅 游 部
供 销 合 作 总 社
2019年4月15日

国家邮政局关于支持民营快递企业发展的指导意见

为深入贯彻落实党的十九大精神和习近平总书记在民营企业座谈会上的重要讲话精神，更好服务民营快递企业发展，激发民营经济创新活力，深化供给侧结构性改革，推动快递业高质量发展，提出以下意见。

一、总体要求

以习近平新时代中国特色社会主义思想为指导，全面贯彻党的十九大和十九届二中、三中全会精神，深刻领会、始终坚持“两个毫不动摇”“三个没有变”。牢固树立新发展理念，以深化行业供给侧结构性改革为主线，以提高发展质量和效益为中心，坚定不移支持民营快递企业发展。营造公平竞争市场环境，进一步激发中小快递企业活力和发展动力，推动民营快递企业降本增效。着力提升服务保障水平，切实解决民营快递企业发展中遇到的困难和问题，减轻企业负担，提振发展信心，形成支持民营快递企业健康发展长效机制。

二、降低企业成本，减轻企业负担

（一）降低制度性交易成本。聚焦制约快递业发展的体制机制障碍，坚持公平、开放、透明的市场规则，逐步完善适应快递业新业态、新经济发展的政策措施，促进公平竞争。深化快递领域“放管服”改革，进一步优化审批服务流程，将快递业务经营许可审批时间缩短至法定时限一半以内。积极推进全流程在线办理“一网通办”，实现企业“最多跑一次”。对企业发展中遇到的困难，要“一企一策”给予帮助。

（二）推进减税降费。全面推进邮政业落实减税降费政策，引导民营快递企业充分享受国家增值税税率调整、统一增值税小规模纳税人税收减免、快递新能源车辆购置优惠等政策，切实减轻快递企业负担。引导中小民营快递企业拓宽融资渠道，降低融资成本，推动解决中央和地方相关政策落实中的困难和问题。积极争取部门专项和地方财政资金，通过多种方式支持国家物流枢纽、快递园区建设、老旧车辆淘汰更新和新能源车辆推广使用。强化对涉企减税降费政策宣传和辅导，推动有关部门送政策上门，帮助企业及时、全面、准确掌握各类政策信息。

三、加强企业培育，推动转型升级

（三）提升企业发展质效。培育市场份额高、创新能力强、发展潜力大、质量效益优的民营快递企业，推动民营快递企业总部做强做优。深入推进“快递下乡”工程，完善城乡物流网络节点，提升物流组织集约化水平。引导邮政企业发挥贫困地区县以下邮政网络优势，创新与快递企业合作模式，推进农村邮件快件共同运输、共同投递。大力开展“快递入区”工程，不断健全快递末端服务网络，提升服务能力。深化快递与交通协同发展，推进快递“上车、上机、上船”工程，加强与相关部门工作协调，帮助民营快递企业沟通政策需求，强化运输衔接，提升能力保障。引导民营快递企业“走出去”，畅通快递企业国际网络布局通道，加快完善跨境寄递服务体系，提升跨境寄递服务网络能力，培育具有国际一流竞争力的快递企业。

（四）提升创新发展能力。鼓励以人工智能、大数据、云计算、区块链等为代表的新一代信息技术应用，提高快递业生产设备标准化、现代化水平。支持推动中小型快递企业转型升级，建立以企业为主体、市场为导向、产学研深度融合的技术创新体系，提升企业科技创新能力，培育一批包括民营快递企业在内的主营业务突出、竞争力强、成长性好的“专精特新”快递企业。支持有条件的民营快递企业实施数字化、网络化、智能化改造，实现智能化生产、网络化协同、服务化延伸，催生新业态、新模式，培育新动能。以邮件快件包装治理和运输节能减排为重点，加强结构优化、资源节约、技术创新、管理提升，提升企业可持续发展能力。积极引导民营企业融入国家“一带一路”建设，提升企业引进高端技术、项目和人才的能力。

（五）提高企业现代管理水平。支持民营快递企业完善公司法人治理结构，建立现代企业制度。引导民营快递企业强化质量、标准化管理，严格执行国际标准、国家标准及邮政行业标准，坚决遏制“以罚代管”和农村末端不合理收费，从价格竞争转向服务质量竞争。支持开展快递企业经营管理人才培训，提高民营企业家和基层经理人素质。

（六）提高从业人员能力素质。深入开展快递工程技术人才职称评审，推动建立技能等级认定制度和1 + X证书制度，完善行业职业技能竞赛体系，落实职业技能提升计划，支持申请职业技能培训补贴，畅通民营快递企业人才成长阶梯和发展通道。实施邮政行业科技英才、技术能手推进计划，切实发挥示范引领作用。支持民营快递企业强化与共建学院、行业人才培养基地的战略合作，联合共建职工培训中心，联合开展人才培养。

四、完善监管措施，营造公平环境

（七）规范行政执法行为。坚持公平公正原则，实行“阳光执法”，依法对待行政执法对象，做到同等情况同等对待，同类问题一视同仁。深化邮政业市场监管综合行政执法改革，全面梳理、规范和精简执法事项，推进实施执法事项清单管理制度，强化抽查结果运用和查处情况公开。科学调配执法资源，深入推行“双随机、一公开”，规范完善邮政市场主体名录库和执法检查人员名录库建设，确保执法检查制度化、规范化。

（八）完善政策执行方式。提高政府部门履职水平，在各项政策实施过程中，依法对各类所有制企业执行同样标准。创新监管机制和手段，加快形成适应“互联网 +”等新模式、新业态的包容审慎监管方式。除法律法规有明确要求外，不得要求企业单独增设内部管理机构和工作人员，不得干预企业正常生产经营活动。

（九）强化行业信用体系建设。充分发挥信用对市场的正面导向作用，根据《快递业信用体系建设工作方案》，着力提高全行业诚信意识和信用水平。完善快递业守信联合激励和失信联合惩戒机制，建立实施快递行业失信主体“黑名单”制度。探索对守信快递企业提供“绿色通道”和“容缺受理”等便利服务措施，在争取政府政策支持等方面优先予以考虑和安排。积极发挥快递行业协会作用，支持通过多种形式督促会员单位加强行业自律，引导企业诚信经营，推动快递企业开展用户诚信制度建设。

五、加强组织协调，提升保障水平

（十）促进政企亲清交往。健全制度体系，坚决惩治各类腐败行为和作风问题，创建风清气正的营商环境，充分保障民营快递企业合法权益。畅通政企沟通渠道，加大对企业调研力度，建立定期沟通互动机制。坚持实事求是，结合地方实际制定行业发展目标，积极吸纳企业参与制定涉企政策，充分听取企业意见建议，不搞“一刀切”。进一步改进作风，坦荡真诚地同民营快递企业接触交往，积极主动作为，帮助企业解决发展中面临的困难和问题。

（十一）提升行业精神文明水平。加快民营快递企业内部非公企业党组织和群团组织建立，充分发挥党群组织在精神文明创建工作中的核心作用，支持行业青年创新创业。加强对优秀企业家先进事迹和突出贡献的宣传报道，展示优秀企业家精神。积极组织快递行业“青年文明号”“青年安全生产示范岗”“工人先锋号”等创建活动，加大“最美快递员”等先进典型推荐力度。协调开展包括民营快递企业及员工在内的邮政行业先进集体、劳动模范评选表彰，关心民营快递企业进步，关爱快递从业人员，保护劳动者合法权益。

（十二）加大政策落实力度。各级邮政管理部门要认真贯彻党中央、国务院关于支持民营企业发展的决策部署，充分发挥组织领导、政策协调、指导督促作用，推动民营快递企业健康发展。要根据本意见细化、量化政策措施，推动各项政策落地、落细、落实。国家邮政局将按照《意见》精神，加强对各地邮政管理部门支持民营快递企业发展工作的督导，适时开展实地检查，确保工作实效。

商务部等五部门关于进一步落实城乡高效配送专项行动有关工作的通知

（商流通函〔2019〕60号）

为推动城乡配送体系建设，2017年12月，商务部等五部门印发《城乡高效配送专项行动计划（2017—2020年）》，各地以城市为载体，积极开展试点探索，及时报送试点实施方案和工作进展情况。为确保专项行动取得扎实成效，商务部、公安部、交通运输部、国家邮政局、供销合作总社在各地报送的实施方案基础上，进一步明确了首批30个城市的专项行动目标、任务和具体举措（见附件1），提高专项行动的针对性、有效性，争取形成一批可复制可推广的典型经验。现将有关要求通知如下。

一、提高认识，务实推动。开展城乡高效配送专项行动，是落实党的十九大关于加强物流基础设施网络建设的重要措施，是发展流通、保障消费、服务民生的重要抓手，有关地方主管部门要进一步统一思想，提高认识，将专项行动作为为百姓办实事、保基本的工作载体，重点在网络建设、资源整合、技术应用、模式创新、企业指导、政策保障上出实招、见实效，确保专项行动重点任务和工作举措落地生根，取得成效。

二、加强指导，优化环境。有关省级主管部门要加强对试点城市的业务指导和监督检查，深化放管服改革，采取综合措施，加大政策支持力度，协调解决专项行动遇到的问题。试点城市主管部门要结合当地已开展的供应链体系建设、物流标准化、冷链物流、智慧物流、物流园区、无车承运人、电子商务、邮政快递、供销合作、新能源汽车等试点示范工作，综合运用土地、规划、资金、投资、税费、用电用能等政策支持措施，加强企业指导，营造良好政策环境。

三、落实责任，细化方案。要强化城乡高效配送专项行动的城市主体责任，建立健全工作领导与协调机制，发挥行业协会、联盟机构的优势作用，推动企业联合协作和资源整合，加强业务培训和标准宣贯，做好统计监测分析等行业基础工作。要深入开展调查研究，对照《城乡配送绩效评价指标体系》，立足城乡消费需求特点与物流配送实际，针对各种流通渠道商品配送存在的短板与问题，进一步完善实施方案，细化重点任务、落实举措和部门责任，制定相应时间表和路线图，确定具体实施企业，建立工作台账（见附件2）。请省级商务主管部门会同相关部门于2019年2月底前将完善后的实施方案和实施企业名单报送至商务部（流通业发展司），于每季度结束后的15天内将工作台账报送至商务部（流通业发展司）。

四、加强总结，组织评估。及时总结城乡高效配送专项行动取得的成效和经验模式，城市重点在网络建设、资源整合、设施共享、政策支持等方面进行总结，企业重点在完善网点、共享资源、应用技术、创新模式、降本增效等方面进行总结。商务部将会同有关部门参照《城乡配送绩效评价指标体系》，开展专项行动年度评估和总体绩效评价，对专项行动探索形成的具有创新性、引领性、实效性的模式经验，及时进行总结和宣传推广。各地年度评估材料、总体绩效评价材料分别于2019年、2020年10月31日前报送商务部（流通业发展司）。

各地要按照专项行动要求，继续扩大试点范围，及时报送试点实施方案。商务部将会同有关部门加强对地方工作指导，在地方试点方案基础上，继续深入开展专项行动，扩大专项行动成果，推进城乡配送体系建设。

联系人：罗旻慧

电话：010－85093777

邮箱：luominhui@ mofcom. gov. cn

附件：城乡高效配送专项行动重点任务安排（第一批）

城乡高效配送专项行动工作台账

商　务　部
公　安　部
交通运输部
国家邮政局
供销合作总社
2019年2月1日

（附件略）

国家邮政局　商务部　海关总署
关于促进跨境电子商务寄递服务高质量发展的若干意见（暂行）

（国邮发〔2019〕17号）

邮政业是推动流通方式转型、促进消费升级的现代化先导性产业，在国民经济中发挥着重要的基础性作用。近年来，随着互联网普及应用和邮政业高速发展，跨境寄递服务在促进中小企业产品出口、为人民群众提供商品进口等方面发挥了巨大作用，已经成为助推对外贸易增长和产业转型升级的新动力。但在快速发展中，用户体验、权益保护、安全监管、国际规则等方面也存在明显短板。为打造更多跨境寄递服务通道平台，促进跨境寄递服务高质量发展，保障寄递安全，改进用户体验，降低物流成本，维护公平竞争，形成线上线下协同发展新格局，现提出以下意见：

一、深化放管服改革，激发市场活力

（一）支持寄递服务企业主体多元化。支持邮政企业、进出境快件经营人等各类跨境寄递服务企业利用互联网平台，发挥信息系统优势，依法提供跨境包裹、商业快件等寄递服务，依法纳入行业监督管理和服务统计。

（二）支持外资企业依法进入市场。支持外商在境内依法申请设立快递企业，提供跨境包裹、商业快件等寄递服务。全面落实准入前国民待遇加负面清单管理制度，以开放促改革、促发展、促创新。

（三）支持建立跨境寄递服务企业信用体系。推进邮政、商务、海关等政府部门之间信用信息共享和联合奖惩机制建设，加强跨境寄递服务企业信用管理。邮政、商务、海关等政府部门按照有关规定对各部门共享的高资信企业落实便利措施，对失信企业实施严密监管措施。

二、坚持创新驱动发展，构建保障机制

（四）加快创新跨境寄递服务模式。鼓励跨境寄递服务企业发挥优势拓展渠道，加强重点区域的国际多边和双边合作，创新丰富寄递产品，优化流程缩短时限，增强核心竞争力。鼓励跨境寄递服务企业通过投资并购、战略联盟、业务合作等方式整合境内外收寄、投递、国际运输、通关、境外预检视、境外预分拣、海外仓等资源，提供面向全球的一体化、综合性跨境包裹、商业快件等寄递服务。支持跨境寄递服务企业在重要节点区域设置海外仓，发展境外寄递服务网络，符合条件的，可以按规定程序申报外经贸发展专项资金支持。

（五）加快完善跨境寄递服务体系。鼓励跨境寄递服务企业创建品牌，提供跨境包裹、商业快件等寄递服务。支持跨境寄递服务企业与跨境电商共商共建团体标准，提高服务可靠性，提供全程跟踪查询、退换货、丢损赔偿、拓展营销、融资、仓储等增值服务。鼓励数据共享应用，赋能上下游中小微企业，实现行业间、企业间开放合作、互利共赢，以跨境寄递服务新形态支撑贸易新业态。

（六）加快建立数据交换机制。依托国际贸易“单一窗口”平台，逐步实现跨境寄递服务企业向邮政、商务、海关等政府部门报送数据和相关信息交换。各政府部门要尽快完善自身业务管理系统，明确跨境寄递服务企业传输跨境包裹、商业快件等面单电子数据的内件品名、数量、价格（含币种）、收寄件人名称、进出口国别（地区）等内容，为企业提供网上“一站式”服务，实时掌握跨境寄递服务各环节数据信息。跨境寄递服务企业要完善自身业务操作系统，尽快实现与政府部门的系统对接。跨境寄递服务企业、跨境电子商务企业、支付企业要与消费者建立信息验证机制，确保物流、交易和支付等信息真实、准确。

三、优化行业发展环境，促进协同共进

（七）提升跨境寄递服务网络能力。邮政部门要研究制定跨境寄递国际运输网络布局规划，鼓励跨境寄递服务企业开辟国际货运航线，加快完善跨境寄递国际航空运输网络。推动中欧班列运输跨境邮件快件常态化，支持边贸寄递发展。支持跨境电子商务综合试验区所在地城市建设国际邮件互换局和快件监管中心，鼓励自由贸易试验区、跨境电商综合试验区和重点口岸大胆探索物流、仓储、通关新模式，提升跨境寄递的通关、换装、多式联运能力。

（八）提升跨境寄递服务全程通关便利。海关、邮政等政府部门应当建立协作机制，完善跨境寄递信息通报等配套管理政策。推动实现与跨境寄递目的地国（起运地国），特别是“一带一路”沿线国家和地区，以及北美、欧洲等跨境电商重点出口国海关的对接，推进跨境寄递服务企业实现境外信息化通关。支持跨境寄递服务企业依法在跨境电商重点国家申请相关资质，提升跨境寄递全程综合通关服务能力。

（九）提升参与国际治理能力建设。邮政部门要深度参与万国邮联规则制定，稳妥推进万国邮联在服务产品、终端费等关键领域的改革，维护多边机制稳定发展；推动与亚太、欧洲等重点地区建立跨境电商及邮政业的次区域合作模式，有效应对跨境寄递领域的国际摩擦，维护我国正当利益和跨境寄递企业合法权益。商务部门要在世贸组织、自贸协定等多双边谈判中，探索制定跨境电商领域的国际规则。海关要加大与世界海关组织以及重点国家相关部门交流合作力度，推动世界海关组织跨境电商标准完善与实施，建立跨境电商寄递物品安全与便利化机制。

四、加强全过程监管，坚持依法行政

（十）规范跨境寄递服务企业经营行为。按照国务院“双随机一公开”有关要求，对跨境寄递服务企业依法监管。外商和境外邮政运营商不得在中华人民共和国境内提供邮政服务，任何单位和个人不得为违反上述规定的运营商提供生产经营场所、运输、保管和仓储等条件。境内企业提供商业快件（包裹）等跨境寄递服务的，应当依法取得快递业务经营许可，依法向海关办理注册登记或信息登记，

并提交身份、地址、联系方式、行政许可等真实信息。境内企业不得以境外邮政运营商名义开展邮政服务活动。境内企业与境外邮政运营商合作推出的跨境包裹和商业快件服务产品，在出境前不得贴用境外邮政单式。

（十一）规范跨境电商相关企业经营行为。跨境电商经营者不得与未取得相关行政许可或提供的寄递服务违反法律法规规定的物流企业合作。跨境寄递服务企业申请在电子商务平台上提供跨境包裹、商业快件等寄递服务的，应当向电子商务平台经营者提交身份、地址、联系方式、行政许可等真实信息，电子商务平台经营者应当进行核验，并定期更新。

（十二）落实寄递渠道安全管理规定。经营跨境邮件快件寄递服务的企业应当建立健全并有效实施安全管理制度，认真落实实名收寄、收寄验视、过机安检“三项制度”，严格遵守禁止寄递或者限制寄递物品的有关规定。

各级邮政、商务、海关等部门要充分认识促进跨境寄递服务发展的重要性和紧迫性，按照职能分工落实管理与服务责任，不断强化部门间协调配合，开展联合调研和检查工作，确保支持措施和便利政策落实到位，督促跨境寄递服务企业切实落实本意见内容和要求，完善自身条件，提升服务品质，共同推进我国跨境寄递服务可持续、健康、高质量发展。

国家邮政局
商　务　部
海关总署
2019年2月23日

关于推动农商互联完善农产品供应链的通知

（财办建〔2019〕69号）

各省、自治区、直辖市、计划单列市财政、商务主管部门：

为深入贯彻党的十九大精神，认真落实《中共中央　国务院关于坚持农业农村优先发展做好“三农”工作的若干意见》要求及中央经济工作会议和中央农村工作会议的部署，进一步加强农商互联，完善农产品供应链，提高农产品流通效率，促进农民增收和乡村振兴，满足农产品消费升级需求，财政部、商务部决定开展农商互联工作。现将有关事项通知如下：

一、工作思路和目标

以习近平新时代中国特色社会主义思想为指导，坚持新发展理念，落实高质量发展要求，以供给侧结构性改革为主线，按照乡村振兴战略总体要求，通过政策引导、市场参与的方式，推动农商互联，促进农产品流通企业与新型农业经营主体进行全面、深入、精准对接，重点加强农产品产后商品化处理等流通设施建设，不断提高订单农业、产销一体、股权合作等长期稳定农产品流通模式在农产品流通中的比重，实现联产品、联设施、联标准、联数据、联市场，打造上联生产、下联消费，利益紧密联结、产销密切衔接、长期稳定的新型农商关系，构建符合新时代农产品流通需求的农产品现代供应链体系，提升农产品供给质量和效率。

二、支持对象

（一）订单农业主体。是指签订长期（2年以上）农产品采购协议，发展订单农业的农产品流通企业或新型农业经营主体。

（二）产销一体主体。包括通过建立自有、合作生产基地等方式，向生产环节延伸产业链条，实现“销+产”一体化经营的农产品流通企业；通过直接设立销售门店或在批发市场、超市、菜市场等场所设立销售专档、专柜、专区等各种方式，向销售环节延伸产业链条，实现“产+销”一体化经营的新型农业经营主体。

（三）股权投资合作主体。是指农产品流通企业和新型农业经营主体通过参股控股、兼并收购等多种方式形成产销优势互补、风险利益共担共享的股权投资合作企业。

三、支持内容

支持采取订单农业、产销一体、股权投资合作经营模式的农产品流通企业或新型农业经营主体结合自身实际情况，重点围绕本地特色优势农产品供应链体系的短板和薄弱环节，不断完善基础设施，创新应用新模式、新技术，推动农商互联互动，提升农产品供应链质量和效率。

（一）加强产后商品化处理设施建设。在产地就近建设改造具有产后商品化处理功能的产地集配中心、冷库、产地仓等设施，配备产后清洗、加工、预冷、烘干、质检、分级、包装、冷藏等设备，补齐农产品供应链“最初一公里”短板，提高农产品商品化处理和错峰销售能力。鼓励新型农业经营主体、农产品流通企业加强产地移动型、共享型商品化处理设施建设，提高商品化处理设施设备使用效率。

（二）发展农产品冷链物流。支持农产品流通企业或新型农业经营主体推广现代冷链物流管理理念、标准和技术，建设具有集中采购和跨区域配送能力的农产品冷链物流集散中心，配备预冷、低温分拣加工、冷藏运输、温度监控等冷链设施设备，建立覆盖农产品加工、运输、储存、销售等环节的全程冷链物流体系。

（三）提升供应链末端惠民服务能力。支持农产品流通企业或新型农业经营主体建设或改造农贸市场、菜市场、社区菜店等农产品零售市场，完善末端销售网络，发展联合采购、统仓统配等模式，降低流通成本，提升便民惠民服务功能。

（四）提升标准化和品牌化水平。建立覆盖本地特色优势农产品种养加工、检验检测、质量分级、标识包装、冷链物流、批发零售等各环节，国标、地标、团标、企标有机结合的全产业链标准体系，推动标准推广应用，打造一批地域特色突出、产品特性鲜明的区域公用品牌，开展品牌推广，提升标准化、品牌化水平。

（五）优化重点步行街的农产品供应链产销对接功能。建设智慧街区，优化农商互联对接，提升步行街展示和产销对接功能，引进与农产品供应链相关的经营主体，扩大农产品品牌影响。

四、中央财政支持政策

（一）支持原则。中央财政资金支持，主要立足于弥补市场失灵，做好基础性、公共性工作，发挥中央财政资金对社会资本引导作用，支持农产品供应链体系的薄弱环节和重点领域。各地中央财政资金支持农产品产后商品化处理设施和冷链物流的比例不得低于70%。

（二）支持标准。对确定支持的省（区、市），每个省（区、市）支持2亿元。资金分两年安排，2019年每省（区、市）支持1亿元，2020年根据工作开展情况再拨付剩余资金。

（三）支持方式。各地可采用《中央财政服务业发展资金管理办法》（财建〔2019〕50号）规定方式对符合要求的企业和单位予以支持，鼓励按照“菜单式、全公开、可追溯、问绩效”的方式管理，强化绩效评价结果运用，更多采用以事后绩效评价结果为依据的“以奖代补”方式。有条件的省（区）可根据本地实际，以市、县或生产消费集中连片区域为范围统筹组织开展工作，打造覆盖农产品分级、预冷、包装、运输、销售等各环节，产销密切衔接、利益紧密联结农产品供应链条。鼓励创新财政政策，支持跨区域联动项目，对在外地注册法人但在本地有实体的非法人机构，及在本地注册法人但在周边地区建设实体的机构，可在本地申报项目。省级主管部门要加强项目管理，杜绝同一项目重复申报、重复支持。

五、有关工作要求

（一）高度重视，切实加强组织领导。省级主管部门要充分认识推动农商互联、完善农产品供应链工作的重要意义，切实加强组织领导和顶层设计，建立财政、商务等多部门参与的工作协调机制，结合地方实际细化目标任务，明确责任分工，制定详细的实施步骤和时间进度安排，加强统筹协调，确保工作顺利推进。

（二）科学谋划，尽快编报实施方案。有意愿省（区、市）结合本地情况，制定实施方案，于5月15日前报商务部、财政部。实施方案应思路清晰、重点突出、目标明确、措施有效、责任明确、数字详实，具体包括以下内容：一是农产品供应链发展现状；二是绩效目标表（格式见附件2）、任务内容、资金支持重点、资金管理、时间进度安排、工作机构及保障措施等内容；三是其他认为有必要、符合实际的事项。各省上报实施方案时应同步上报分区域绩效目标，并确保目标清晰、指标科学可衡量。商务部、财政部组织开展评审，以竞争性择优方式确定支持的省（区、市）。确定支持的省份按照本通知要求和制定的实施方案组织开展工作。

（三）落实责任，严格资金项目监管。各级主管部门应按照全面实施预算绩效管理的要求，做好事前绩效评估、绩效目标管理和绩效监控、绩效评价等全过程绩效管理工作。省级主管部门是农商互联工作的责任主体，要严格落实主体责任，认真履行对本地区有关项目申报、评审、执行、验收、绩效自评等职能，建立健全资金及项目管理制度，完善事前、事中和事后全过程预算绩效管理体系，切实保障财政资金的安全和效率。支持对象要有较强实力、较好基础，社会责任感强，带动作用大。省级主管部门要及时上报工作进展情况，于每个季度首月10个工作日前将上季度资金拨付及项目进展情况表（见附件1）报财政部、商务部，于2020年3月31日前将工作中期进展情况进行自评，形成自评报告报商务部、财政部。省级主管部门应在工作结束后进行综合绩效自评，并于3个月内形成绩效评价报告报商务部、财政部。商务部、财政部将适时委托第三方机构对工作开展情况和成果进行绩效评价（绩效评价指标体系见附件3）

（四）强化总结，做好宣传引导工作。省级主管部门要及时跟进工作进展情况，总结发现工作推进过程中出现的先进经验和典型案例，重点总结机制创新、政策创新、模式创新等经验成果，加大典型案例宣传和推广力度，扩大政策效果，推动工作成效由点到面扩展。

附件：1. 资金拨付及项目进展情况表
2. 区域绩效目标表
3. 绩效评价指标体系

财政部办公厅
商务部办公厅
2019年5月5日

（附件略）

中国银保监会办公厅关于2019年进一步提升小微企业金融服务质效的通知

（银保监办发〔2019〕48号）

各银保监局，各政策性银行、大型银行、股份制银行，邮储银行，外资银行，各金融资产管理公司，各保险集团（控股）公司，各中资保险公司：

为深入贯彻习近平总书记在民营企业座谈会上的重要讲话精神，落实中央经济工作会议要求，进一步缓解小微企业融资难融资贵问题，持续提升银行保险机构小微企业金融服务质效，现就2019年有关工作通知如下：

一、优化“两增两控”总体目标，推动小微企业贷款继续增量扩面

银行业金融机构要始终保持战略定力，加强对普惠金融重点领域的支持，聚焦小微企业中的相对薄弱群体和有效信贷需求，努力完成“两增两控”目标，同时继续保持对全口径小微企业贷款的统计监测，进一步提升银行业信贷占小微企业融资总量的比重，带动小微企业融资成本整体下降：

（一）强化对“两增”目标的考核。全年努力完成“单户授信总额1000万元及以下小微企业贷款（以下简称“普惠型小微企业贷款”）较年初增速不低于各项贷款较年初增速，有贷款余额的户数不低于年初水平”。各银行业金融机构要结合经济走势和小微企业生产经营周期，统筹安排2019年各月度、季度小微企业贷款投放，兼顾全年增速和月平均增速，避免各月度数据出现较大波动。

（二）加强对“两控”目标的监测和指导。合理控制小微企业贷款资产质量水平和贷款综合成本。力争将普惠型小微企业贷款不良率控制在不高于各项贷款不良率3个百分点以内。巩固2018年银行业小微企业贷款减费让利成效，继续将普惠型小微企业贷款利率保持在合理水平。

二、分类实施考核，引导机构差异化竞争

（一）大型银行、股份制银行和邮储银行（以下简称“大中型商业银行”）

1. 考核指标：努力完成“普惠型小微企业贷款较年初增速不低于各项贷款较年初增速，有贷款余额的户数不低于年初水平”。

2. 差异化考核：（1）5家大型银行要充分发挥“头雁”效应，2019年力争总体实现“普惠型小微企业贷款余额较年初增长30%以上”。（2）对2018年完成“两增”考核目标（或普惠型小微企业信贷计划）的大中型商业银行，允许其在考核时将当年普惠型小微企业不良贷款核销金额还原计算。（3）对2018年完成“两增”考核目标（或普惠型小微企业信贷计划）以及利率指导目标、普惠型小

微企业贷款余额占其各项贷款余额超过10%的大中型商业银行，经报银保监会同意，可适度放宽考核要求，确保至少完成“普惠型小微企业贷款余额不低于年初水平，有贷款余额的户数不低于年初水平”。

（二）地方性法人机构

1. 考核对象：城市商业银行、民营银行、农村商业银行、农村信用社、农村合作银行、村镇银行。

2. 考核指标：各银保监局辖内法人机构努力总体完成“普惠型小微企业贷款较年初增速不低于各项贷款较年初增速，有贷款余额的户数不低于年初水平”。

3. 差异化考核：在辖内法人机构信贷计划总体完成“两增”考核目标的前提下，可对部分机构实行差异化考核，相关标准或条件由各银保监局自主制定。（1）对辖内2018年完成“两增”考核目标（或普惠型小微企业信贷计划）的法人机构，允许其在考核时将当年普惠型小微企业不良贷款核销金额还原计算。（2）对辖内2018年完成“两增”考核目标（或普惠型小微企业信贷计划）以及利率指导目标、普惠型小微企业贷款余额占其各项贷款余额超过一定比例的法人机构，经报属地银保监局同意，可适度放宽考核要求，确保至少完成“普惠型小微企业贷款余额不低于年初水平，有贷款余额的户数不低于年初水平”。（3）对辖内涉农贷款占比较高的法人机构，可选择将其“两增”考核计算口径扩大为“单户授信总额1000万元以下（含）小微企业贷款和普惠型其它组织及个人经营性（非农户）贷款、单户授信总额500万元以下（含）的普惠型农户经营性贷款”。（4）对部分总体风险水平偏高、但正在积极进行风险化解处置的法人机构，普惠型小微企业贷款不良容忍度可在“不高于各项贷款不良率3个百分点”的基础上适当放宽。

（三）开发银行、政策性银行、外资银行和非银行金融机构

1. 不作指标考核，保持日常监测、通报。主要监测普惠型小微企业贷款余额、户数。

2. 相关要求：鼓励开发银行及政策性银行结合机构和业务特点，以转贷形式向银行业金融机构批发资金，专门用于投放小微企业贷款。转贷双方均应实行单独的台账管理，统计贷款投向明细，避免重复计算；加强对资金用途的跟踪监测，确保资金全部用于支持小微企业。

三、单列信贷计划，强化执行力度

（一）单列信贷计划。各银行业金融机构年初要以完成“两增”目标为导向，在客观预估当年本行各项贷款增速的基础上，单独制定普惠型小微企业信贷计划，并分解至各一级分行。信贷计划需经本行主要负责人签字认可，执行过程中不得挤占、挪用。

（二）不良核销还原考核申请。符合不良贷款核销还原标准的银行业金融机构需在报送2019年信贷计划时向监管部门提交申请。其中，大中型商业银行由银保监会普惠金融部审核，地方性法人机构由各银保监局审核。

（三）买入转让信贷资产额度纳入“两增”考核范畴。根据《关于进一步规范银行业金融机构信贷资产转让业务的通知》（银监发〔2010〕102号）相关规定，当信贷资产转让业务的转出方在资产

负债表内终止确认该项信贷资产时，转入方应将转入的信贷资产进一步细分，将其中的普惠型小微企业贷款额度填入 1104 系统 S71 报表中的相应科目（历史数据不追溯调整），纳入“两增”考核范畴。

四、巩固银行业小微企业贷款减费让利成效，带动降低小微企业综合融资成本

（一）继续保持小微企业贷款利率定价合理水平。各商业银行要在保持“量”“价”平衡的基础上，按照商业可持续、“保本微利”的原则，巩固普惠型小微企业贷款利率指导工作成效，未完成 2018 年利率指导目标的要进一步加大落实力度，确保 2019 年普惠型小微企业贷款利率保持在合理水平。

（二）建立差异化的小微企业利率定价机制。各商业银行要综合考虑资金成本、运营成本、服务模式以及担保方式等因素，实施差别化的利率定价。普惠型小微企业贷款利率明显高于同类机构同类产品平均水平的银行，要进一步加大贷款利率压降力度。使用政策性银行转贷资金、人民银行支小再贷款资金以及由政府性融资担保公司提供担保的普惠型小微企业贷款，要合理确定其利率定价水平。

（三）进一步完善内部成本分摊和收益共享机制。各银行业金融机构要通过实行小微企业贷款内部资金转移定价优惠、安排专项激励费用予以补贴等方式，提升分支机构和一线从业人员开展小微企业相关业务的积极性。

（四）严格落实相关收费减免要求。严格执行“七不准”“四公开”要求。强化落实“两禁两限”规定，除银团贷款外，禁止向小微企业贷款收取承诺费、资金管理费，严格限制收取财务顾问费、咨询费。严禁发放贷款时附加不合理条件，以克扣放款数额、以贷转存、存贷挂钩、浮利分费、借贷搭售等行为，变相抬升小微企业融资成本。在风险可控的前提下，进一步缩短融资链条，清理不必要的“通道”“过桥”环节，切实降低小微企业贷款附加成本。

五、拓宽信贷资金来源，继续强化正向激励

（一）鼓励发行小微企业专项金融债。商业银行申请发行小微企业专项金融债，不以完成小微企业贷款增长的监管考核指标为前提，但应就本行资金头寸情况做充分说明。要严格确保募集资金全部用于发放小微企业贷款。

（二）研究完善小微企业贷款资本监管要求。研究修订商业银行资本管理相关监管法规，在计量信用风险加权资产时，对普惠型小微企业贷款，权重法下可适用 75% 的风险权重，内部评级法下可比照适用零售风险暴露的计量规则。

（三）优化贷款支付方式。银行业金融机构在风险可控、严格贷款用途管理的前提下，进一步优化贷款支付方式。对自主支付的贷款，须经过合理的审核流程，充分发挥相关岗位制衡作用，加强跟踪监测，灵活采取账户分析、凭证查验、现场调查等方式，综合判断贷款用途，不将发票作为认定贷款用途是否符合合同约定的唯一要件。

六、完善内部机制建设，充分调动银行基层“敢贷、愿贷”的积极性

（一）进一步完善内部绩效考核机制。各银行业金融机构要提高小微企业金融业务的考核分值权

重，将小微企业业务考核指标完成情况、监管政策落实情况与分支机构主要负责人考核评优及提拔任用挂钩。进一步优化对基层信贷人员的考核激励方式，适当下调利润考核要求。

（二）进一步落实授信尽职免责制度和容错纠错机制。各银行业金融机构要重点明确对分支机构和基层人员的尽职免责认定标准和免责条件，进一步将授信尽职免责与不良贷款容忍制度有机结合，对分支机构可执行差别化的容忍度。对小微企业不良贷款率未超出容忍度标准的分支机构，在无违反法律法规和监管规则行为的前提下，可对分支机构负责人、小微业务部门和从业人员免予追责。各商业银行（不含外资银行）每半年度应向监管部门报送尽职免责落实情况。

（三）进一步提升风险管控能力。各银行业金融机构要加强对小微企业贷款资金流向的监测，做好贷中贷后检查，确保贷款资金真正用于支持小微企业和实体经济，防止小微企业贷款资金被挪用至政府平台、房地产等调控领域形成新风险隐患。各银行业金融机构要强化对小微金融从业人员的内控合规管理，严防内外串通挪用银行低成本小微企业信贷资金进行“套利”的违规行为。

七、优化信贷技术和方式，提升服务效率

（一）充分发挥差异化竞争优势。大中型商业银行要充分发挥技术、资源优势，继续深化普惠金融事业部建设，严格落实综合服务、统计核算、风险管理、资源配置、考核评价的“五专”经营机制，将资源向小微企业金融服务领域倾斜，进一步加强与互联网、大数据的融合，深度挖掘自身金融数据和外部征信数据资源，在加强合规管理和风险控制的前提下，探索研究全流程线上贷款业务模式。地方性法人银行要坚持回归本源、服务地方实体经济的定位，继续下沉经营管理和服务重心，充分把握“地缘、亲缘、人缘”的固有优势，深耕本地小微企业市场，因地制宜创新信用评价方式和信贷产品。

（二）加大续贷支持力度。各银行业金融机构要加大续贷政策落实力度，在守住风险底线的基础上，加强续贷产品的开发和推广，合理提高续贷业务在小微企业贷款中的比重，简化续贷办理流程，支持正常经营的小微企业融资周转“无缝衔接”。

（三）优化贷款期限和流程。银行业金融机构要为小微企业合理设置流动资金贷款期限，研发适合小微企业的中长期固定资产贷款产品。根据自身风险管理制度和业务流程，积极探索建立贷款全流程限时制度，按业务类别对小微企业贷款办理时限做出明确承诺，精简耗时环节。

八、用好用足外部优惠政策，充分发挥政策合力

各银行业金融机构要充分把握定向降准、宏观审慎评估考核倾斜、支小再贷款、中期借贷便利等政策优惠，将新增信贷资源重点投向普惠型小微企业贷款。要主动对接税务部门，完善内部统计核算系统，按照监管考核要求和财政部、税务总局《关于金融机构小微企业贷款利息收入免征增值税政策的通知》（财税〔2018〕91 号），依法合规申报小微企业贷款利息收入增值税减免，并按季报送免税数据。

各银行业金融机构享受上述货币财税支持以及地方政府风险补偿、增量奖励等相关激励政策产生的红利，要在普惠型小微企业贷款利率定价和内部绩效考核中有相应体现。

九、强化监管督导，做好政策传导和经验交流

（一）实施分类督导。继续坚持以法人银行业金融机构为对象、会机关和银保监局上下联动的监管督导和考核方式。对完成考核指标良好，小微企业贷款基数大、占比高、户均余额低的银行业金融机构，加强正面宣传和正向激励；对未能完成考核指标且差距较大的银行业金融机构，加大督促整改工作力度。

（二）抓实信贷计划序时进度考核。各银保监局要按月监测、按季通报辖内地方性法人机构和大中型商业银行分行的普惠型小微企业信贷计划序时进度情况，尽量减少月度、季度间的数据波动。对执行计划进度明显落后的机构，要及时加大监管提示、督导和通报力度，确保全年足额完成信贷计划。

（三）强化调研和检查。各银保监局要定期组织开展对银行业金融机构小微企业贷款业务的实地调研，及时掌握新情况、新问题。同时，在信贷业务现场检查和风险排查中，要将小微企业贷款业务作为重点，防止部分银行“一哄而上”对部分小微企业过度融资、多头融资，形成集中风险。

（四）加强数据质量审查。各银保监局要督促银行业金融机构加强和改进数据填报工作，提高S71报表数据填报质量。加强对数据解锁的审查，对频繁解锁的机构予以窗口指导，禁止随意解锁，对虚报数据行为严肃问责。辖内如出现大面积数据解锁申请，应由银保监局主要负责人审签。

（五）加强政策宣讲和经验交流。各银保监局要适时对辖内银行业金融机构开展监管政策宣讲，特别是绩效考核倾斜、尽职免责和续贷制度。定期开展经验交流和银企对接活动，总结推广小微企业金融服务典型模式。

十、推动完善信用信息体系建设，进一步缓解银企信息不对称难题

（一）继续深化“银税互动”。各级监管部门要充分发挥银税合作联席会议的作用，鼓励银行业金融机构通过与税务部门数据直连或与正规持牌的第三方征信机构合作等方式，搭建“互联网＋大数据＋金融＋税务”平台，积极创新银税合作信贷产品。

（二）加强“银商合作”力度。各级监管部门要进一步与市场监管部门建立和完善银商合作联席会议制度，鼓励银行业金融机构充分利用小微企业名录系统，挖掘具备有效信贷需求的小微企业客户，定期交换逃废银行债务和工商行政处罚的企业信息，实现失信联合惩戒、守信联合激励。

（三）推动建立省市级小微企业信用信息共享平台。各级监管部门要积极配合和推动地方政府，进一步整合市场监管、税务、法院、公安、海关、房管、电力等多个部门的小微企业信用信息，实现信息的自动采集、查询和实时更新。

十一、推动完善小微企业增信体系，提高风险分担能力和水平

（一）进一步深化“银担合作”机制。各级监管部门要充分发挥国家和地方融资担保基金的作用，积极构建政府性融资担保机构和商业银行共同参与的风险分担机制，通过利益融合、激励相容，实现增信分险。在依法合规、风险可控的前提下，引导商业银行对融资担保机构适度降低授信门槛、简化

授信程序，将更多符合条件的融资担保机构纳入合作范围，在授信额度、放大倍数、利率水平、续贷条件等方面对小微企业提供更多优惠。

（二）进一步加大“银保合作”力度。各级监管部门要引导银行业金融机构和保险公司加强合作，建立风险共担机制，完善工作联系机制，强化银保双方系统对接，实现业务数据信息共享。鼓励保险公司在风险可控情况下，为小微企业获得银行贷款提供增信支持。鼓励保险公司针对小微企业的还贷方式，提供更灵活的银行小微企业贷款保证保险产品。持续推进保险资金支农支小融资业务试点。鼓励保险公司投资商业银行发行的小微企业专项金融债、小微企业信贷资产证券化等金融产品。

2019 年 3 月 4 日

中国银保监会办公厅关于推动供应链金融服务实体经济的指导意见

（银保监办发〔2019〕155号）

各银保监局，各政策性银行、大型银行、股份制银行，邮储银行，外资银行，各保险集团（控股）公司、保险公司、保险资产管理公司，银行业协会、保险业协会：

为深入贯彻党中央、国务院关于推进供应链创新与应用的决策部署，指导银行保险机构规范开展供应链金融业务，推动供应链金融创新，提升金融服务实体经济质效，进一步改善小微企业、民营企业金融服务，现提出以下意见：

一、总体要求和基本原则

（一）总体要求

银行保险机构应依托供应链核心企业，基于核心企业与上下游链条企业之间的真实交易，整合物流、信息流、资金流等各类信息，为供应链上下游链条企业提供融资、结算、现金管理等一揽子综合金融服务。

（二）基本原则

银行保险机构在开展供应链金融业务时应坚持以下基本原则：一是坚持精准金融服务，以市场需求为导向，重点支持符合国家产业政策方向、主业集中于实体经济、技术先进、有市场竞争力的产业链链条企业。二是坚持交易背景真实，严防虚假交易、虚构融资、非法获利现象。三是坚持交易信息可得，确保直接获取第一手的原始交易信息和数据。四是坚持全面管控风险，既要关注核心企业的风险变化，也要监测上下游链条企业的风险。

二、规范创新供应链金融业务模式

（三）提供全产业链金融服务

鼓励银行业金融机构在充分保障客户信息安全的前提下，将金融服务向上游供应前端和下游消费终端延伸，提供覆盖全产业链的金融服务。应根据产业链特点和各交易环节融资需求，量身定制供应链综合金融服务方案。

（四）依托核心企业

鼓励银行业金融机构加强与供应链核心企业的合作，推动核心企业为上下游链条企业增信或向银行提供有效信息，实现全产业链协同健康发展。对于上游企业供应链融资业务，推动核心企业将账款直接付款至专户。对于下游企业供应链融资业务，推动核心企业协助银行整合“三流”信息，并合理承担担保、回购、差额补足等责任。

（五）创新发展在线业务

鼓励银行业金融机构在依法合规、信息交互充分、风险管控有效的基础上，运用互联网、物联网、区块链、生物识别、人工智能等技术，与核心企业等合作搭建服务上下游链条企业的供应链金融服务平台，完善风控技术和模型，创新发展在线金融产品和服务，实施在线审批和放款，更好满足企业融资需求。

（六）优化结算业务

银行业金融机构应根据供应链上下游链条企业的行业结算特点，以及不同交易环节的结算需求，拓展符合企业实际的支付结算和现金管理服务，提升供应链支付结算效率。

（七）发展保险业务

保险机构应根据供应链发展特点，在供应链融资业务中稳妥开展各类信用保证保险业务，为上下游链条企业获取融资提供增信支持。

（八）加强小微民营企业金融服务

鼓励银行保险机构加强对供应链上下游小微企业、民营企业的金融支持，提高金融服务的覆盖面、可得性和便利性，合理确定贷款期限，努力降低企业融资成本。

（九）加强“三农”金融服务

鼓励银行保险机构开展农业供应链金融服务和创新，支持订单农户参加农业保险，将金融服务延伸至种植户、养殖户等终端农户，以核心企业带动农村企业和农户发展，促进乡村振兴。

三、完善供应链金融业务管理体系

（十）加强业务集中管理

鼓励银行保险机构成立供应链金融业务管理部门（中心），加强供应链金融业务的集中统一管理，统筹推进供应链金融业务创新发展，加快培育专业人才队伍。

（十一）合理配置供应链融资额度

银行业金融机构应合理核定供应链核心企业、上下游链条企业的授信额度，基于供应链上下游交易情况，对不同主体分别实施额度管理，满足供应链有效融资需求。其中，对于由核心企业承担最终偿付责任的供应链融资业务，应全额纳入核心企业授信进行统一管理，并遵守大额风险暴露的相关监管要求。

（十二）实施差别化信贷管理

在有效控制风险的前提下，银行业金融机构可根据在线供应链金融业务的特点，制定有针对性的信贷管理办法，通过在线审核交易单据确保交易真实性，通过与供应链核心企业、全国和地方信用信息共享平台等机构的信息共享，依托工商、税务、司法、征信等数据，采取在线信息分析与线下抽查相结合的方式，开展贷款“三查”工作。

（十三）完善激励约束机制

银行保险机构应健全供应链金融业务激励约束及容错纠错机制，科学设置考核指标体系。对于供应链上下游小微企业贷款，应落实好不良贷款容忍度、尽职免责等政策。

（十四）推动银保合作

支持银行业金融机构和保险机构加强沟通协商，在客户拓展、系统开发、信息共享、业务培训、欠款追偿等多个环节开展合作。协同加强全面风险管理，共同防范骗贷骗赔风险。

四、加强供应链金融风险管控

（十五）加强总体风险管控

银行业金融机构应建立健全面向供应链金融全链条的风险控制体系，根据供应链金融业务特点，提高事前、事中、事后各个环节的风险管理针对性和有效性，确保资金流向实体经济。

（十六）加强核心企业风险管理

银行业金融机构应加强对核心企业经营状况、核心企业与上下游链条企业交易情况的监控，分析供应链历史交易记录，加强对物流、信息流、资金流和第三方数据等信息的跟踪管理。银行保险机构应明确核心企业准入标准和名单动态管理机制，加强对核心企业所处行业发展前景的研判，及时开展风险预警、核查与处置。

（十七）加强真实性审查

银行业金融机构在开展供应链融资业务时，应对交易真实性和合理性进行尽职审核与专业判断。鼓励银行保险机构将物联网、区块链等新技术嵌入交易环节，运用移动感知视频、电子围栏、卫星定位、无线射频识别等技术，对物流及库存商品实施远程监测，提升智能风控水平。

（十八）加强合规管理

银行保险机构应加强供应链金融业务的合规管理，切实按照回归本源、专注主业的要求，合规审慎开展业务创新，禁止借金融创新之名违法违规展业或变相开办未经许可的业务。不得借供应链金融之名搭建提供撮合和报价等中介服务的多边资产交易平台。

（十九）加强信息科技系统建设

银行保险机构应加强信息科技系统建设，鼓励开发供应链金融专项信息科技系统，加强运维管理，保障数据安全，借助系统提升风控技术和能力。

五、优化供应链金融发展的外部环境

（二十）加强产品推介

银行保险机构应加强供应链金融产品的开发与推介，及时宣传供应链金融服务小微企业、民营企业进展情况。

（二十一）促进行业交流

银行业和保险业自律组织应组织推动行业交流，总结推广银行保险机构在供应链金融领域的良好实践和经验，促进供应链金融持续健康发展。

（二十二）提高监管有效性

各级监管部门应根据供应链金融业务特点，加强供应链金融风险监管，规范银行业金融机构和保险机构的业务合作，对于业务经营中的不审慎和违法违规行为，及时采取监管措施。

第六部分

地区政策

山东省人民政府办公厅关于印发山东省打好柴油货车污染防治攻坚战作战方案的通知

（鲁政办字〔2019〕30号）

各市人民政府，各县（市、区）人民政府，省政府各部门、各直属机构，各大企业：

《山东省打好柴油货车污染防治攻坚战作战方案》已经省政府同意，现印发给你们，请认真组织实施。

山东省人民政府办公厅

2019年2月8日

（此件公开发布）

山东省打好柴油货车污染防治攻坚战作战方案

为加强柴油货车、船舶、工程机械等移动源污染防治，助力打赢蓝天保卫战，结合我省实际，制定本作战方案。

一、总体要求

（一）指导思想。以习近平新时代中国特色社会主义思想为指导，全面贯彻党的十九大和十九届二中、三中全会精神，认真践行习近平生态文明思想，坚决落实习近平总书记在中央财经委员会第一次会议、全国生态环境保护大会上的重要讲话和视察山东重要讲话、重要指示批示精神，按照中央关于打好污染防治攻坚战的决策部署和省委、省政府工作要求，大力调整运输结构，实现“车、油、路”统筹、“公路、铁路、水路联防”、老旧柴油货车（工程机械、柴油机）淘汰和治理协同，提高全过程管控能力，大力实施清洁运输、清洁柴油车、清洁车用油品和尿素、清洁柴油机行动，明显降低移动源污染物排放总量，巩固并扩大全省环境空气质量改善成果。

（二）主要目标。到2020年，全省铁路货运等清洁运输量明显增加，柴油和车用尿素质量明显改善，柴油货车排放达标率明显提高，氮氧化物和颗粒物排放总量明显下降，机动车排放监管能力和水平明显提升，清洁低碳、高效安全的交通运输体系初步形成。

——全省在用柴油车监督抽测排放合格率达到95%以上，排气管口冒黑烟现象基本消除。

——全省柴油和车用尿素抽检合格率达到98%以上，违法生产、销售假劣油品现象基本消除。

——全省铁路货运量比2017年增长7401万吨，初步实现大宗货物主要通过铁路或水路进行中长距离运输。

——完成国家下达的国三及以下排放标准的营运柴油货车淘汰任务。

二、开展清洁运输行动

（一）提升铁路货运量。积极推进中长距离大宗货物、集装箱运输方式从公路转向铁路。到2020年，对运输距离在400公里以上、计划性较强的煤炭、矿石、焦炭、石油等大宗货物基本转为铁路或管道运输。充分利用港口铁路装卸能力和通道能力，大幅度提升沿海主要港口铁路集疏运量，减少柴油货车集疏港运量，2020年采暖季前，沿海主要港口的矿石、焦炭等大宗货物原则上主要改由铁路或水路运输。已经实施禁止柴油货车运输集疏港煤炭措施的环渤海各港口（东营港、潍坊港、烟台港、滨州港）要加强监管，严禁使用柴油货车运输集疏港煤炭。大力提升瓦日等铁路线煤炭运输量。加大铁路与港口连接线、工矿企业铁路专用线建设投入，加快钢铁、电解铝、电力、焦化等重点行业企业铁路专用线建设，2019年实现已配套建成铁路专用线的企业主要由铁路运输大宗物料，未配套建设铁路专用线的要尽快完成规划；到2020年，重点行业企业铁路运输比例达到50%以上。（省交通运输厅、省发展改革委、省生态环境厅、中国铁路济南局集团有限公司、省财政厅牵头，各级政府负责落实，以下任务措施均需各级政府落实，不再列出）

（二）推广高效绿色货运组织方式。加快有关交通运输规划和规划环评的编制、审查进度，在确保生态环境系统有效保护的前提下，科学有序提升铁路和水路运力。符合规划、规划环评及运输结构调整方向的铁水联运、水水中转码头、货运铁路及铁路专用线等建设项目，要纳入环评审批绿色通道，优化流程、加快审批。新、改、扩建涉及大宗物料运输的建设项目，应尽量采用铁路、水路及管道等绿色运输方式。加快发展多式联运，依托铁路物流基地、公路港、沿海和内河港口等，推进多式联运型和干支衔接型货运枢纽（物流园区）建设，加快推进集装箱多式联运。鼓励发展滚装运输、驮背运输、甩挂运输等运输组织方式。加快推进液化天然气（LNG）罐式集装箱多式联运及堆场建设。推进货运车型标准化，推广汽车集装箱绿色货运方式。推进干线铁路、城际铁路、市域铁路和城市轨道“四网融合”，试点开展高铁快运等。推进城市绿色货运配送示范工程，支持利用城市现有铁路、物流货场转型升级为城市配送中心。鼓励支持运输企业资源整合重组，规模化、集约化高质量发展。（省交通运输厅、省发展改革委、省生态环境厅、中国铁路济南局集团有限公司、省财政厅、省商务厅牵头）

（三）优化运输车队结构。推广使用新能源和清洁能源汽车。加快推进城市建成区新增和更新的公交、环卫、邮政、出租、通勤、轻型物流配送车辆采用新能源或清洁能源汽车，使用比例达到80%。2020年年底前，济南、青岛城市建成区在保留必要燃油公交车进行应急保障的基础上，新增或更新的公交车全部为新能源汽车。积极推广应用新能源物流配送车。各城市应加快充电站及加气站建设，优先采用新能源汽车和达到国六排放标准的天然气等清洁能源汽车。全省港口、机场、铁路货场等新增或更换作业车辆主要采用新能源或清洁能源汽车。在物流园、产业园、工业园、大型商业购物中心、农贸批发市场等物流集散地建设集中式充电桩和快速充电桩。按照国家要求，鼓励各市组织开展燃料电池货车示范运营，建设一批加氢示范站。优化承担物流配送的城市新能源车辆的通行便利政策，改善通行条件。（省交通运输厅、省生态环境厅、省发展改革委、省能源局、省工业和信息化厅、省公安厅、省财政厅、省住房城乡建设厅、中国铁路济南局集团有限公司、省邮政管理局牵头）

三、开展清洁柴油车行动

（一）加强新生产车辆环保达标监管。严格实施国家机动车油耗标准。严格落实营运重型柴油车燃料消耗量达标核查，不满足标准限值要求的新车型禁止进入道路运输市场。（省交通运输厅牵头）严格对照国家机动车排放标准，实施机动车大气污染物排放源头管控，2019 年 7 月 1 日起，提前实施机动车国六排放标准。推广使用达到国六排放标准的燃气车辆。（省生态环境厅、省工业和信息化厅、省公安厅、省交通运输厅牵头）

强化机动车环保信息公开。机动车生产、进口企业依法依规公开排放检验、污染控制技术和汽车尾气排放相关的维修技术信息。生态环境部门按照职责加强在机动车生产、销售和注册登记等环节的监督检查，指导监督排放检验机构严格开展柴油车注册登记前的排放检验，通过国家机动车环境监管平台逐车核实环保信息公开情况，进行污染控制装置查验、上线排放检测，确保车辆配置真实性、唯一性和一致性，2019 年基本实现全覆盖。（省生态环境厅、省公安厅、省市场监管局牵头）

严厉打击生产、进口、销售不达标车辆违法行为。在生产、进口和销售环节加强对新生产机动车环保达标监管，抽查核验新生产销售车辆的车载诊断系统（OBD）、污染控制装置、环保信息随车清单等，抽测部分车型的道路实际排放情况。对省内本年度生产（进口）主要车（机）型系族抽检率达到 80% 以上，覆盖全部生产（进口）企业；对非我省生产但在省内销售的主要车（机）型系族的年度抽检率达到 80%。严厉打击污染控制装置造假、屏蔽 OBD 功能、尾气排放不达标、不依法公开环保信息等行为，对销售环节核查发现的不符合要求的非免检新车强制退回生产厂家。生态环境部门将检查超标线索移交市场监管、工业和信息化、交通运输部门，生态环境部门依法对违规生产企业处罚并向社会公开，市场监管部门依法对违规销售企业处罚并向社会公开，工业和信息化、交通运输部门分别负责上报有关部门撤销车辆产品公告和道路运输车辆燃料消耗量达标公告，市场监管部门负责督促认证机构依法暂停或撤销强制性产品认证，并按照国家要求，督促生产、进口企业及时实施环境保护召回。新生产销售柴油车型系族抽检合格率达到 95% 以上。（省生态环境厅、省工业和信息化厅、青岛海关、济南海关、省市场监管局、省交通运输厅牵头）

（二）加强在用车监督执法检查。加强在用柴油货车联合执法检查。推进治超联合执法常态化、制度化，加大对超限超载行为的监管处罚力度，严格实施“一超四罚”，推进治超“非现场执法”。实施信用治超，对严重违法当事人实施联合惩戒。（省交通运输厅、省公安厅牵头）

构建完善部门联合监管执法模式。构建生态环境部门负责检测取证、公安交管部门负责依法处罚、交通运输部门负责监督维修的联合监管执法模式。通过路检路查，加强对超标排放车辆的取证和处罚。各级生态环境部门应将本地超标排放车辆信息以信函或公告（在政府网站发布）等方式及时告知车辆所有人及所属企业，督促限期到与交通运输和生态环境部门联网的具有相应资质能力的维修单位进行维修治理，经维修合格后再到排放检验机构进行复检，公安交管、交通运输部门应当协助联系车辆所有人和所属企业；对于登记地在外省（区、市）的超标排放车辆信息，各地应及时上传到国家机动车环境监管平台，由登记地生态环境部门负责通知和督促。未在规定期限内维修并复检合格的车辆，生态环境、交通运输部门将其列入监管“黑名单”并将车型、车牌、企业等信息向社会公开，同时依法予以处理或处罚。对于列入监管“黑名单”或一个综合性能检验周期内3次以上监督抽测超标的营运车辆，生态环境和交通运输部门将其所属单位列为重点监管对象。对于一年内超标排放车辆占其车辆总数10%以上的运输企业，交通运输和生态环境部门将其列入“黑名单”或重点监管对象。（省生态环境厅、省公安厅、省交通运输厅牵头）2019年7月1日前，建立公安交管、交通运输、生态环境等部门重型柴油车监管数据信息共享机制，实现道路车流量、入鲁车流量、超标排放重型柴油车处罚等数据共享。（省公安厅牵头）

加大道路监督执法抽测力度。建立完善生态环境、公安交管、交通运输等部门联合执法的常态化路检路查工作机制，严厉打击超标排放等违法行为，基本消除柴油车排气口冒黑烟现象。大力开展排放监督抽测，重点检查柴油货车污染控制装置、OBD、尾气排放达标情况。通过黑烟抓拍系统，实现对冒黑烟柴油车辆的非现场执法并及时实施处罚。各市在重点路段对柴油车开展常态化的路检路查，在秋冬季适当加大检查力度。（省生态环境厅、省公安厅、省交通运输厅牵头）

强化集中停放地入户监督抽测。督促指导柴油车超过20辆的重点企业建立完善车辆维护、燃料和车用尿素添加使用台账，并鼓励通过网络系统及时向当地市级生态环境部门传送。生态环境部门要在物流园区、工业园区、货物集散地、公共交通场站等车辆集中停放地，以及物流货运、工矿企业、长途客运、环卫、邮政、旅游、维修等重点单位，按“双随机”模式开展定期和不定期停放地监督抽测。对于日常监督抽测或定期排放检验初检超标、在异地进行定期排放检验的柴油车，作为重点抽查对象。在机动车集中停放地和维修地开展入户检查，并通过路检路查和遥感监测，加强对高排放车辆的监督抽测。各市每年秋冬季期间入户检查、路检路查、遥感监测的柴油车数量，自2019年起不低于当地注册柴油车数量的80%。（省生态环境厅、省交通运输厅牵头）

加强重污染天气期间柴油货车运输管控。在重污染天气预警期间，各市应加大部门联合综合执法检查力度，对于超标排放等违法行为，依法严格处罚。钢铁、建材、焦化、有色、化工、矿山等涉及大宗物料运输的重点用车企业以及沿海沿河港口、城市物流配送企业，应制定错峰运输方案，原则上不允许柴油货车在重污染天气预警响应期间进出厂区（保证安全生产运行、运输民生保障物资或特殊需求产品，以及为外贸货物、进出境旅客提供港口集疏运服务的国五及以上排放标准的车辆除外）。各地生态环境部门可根据重污染天气应急需要，督促指导各市重点企业和单位建设管控运输车辆的门禁和视频监控系统，监控数据至少保存一年以上，确保落实应急运输响应要求。（省生态环境厅、省公安厅、省交通运输厅牵头）优化柴油货车行驶通道。指导各市制定高速公路和国省道干线公路重型车辆跨省、市快速通行主通道及副主通道的路线设计方案，优化重型车辆绕城通道，减少城市建成区机动车污染。（省公安厅、省生态环境厅、省交通运输厅牵头）在入鲁主要路口，每周开展外埠柴油营运货车排放检查行动，对达不到排放标准的，予以依法处罚并实施劝返。（省公安厅、省生态环境厅牵头）

（三）强化排放检验和维修治理。加强排放检验机构监督管理。按照国家要求，推行除大型客车、校车和危险货物运输车以外的其他汽车跨省异地排放检验。2019年7月1日前，排放检验机构应在企业官方网站和办事业务大厅显示屏通过高清视频实时公开柴油车排放检验全过程及检验结果。采取现场随机抽检、排放检测比对、远程监控排查等方式，每年实现对排放检验机构的监管全覆盖。对于为异地车辆开展排放检验比较集中、初次排放检验合格率异常的排放检验机构，作为重点对象加强监管。

严格执行国家在用汽车污染物排放标准，加强监管。严厉打击排放检验机构伪造检验结果、出具虚假报告等违法行为，依法依规撤销资质认定（计量认证）证书，予以严格处罚并公开曝光。（省生态环境厅、省市场监管局牵头）

强化维修单位监督管理。交通运输、生态环境部门督促指导维修企业建立完善机动车维修治理档案制度，并加强监督管理，严厉打击篡改破坏 OBD 系统、采用临时更换污染控制装置等弄虚作假方式帮助机动车所有人通过排放检验的行为，并依法依规对维修单位和机动车所有人予以严格处罚。（省交通运输厅、省生态环境厅、省市场监管局牵头）

建立完善在用汽车排放检测与强制维护制度（I/M 制度）。各市生态环境、交通运输等部门建立排放检测和维修治理信息共享机制。排放检验机构（I 站）应出具排放检验结果书面报告，不合格车辆应到具有资质的维修单位（M 站）进行维修治理。经 M 站维修治理合格并上传维修治理信息后，再到同一家 I 站予以复检，经检验合格方可出具合格报告。I 站和 M 站数据应实时上传至当地生态环境和交通运输部门，实现数据共享和闭环管理。按照国家要求，研究制定汽车排放及维修有关零部件标准，鼓励开展自愿认证。鼓励支持 M 站多配备具有机动车检测维修职业资格的专业技术人员。2019 年年底前，建立实施 I/M 制度。监督抽测发现的超标排放车辆也应按要求及时维修。（省交通运输厅、省生态环境厅、省市场监管局牵头）

（四）加快改造淘汰老旧车辆。推进老旧车辆淘汰报废。制定老旧柴油货车和燃气车淘汰更新目标及实施计划，采取经济补偿、限制使用、严格超标排放监管等方式，加快淘汰国三及以下排放标准的柴油货车、采用稀薄燃烧技术或“油改气”的老旧燃气车辆。对于达到强制报废标准的车辆，依法实施强制报废。2020 年年底前，完成国家下达的国三及以下排放标准营运柴油货车淘汰任务。对纳入淘汰范围的车辆，不予办理变更、转移登记及核发检验合格标志。提前淘汰取得《报废汽车回收证明》并购买新能源货车享受中央财政现行购置补贴政策。按照国家要求，积极研究建立与柴油货车淘汰更新相挂钩的新能源车辆运营补贴机制，制定实施便利通行政策。（省交通运输厅、省生态环境厅、省公安厅、省财政厅、省商务厅牵头）

对达到强制报废标准、连续三个检验周期未检验，以及经维修或采用污染控制技术仍无法达标排放的车辆，应当依法实施强制报废。加强路面稽查，将报废车辆信息纳入缉查布控系统，一经发现依法实施强制报废。根据国家修订的《机动车强制报废标准规定》，缩短营运柴油货车使用年限。（省公安厅、省生态环境厅、省商务厅等牵头）

（五）推进“天地车人”一体化监控体系建设和应用。加快建设完善全省互联互通的“天地车人”一体化的机动车排放监控系统。利用机动车道路遥感监测、黑烟抓拍、排放检验机构联网、重型柴油车远程在线监控，以及道路和停放地的路检路查和入户监督抽测，对柴油车进行全天候、全方位的实时监控。按照国家要求，全部机动车排放检验机构实现国家、省、市三级联网，确保排放检验数据实时、稳定传输。构建全省机动车超标排放信息数据库，实现超标排放车辆的信息共享。推进重型柴油车车载诊断远程在线监控系统建设，实时监控油箱和尿素箱液位变化，以及氮氧化物排放情况。2019 年年底前，50% 以上具备条件的重型柴油车安装车载诊断远程在线监控并与生态环境部门联网。2020 年 1 月 1 日起，将未安装车载诊断远程在线监控系统的营运车辆列入重点监管对象。安装车载诊断远程在线监控装置并与生态环境部门联网且稳定达标排放的柴油货车，可在定期排放检验时免于上线检测。（省生态环境厅、省交通运输厅、省财政厅牵头）根据工作需要在柴油车通行主要路段建设遥感

监测点位，建成国家、省、市联网的遥感监测网络和系统平台，并进行国家、省、市三级联网。（省生态环境厅牵头）

加强大数据分析应用。各市建设机动车超标排放信息数据库，通过国家机动车排放信息平台每日报送定期排放检验数据和监督抽测发现的超标排放车辆信息，实现省内注册地与使用地对超标排放车辆的联合监管。通过大数据统计分析，溯源超标排放机动车生产和进口企业、污染控制装置生产企业、注册登记地、排放检验机构、维修单位、加油站点、供油企业、运输企业等，实现全链条的机动车环境监管。加强对排放检验机构检测数据的监督抽查，对比分析过程数据、视频图像和检测报告，重点核查定期排放检验初检或日常监督抽测发现的超标车、非本市注册登记的车辆、运营 5 年以上的老旧柴油车等。各传输通道城市对上述重点车辆排放检验数据的年度核查率要达到 85% 以上，其他城市要达到 80% 以上。（省生态环境厅、省公安厅、省交通运输厅、省商务厅、省工业和信息化厅、省市场监管局、青岛海关、济南海关牵头）

（六）推动柴油货车相关行业集约化发展。推进排放检验机构和维修单位规模化发展。鼓励支持排放检验机构通过市场运作手段，开展并购重组、连锁经营，实现规模化、集团化发展。着力培育一批检验服务质量好、社会诚信度高的排放检验机构成长为地方或行业品牌。鼓励专业水平高的检验机构在产业集中区域、交通枢纽、沿海沿河港口、偏远地区以及消费集中区域设立分支机构，提供便捷的网络化服务。对于设立分支机构或者多场所检验检测机构的，按照国家规定简化手续。鼓励支持技术水平高、市场信誉好的维修企业连锁经营。严厉打击清理无照、不按规定备案经营的维修站点。（省市场监管局、省生态环境厅、省交通运输厅牵头）

四、开展清洁车用油品和尿素行动

（一）加快提升油品质量标准。2019 年 1 月 1 日起，全省全面供应符合国六标准的车用汽柴油，停止销售普通柴油和低于国六标准的车用汽柴油，停止执行普通柴油标准，实现车用柴油、普通柴油、部分船舶用油“三油并轨”。（省能源局、省交通运输厅、省市场监管局、省商务厅、山东海事局牵头）

（二）健全燃油及清净增效剂和车用尿素管理制度。开展燃油生产加工企业专项整治，依法取缔违法违规企业，对生产不合格油品的企业依法严格处罚，从源头保障油品质量。按照国家统一要求，推进实施车用尿素和燃油清净增效剂信息公开。落实国家对燃油清净增效剂的添加要求。推进建立车用油品、车用尿素、船用燃料油全生命周期环境监管档案，打通生产、销售、储存、使用环节。禁止以化工原料名义出售调和油组分，禁止以化工原料勾兑调和油，严禁运输企业和工矿企业储存、使用非标油。（省市场监管局、省能源局、省生态环境厅等按职责分工负责）

（三）推进油气回收治理。2019 年，全省所有加油站、储油库、油罐车完成油气回收治理工作。年销售汽油量大于 5000 吨的加油站，加快推进安装油气回收自动监控设备并与生态环境部门联网。开展储油库油气回收自动监控试点。开展原油和成品油码头、船舶油气回收治理，新建的原油、汽油、石脑油等装船作业码头全部安装油气回收设施。2020 年 1 月 1 日以后建造的 150 总吨以上的国内航行油船应具备码头油气回收条件。（省生态环境厅、省交通运输厅、省商务厅、省应急厅、省市场监管局牵头）

（四）强化生产、销售、储存和使用环节监管。严厉打击生产、销售、储存和使用不合格油品、天然气和车用尿素行为，依法追究相关责任并向社会公开。在生产、销售和储存环节开展常态化监督检查，加大对炼油厂、储油库、加油（气）站和企业自备油库的抽查频次。各地开展清除无证无照经营的黑加油站点、流动加油罐车专项整治行动，鼓励社会举报，动员各方面力量，严厉打击生产销售不合格油品行为，构成犯罪的，依法追究刑事责任。严禁在液化天然气中非法添加液氮，并采取切实措施防止死灰复燃。强化使用环节监督检查，各市要在车辆停放较集中的重点单位、用车大户企业，以及主要物流通道、施工工地、沿海沿河港口等区域油品使用环节，在具备条件的情况下从柴油货车油箱、尿素箱抽取样品进行监督检查。违法生产、销售、储存和使用假劣非标油品现象基本消除。（省市场监管局、省发展改革委、省商务厅、省交通运输厅、省生态环境厅等按职责分工负责）强化船舶排放控制区内船舶使用燃料油质量的监管、提高抽检率、打击船舶使用不合规燃油行为。（山东海事局牵头）

五、开展清洁柴油机行动

（一）严格新生产发动机和非道路移动机械、船舶管理。2020 年年底前，实施非道路移动机械第四阶段排放标准。进口二手非道路移动机械及发动机应达到国家现行的新生产非道路移动机械排放标准要求。加强对新生产发动机和非道路移动机械的监督检查，重点查验污染控制装置、环保信息标签等，并抽测部分机械机型排放情况。对在我省年度新生产（进口）的发动机和非道路移动机械机型主要系族抽检率达到 80%，覆盖全部生产（进口）企业；对在我省销售但非我省生产的非道路移动机械机型主要系族年度抽检率达到 60%。严惩生产、销售不符合排放标准要求发动机的行为，将相关企业及其产品列入“黑名单”。强化非道路移动机械环保信息公开和随车清单（铭牌）制度监督检查。对生产、进口、销售不符合标准要求产品的，依法实施行政处罚，依法实施环境保护召回。新生产、销售发动机和非道路移动机械机型系族抽检合格率达到 95% 以上。严格实施船舶发动机第一阶段国家排放标准，按照国家规定时间实施第二阶段排放标准。严禁新建不达标船舶进入运输市场。（省生态环境厅、省交通运输厅、青岛海关、济南海关、山东海事局、省市场监管局牵头）

（二）加强排放控制区划定和管控。2019 年年底前，各市依法划定并公布禁止使用高排放非道路移动机械的区域，对达不到国三排放标准的非道路移动机械禁止入场作业。各市秋冬季期间加强对进入禁止使用高排放非道路移动机械区域内作业的工程机械的监督检查，每月抽查率达到 50% 以上，禁止超标排放工程机械使用，消除冒黑烟现象。交通运输、水利、住房城乡建设、市政、铁路等部门负责协助生态环境部门在相关企业、工地等开展监督检查。（省生态环境厅、省交通运输厅、省水利厅、省住房城乡建设厅、中国铁路济南局集团有限公司牵头）

强化船舶排放控制区管理。严格执行《船舶大气污染物排放控制区实施方案》，提高船用燃料油硫含量控制要求，控制船舶大气污染物排放。重点区域的内河水域应采取禁限行等措施限制高排放船舶使用。依法严格管控货运船舶和渔业作业船只冒黑烟的问题，积极推动“黑烟”船舶治理工作，降低对区域性大气环境质量的影响。（省交通运输厅、山东海事局牵头）

（三）加快治理和淘汰更新。对于具备条件的老旧工程机械，加快污染物排放治理改造。按规定通过农机购置补贴，推动老旧农业机械淘汰报废。采取限制使用等措施，促进老旧燃油工程机械淘汰。

推进铁路内燃机车排放控制技术进步和新型内燃机车应用，加快淘汰更新老旧机车，具备条件的可进一步加快双降治理改造，协同控制颗粒物和氮氧化物排放。加快推进在我省通行的铁路内燃机车基本消除冒黑烟现象。铁路煤炭运输应采取抑尘措施，有效控制扬尘污染。加快新能源非道路移动机械的推广使用，在禁止使用高排放非道路移动机械的区域内，鼓励优先使用新能源或清洁能源非道路移动机械。港口、机场、铁路货场、物流园新增和更换的岸吊、场吊、吊车等作业机械，主要采用新能源或清洁能源机械，大力推动叉车、牵引车采用新能源或清洁能源车。推动内河和江海直达船舶治理改造，加强颗粒物排放控制，按照国家要求，开展减少氮氧化物排放试点工作。推进内河船型标准化，鼓励淘汰使用20年以上的内河航运船舶，依法强制报废超过使用年限的航运船舶。加强老旧渔船管理，加快推进渔船更新改造。推广使用纯电动和天然气船舶。（省农业农村厅、省交通运输厅、山东海事局、中国铁路济南局集团有限公司、省生态环境厅、省财政厅、省商务厅、省能源局牵头）

（四）强化综合监督管理。2019年年底前，各市完成非道路移动机械摸底调查和编码登记，建立非道路移动机械台账。探索建立工程机械使用中监督抽测、超标后处罚撤场的管理制度。推进工程机械安装精准定位系统和实时排放监控装置，2020年年底前，新生产、销售的工程机械应按标准规定进行安装。进入划定的禁止使用高排放非道路移动机械区域内作业的工程机械，鼓励安装精准定位系统和实时排放监控装置，并与生态环境部门联网。自2020年1月1日起，实施非道路移动机械定期排放检验制度，经第三方检验机构现场检测合格后发放合格标识。住房城乡建设、市政、交通运输、农业农村、水利、铁路等部门负责协助生态环境部门在相关企业、工地等开展非道路移动机械的摸底调查、登记备案和排放检验等工作，并将本部门管辖工地所使用非道路移动机械的排气达标情况纳入管理，禁止工地使用不达标的非道路移动机械。施工单位应依法使用排放合格的机械设备，使用超标排放设备问题突出的纳入失信企业名单。（省生态环境厅、省工业和信息化厅、省交通运输厅、省住房城乡建设厅、省农业农村厅、省水利厅、中国铁路济南局集团有限公司牵头）试行将使用国三及以上非道路移动机械等污染控制措施纳入工程招投标文件，倒逼企业淘汰国二及以下非道路移动机械。（省住房城乡建设厅、省交通运输厅、省农业农村厅、省水利厅、中国铁路济南局集团有限公司牵头）

（五）推动靠港船舶使用岸电。加快港口岸电设备设施建设和船舶受电设施设备改造，提高岸电设施使用效率，相关改造项目纳入环评审批绿色通道。全省主要港口和排放控制区内港口靠港船舶优先使用岸电。2020年年底前，沿海主要港口50%以上专业化泊位（危险货物泊位除外）具备向船舶供应岸电的能力，京杭运河水上服务区和待闸锚地基本具备船舶岸电供应能力。（省交通运输厅、省发展改革委、省生态环境厅牵头）

六、保障措施

（一）加强组织领导。各级、各有关部门要提高政治站位，切实把思想和行动统一到中央决策部署和我省要求上来，切实履行“党政同责”“一岗双责”责任。省有关部门和各市要按照本方案的要求，结合实际制定落实方案，明确目标任务、完成时限和责任单位。建立健全柴油货车污染防治重点任务完成情况的调度督导制度，完善工作台账。

将柴油货车污染防治攻坚战中存在的不作为、乱作为等突出问题纳入省级环境保护督察的范围，对重点攻坚任务完成不到位，不作为、慢作为、不担当、不碰硬，甚至失职失责的，依纪依规依法严

肃问责。（省生态环境厅、省纪委省监委机关、省委组织部牵头）

（二）落实法规政策。严格执行国家机动车第六阶段排放标准、非道路移动机械第四阶段排放标准、在用车和在用非道路移动机械排放标准、铁路内燃机排放标准、机动车排放检验技术规范、机动车遥感检测仪器校准规范、柴油车和工程机械远程在线监控及联网规范、柴油车排放治理技术指南、加油站油气回收在线监控系统技术要求等。严格执行国家《机动车强制报废标准规定》等规定。（省生态环境厅、省交通运输厅、省商务厅、省司法厅、省市场监管局、中国铁路济南局集团有限公司牵头）

建立完善诚信体系，将机动车生产进口企业、发动机制造企业、污染控制装置生产企业、排放检验机构、维修单位、运输企业、施工单位、汽柴油及车用尿素生产销售等企业的违法违规信息和企业未依法依规落实应急运输响应等重污染应急措施的信息以及相关企业负责人信息，按规定纳入信用信息共享平台，实施跨部门联合惩戒。对环境信用良好的企业实施联合激励。（省发展改革委、省生态环境厅、省交通运输厅、省工业和信息化厅、省商务厅、青岛海关、济南海关、省水利厅、中国铁路济南局集团有限公司牵头）

（三）加大投入力度。按照国家要求，积极探索移动源治污新模式。支持研发纯电动、燃料电池、混合动力等机动车船技术，支持研发传统内燃机高效节能减排等技术，提升发动机热效率，优化尾气处理工艺。积极发展替代燃料、混合动力等机动车船技术。研究公路运输节能减排技术新路径。（省科技厅牵头）加大资金投入，重点支持监管能力建设，保障监控系统运营经费，支持老旧柴油货车淘汰。（省财政厅、省生态环境厅牵头）加强基层机动车污染防治工作力量建设，提高监管执法专业化水平，2019年年底前，各市应达到《全国机动车环境管理能力建设标准（试行）》要求。加大业务培训力度，提高监管执法人员业务技能。（省生态环境厅牵头）

（四）实施税费激励。落实国家对符合条件的新能源汽车免征车辆购置税政策，对节能、新能源车船减免车船税的政策。研究建立柴油货车加装、更换污染控制装置的激励机制，各级财政加大资金支持力度，推动高排放车辆深度治理。（省财政厅、省生态环境厅、省交通运输厅、省税务局牵头）铁路运输企业按照国家要求完善货运价格市场化运作机制，规范辅助作业环节收费，积极推行铁路运费“一口价”。积极推行实施铁路集港运输和疏港运输差异化运价模式，降低回程铁路空载率。落实国家岸电使用相关政策。加大对港口机场岸电设施建设和经营的支持力度，鼓励码头等岸电设施经营企业实行岸电服务费优惠。（省发展改革委、省交通运输厅、中国铁路济南局集团有限公司牵头）

（五）引导公众参与。创新方法，利用电视、广播、报纸、互联网等媒体，开展多种形式的宣传普及活动，加强法律法规政策宣传解读，营造良好的社会氛围，不断提高全社会对机动车污染危害和绿色货运的认识。教育引导机动车船和机械驾驶（操作）人员树立绿色驾驶（作业）意识，提高购买使用合格油品和尿素、及时维护保养的自觉性。鼓励职业院校相关专业中增加绿色驾驶教育、排放检验与维修技术等内容，大力开展尾气排放维修治理技术培训。各市建立有奖举报机制，鼓励公众通过多渠道举报。（省生态环境厅、省交通运输厅、省教育厅牵头）

本作战方案重点目标任务完成情况纳入《山东省打赢蓝天保卫战作战方案暨2013—2020年大气污染防治规划三期行动计划（2018—2020年）》一并进行评估。

抄送：省委各部门，省人大常委会办公厅，省政协办公厅，省监委，省法院，省检察院。各民主党派省委，省工商联。

山东省人民政府办公厅2019年2月12日印发

山东省人民政府办公厅关于印发山东省深化收费公路制度改革取消高速公路省界收费站实施方案的通知

（鲁政办发〔2019〕17号）

各市人民政府，各县（市、区）人民政府，省政府各部门、各直属机构，各大企业，各高等院校：

《山东省深化收费公路制度改革取消高速公路省界收费站实施方案》已经省政府同意，现印发给你们，请结合实际认真组织实施。

山东省人民政府办公厅

2019年5月28日

（此件公开发布）

山东省深化收费公路制度改革取消高速公路省界收费站实施方案

为深入贯彻习近平新时代中国特色社会主义思想和党的十九大精神，认真落实《国务院办公厅关于印发深化收费公路制度改革取消高速公路省界收费站实施方案的通知》（国办发〔2019〕23号）要求，进一步深化收费公路制度改革，按期完成我省取消高速公路省界收费站工作任务，实现不停车快捷收费，制定本方案。

一、总体要求

深化收费公路制度改革，提高综合交通运输网络效率，降低物流成本，在2018年试点工作基础上，按照“远近结合、统筹谋划，科学设计、有序推进，安全稳定、提效降费”的原则，加快推进各项工作，通过广泛应用电子不停车收费系统（ETC），确保2019年年底前全部取消我省高速公路省界收费站。

二、工作任务

（一）加快ETC推广应用

1. 根据国家发展改革委与交通运输部加快推进高速公路电子不停车快捷收费应用服务实施方案，

制定我省 ETC 发行规划和推广应用方案。（省交通运输厅负责，省有关部门配合，2019 年 6 月底前完成）

2. 升级完善我省 ETC 发行系统，满足推广应用方案中针对不同场景的发行需要。（省交通运输厅负责，2019 年 7 月中旬前完成）

3. 实现机动车注册登记信息部分共享，便利车辆安装 ETC 车载装置。（省公安厅、省交通运输厅负责，2019 年 6 月底前完成）

4. 加快现有车辆就近免费安装 ETC 车载装置。各运营管理单位设置 ETC 客服中心，在收费站、服务区设立 ETC 车载装置快速安装点，对通行高速公路有关车辆安装电子标签，做好 ETC 相关服务。开展互联网发行、预约安装、上门安装等服务。依托商业银行网点、车管所、4S 店、运政大厅、政务中心等车辆集中场所，增加安装网点，方便公众就近便捷免费安装。组织各市、县（市、区）政府及相关部门，深入居民小区和村镇，开展宣传和安装服务，2019 年年底前高速公路入口车辆使用 ETC 比例达到 90% 以上。（省交通运输厅、省公安厅、各市政府、人民银行济南分行负责，2019 年 12 月底前完成）

5. 推动汽车预置安装。按照工业和信息化部 ETC 车载装置技术标准，从 2020 年 7 月 1 日起，新申请批准的车型应在选装配置中增加 ETC 车载装置。（省工业和信息化厅负责，省交通运输厅配合）

6. 拓展服务功能，鼓励 ETC 在停车场等涉车场所应用；开展 ETC 应用研究，提升高速公路信息化管理水平，推动 ETC 与新技术融合发展及多场所应用。（人民银行济南分行、各市政府、省交通运输厅负责）

（二）加快建设和完善高速公路收费系统

1. 按照交通运输部相关技术要求和总体技术路线，制定山东省高速公路收费系统建设改造工程方案，完善相关制度。（省交通运输厅负责，2019 年 6 月底前完成）

2. 推进高速公路各项建设改造工作，完成省级联网收费通信系统和清分结算系统升级改造，以及收费站、收费车道、ETC 门架系统硬件和配套软件系统标准化建设，做好网络安全保障。（省交通运输厅负责，2019 年 10 月底前完成）完成高速公路收费站入口治超系统建设。（省交通运输厅负责，2019 年 12 月底前完成）

3. 根据交通运输部统一要求，开展系统联调联试，实现新旧系统切换。（省交通运输厅负责，2019 年 12 月底前完成）

4. 拆除高速公路省界收费站相关设施，做好安全防护，保障高速公路安全畅通。（省交通运输厅、省公安厅负责，2019 年 12 月底前完成）统筹应急、养护、服务、监督检查和公安查控等工作需要，综合利用正线外的设施。（省交通运输厅、省公安厅、各市政府负责，2019 年 12 月底前完成）

（三）加快推进相关法规政策修订完善工作

1. 按照收费公路相关法规政策，修改调整我省地方性收费政策及通行费优惠减免政策。（省交通运输厅、省发展改革委、省财政厅负责，2019 年 10 月底前完成）

2. 按照《收费公路车辆通行费车型分类》标准调整省内车型分类标准。调整货车通行费计费方式，从 2020 年 1 月 1 日起，统一按车（轴）型收费，实行入口治超。（省交通运输厅、省财政厅、省

发展改革委、省公安厅负责，2019 年 10 月底前完成）

3. 继续实行高速公路差异化收费，完善政策，科学引导，进一步提升高速公路通行效率。（省交通运输厅负责）

4. 配合国家有关部委研究统一危险化学品运输车辆、摩托车高速公路通行管理政策，对我省相关法规进行修订并组织实施。（省交通运输厅、省公安厅负责）

5. 完善高速公路信用体系，对偷逃车辆通行费等失信行为实施联合惩戒。（省公安厅、省交通运输厅、省发展改革委、人民银行济南分行负责）

（四）妥善分流安置收费人员

按照新收费体系架构，明确人员编制。坚持属地管理、企业负主体责任、转岗不下岗，结合本单位实际，按照国家法律法规和政策要求，制定收费人员安置工作方案，以内部择优转岗为主，多渠道分流安置收费人员，依法妥善处理职工人事劳动关系，保障收费人员合法权益。财政部门要给予必要支持。（各市政府负责，省交通运输厅、省财政厅、省国资委、省人力资源社会保障厅指导）

三、保障措施

（一）加强组织协调。建立省政府牵头、省有关部门参加的省深化收费公路制度改革取消高速公路省界收费站工作协调机制，明确目标任务、时间进度和路线图，定期组织工作对接会，汇总分析工作进展情况，研究解决各类问题。

（二）加强资金保障。各地 ETC 车载装置安装、系统和设施建设改造资金由省级统筹负责，财政部门要给予积极支持，采用通行费收入列支、财政补助等方式解决。

（三）强化安全管理。加强相关设施和系统建设改造期间施工管理，强化后期运营管理，确保系统和网络安全。拆除高速公路省界正线收费设施，保障正线公路畅通。

（四）做好风险防控。各有关部门和单位要针对新的收费方式和制式调整，开展工程测试、课题研究，验证相关系统应用的可行性和可靠性。在科学合理的前提下，倒排工期、并行推进，按照应急工程简化基建程序，加快推进项目建设。及时妥善处置突发事件，确保社会稳定。

（五）加强宣传引导。加强对取消高速公路省界收费站、实现不停车快捷收费相关政策的宣传解读，正确引导社会预期，及时回应公众关切，营造良好舆论氛围。

抄送：省委各部门，省人大常委会办公厅，省政协办公厅，省监委，省法院，省检察院。各民主党派省委，省工商联。

山东省人民政府办公厅 2019 年 5 月 29 日印发

山东省人民政府办公厅转发省交通运输厅等部门关于加快道路货运行业转型升级促进高质量发展实施意见的通知

（鲁政办发〔2019〕32号）

各市人民政府，各县（市、区）人民政府，省政府各部门、各直属机构：

省交通运输厅等部门《关于加快道路货运行业转型升级促进高质量发展实施意见》已经省政府同意，现转发给你们，请认真贯彻落实。

山东省人民政府办公厅

2019年12月17日

（此件公开发布）

关于加快道路货运行业转型升级促进高质量发展实施意见

省交通运输厅　省发展改革委　省教育厅

省工业和信息化厅　省公安厅　省财政厅

省人力资源社会保障厅　省生态环境厅

省住房城乡建设厅　省应急厅

省税务局　省市场监管局　省总工会

为深入贯彻习近平新时代中国特色社会主义思想和党的十九大精神，全面提升道路货运行业治理水平，激发市场创新活力，推动货运提质增效，根据《国务院办公厅转发交通运输部等部门关于加快道路货运行业转型升级促进高质量发展意见的通知》（国办发〔2019〕16号）精神，结合我省实际，制定如下实施意见。

一、重点任务

（一）深化货运领域“放管服”改革

1. 持续推进货运领域简政放权。严格落实普通货车跨省异地安全技术检验、尾气排放检验和综合性能检测要求。加快办理“三检合一”机构资质认定，及时公布我省具备“三检合一”资质机构名单。持续深化商事制度改革，落实企业登记和行政许可便利化等各项改革举措，为道路货运企业提供优质高效的登记注册、经营许可办理等服务。推广互联网物流平台企业代开增值税发票政策，优化纳税服务。完善港口收费目录清单制度，主动公示收费项目、对应服务内容和收费标准，接受社会监督，严厉查处港口涉及道路货运的自立项目乱收费行为。

2. 贯彻危险货物道路运输管理规定。落实常压液体危险货物运输罐车罐体国家标准，适时制定相关配套地方标准。探讨开展危险品道路货运电子押运员试点。充分发挥行业协会和科研机构等第三方力量，2020 年开展符合我省实际的道路运输车辆主动安全智能防控系统标准制定工作，开展重点营运车辆动态监管系统升级，实现对“两客一危”车辆不安全状态、驾驶人员不安全行为的实时预警和主动干预。推广危险品运输车辆装备转向轮轮胎爆胎应急防护装置。

3. 便利货运车辆通行。进一步优化城市配送车辆通行管理，建立配送运力需求管理与车辆通行管控联动机制。原则上除特殊区域外，禁止对货车实行 24 小时限制通行（重污染天气应急预警期间、高污染排放车辆除外）。建立城市配送车辆分类管理机制，落实新能源货车扩大通行范围，对纯电动轻型货车原则上不限行。

（二）推动新旧动能接续转换

1. 加快运输组织模式创新。持续推进集装箱公铁海多式联运、网络货运等先进运输组织模式，推广城乡交通运输一体化示范工程、城市绿色货运配送示范工程。加强多式联运信息交互共享，尤其是铁水联运、中欧班列信息互联互通。

2. 推进规模化、集约化发展。以冷链物流、零担货运、网络货运企业等为重点，引导货运龙头骨干企业整合重组货运资源，与小微货运企业开展联盟合作，构建区域货运生态圈。

3. 鼓励规范“互联网 +”新业态发展。有序发展网络平台道路货物运输等新业态。推广应用电子运单、电子仓单等电子化业务单证，提高线上线下一体化服务能力。建立货运信用信息共享交换联动工作机制，保障货物运输信息和税收信息的获取和应用，开展税收数据分析和货运行业监管。

（三）加快车辆装备升级改造

1. 积极稳妥淘汰老旧柴油货车。按照国家有关部署，合理设置过渡期，淘汰不合规车辆。各市、各县（市、区）政府要切实落实老旧柴油货车淘汰的主体责任，鼓励各地制定营运柴油货车和“油改气”、采用稀薄燃烧技术车辆提前淘汰更新目标及实施计划，推动提前淘汰中重型柴油货车、高耗低效非标准汽车列车及罐车等老旧柴油货车。

2. 推广应用先进货运车型。鼓励使用符合国家标准的中置轴汽车列车、厢式半挂车。推广标准化配送货运车辆，逐步推行统一技术标准的城乡配送车辆。加快推动城市建成区轻型物流配送车辆使用新能源或清洁能源车辆。鼓励物流园区、产业园、配送中心等地集中规划建设专用充电设施，加快建设高速公路和国省道配套充电基础设施。

3. 加强货车超限超载治理。严格执行全国统一的超限超载认定标准和超限检测站联合执法工作流程，明确并公布各区域超限检测站点联合执法模式，严格落实“一超四罚”。建立健全依法打击冲关闯卡违法行为长效机制和应急管控措施，加快推进车辆信息、执法信息共享。健全公路治超“黑名单”制度，对严重违法超限超载运输当事人实施联合惩戒。

（四）改善货运市场从业环境

1. 加强从业人员职业教育培训。支持各市为转岗货车司机提供再就业培训，鼓励道路货运企业技能岗位新招用和转岗等人员参加企业新型学徒制培训。推进落实普通货运驾驶员线上线下及异地从业考试，2019 年实现普通货运驾驶员从业资格证诚信考核网上办理。

2. 切实维护货车司机权益。道路货运企业应依法与其雇佣的货车司机签订劳动合同并缴纳社会保险费。依法依规推进货运企业建立工会组织。探索建立货运企业职工代表大会制度，切实维护货车司机合法权益。结合货车司机集散特点和公路沿线服务设施，从发挥服务效能和满足货车司机实际需求出发，建设一批功能实用、经济实惠、服务便捷的“司机之家”。

（五）提升货运市场治理能力

1. 依法打击车匪路霸。在全省范围内严厉打击车匪路霸，重点加强高速公路服务区、国省道沿线停车场、货运枢纽（物流园区）等区域治安管理，严厉打击黑恶势力收取“保护费”和偷盗车辆燃油及货物等违法犯罪行为。指导各地高速公路服务区经营管理单位完善停车广场照明设施、公共场所监控设施等配置，为货车司机创造更加安全的工作环境。

2. 推进分类分级管理。建立货运企业分类分级监管体系，推进道路货运企业及其车辆、驾驶人发生的交通违法、安全事故等相关信息跨部门共享。加大对违法失信经营主体的惩戒和定向监管力度，实现“一处违法、处处受限”，情节严重的淘汰退出道路货运市场。

3. 加强运行动态监测分析。利用大数据等信息化手段，建立和完善营业性道路货物运输量及周转量数据库，利用信息化手段提高道路货运市场运行监测分析能力。

二、强化保障措施

（一）加强组织领导。各地要建立健全道路货运行业高质量发展工作领导机制，强化协同，形成发展合力，系统解决推进工作中存在的重大问题、难点问题。

（二）加快完善配套措施。各地要深化调研，准确研判分析行业发展需求，及时研究完善相关配套措施，促进道路货运行业高质量发展。

（三）注重宣传舆论引导。各地要多渠道、多方位做好政策解读，加强舆论引导，回应社会关切，引导各方预期，充分凝聚社会共识，为道路货运行业提质增效、转型升级营造良好舆论环境。

附件：任务分工表

抄送：省委各部门，省人大常委会办公厅，省政协办公厅，省监委，省法院，省检察院。各民主党派省委，省工商联。

山东省人民政府办公厅 2019 年 12 月 18 日印发

（附件略）

关于印发《清理规范铁路货物运输相关收费工作实施方案》的通知

（鲁发改价格〔2019〕114号）

各市发展改革委、市场监管局，中国铁路济南局集团、山东高速轨道交通集团：

根据《国家发展改革委市场监管总局关于进一步清理规范铁路货物运输相关收费的通知》（发改价格〔2018〕1959号）要求，结合我省铁路货物运输实际情况，省发展改革委、省市场监管局制定了《清理规范铁路货物运输相关收费工作实施方案》，现印发给你们，请认真贯彻执行。

山东省发展和改革委员会
山东省市场监督管理局
2019年2月1日

清理规范铁路货物运输相关收费工作实施方案

根据《国家发展改革委市场监管总局关于进一步清理规范铁路货物运输相关收费的通知》（发改价格〔2018〕1959号）要求，结合我省铁路货物运输实际情况，制定本方案。

一、工作目标

以中央经济工作会议精神和省委、省政府决策部署为指导，贯彻落实国家减税清费，促进运输结构调整，降低实体经济物流成本为目标，进一步促进我省实体经济高质量发展。

二、工作任务及责任分工

（一）清理规范地方政府收费。各级地方政府及所属部门、事业单位不得在全国政府性基金目录清单、中央及地方行政事业性收费目录清单之外，在铁路货物运输领域，包括专用线（含专用铁路，下同）、港口集疏运环节违规收取各类政府性基金（附加费）、行政事业性收费，也不得以经营服务性收费名义变相收取。对已明令取消、停征、免征的政府性基金（附加费）、行政事业性收费项目，要逐项落实到位；对拖延或拒绝执行，或变换名目转为经营服务性收费继续收取的，应立即予以纠正。（各市发展改革委、市场监管局，济南铁路局集团公司、地方铁路货运企业）

铁路运输企业在目录清单以外代地方政府及所属部门、事业单位收取政府性基金（附加费）、行政事业性收费，继续收取已明令取消、停征、免征的政府性基金（附加费）、行政事业性收费，或将上述基金（附加费）、行政事业性收费转为企业经营服务性收费的，立即予以纠正。（各市发展改革委、市场监管局，济南铁路局集团公司、地方铁路货运企业）

（二）清理简化铁路货运杂费。按照国家要求，中国铁路总公司负责铁路货运杂费项目梳理、归并，核定收费标准，并向社会公布。济南铁路局集团公司要严格执行总公司规定的铁路货物运杂费项目、收费标准，对超出规定自行设立的项目、提高收费标准的要立即纠正。地方铁路运输企业应对现有铁路货运杂费项目进行逐项梳理，取消没有实质服务内容或相关作业成本应通过运价补偿的项目，归并服务作业内容相近的项目；对保留项目，完善计费办法，按照合理补偿成本的原则，重新核定收费标准，并向社会公布。（济南铁路局集团公司、地方铁路货运企业）

（三）规范专用线代维服务收费管理。铁路运输企业向非路产专用线和自备货车、机车等铁路货物运输设施（线路、通讯、信号设备等）提供代维护、维修等服务收费，应根据服务内容，在平等协商的基础上，参照自身运营中开展相同作业的内部成本控制定额，合理确定收费项目和标准。开展相关服务要签订服务合同，明确相应的权利、义务和收费项目、收费标准，规范合同管理。（济南铁路局集团公司、地方铁路货运企业）。

（四）降低地方铁路货物运价。根据《山东省定价目录》规定，地方铁路货物运价实行市场调节价。地方铁路企业根据货运市场经营及成本情况，遵循公平、合法和诚实信用原则，合理自主确定地方铁路货物运输价格水平和收费标准，降低过高的货运价格。（地方铁路货运企业）

（五）规范经营者收费行为。铁路运输企业提供服务，应坚持用户自愿原则，不得强制服务、变相强制服务、强行收费、指定服务、搭车收费；应严格执行明码标价规定，在企业网站及经营场所醒目位置公示收费项目、标准及服务内容、服务标准等内容，除此之外严禁收费。（各市市场监管局，济南铁路局集团公司、地方铁路货运企业）

三、保障措施

（一）深入开展调查摸底工作。各市发展改革、市场监管部门要深入铁路货运用户、铁路专用线和运输实施设备产权或使用企业等付费主体单位，以及地方政府相关部门、铁路运输企业、专用线服务企业等收费主体单位，认真听取用户意见建议，查阅收费（付费）项目单据、财务支付（收入）凭证，全面摸清涉铁收费项目、标准和存在的问题。调查摸底工作于4月底前完成。

（二）逐项梳理收费项目及标准。各相关部门会同铁路运输企业按照责任分工，对政府性基金等行政性收费、铁路运输杂费、铁路专用线（自备车辆等设施）代维服务收费项目进行认真梳理，按照有关规定进行清理整顿；在清理规范的基础上，完善收费目录清单管理制度，做到清单外无收费（不收费），收费项目梳理工作于4月底前完成。

梳理工作完成后，牵头单位要认真填报铁路政府性基金（附加费）、行政事业性收费清理表（见附表1）、铁路运输杂费项目及标准清理表（见附表2）、铁路专用线（自备车辆等设施）代维服务收费清理表（见附表3），于5月底前报省发展改革委（价格管理处）。

（三）开展督导检查。省发展改革委和市场监管局将根据各市工作开展情况，组织联合督导检查组，适时对各市清理规范涉铁收费情况开展专项督察；市场监管部门要加大监督检查力度，开展铁路货物运输收费专项检查，对铁路运输企业相关价格、收费违法行为，要及时予以查处，要充分发挥举报平台的作用，密切关注市场价格波动，对举报量多、反映集中的问题，立即组织专项整治，及时回应社会关切，切实规范价格秩序。督查检查工作于5月底前完成，并填写铁路运输企业价格违法行为查处情况汇总表（见附表4）于5月底前报省市场监管局（价检局）。

各市发展改革委、市场监管局和相关铁路运输企业要高度重视，提高站位，坚持问题导向，确保清理规范工作取得实效。各单位要认真负责，积极协作，密切配合，并明确专人负责，按时限要求完成清理规范工作，并将清理规范具体情况及取得的成效、典型案例形成书面材料，于5月底前报省发展改革委（价格管理处）和省市场监管局（价检局）。

（附表略）

济南市人民政府办公厅关于印发济南市推进运输结构调整工作实施方案的通知

（济政办发〔2019〕17号）

各区县人民政府，市政府各部门（单位）：

《济南市推进运输结构调整工作实施方案》已经市政府同意，现印发给你们，请认真贯彻落实。

济南市人民政府办公厅

2019年9月8日

（此件公开发布）

济南市推进运输结构调整工作实施方案

为打好污染防治攻坚战，提高综合运输效率，推动交通运输高质量发展，根据《山东省加强污染源头防治推进“四减四增”三年行动方案（2018—2020年）》（鲁发〔2018〕36号）和《山东省推进运输结构调整工作实施方案》（鲁政办发〔2018〕38号）等文件要求，结合我市实际，制定本实施方案。

一、总体要求

（一）指导思想。以习近平新时代中国特色社会主义思想为指导，全面贯彻党的十九大精神，以深化交通运输新旧动能转换为契机，聚焦我市钢铁、高端装备制造产业，按照“宜铁则铁、宜水则水、宜公则公、分类推进”的原则，促进大宗货物运输“公转铁”，推进生态文明建设，实现交通运输高质量发展。

（二）任务目标。到2020年，全市新增铁路运营里程约135公里，力争新建、改建铁路及铁路专用线5条，形成多路径、便捷化、大能力的铁路货运网络；开工建设小清河复航工程，加快形成绿色货运新通道。与2017年相比，全市铁路货运发送量增长50万吨，铁路货运到达量增长1000万吨，多式联运货运量年均增长20%，全市高速公路货运车辆超限超载率不超过0.5%。

二、重点工作

（一）铁路运输提升行动

1. 完善铁路路网，统筹货运场站布局，提升铁路大通道能力。建设邯济铁路至胶济铁路联络线，形成环济南市区铁路货运通道；推进连接瓦日铁路与磁莱铁路的郭大线建设，提升莱钢、泰钢等钢铁企业铁路运输能力；推进泰安至聊城铁路建设前期工作。启动曹家圈黄河桥四线桥工程，推动权庄综合货场、桑梓店集装箱和危险品办理站、董家庄高铁快运办理站规划建设。（责任部门：中国铁路济南局集团有限公司、市交通运输局）

2. 加快综合物流园区和铁路专用线重点工程建设。建设董家铁路物流基地、水发国际物流园、鲁中新城市铁路物流园等重点项目。支持钢铁、电力等大型工矿企业和物流园区新建改建铁路专用线，重点建设水发国际物流园铁路专用线、山东将山铁路物流有限公司铁路专用线、山钢股份莱芜分公司铁路专用线、山东九羊集团有限公司铁路专用线等 4 条铁路专用线。简化铁路专用线接轨审核程序。推广铁路专用线和专用铁路共商、共建、共享机制。到 2020 年，大宗货物年运量 150 万吨以上的大型工矿企业和新建物流园区，有条件的原则上全部修建铁路专用线；具备铁路专用线的大型工矿企业和新建物流园区，大宗货物铁路运输比例达到 80% 以上。（责任部门：中国铁路济南局集团有限公司、市交通运输局、市口岸物流办）

3. 实施设施设备升级改造工程，强化“点、线”能力配套建设。对铁路干线主要编组站和企业专用线设备设施实施改造扩能，提升铁路场站和企业专用线装卸效率。发挥敞顶箱“门到门”运输服务优势，加大敞顶箱推广应用力度。实施济西编组站扩能改造，推进山钢股份莱芜分公司、山东九羊集团、华电国际莱城电厂装卸设施设备改造升级。到 2020 年，实现铁路敞顶集装箱配送运量比 2018 年翻一番。（责任部门：中国铁路济南局集团有限公司、市交通运输局）

4. 优化铁路运输组织模式，提升铁路货运服务水平。完善列车运行图，优化编组站作业组织模式，组织货物均衡运输，开发多频次多样化班列产品，构建快捷货运班列网络。开行董家口港专列，加大黄岛班列开行密度。大力提升中欧及中亚班列的运行频率，到 2020 年，中欧及中亚班列确保达到 200 班/年，力争达到 300 班/年。（责任部门：中国铁路济南局集团有限公司、市口岸物流办）

5. 完善政策机制建设，适应市场经济发展要求。建立健全灵活的运价动态调整机制，制定铁路运价优惠政策。进一步规范铁路专用线代维收费行为以及短驳服务收费，降低使用成本。推动铁路运输企业与煤炭、矿石、钢铁等大客户签订运量运能互保协议，与物流园区、大型工矿企业等开展合作。针对大宗货物年运量达到 150 万吨以上或已有铁路专用线的大型工矿企业和物流园区，逐企制定运输结构调整的定制化解决方案。（责任部门：中国铁路济南局集团有限公司）

（二）公路货运治理行动

6. 切实加强公路货运车辆超限超载治理及超标排放治理。落实治理车辆超限超载及超标排放联合执法常态化制度，持续加大违法整治力度。不断优化完善公路治超网络以及国省干线公路超限检测站点布局。强化矿山、钢铁企业等货物装载源头监管，引导其安装使用称重设备和视频监控设备，全面实施分行业监管，禁止违法超限超载车辆出场（站）上路行驶。利用信息化手段加强车辆超限超载检测和柴油货车排放抽测，加快推进“非现场执法”。持续加强信用治超，严格落实公路治超“黑名单”制度，对严重违法超限超载运输当事人实施联合惩戒。到2020年年底，高速公路货运车辆平均违法超限超载率不超过0.5%，普通公路货运车辆超限超载得到有效遏制。（责任部门：市交通运输局、市公安局、市生态环境局）

7. 落实货运车型标准化制度，加快高污染车辆淘汰和深度治理。健全货车非法改装多部门联合监管工作机制，依法查处非法改装货运车辆出厂上路现象。稳步开展危险货物运输罐车、超长平板（集装箱）半挂车治理。健全机动车排放检验与强制维修（I/M）制度，对柴油货车排放检验与维修加强监管，按期完成国家、省下达的国三营运柴油货车淘汰任务。（责任部门：市交通运输局、市公安局、市生态环境局）

8. 不断创新道路货运组织模式，推动行业集约高效发展。大力发展公路甩挂运输、企业联盟等集约高效运输组织模式，发展壮大现代物流运输骨干企业。促进“互联网+高效物流”新业态、新模式发展，积极发展无车承运人新业态，加快传化公路港和九通车联网无车承运智慧物流云平台建设，培育理念创新、运作高效、服务规范的无车承运人品牌企业。加快推进市区大型农贸市场搬迁规划实施，尽快完成搬迁；推进新建农贸市场同步配建充电设施，鼓励农产品运输使用新能源和清洁能源车辆，推行高速公路、国省干线公路鲜活农产品绿色通道制度，推动农产品运输车辆标准化、专业化发展。（责任部门：市交通运输局、市口岸物流办、市商务局）

（三）多式联运提速行动

9. 加强交通物流基础设施有效衔接。加快建设具有多式联运功能的物流园区、内陆港和集装箱中心站，开展与青岛、天津等港口的战略合作，提升济南国际内陆港物流枢纽地位。完善既有铁路货场功能，支持配建公路货场。完善枢纽集疏运体系，支持物流园区、大型工矿、钢铁等企业引入铁路专用线，打通连接枢纽的“最后一公里”。加快推进济南国际内陆港、小清河复航工程、济南综合保税区等项目建设，规划建设济南港疏港铁路，形成衔接紧密、运行高效的交通物流基础设施网络体系。（责任部门：市口岸物流办、市交通运输局、中国铁路济南局集团有限公司）

10. 研发和推广先进的多式联运设施装备。鼓励生产、物流企业研发可高效换装、便捷转运的标准化运载机具设备。引导商用车中长距离公路运输向铁路运输转移。推广集装箱、半挂车、托盘等标准化运载单元和冷藏、罐式等特种箱的使用，推动多式联运设施装备向标准化、集装化、自动化升级改造。（责任部门：市交通运输局、市口岸物流办、中国铁路济南局集团有限公司）

11. 探索创新多式联运组织模式。鼓励铁路、公路、航空运输企业以及物流园区以联盟、兼并、参股等方式开展合作。支持企业开发箱驮、驮背、公铁滚装运输等多式联运服务产品。试点开行冷藏班列。结合小清河复航和济南机场扩建工程，探索铁水联运、陆空联运组织模式。支持董家铁路物流基地、中欧班列等项目实施多式联运示范工程。积极对接青岛港等沿海港口，大力推动原油、成品油和天然气管道运输。（责任部门：市交通运输局、市口岸物流办、市发展改革委、中国铁路济南局集团有限公司）

12. 推动信息资源共享。突破不同部门、不同运输方式之间的信息壁垒，强化车辆、船舶、铁路等信息资源互联互通。强化货物在途状态及运输价格查询、车货动态匹配及定位跟踪等信息服务。协调推进交通运输、海关、公安、生态环境等部门信息开放共享，力争在2—3个重点货运场站实现“秒通关”。优化信息发布与资源共享机制，积极培育拓展新兴市场，推动货运行业高质量发展。（责任部门：市交通运输局、市大数据局、中国铁路济南局集团有限公司、泉城海关）

（四）城市绿色配送行动

13. 构建公铁联运的城市配送网络。加快城市配送网络节点及配送车辆停靠装卸配套设施建设。开展城市货运通道规划研究，制定过境道路货运车辆通道规划和建设方案，划定高污染、高排放货车限行区。支持现有铁路货场转型升级为城市配送中心；支持相关配送企业利用铁路专用线优化和拓展配送网络；探索开展公铁接驳配送试点，构建外集内配的公铁联运城市配送新体系。（责任部门：市交通运输局、市口岸物流办、市商务局、中国铁路济南局集团有限公司）

14. 推广应用新能源城市配送车辆及非道路移动机械。全力争取、统筹利用国家和省出台的新能源汽车推广应用补贴、运营补助、充电设施奖励等各类政策，修订完善电动汽车充电基础设施建设实施方案，加快新能源和清洁能源车辆推广应用。将公共充电桩建设纳入城市基础设施规划建设范围，加大用地、资金等支持力度，在货流密集区规划建设充电站（桩）。到2020年，建成公用及专用充电站150座、充电桩10000个。建成区新增、更新邮政、轻型物流配送车辆中，新能源车辆和达到国六排放标准清洁能源车辆的比例达到80%；凡是财政资金购买的市政、环卫车辆全部采用新能源车；鼓励推广使用新能源非道路移动机械。（责任部门：市工业和信息化局、市发展改革委、市财政局、市城管局、市商务局、市邮政管理局、国网济南供电公司）

15. 推进城市配送组织模式创新。积极发展统一配送、集中配送、共同配送等集约化运输组织模式。培育和推广城市配送高铁快运模式。到2020年，培育3—5家城市配送龙头骨干企业。（责任部门：市商务局、市邮政管理局）

（五）服务环境提升行动

16. 简化审批流程，优化管理措施。对纳入运输结构调整的重点项目和铁路专用线，建立审批“绿色通道”。对运输结构调整工作成效显著的工矿企业，在分解错峰生产任务时适当减少限产比例。支持新能源城市配送车辆应用，对符合标准的新能源城市配送车辆给予通行便利。（责任部门：市交通运输局、市行政审批服务局、市公安局）

三、保障措施

（一）加强组织领导。成立市推进运输结构调整工作领导小组，统筹组织、协调和推进全市运输结构调整工作。各有关单位要按照责任分工，制定推进运输结构调整具体方案，确保各项任务和目标落实到位。2019年9月底前，各单位将具体工作方案、工作台账报送市领导小组办公室（设在市交通运输局，联系电话：62356066、62356381）。

（二）加大财政金融支持。市财政等部门、区县政府（含济南高新区、济南新旧动能转换先行区、莱芜高新区管委会，下同）对物流园区建设、铁路专用线建设与共用、公转铁等重点项目以及中欧、中亚班列运行和新能源配送车辆购置等予以重点支持。要拓宽投融资渠道，切实加快运输结构调整步伐。

（三）强化用地支持。市自然资源和规划部门、区县政府要优先保障运输结构调整重点项目用地规模和指标，满足项目建设需求。要将本方案中涉及占用永久基本农田的铁路专用线项目（不含物流园区），纳入占用永久基本农田的重点建设项目用地预审受理范围，按照相关规定办理用地手续。

（四）严格督导落实。根据运输结构调整指标体系具体要求，建立运输结构调整信息运行监测和报送机制。各相关单位按季度总结形成运输结构调整工作情况报告，领导小组办公室对相关工作进展情况汇总后报市政府。各牵头单位要积极督促协调相关工作推进落实，确保各项任务目标按期圆满完成。对运输结构调整工作推进落实不力、实施效果较差的部门和单位，要加大督促整改力度，切实保证各项工作落地落实。

（附件略）

济南市人民政府办公厅关于印发济南市推进电子商务与快递物流协同发展的实施方案的通知

（济政办字〔2019〕50号）

各区县人民政府，市政府各部门（单位）：

《济南市推进电子商务与快递物流协同发展的实施方案》已经市政府同意，现印发给你们，请认真组织实施。

济南市人民政府办公厅

2019年9月30日

（此件公开发布）

济南市推进电子商务与快递物流协同发展的实施方案

为进一步推动我市电子商务（以下简称电商）与快递物流深度融合、协同发展，根据《山东省人民政府办公厅关于推进电子商务与快递物流协同发展的实施意见》（鲁政办发〔2018〕36号）精神，结合我市实际，制定本实施方案。

一、总体方案

（一）指导思想。以习近平新时代中国特色社会主义思想和党的十九大精神为指导，全面贯彻落实国家、省关于电商与快递物流协同发展的系列部署和要求，把握新旧动能转换重大机遇，全面提升我市电商与快递物流协同发展水平，促进我市经济高质量发展，为建设“大强美富通”现代化国际大都市提供强有力支撑。

（二）发展目标。到2022年，引进和培育8—10家集交易、仓储、物流于一体的电商物流平台型企业，打造3—5个综合性电商物流园区；支持快递企业做大做强，培植9—12个业务量过千万件的快递企业；稳步提升快递末端投递服务水平，实现城乡末端公共服务点覆盖率100%；整合“小、散、乱”快递物流入园，实现向智慧物流、供应链物流和总部经济转型发展；电商与快递物流行业实现规范运营、协同高效、绿色环保、融合发展。

二、主要任务

（一）培育打造电商物流协同发展主体

1. 培育引进电商与快递物流协同发展的示范企业。支持电商企业、快递物流企业、工业骨干企业优势互补，融合发展，形成创新合作发展新模式。大力培育“城市快递”品牌，扶持本地小微快递企业规范发展、做大做强。积极引进品牌快递企业建设区域总部、区域性集散（分拣）中心和公共智能仓。支持快递物流企业通过招商合作引进较大规模电商客户，在济南建立分仓（运营分公司）。对新评为国家3A、4A、5A级的快递物流企业和在我市新增设省级总部或区域总部法人的快递物流企业，按照我市加快物流业发展相关政策给予支持。（责任单位：市商务局、市口岸物流办、市邮政管理局、市工业和信息化局、市财政局）

2. 培育综合性电商品牌示范园区。充分发挥我市国家级、省级电商示范基地（园区）的引领带动作用，培育打造绿色、规范、配套完善的“电商+”融合发展综合性示范园区。将快递物流园区纳入国家级和省级电商示范基地认定范畴，获得省级及以上电商示范基地（园区）称号的，按照我市贸易服务业发展引导资金管理有关规定给予支持。（责任单位：市商务局、市邮政管理局、市口岸物流办、市财政局）

（二）完善电商与快递物流基础设施

1. 加强快递物流基础设施建设。积极适应现代电商发展趋势，建设全渠道、多平台、线上线下融合发展的快递物流体系。将符合物流专项规划的快递物流仓储、分拨、配送等设施用地纳入国土空间规划。对重点建设的市级以上快递物流项目，在办理规划、用地等手续时开辟绿色通道，提高办理效率，实行限时办结。（责任单位：市邮政管理局、市口岸物流办、市自然资源和规划局）

2. 加强城乡快递物流配送网络建设。发挥各类配送中心的辐射作用，延伸物流配送网络。实施“快递入区”和“快递下乡”工程，城市末端公共服务点社区覆盖率、镇网点覆盖率达到100%。推广智能投递设施，力争箱递率达到10%以上。现有城乡末端配送网点逐步实现“多站（点）合一”，并向公共服务点转型，城乡社区、机关和院校等单位积极为快递企业进驻提供条件和便利，逐步在城乡实现第三方配送、共同配送。改造升级传统信报箱，邮政普遍服务与快递服务实现一体化、智能化。推进镇邮政局所、快递网点标准化建设，进一步提升镇邮政快递网点服务能力。开展村邮站转型提升行动，将村邮站纳入乡村公共基础设施，完善电商、收寄投递等功能。（责任单位：市邮政管理局、市商务局、市口岸物流办、市自然资源和规划局）

（三）助力农村电商、城市社区电商和跨境电商发展

1. 推动农村电商与快递物流协同发展。深入实施电商进农村综合示范工程，打通工业品下行和农产品上行双向流通渠道。进一步完善农村电商交易、仓储、物流等配套设施，促进产业健康持续发展。扎实推进农村电商三级服务站点建设，丰富站点功能，完善农村电商服务体系。引导我市特色农产品进入电商和物流网络销售，扩大市场份额，打造济南品牌。发挥供销、邮政等资源优势，利用农村小

商店、闲置场地及居委会等场所协同开展快递服务，支持智能快件箱运营企业向农村拓展业务，推动落实快递进村工程。（责任单位：市商务局、市邮政管理局、市供销社、市农业农村局）

2. 进一步落实鲜活农产品进城“绿色通道”政策。对符合国家规定的鲜活农产品运输车辆，免征车辆通行费。根据我市特色产业分布，因地制宜支持各类运营主体发展适应农业生产季节性特点的冷链快递物流服务，重点推进建设冷链快递物流基础设施，合理布局冷链仓储中心和农产品集中配送中心。加大对公益性、公共性冷链快递基础设施建设支持力度，落实国家关于促进冷链运输物流发展的相关税收优惠政策。（责任单位：市商务局、市交通运输局、市农业农村局、市邮政管理局、市供销社）

3. 推动城市社区电商与快递物流融合发展。优化城市快递物流资源，推进同城共同配送试点，打造完善的系统化快递配送网络，实现城市社区电商提档升级。电商企业逐步整合商业资源和便民服务设施，实现社区商业与城市便民服务、物流配送互联互通，依托连锁超市、便利店、社区物业等开展物流分拨、快件代收等便民服务，智能快递末端服务设施逐步入驻社区、高校、商区。加大老旧小区的智能快递箱推广力度。（责任单位：市邮政管理局、市商务局、市口岸物流办、市住房城乡建设局）

4. 推动跨境电商与快递物流协同发展。大力引进跨境电商企业入驻中国（山东）自由贸易试验区济南片区，探索推动区域外跨境物流业务开展。支持有条件的快递物流企业“走出去”建设公共海外仓，通过建立跨境分拨配送和运营服务体系，推动我市跨境电商发展形成完整的产业链。建立海关、商务、邮政管理部门协调合作机制，简化通关流程，优化快速安检、配载、装卸等一体化服务，提升快速通关能力。支持济南综保区跨境电商园区建设，借鉴南方地区先进经验，持续推进济南海关对于邮政跨境轻小件出口的“9610”报关“不征不退”模式落地。对符合“9610”跨境电商出口及“1210”保税进口条件的跨境电商企业，按照我市开放型经济发展引导资金使用管理相关规定给予支持。（责任单位：市商务局、泉城海关、市邮政管理局、市财政局、济南高新区管委会）

（四）规范便利快递配送车辆运营管理

1. 推进配送车辆规范化运营。研究制定快递服务车辆管理办法，对快递服务车辆实行统一配备、统一编号和标识管理，推进配送车辆标准化、厢式化，将配送车辆运行数据与智慧城市运行管理中心共享互联。全面取消普通货车当面备案、审批通行证制度，改为网上备案，做到“零跑腿”。监督快递物流企业在遵循安全原则和行业标准的前提下，配备符合国家《道路机动车辆生产企业及产品公告》的机动车产品，并参照快递物流车辆使用专用机动车产品，在外观标识、技术性能、作业装备等方面明显区别于其他机动车产品。（责任单位：市工业和信息化局、市城管局、市邮政管理局、市公安局、市交通运输局）

2. 便利城市快递配送车辆通行。为各类快递物流企业车辆和新能源车辆、共同配送车辆提供通行便利。在商圈、医院、人口集中的社区等人流密集区，规划设置快递配送车辆临时停车位，允许其在不影响交通安全和畅通的情况下，在除城市快速路、主干道以外道路临时停靠装卸快件。加快制定快递专用电动三轮车用于城市收投服务的管理办法，规范快递三轮车城区通行管理。在全市范围内解除多用途货车（皮卡车）和轻型、微型新能源载货汽车的城市道路限行措施，快递物流企业不需要针对上述车辆办理通行备案。加强对各类快递企业监管，落实快递企业对所属配送车辆管控主体责任，确保配送车辆依法依规、安全有序通行。（责任单位：市公安局、市交通运输局、市邮政管理局、市自然

资源和规划局、市城管局）

（五）推动电商快递物流向智能化发展

1. 推动供应链协同发展。延伸仓储、快递、第三方技术服务企业的服务链条，优化电商企业供应链管理。发展仓配一体化服务，加快推进企业集成应用信息技术，整合共享上下游资源，促进商流、物流、信息流、资金流等无缝衔接和高效流动，提高电商企业与快递物流企业供应链协同效率。（责任单位：市商务局、市口岸物流办、市邮政管理局）

2. 推动智能化协同发展。加快数据共享平台建设，实现电商企业与物流企业之间的数据互联互通，推动电商物流向智能化发展。加快快递物流节点内部信息化建设，整合通关信息、口岸信息、企业信用信息及跨省市联运信息，提高各快递物流节点间的信息传输和交换能力，打造集中枢决策、资源协同利用、流程再造等功能于一体的供应链整合和决策服务平台。（责任单位：市邮政管理局、市工业和信息化局、市交通运输局、市商务局、市口岸物流办、泉城海关）

（六）发展绿色快递物流

1. 推广绿色包装，实现绿色运输与配送。电商企业与快递物流企业逐步开展供应链绿色流程再造，提高资源重复利用率，降低企业成本。推广应用绿色包装技术和材料，实现快递物流包装物减量化。电商平台定期开展绿色消费活动，提供绿色包装物选择，根据不同包装物分类定价，建立积分反馈、绿色信用等机制，引导消费者使用绿色包装或减量包装。分拨中心实现作业环节的流程化以及作业场所的立体化，节约利用土地空间。进一步推广电子运单使用，电子运单使用率达到99%。推进循环中转袋试点工作，循环中转袋使用率达到70%。引导物流企业综合运用电商交易、物流配送等信息，优化调度，减少车辆空载和在途时间。（责任单位：市邮政管理局、市口岸物流办、市生态环境局、市市场监管局）

2. 加快淘汰高能耗老旧设备和排放不达标的运输装备。推广应用符合国家标准的快递专业车辆，鼓励配送车辆向轻型、封闭、新能源车辆转化。物流园区新增和更换的场吊、吊车等作业机械，主要采用新能源或清洁能源机械。推动叉车、牵引车采用新能源或清洁能源车型，减少物流园区的污染排放，实现绿色低碳发展。（责任单位：市邮政管理局、市工业和信息化局、市交通运输局、市口岸物流办、市生态环境局）

（七）建立健全电商与快递物流协同发展的服务体系

1. 积极推进“放管服”改革。加快建设邮政行业公共服务信息平台，简化快递物流企业业务经营许可程序，实现许可备案事项网上统一办理，推进“一次办好”。已取得快递业务许可的企业及其分支机构、营业部可根据业务需要开办快递末端网点，向所在地邮政管理部门备案，无需办理营业执照。（责任单位：市邮政管理局、市行政审批服务局）

2. 培育壮大人才队伍。加大电商人才培训力度，重点面向农村电商领域培育致富带头人。积极引进电商、快递物流行业高端管理人才，符合条件的可享受我市高层次高技能人才相关政策待遇。创新人才孵化机制，鼓励企业与高等院校、职业院校等办学机构联合建设专业人才实训（实习）基地，解决企业人才短缺的制约瓶颈。对新认定为山东省研究生联合培养基地的规模以上物流企业，按照我市

加快物流业发展相关政策给予支持。（责任单位：市商务局、市邮政管理局、市人力资源社会保障局、市口岸物流办、市财政局）

3. 加强政策和资金支持。统筹利用服务业、商贸流通等相关资金，促进快递物流企业与电商、特色农产品配送、先进制造业等融合发展，进一步完善服务网络。突出政策导向，发挥服务业创新、公共基础设施建设等政府引导基金作用，为快递物流企业融资提供有力支持。加大对快递物流企业的规范化、市场化培育力度，支持企业通过上市、挂牌、发行债券、引进股权投资等多种渠道融资。对符合条件的企业，按照我市加快现代金融产业发展相关政策给予支持。（责任单位：市商务局、市工业和信息化局、市地方金融监管局、市邮政管理局、市财政局）

三、组织实施

建立由市政府分管领导任总召集人，市有关部门（单位）相关负责人为成员的电商与快递物流协同发展联席会议制度，统筹研究解决行业发展问题，提出推进措施和具体办法。联席会议办公室设在市商务局，负责处理联席会议日常工作，推动有关事项落实。联席会议各成员单位要各负其责，加强协调配合，保障各项工作顺利推进。各责任单位要按照任务分工，进一步细化、完善工作措施，建立工作台账，明确时间节点、具体任务，确保各项措施和任务目标落实到位。要转变服务方式，主动跟踪问效，及时协调解决工作中遇到的困难和问题。要及时总结分析工作推进情况，形成可复制、可推广的经验做法。积极利用各类媒体宣传我市推进电商与快递物流协同发展的先进典型和取得成效，切实营造良好舆论氛围。

关于印发青岛市支持实体经济高质量发展若干政策的通知

（青政发〔2019〕2号）

各区、市人民政府，青岛西海岸新区管委，市政府各部门，市直各单位：

《青岛市支持实体经济高质量发展的若干政策》已经市政府同意，现印发给你们，请认真贯彻执行。

青岛市人民政府

2019年3月18日

（此件公开发布）

青岛市支持实体经济高质量发展的若干政策

为切实解决当前实体经济发展中存在的突出矛盾和问题，加快新旧动能转换，推动我市实体经济高质量发展，根据省政府《关于印发支持实体经济高质量发展的若干政策的通知》（鲁政发〔2018〕21号），结合实际，制定以下政策。

一、降本增效

（一）实行城镇土地使用税优惠政策。自2019年1月1日起，按现行城镇土地使用税税额标准的80%调整城镇土地使用税税额标准；高新技术企业城镇土地使用税税额标准按调整后税额标准的50%执行，最低不低于法定税额标准。2018年5月1日至2019年12月31日，对物流企业承租的大宗商品仓储设施用地减半征收城镇土地使用税。2018年10月1日至2020年12月31日，对按照去产能和调结构政策要求停产停业、关闭的企业，自停产停业次月起，免征房产税、城镇土地使用税，企业享受免税政策的期限累计不得超过2年。2019年1月1日至2021年12月31日，对农产品批发市场、农贸市场（包括自有和承租，下同）专门用于经营农产品的房产、土地，暂免征收房产税和城镇土地使用税；对同时经营其他产品的农产品批发市场和农贸市场使用的房产、土地，按其他产品与农产品交易场地面积的比例确定免征房产税和城镇土地使用税。（市财政局会同市税务局负责实施）

（二）落实留抵退税政策。对新旧动能转换综合试验区内战略性新兴产业和新旧动能转换重点行业（项目），在国家批复额度内，优先对2018年1月1日起新增留抵税额予以退税，剩余额度内对2017年年底前存量留抵税额退税，按照国务院正式批复省方案和省分配额度实施。（市财政局会同市税务局负责实施）

（三）降低印花税税负。2018年10月1日起，将实行印花税核定征收方式的工业企业购销金额、商业零售企业购销金额、外贸企业购销金额、货物运输企业货物运输收入、仓储保管企业仓储保管收入的印花税核定征收计税金额比例下调至50%、20%、50%、80%、80%。（市税务局负责实施）

（四）降低基础设施配套费标准。2018年10月1日至2020年12月31日，城市基础设施配套费减按70%标准征收，住宅、商服用地类建设项目除外（不含拆迁安置用房）。对2018年10月1日起原城市基础设施配套费征收标准与新征收标准之间的差额，按规定予以退还，具体细则由主管部门另行制定。（市住房城乡建设局、市财政局会同市行政审批局，各区、市政府负责实施）

（五）实行工会经费缴纳优惠政策。2018年10月1日起，建立工会的企业按国家规定标准（全部职工工资总额的2%）的40%向上一级工会上缴经费；对按规定免征增值税的小微企业，其工会经费上缴后，由上级工会全额返还给企业工会。（市总工会会同市税务局负责实施）

（六）持续优化口岸营商环境。优化通关流程和作业方式，全面推进货物监管“查检合一”，推行进口矿产品、进出口食品等特殊货种快速检验放行模式，推广进出口集装箱“411”查验模式，拓展国际贸易“单一窗口”功能，加快口岸物流信息电子化进程。进一步规范口岸涉企收费，动态更新口岸收费目录清单内容，加强目录清单制度执行情况监督检查，依法查处各类违法违规收费行为。（市口岸办会同市市场监管局、市交通运输局、市商务局、市发展改革委、邮轮港区服务管理局，青岛海关、青岛海事局，青岛港集团、青岛机场集团等负责实施）

（七）落实货运车辆税收优惠政策。2019年1月1日起，将货运车辆（包括货车、挂车、专业作业车、轮式专用机械车）车船税适用税额下调至现行税额的一半征收。2018年7月1日至2021年6月30日，对购置挂车减半征收车辆购置税。（市财政局会同市税务局、市交通运输局负责实施）

（八）降低企业用电成本。全面放开煤炭、钢铁、有色、建材等4个行业进入电力交易市场，推动10千伏电压等级及以上、年用电量在500万千瓦时以上的用户进入电力交易市场；对高新技术、互联网、大数据、高端制造业等高附加值新兴产业，以及新旧动能转换重大项目库项目，可不受电压等级和用电量限制。开展报装接电专项治理行动，将高、低压客户业扩报装环节分别压减为4个、3个，具备条件的现场直接装表接电。优化投资界面和接入标准，对省级及以上园区客户、市级园区优质客户和电动汽车充电设施、电能替代项目，全部投资建设至客户红线，降低客户上电成本。（市发展改革委，青岛供电公司分别负责实施）

（九）降低企业用能成本。电网企业向用户收取的高可靠性供电费，按该用户受电电压等级收费标准的下限执行；临时用电的电力用户不再缴纳临时接电费，已向电力用户收取的，由电网企业组织清退；对余热、余压、余气自备电厂减免政策性交叉补贴和系统备用费；提高低压接入容量标准，市区低压接入容量扩大到160千伏安；完善差别化电费收缴方式，全面实行厂区生产、生活用电分别计价政策。（市发展改革委，青岛供电公司分别负责实施）

（十）降低企业用工成本。在社保征收机构改革到位前，保持现有征收政策不变，确保总体上不增加企业负担。降低企业社保费率，企业养老保险单位缴费比例继续按18%执行，按规定为符合条件的困难企业办理社会保险费缓缴、延缴手续，缓缴、延缴期间免收滞纳金。延长阶段性降低失业保险费率至1%的政策。工伤保险费率按国家基准费率50%执行，执行期限至2019年4月30日。工伤保险费率下调期间，统筹地区工伤保险基金累计结余达到合理支付月数范围的，停止下调。单位经营困难，正常缴存住房公积金有困难的，可以申请降低缴存比例或缓缴住房公积金。按照收支平衡原则，在保障欠薪保障金正常运行的基础上，研究阶段性调降欠薪保障费征收标准。对建筑施工民营企业，上一年度信用考核为优良的，免缴农民工工资保证金。（市人力资源社会保障局、市税务局、市住房公积金管理中心、市住房城乡建设局分别负责实施）

（十一）加大外贸企业服务保障力度。对受国际经济形势影响严重的企业，给予稳岗就业支持，对不裁员、少裁员企业，提高失业保险稳岗补贴标准。提高出口退税效率，对一、二、三、四类出口企业申报的符合规定条件的退（免）税，分别在受理企业申报之日起2、10、15、20个工作日内办结出口退（免）税手续。全面推行无纸化退税申报，对我市符合规定条件的退（免）税出口企业，办理退税平均时间缩短至10个工作日。支持中小外贸企业开拓国际市场，对参加国际性展会的展位费给予一定比例的补助。（市人力资源社会保障局、市税务局、市商务局会同市财政局负责实施）

（十二）加大国际班列培育期综合奖补力度。在国家政策允许范围内，结合省欧亚班列奖补政策，对从事中亚班列的物流代理企业给予3000元/标准箱的奖励；对从事中蒙班列、东盟快线的物流代理企业给予2000元/标准箱的奖励；对从事中韩快线的物流代理企业给予1000元/标准箱的奖励。（市交通运输局会同市发展改革委、市财政局负责实施）

二、创新创业

（一）加大科研奖励力度。2019年起，对我市牵头承担或参与实施的国家科技重大专项、重点研发计划项目，并对促进新旧动能转换及产业发展具有重大支撑作用的，市财政择优按照最高不超过1∶1比例给予配套支持，每个项目最高1000万元。对获得国家自然科学、技术发明、科学技术进步一、二等奖项目的第一完成单位，市财政一次性分别给予一等奖500万元、二等奖100万元奖励，奖励资金70%用于单位科技研发和成果转化，30%奖励主要完成人（研究团队）；对获得国家科技进步特等奖的采取“一事一议”方式给予奖励。对获得中国质量奖、山东省省长质量奖、青岛市市长质量奖的企业，分别给予500万元、100万元、50万元奖励；对获得中国工业大奖的企业，给予500万元奖励。（市科技局、市市场监管局、市工业和信息化局会同市财政局分别负责实施）

（二）加大“创新券”政策支持力度。逐步扩大“创新券”使用范围至全市科技型中小企业，将企业研发服务、检验检测、知识产权等服务内容纳入“创新券”补助范围，由主管部门制定出台实施细则，按照企业服务费用的一定比例给予补助，单个企业年最高补助50万元。（市科技局会同市财政局负责实施）

（三）完善科研项目经费管理机制。取消绩效支出占间接费用比例限制，暂不与单位年度绩效工资基数挂钩。高校科研院所承担的纵向和横向课题，科研经费只要符合主管部门或委托单位要求，有相关依据凭证即可报销，可不受公务卡结算限制；高等院校、科研院所可自行组织科研仪器设备采购，自行选择科研仪器设备评审专家；鼓励有科研职能的公益一类事业单位承担地方政府、企业和其他社会组织横向科研课题，经费按照委托方要求或合同约定管理使用。（市财政局会同市科技局、市人力资源社会保障局负责实施）

（四）落实企业创新税收政策。落实好企业职工教育经费税前扣除政策，扣除限额比例由2.5%提高至8%；将企业研发费用加计扣除比例提高到75%的政策由科技型中小企业扩大至所有企业；将企业当期一次性税前扣除的新购进设备、器具单位价值上限提高到500万元。对经认定的技术先进型服务企业（服务贸易类），减按15%的税率征收企业所得税。（市税务局会同市财政局、市科技局、市商务局负责实施）

（五）加大高新技术企业奖励。对首次通过高新技术企业认定的企业，给予30万元奖励；对再次通过认定的给予10万元奖励。在孵化器的企业获得高新技术企业认定的，按每家企业10万元标准给予所在孵化器奖励，最高100万元。（市科技局会同市财政局负责实施）

（六）支持企业参与军品研制。对企业直接承担军工装备总体、关键分系统、核心配套产品研制项目，按与军方（含承担总体任务的军工单位）签订研制合同实际执行额的10%给予补助，单个企业补助总额不超过500万元。（市工业和信息化局会同市财政局负责实施）

（七）鼓励企业创新中心建设。对注册为企业独立法人并获准建设的国家级、省级制造业创新中心和产业创新中心，按其实际投资额的25%分别给予最高不超过1000万元、500万元的资金支持。对获批的服务业创新中心给予50万元经费支持。（市工业和信息化局、市发展改革委会同市财政局分别负责实施）

三、产业升级

（一）加大财政扶持力度。引导设立青岛市新旧动能转换基金，支持重点产业集群和产业链突破发展。统筹市级相关专项资金，重点支持新旧动能转换重大工程等重大战略实施，支持战略性新兴产业、高技术产业和现代服务业发展。新旧动能转换基金按规定可采用直接投资等方式支持相关重大项目建设，经基金工作小组批准，对投资于青岛市新旧动能转换重大项目，或主投初创期、早中期科技型、创新型企业的母（子）基金，可适度让渡引导基金收益。（市财政局会同市发展改革委负责实施）

（二）鼓励企业实施技术改造。加大企业技术改造综合奖补力度，对实施技术改造并达到一定标准的规模以上制造业企业，设备投资奖补比例从8%提高到16%，标准从最高300万元提高至600万元，且综合奖补比例不超过设备投资额的20%。每年组织实施10个市级重大技改项目，每个项目企业最高奖补2000万元。对“专精特新”小微企业技术改造设备奖补比例从12%提高到20%，标准从最高60万元提高至100万元。在此基础上，对购买使用工业机器人产品的企业，按设备购置款的一定比例给予最高200万元补助。在危险程度高的化工、民爆等行业，推广应用安防、排爆等特种机器人的，单个企业最高补助不超过500万元。（市工业和信息化局、市民营经济局会同市财政局负责实施）

（三）扶持小微企业创新发展。市财政对获得国家级小型微型企业创业创新示范基地、中小企业公共服务示范平台、国家中小企业创新创业特色载体的，给予最高100万元一次性奖励。（市民营经济局会同市财政局负责实施）

（四）支持国有企业转型发展。完善政策和推进机制，分类分层、积极稳妥推进国有企业混合所有制改革，大力推动国企上市。加大国有企业存量资产整合力度，坚决退出低效、无效资产和长期亏损业务，做深做精主业，大力培育发展战略性新兴产业。（市国资委负责实施）

（五）加强政府采购扶持。对暂不具备市场竞争力，但符合国民经济发展要求、代表先进技术发展方向、首次投向市场的制造精品，2019 年起，探索政府采购首购制度；将青岛生产的优质新能源汽车及电池列入公务用车协议供货范围。（市工业和信息化局会同市机关事务服务中心、市财政局负责实施）

（六）完善去产能扶持政策。完善企业能耗、环保、质量、技术、安全准入标准，按照山东省利用综合标准依法依规推动落后产能退出工作方案要求，2019 年上半年完成对钢铁、水泥、平板玻璃等重点行业企业的综合标准评价，不符合标准的限期整改或关停淘汰。（市发展改革委、市工业和信息化局、市生态环境局、市市场监管局、市应急局分别负责实施）

（七）支持化工产业安全生产转型升级。根据化工生产企业、危化品道路运输和仓储经营企业评级评价结果，以及中央环保督察移交化工问题企业专项整治结果，支持企业加强安全、环保、节能改造和集约集聚发展。压实区（市）责任，对上述领域企业关闭退出和治理整治效果较好的区（市）给予一定奖励。对安全生产转型升级工作成效明显的企业或园区给予一定奖补。具体细则由市化工专项行动办会同市财政局等部门另行制定。（市化工专项行动办、市工业和信息化局、市交通运输局、市应急局、市生态环境局会同市财政局分别负责实施）

（八）支持工业互联网平台建设应用。面向重点行业开展制造业与互联网融合发展应用试点示范，对新认定的互联网工业平台、智能工厂或互联工厂、数字化车间，分别给予 300 万元、100 万元、50 万元奖励，获批国家工业互联网平台的给予最高 3000 万元奖励。对经省级认定的智能制造标杆企业，给予最高不超过 200 万元奖励。（市工业和信息化局会同市财政局负责实施）

（九）鼓励发展新兴未来产业。统筹使用各类专项资金，重点支持新一代信息技术、现代海洋、生物医药、轨道交通装备、新能源汽车等重点产业发展。对相关领域实际投资完成额超过 10 亿元的或低于 10 亿元但属于全市重点产业招商项目，经市政府批准，实行“一事一议”的激励措施。（市发展改革委、市工业和信息化局、市商务局、市市场监管局会同市财政局分别负责实施）

（十）推动产业集群发展。对认定的国家级、省级新型工业化示范基地分别给予 500 万元、100 万元奖励。对入选省“雁阵型”产业集群，市财政参照省标准，奖励产业集群所在区（市），由区（市）政府统筹用于集群公共服务平台建设、关键共性技术研发、重点项目建设、集群品牌宣传推广等。对入选省“十强”优势产业集群的领军企业、省新认定的产业集聚示范区、园区和特色小镇，参照省级奖励标准，结合我市政策给予奖励。鼓励各区（市）创建市级重点工业集聚区、服务业集聚示范区，给予最高 5000 万元奖补。（市工业和信息化局、市发展改革委分别会同市财政局负责实施）

四、招商引资

（一）加大重大外资项目引进力度。2018 年至 2022 年，对年实际外资金额（不含外方股东贷款）超过 5000 万美元的新项目（房地产业、金融业及类金融业项目除外）、超过 3000 万美元的增资项目和超过 1000 万美元的跨国公司总部或地区总部，按其当年实际外资金额不低于 2% 的比例给予奖励，最高奖励 1 亿元。对世界 500 强企业（以《财富》排行榜为准）、全球行业龙头企业新设（或增资设立）年实际外资金额超过 1 亿美元的制造业项目，以及新设年实际外资金额不低于 3000 万美元的新一代信息技术、智能装备、生物医药、新能源新材料等制造业项目，按“一项目一议”方式给予重点支持。鼓励各区（市）在法定权限内出台新的招商引资激励政策。（市商务局会同市财政局负责实施）

（二）加大社会化招商奖励力度。对引荐符合我市新旧动能转换发展方向的重点行业领域新项目，并促成项目落户的社会组织或个人给予一定奖励。具体奖励细则由市商务局会同市财政局等部门研究制定并组织实施。（市商务局会同市财政局负责实施）

（三）强化招商引资土地供应。盘活的批而未供土地和闲置低效用地，优先用于实际投资超过1.5亿美元的制造业外商投资项目和世界500强企业、全球行业龙头企业总部或地区总部用地，确需新增用地的纳入市级重点项目优先支持。对与政府共同投资建设的可以使用划拨土地的医疗、教育、文化、养老、体育等公共服务项目，除可按划拨土地方式供应土地外，鼓励以出让、租赁方式供应土地，支持区（市）政府以国有建设用地使用权作价出资或者入股方式提供土地。（市自然资源和规划局会同市商务局、市财政局负责实施）

（四）鼓励企业“零增地”技改。在符合城乡规划、产业发展布局规划和不改变用途的前提下，经批准在原用地范围内进行技术改造、通过建多层厂房或实施厂房改造加层增资扩产而增加建筑容积率的，不再收取土地出让价款。（市自然资源和规划局负责实施）

五、招才引智

（一）加大高层次人才引进奖励。对全职引进顶尖人才、国家级人才和省部级人才的机构和个人，分别按50万元、30万元、10万元的标准给予奖励；引进相应称号专家主持的高新技术企业，或引进后入选科技创新高层次人才团队的分别按上述标准2倍给予奖励。（市委组织部，市人力资源社会保障局、市科技局会同市财政局负责实施）

（二）鼓励开展专利导航。鼓励企业绘制专利、人才地图，开展知识产权专利导航，支持企业对主营产品的一项或多项关键技术开展企业运营类专利导航，由企业与知识产权服务机构联合申报。2019年起，全市每年遴选不超过20个项目，经专家评审后，择优给予每个项目15万元的奖励资助。（市市场监管局会同市财政局负责实施）

（三）强化高层次人才编制保障。对纳入事业单位机构编制管理的研发机构，引进高层次人才编制使用计划，按照市高层次人才服务绿色通道相关意见办理使用。探索建立人才引进“秒批”服务制度。（市委编办负责实施）

（四）实施外国人来华工作许可制度。对企业急需的外国人才提供更便利的来华工作许可管理服务，简化申请材料，优化审批流程，给予外国高端人才办理3年及以上工作许可延期，给予外国专业人才办理2年工作许可延期。（市科技局负责实施）

（五）放宽相关人员出国限制。具有高级专业技术职称的高校科研院所市管干部、教学科研人员执行学术交流合作出国任务的，国有企业中从事国际商务的高管和业务人员出国的，实行差别化管理，根据实际需要，合理安排出访人数、在外停留时间和每年往返次数。教学科研人员、高等院校和科研院所中担任领导职务的专家学者出国开展学术交流合作，因特殊情况需持普通护照出国，能够说明理由的，按组织人事管理权限报组织人事部门批准后，可持普通护照出国。大力推广APEC商务旅行卡，适当放宽办卡范围，简化办理程序，为企业人员因公出国提供便利服务。（市外办会同市委组织部，市公安局、市国资委负责实施）

（六）做好高层次人才用车保障。对国有企业通过市场化方式招聘的职业经理人，凡在聘用合同

中已经明确公务出行保障等职务消费内容的，严格按照合同约定执行，不再受公务用车有关规定限制。（市国资委负责实施）

六、金融支持

（一）拓宽贷款抵（质）押物范围。对于符合法律法规和政策规定，权属明晰、取得产权证书或证明权证的各类不动产、动产、知识产权及其他财产权利，用于向银行、保险、融资担保、小额贷款、民间融资等机构进行抵（质）押担保或抵（质）押反担保时，各登记部门应给予办理抵押权、质押权登记。不能登记的，应出具书面不予登记凭证并说明原因。（市自然资源和规划局、市公安局、市市场监管局等部门会同市地方金融监管局，人民银行青岛市中心支行负责实施）

（二）加大民营企业融资支持。建立健全尽职免责机制，提高不良贷款考核容忍度。新发放公司类贷款中，民营企业贷款比重应进一步提高。贷款审批中不得对民营企业设置歧视性要求，同等条件下民营企业与国有企业贷款利率和贷款条件保持一致。2018 年 9 月 1 日至 2020 年 12 月 31 日，对金融机构向小型企业、微型企业和个体工商户发放小额贷款取得的利息收入，免征增值税。（人民银行青岛市中心支行、青岛银保监局、市税务局会同市地方金融监管局、市民营经济局、市财政局负责实施）

（三）完善知识产权质押融资风险补偿机制。对我市科技型中小微企业以专利权质押贷款额度不超过 500 万元的，企业最多可获得 3 年分别为 80%、60%、40% 的保险费资助，年度内享受保险费资助最高不超过 8 万元。对贷款企业按贷款年利息的 50% 给予贴息资助，年度内贴息资助最高额度由 20 万元提高到 50 万元。（市市场监管局会同市财政局负责实施）

（四）加大外贸金融支持。对为我市外经贸企业提供政策性优惠利率人民币贷款的驻青有关银行金融机构，在贷款余额较上年增长的前提下，按照不高于当年新放款额 1% 的标准给予财政扶持。将外贸企业投保短期出口信用保险保费补助的比例由 50% 提高到 60%（小微企业给予 100% 补助）。财政资金按照不高于 1:2 比例，与社会资本共同出资搭建外贸综合融资服务平台，为小微企业进出口提供资金等综合服务。（市商务局会同市财政局负责实施）

（五）推进“银税互动”贷款。市税务局、人民银行青岛市中心支行、青岛银保监局等部门建立征信互认、信息共享机制，对已有纳税记录、无不良信用记录、纳税信用级别不低于 B 级的小微企业可发放“银税互动”贷款。需要融资担保的，政府支持的融资担保公司可以企业近 2 年年平均纳税额的 1—5 倍核定担保额度，提供低费率担保增信服务，对符合条件的企业，鼓励经办银行发放信用贷款，并给予利率优惠。从企业提出申请到最终放款，在材料齐全情况下原则上 5 个工作日内完成。（市税务局、青岛银保监局会同市地方金融监管局，人民银行青岛市中心支行负责实施）

（六）完善续贷转贷政策。对企业融资到期需要续贷且符合无还本续贷条件的，按无还本续贷政策办理，无还本续贷情形不单独作为下调贷款风险分类的因素。规范发展小微企业转贷基金，推动商业银行配合转贷基金开展相关业务，简化操作流程，缩短“过桥”时间，降低企业“过桥”成本。（市民营经济局会同市财政局，人民银行青岛市中心支行、青岛银保监局负责实施）

（七）加强融资担保政策扶持。加快市级政府性融资担保集团整合组建进度，争取国家融资担保基金支持，构建市、区（市）政府性融资担保体系。对符合条件的担保机构开展的单笔担保金额 1000 万元（含）以下的中小企业融资担保业务，按照不超过年担保额的 1.5% 给予补助，重点向小额、低费率融资担保业务倾斜。对符合条件的担保机构开展的中小企业融资再担保业务，按照不超过年再担保额的0.5%给予补助。建立融资担保代偿补偿机制，完善国有融资担保公司考核办法，加快推进我市融资再担保集团发展。（市地方金融监管局、市民营经济局会同市财政局、市国资委负责实施）

（八）防范化解债务风险。扩大公司信用类债券发行规模，支持企业通过发行债券置换高成本融资或用长期债券置换短期债券。鼓励企业发行绿色债券、双创债券等创新品种。支持银行通过向金融资产管理公司、地方金融资产管理公司打包转让不良资产等方式，多渠道处置不良资产。积极推进市场化、法治化债转股，支持地方金融资产管理公司和国有资本运营公司通过组建债转股专项基金、发行市场化银行债权转股权专项债券等方式，筹集债转股项目资金。（市地方金融监管局、市发展改革委、人民银行青岛市中心支行、青岛银保监局分别负责实施）

（九）鼓励开展“人才贷”业务。对两院院士、国家“千人计划”“万人计划”专家、长江学者、泰山学者和泰山产业领军人才、青岛市创新创业领军人才及其他相应层次人才，个人或其长期所在企业为主体申请贷款，试点银行在风险可控、商业可持续的前提下，可给予最高1000万元无抵押、无担保贷款，用于科技成果转化和创新创业。建立“人才贷”风险补偿资金，可按不少于50%的贷款本金实际损失额予以补偿。（市地方金融监管局会同市委组织部，青岛银保监局、人民银行青岛市中心支行，市财政局、市国资委、市卫生健康委负责实施）

七、用地供应

（一）强化重点项目用地保障。2019年起，纳入市新旧动能转换重大项目库的重点制造业项目，列入市级重点项目的，优先安排新增建设用地计划。（市发展改革委会同市自然资源和规划局负责实施）

（二）开展批而未供土地调整再利用。对2009年以来经省政府依法批准使用年度新增建设用地计划指标的城市分批次建设用地，因相关规划调整、生态红线控制、地质条件等原因，满2年未完成供地、现状地类未发生变化的土地，经区（市）政府组织核实，在妥善处理有关征地补偿事宜、报原批准机关批准、自然资源部备案后，可以进行调整利用。拟调整土地的新增建设用地指标、耕地占补平衡指标以及新增建设用地有偿使用费，继续有效。（市自然资源和规划局负责实施）

（三）降低重点项目用地成本。灵活确定工业用地的供应方式和使用年限，工业用地的使用者可在规定期限内按合同约定分期缴纳土地出让价款，并支付同期银行贷款利息。对属于优先发展产业且用地集约的战略性新兴产业项目（工业项目），在确定土地出让底价时，可按不低于所在地土地等别相对应工业用地出让最低价标准的70%执行，拟定的出让底价低于该项目实际土地取得费、土地前期开发成本和按规定应收取的相关费用之和的，按不低于实际各项成本费用之和的原则确定出让底价。工业用地出让法定最高年限为50年，对土地出让年期有需求的可实行弹性年期出让供地，按照出让年期与工业用地出让法定最高年期的修正系数比值确定地价修正指标。采取先租后让、租让结合方式供应的工业用地，租赁期满达到合同约定土地利用条件的，可采用协议出让方式续期，在同等条件下原租赁企业优先受让。（市自然资源和规划局负责实施）

（四）支持产业配套用房建设。允许重点中小企业在自有产权的待建土地上按一定比例配建产业配套公寓（单位租赁住房），解决员工安居问题；对于企业利用自有产权待建土地建设研发中心、人

才和职工公寓等，建筑面积占总建筑面积的比例可提高到15%。（市住房城乡建设局会同市自然资源和规划局、市公安局负责实施）

八、制度保障

（一）强化顶层设计和规划引领。各区市产业布局要按照园区化、集聚化、高端化发展方向，与主体功能区规划充分衔接，逐一明确产业发展布局、路径重点、政策保障，培育主导产业，打造各具特色的现代优势产业集群。（市发展改革委负责实施）

（二）进一步优化营商环境。在省级以上各类园区，开展企业投资项目审批承诺制试点，推动建设项目的规划环境影响评价报告、地质灾害危险性评估项目备案、压覆重要矿产资源查询审核、地震安全性评价、土地复垦方案、水土保持方案审查、气候论证、文物评估、社会稳定风险评估等专项评估“多评合一”，形成整体性评估评审结果，提供给入园项目共享使用，变项目评估评审的“单体评价”为“整体评价”。对38类工业产品实施取消发证前产品检验、先行发证后置现场审查、不见面审批。实现新开办企业营业执照办理、公章刻制、银行开户、涉税办理、社保登记事项3个工作日内完成。在确保申请材料和登记程序符合要求的前提下，将转移、抵押不动产登记办理时限压缩为5个工作日，其中涉及对税收缴纳和房地产限购区域购房资格的审核时限均不超过1个工作日。（市发展改革委、市住房城乡建设局、市市场监管局、市自然资源和规划局分别负责实施）

（三）加强组织领导和服务保障。建立实体经济高质量发展协调机制，相关部门、单位共同参与，根据工作需要，邀请相关企业、协会、智库、联盟等参加，定期召开会议研究解决实体经济发展中存在的困难和问题。建立完善联系帮包制度，实行市级领导联系企业、联系项目、联系商会制度。针对重大事项、重大政策、重大项目，采取“一事一议”的方式，研究制定相关政策。（市发展改革委、市工业和信息化局、市科技局、市工商联等负责实施）

各区市、各部门要按分工将政策宣传贯彻落实到企业，市级定期对各区市、各部门开展专项督查，审计机关要对落实情况进行跟踪审计。需要制定实施细则或办法的，相关部门要尽快发布实施。已有政策措施相关规定与本文件规定不一致的，按照本文件有关规定执行。相关政策如无具体时间规定的，实施期限原则上执行至2020年年底；执行国家、省具体政策的，实施时间与国家、省规定保持一致。对于一些长期性的体制机制问题，各区市、各部门要进一步深化研究，提出相应措施逐步加以解决，构建推动实体经济高质量发展的长效机制。

关于印发青岛市推进运输结构调整工作方案（2018—2020 年）的通知

（青政办字〔2019〕39 号）

各区、市人民政府，青岛西海岸新区管委，市政府有关部门，市直有关单位：

《青岛市推进运输结构调整工作方案（2018—2020 年）》已经市政府同意，现印发给你们，请认真组织实施。

青岛市人民政府办公厅

2019 年 8 月 1 日

（此件公开发布）

青岛市推进运输结构调整工作方案（2018—2020 年）

为贯彻落实《国务院办公厅关于印发推进运输结构调整三年行动计划（2018—2020 年）的通知》（国办发〔2018〕91 号）和《山东省人民政府办公厅关于印发山东省推进运输结构调整工作实施方案（2018—2020 年）的通知》（鲁政办发〔2018〕38 号），调整优化我市货物运输结构，结合我市实际，制定本方案。

一、总体要求

（一）总体思路。按照国家、省关于推进货物运输结构调整的要求，以优化港口大宗货物集疏运方式为重点，统筹做好大宗货物运输“公转铁、公转水”工作。聚焦煤炭、矿石、焦炭等重点货类，瞄准港口、大型工矿企业和物流园区等重点区域，抓住铁路专用线建设、集装箱海铁联运等重点环节，着力减少港口大宗货物公路运输量，增加港口大宗货物铁路运输量，补齐港口铁路集疏运短板，推动海铁联运加快发展，为推进物流业降本增效提供有力支撑。

（二）工作目标。全市货物运输结构持续优化，到 2020 年，运输距离在 400 公里以上的煤炭、矿石、焦炭等大宗货物基本转为铁路或水路运输。与 2017 年相比，全市港口集疏运铁路及铁路专用线里程增加 30 公里，铁路货运量增加 2100 万吨，港口集装箱海铁联运量年均增长 10%。

二、工作任务

（一）港口集疏运铁路建设工程

1. 加快集疏港铁路建设。2018 年年底，青盐铁路、董家口港区集疏港铁路同步建成，强化了港口集疏运铁路与干线铁路的衔接。2019 年年底前，根据淡旺季需求动态调整客货列车开行比例，协调中国铁路济南局集团有限公司制定青盐铁路客货运输调整方案。（市交通运输局、中国铁路济南局集团有限公司青岛西车务段〔以下简称济铁集团青岛西车务段〕、青岛港集团按职责分工负责）

2. 推动铁路配套设施建设。加快集疏港铁路配套设施建设，2019 年年底前，建成董家口港区堆取料机和后方堆场 1 号轨道梁延长线。（青岛港集团、市交通运输局按职责分工负责）实施铁路编组站设备设施改造扩能，2020 年年底前，完成铁路蓝村西站、黄岛站等编组站设备设施改造扩能工程。（济铁集团青岛西车务段、市交通运输局按职责分工负责）

（二）港口大宗货物“公转铁”工程

1. 推动大宗货物向铁路转移。2018 年年底，前湾港区煤炭集港改由铁路或水路运输，推动了港口大宗货物公路运输转向铁路运输。2020 年采暖季前，前湾港区矿石和焦炭等大宗货物原则上主要改由铁路或水路运输，董家口港区矿石和焦炭等大宗货物铁路或水路集疏港运量占比达到 35% 以上。（青岛港集团、济铁集团青岛西车务段、市交通运输局按职责分工负责）

2. 规范港口经营服务性收费。鼓励港口调降大宗货物及集装箱港口装卸作业等收费标准，2020 年年底前，完成港口经营服务性收费清理和规范工作。（青岛港集团、市发展改革委、市市场监管局、市政府口岸办、市交通运输局按职责分工负责）

（三）工矿企业大宗货物“公转铁”工程

1. 加快铁路专用线建设。支持铁路专用线进企、进厂、进园，到 2020 年，大宗货物年货运量 150 万吨以上的大型工矿企业和新建物流园区原则上全部修建铁路专用线；具有铁路专用线的大型工矿企业和新建物流园区，大宗货物铁路运输比例达到 80% 以上。（市交通运输局、市工业和信息化局、济铁集团青岛西车务段、青岛特殊钢铁有限公司按职责分工负责）2020 年年底前，完成青岛特殊钢铁有限公司铁路专用线和董家口、黄岛、胶州、即墨 4 个铁路物流园区专用线建设。（市交通运输局、市工业和信息化局、济铁集团青岛西车务段、青岛特殊钢铁有限公司按职责分工负责）

2. 提升铁路货运服务水平。协调中国铁路济南局集团有限公司提升黄岛、即墨商品汽车铁路运输整列、成组开行比例。2020 年年底前，黄岛、即墨商品汽车物流基地铁路运输量占比分别达到 60%、10%。（济铁集团青岛西车务段、市交通运输局、市工业和信息化局、青岛西海岸新区管委、即墨区政府按职责分工负责）

（四）集装箱海铁联运拓展工程

1. 加快联运设施设备建设。打造辐射型铁路货运枢纽，2019 年年底前，完成中铁联集青岛中心站二期工程建设。（济铁集团青岛西车务段、市交通运输局、胶州市政府按职责分工负责）推动联运信息交换和数据共享，2019 年年底前，实现青岛港集团与中国铁路济南局集团有限公司海铁联运信息交换共享。（青岛港集团、济铁集团青岛西车务段、济铁集团青岛站、市交通运输局按职责分工负责）

2. 推动联运组织模式创新。促进铁路场站与港口“前港后站、港站合一”的海铁联运无缝衔接，2019 年年底前，出台中亚、中蒙、中韩等集装箱国际班列运营补贴支持政策及细则。（市交通运输局、市财政局按职责分工负责）鼓励港口、铁路等部门开通新航线、新班列，2019 年年底前，港口“水水中转”集装箱量占吞吐量不低于 10%；2020 年年底前，港口集装箱铁路集疏港比例达到 5% 以上。（青岛港集团、济铁集团青岛西车务段、市交通运输局按职责分工负责）

（五）公路货运治理工程

1. 加强超限超载治理。严格高速公路入口检测管理，2020 年年底前，全市高速公路全面实施收费站入口称重检测，全市高速公路货运车辆平均违法超限超载率不超过 0.5%，普通公路货运车辆超限超载现象得到有效遏制。（市交通运输局、市公安局按职责分工负责）

2. 强化货运源头管控。加强重点货运源头单位货车出场装载情况检查，2019 年年底前，重点货运源头单位原则上全部安装货运车辆称重和监控设备。（市交通运输局、市公安局，有关区、市政府按职责分工负责）推进治超信息资源交换共享，2020 年年底前，建立重点货运源头单位超限超载治理监管信息系统。（市交通运输局、市公安局，有关区、市政府按职责分工负责）

（六）城市绿色配送工程

1. 深化城市绿色货运配送示范工程建设。鼓励城市货运配送企业创新服务模式，2019 年年底前，出台青岛市绿色货运配送实施方案。（市交通运输局、市公安局、市商务局按职责分工负责）力争在 2020 年年底前，实现城市货运配送车辆统一标识。（市交通运输局、市公安局、市商务局按职责分工负责）

2. 推广应用新能源城市配送车辆。简化新能源城市配送车辆办证和上牌程序，2019 年年底前，出台新能源城市配送车辆城市便利通行政策。（市公安局、市交通运输局、市商务局按职责分工负责）鼓励使用新能源和达到国六排放标准的清洁能源车辆。2020 年年底前，更新和新购新能源城市配送车辆 500 辆，城市建成区新增、更新轻型物流配送车辆中，新能源车辆和达到国六排放标准的清洁能源车辆的比例达到 80%。（市交通运输局、市工业信息化局、市商务局按职责分工负责）

三、保障措施

（一）加强组织领导。建立推进货物运输结构调整工作协调机制，统筹协调推进相关工作，加强对货物运输结构调整工作的指导、监督和评估，对组织不力、工作落后的部门和企业予以通报。

（二）强化政策支持。积极争取国家相关项目资金支持，统筹利用现有资金，加大对货物运输结构调整工作的支持力度。鼓励社会资本设立产业基金，加快推进铁路专用线建设、海铁联运发展等货物运输结构调整重点项目。

附件：1. 青岛市货物运输结构调整重点建设项目

2. 青岛市铁路货物运输增量目标

（附件略）

关于印发青岛市打好柴油货车污染防治攻坚战工作方案的通知

（青政办字〔2019〕29号）

为加强柴油货车、船舶、工程机械等移动源污染防治，助力打赢蓝天保卫战，结合我市实际，制定本工作方案。

一、主要目标

在用柴油车监督抽测排放合格率达到95%以上，排气管口冒黑烟现象基本消除；柴油和车用尿素抽检合格率达到98%以上，违法生产、销售假劣油品现象基本消除；铁路货运量比2017年增长3000万吨，初步实现大宗货物主要通过铁路或水路进行中长距离运输；完成国家和省下达的国三及以下排放标准的营运柴油货车淘汰任务。

二、开展清洁运输行动

（一）提升铁路货运量。到2020年，对运输距离在400公里以上、计划性较强的煤炭、矿石、焦炭、石油等大宗货物基本转为铁路或管道运输。2020年采暖季前，青岛港前湾港区的矿石和焦炭等大宗货物原则上改由铁路或水路运输。青岛港董家口港区矿石和焦炭等大宗货物清洁能源汽车及铁路集疏港运量占比达到35%以上。到2020年，重点行业企业铁路运输比例达到50%以上。（市交通运输局、市发展改革委牵头，各区、市政府〔含青岛西海岸新区管委、青岛高新区管委，下同〕组织落实，以下任务措施均需各区、市政府落实，不再列出）

（二）优化运输车队结构。推广使用新能源和清洁能源汽车。加快推进城市建成区新增和更新的公交、环卫、邮政、出租、通勤、轻型物流配送车辆采用新能源或清洁能源汽车，使用比例达到80%。2020年年底前，城市建成区除保留必要燃油公交车用于应急保障外，新增或更新的公交车全部为新能源汽车。（市交通运输局、市发展改革委、市工业和信息化局、市财政局、市住房城乡建设局，市邮政管理局牵头）

三、开展清洁柴油车行动

（一）加强新生产车辆环保达标监管。严格对照国家机动车排放标准，实施机动车大气污染物排放源头管控，自 2019 年 7 月 1 日起，提前实施机动车国六排放标准。推广使用达到国六排放标准的燃气车辆。（市生态环境局、市工业和信息化局、市交通运输局牵头）

（二）加强在用车监督执法检查。加强在用柴油货车联合执法检查，推进治超联合执法常态化、制度化。实施信用治超，对严重违法当事人实施联合惩戒。（市交通运输局、市公安局牵头）构建生态环境部门负责检测取证、公安交管部门负责依法处罚、交通运输部门负责监督维修的联合监管执法模式。（市生态环境局、市公安局、市交通运输局牵头）2019 年 7 月 1 日前，建立公安交管、交通运输、生态环境等部门重型柴油车监管数据信息共享机制，实现道路车流量、入青车流量、超标排放重型柴油车处罚等数据共享。（市公安局牵头）在重点路段对柴油车开展常态化的路检路查，在秋冬季适当加大检查力度；在入青主要路口，每周开展外埠柴油营运货车排放检查行动，对达不到排放标准的，依法予以处罚并实施劝返。（市公安局牵头，市生态环境局、市交通运输局配合）通过黑烟抓拍系统，实现对冒黑烟柴油车辆的非现场执法并及时实施处罚。（市公安局牵头）大力开展排放监督抽测，每年秋冬季期间入户检查、路检路查、遥感监测的柴油车数量，自 2019 年起不低于当地注册柴油车数量的 80%。（市生态环境局牵头）

（三）强化排放检验和维修治理。2019 年年底前，完善在用汽车排放检测与强制维护制度（I/M 制度），建立排放检测和维修治理信息共享机制。（市交通运输局、市生态环境局牵头）

（四）加快改造淘汰老旧车辆。加快淘汰国三及以下排放标准的柴油货车、采用稀薄燃烧技术或“油改气”的老旧燃气车辆。2020 年年底前，完成国家下达的国三及以下排放标准营运柴油货车淘汰任务。（市交通运输局、市生态环境局、市公安局、市财政局、市商务局牵头）

（五）推进“天地车人”一体化监控体系建设和应用。利用机动车道路遥感监测、黑烟抓拍、排放检验机构联网、重型柴油车远程在线监控，以及道路和停放地的路检路查和入户监督抽测，对柴油车进行全天候、全方位实时监控。2019 年年底前，50% 以上具备条件的重型柴油车安装车载诊断远程在线监控装置并与生态环境部门联网。对联网的、稳定达标排放的柴油货车，可在定期排放检验时免于上线检测。（市生态环境局、市交通运输局牵头）

四、开展清洁车用油品和尿素行动

（一）加快提升油品质量标准。2019 年 1 月 1 日起，我市已全面供应符合国六标准的车用汽柴油，停止销售普通柴油和低于国六标准的车用汽柴油，停止执行普通柴油标准，实现车用柴油、普通柴油、部分船舶用油“三油并轨”。各相关部门要加强监管，确保落实到位。（市商务局、市市场监管局牵头）

（二）健全燃油及清净增效剂和车用尿素管理制度。开展燃油生产加工企业专项整治，依法取缔违法违规企业，严厉打击生产、销售、储存和使用不合格油品、天然气和车用尿素行为，从源头保障油品质量。（市市场监管局、市商务局、市生态环境局牵头）强化船舶排放控制区内船舶使用燃料油质量的监管，提高抽检率，打击船舶使用不合规燃油行为。（青岛海事局牵头）

（三）推进油气回收治理。2019 年年底前，全市所有加油站、储油库、油罐车完成油气回收治理工作。年销售汽油量大于 5000 吨的加油站，加快推进安装油气回收自动监控设备并与生态环境部门联网。开展储油库油气回收自动监控试点。开展原油和成品油码头、船舶油气回收治理，新建的原油、

汽油、石脑油等装船作业码头全部安装油气回收设施。（市生态环境局、市交通运输局、市商务局、市市场监管局牵头）

五、开展清洁柴油机行动

（一）加强排放控制区划定和管控。2019 年年底前，依法划定并公布禁止使用高排放非道路移动机械的区域，加强秋冬季期间对进入区域内作业工程机械的监督检查，每月抽查率达到 50% 以上。（市生态环境局牵头）强化船舶排放控制区管理，严格执行《船舶大气污染物排放控制区实施方案》，提高船用燃料油硫含量控制要求，控制船舶大气污染物排放。（青岛海事局牵头）落实渔业船舶总量控制制度，积极推进老旧渔船减船转产，降低老旧渔船数量。（市海洋发展局牵头）

（二）加快治理和淘汰更新。对具备条件的老旧工程机械，加快污染物排放治理改造。通过实施农机购置补贴政策，促进老旧农业机械报废更新。采取限制使用等措施，促进老旧燃油工程机械淘汰。（市农业农村局、市交通运输局、市生态环境局、市财政局、市商务局牵头）

（三）强化综合监督管理。2019 年年底前，完成非道路移动机械摸底调查和编码登记，建立非道路移动机械台账。自 2020 年 1 月 1 日起，实施非道路移动机械定期排放检验制度。施工单位应依法使用排放合格的机械设备，使用超标排放设备问题突出的纳入失信企业名单。（市生态环境局、市工业和信息化局、市交通运输局、市住房城乡建设局、市农业农村局、市水务管理局牵头）试行将使用国三及以上非道路移动机械等污染控制措施纳入工程招投标文件，倒逼企业淘汰国二及以下非道路移动机械。（市住房城乡建设局、市交通运输局、市农业农村局、市水务管理局、市行政审批局牵头）

（四）推动靠港船舶使用岸电。加快港口岸电设备设施建设和船舶受电设施设备改造，提高岸电设施使用效率，相关改造项目纳入环评审批绿色通道。主要港口和排放控制区内港口靠港船舶优先使用岸电。2020 年年底前，沿海主要港口 50% 以上专业化泊位（危险货物泊位除外）具备向船舶供应岸电能力。（市交通运输局、市发展改革委、市生态环境局牵头）

六、保障措施

（一）加强组织领导。各级各有关部门要建立柴油货车污染防治重点任务完成情况调度督导制度，完善工作台账。严格执行国家相关标准和技术规范，制定联合激励惩戒制度，建立完善诚信体系。

（二）加大投入力度。加大资金投入，重点支持监管能力建设，保障监控系统运营经费，支持老旧柴油货车淘汰。加强基层机动车污染防治工作力量建设，提高监管执法专业化水平。

本方案重点目标任务完成情况纳入《青岛市打赢蓝天保卫战作战方案暨 2013—2020 年大气污染防治规划三期行动计划（2018—2020 年）》一并进行评估。

关于下发《淄博市城乡高效配送试点城市实施方案》的通知

各区县、高新区、经济开发区、文昌湖省级旅游度假区商务、交通运输、邮政、供销主管部门，市公安局交警支队，各试点企业。

根据商务部、公安部、交通运输部、国家邮政局、供销合作总社《商务部五部门关于进一步落实城乡高效配送专项行动有关工作的通知》（商流通函〔2019〕60号）和省商务厅、省公安厅、省交通运输厅、省邮政管理局、省供销合作社关于转发《商务部、公安部、交通运输部、供销合作总社关于城乡高效配送专项行动计划（2017—2020年）》（鲁商字〔2018〕84号）通知精神，结合我市近年来省级城市共同配送试点和全国第三批物流标准化试点工作基础，经与有关部门认真研究，我市编制了《淄博市城乡高效配送试点城市实施方案》，现予以下发。请各单位结合实际认真抓好贯彻落实，无试点企业的区县要配合试点企业做好网点布局、车辆通行等有关工作。

附件：1. 淄博市城乡高效配送试点城市实施方案

2. 实施企业名单及简介

淄博市商务局
淄博市公安局
淄博市交通运输局
淄博市邮政管理局
淄博市供销合作社
2019年3月12日
（此件公开发布）

附件1

淄博市城乡高效配送试点城市实施方案

根据商务部、公安部、交通运输部、国家邮政局、供销合作总社《商务部五部门关于进一步落实城乡高效配送专项行动有关工作的通知》（商流通函〔2019〕60号）和省商务厅、省公安厅、省交通运输厅、省邮政管理局、省供销合作社关于转发《商务部、公安部、交通运输部、供销合作总社关于城乡高效配送专项行动计划（2017—2020年）》（鲁商字〔2018〕84号）通知精神，结合我市实际，制定本方案。

一、试点工作目标

2019—2020 年，全市城乡配送网络进一步整合，整合县域（乡镇）配送中心 20 个、各类网点 500 个；运行效率进一步提升，试点企业配送集中度提升 30% 以上；标准化、信息化、绿色化程度不断提高，建设 8 个托盘（周转箱）租赁网点，加强绿色仓储建设，推广使用新能源车辆；发展环境进一步优化，配送车辆通行、停靠、装卸便利。

二、试点基本原则

（一）坚持资源整合、绿色环保的原则。对城乡配送物流资源进行合理、有效组织，提高资源利用率，减少交通堵塞、噪音、尾气排放等影响，改善城乡面貌，体现以人为本理念。

（二）坚持注重效率、提升服务的原则。通过制度、管理、服务和技术创新，完善供应链上下游衔接，提高城乡配送效率，提升城市服务水平。

（三）坚持整体推进、重点突破的原则。围绕城乡配送网络建设工程和技术与模式创新工程开展试点示范工作，以培育骨干企业为重点，在重要领域和重点区域率先突破，推动全市城乡配送体系的整体协调发展。

（四）坚持政府引导、市场主导的原则。强化企业的市场主体地位，发挥市场配置资源的基础性作用，加强政府统筹规划和产业政策的宏观指导，为城乡配送营造良好的发展环境。

三、重点工作安排

（一）加强物流网络衔接

1. 加强园区建设。依托新星集团、山东乐物信息科技等企业，加强快递电商园区建设，进一步完善新星海尔物流港、山东乐物电商物流园等园区功能，促进快消品、生鲜、家电、农产品城乡双向流通。（2019 年 3 月试运行，11 月底前完成）

2. 完善配送网络。一是整合城乡高效配送试点、物流标准化试点等骨干企业等县域物流配送中心、乡镇级配送节点 20 个左右，整合试点企业各类商贸、仓储、邮政、快递、社区服务等各类网点 500 个左右，推动各类配送资源协同共享。（2019 年底前完成目标的 2/3 左右，总体目标于 2020 年 10 月底前完成）二是发挥众得利现代农业、新星集团等企业在全省、全国的辐射作用，不断提升与京津冀、长三角地区物流网络的衔接共享水平。（2019 年底前取得实质性进展）

3. 探索区域托盘循环共用体系。一是在省商务厅统一组织推动下，积极开展与省内物流标准化、物流配送等重点推进企业“结对子”活动，在省外和省内济南、临沂、潍坊、烟台、济宁、滨州、沂源等地布局建设 8 个托盘（周转筐）运营服务网点，不断提升省域之间、城市（乡）之间的网络衔接。二是以城市共同配送信息平台和物联网 + 托盘平台为主体，实现物流配送、统计监测、信息发布等功能。（2019 年底前完成目标的 2/3 左右，总体目标于 2020 年 10 月底

前完成）

（二）推动绿色发展

加强绿色仓储建设，推广新能源车辆和先进技术装备，推动单元化物流器具减量化和循环利用，鼓励全市商贸流通、第三方物流、电商、快递等非试点企业租赁使用标准托盘（周转筐）。试点期间，每年评定绿色仓储企业 3 个左右，推动新能源车 100 台左右。对评为绿色仓储的企业，在市级服务业引导资金中给予适当奖励。（持续推进）

（三）推动配送模式创新

1. 不断探索配送模式。发挥我市组群式城市的结构特点，以骨干企业为依托，不断探索共同配送、统一配送、统仓统配等先进模式，并采取集中配送、夜间配送、分时段配送等多种形式进行组织，不断提升集约化配送水平。（2019 年底前取得实质性进展）

2. 推动配送与供应链融合。通过物流标准化试点和各类网点建设，我市新星集团、众得利现代农业、山东乐物、淄博邮政分公司等企业核心作用明显。下步引导“链主”企业进一步整合上下游资源，与我市骨干企业融合发展，在快消品、生鲜、家电等重点领域进行组链，推动整个链条在商品采购、储存、销售、配送、包装等环节的协同联动。（2019 年底前取得实质性进展）

四、保障措施

（一）加强组织领导，完善工作机制。成立由市商务局、市公安局、市交通运输局、市邮政管理局、市供销社等部门领导组成的淄博市城乡高效配送工作领导小组，领导小组办公室设在市商务局。主要职责是建立部门联席会议推进机制，对试点工作和骨干企业进行督导检查，协调解决城乡配送中车辆通行、资源整合、项目建设等重大问题，落实开展城乡配送的各项保障措施，开展绩效评估和统计监测等，合力推进我市城乡高效配送试点的开展。（市商务局牵头，其他成员单位参与）

（二）营造良好的政策环境，引导社会广泛积极参与。一是抓好城乡配送规划前期准备。做好区县物流配送中心和乡（镇）村物流站点的前期调研工作，积极争取将农村物流配送节点纳入全市城乡建设规划或其他规划之中，形成统筹协调推动的局面。二是积极与行业协会、科研机构、新闻媒体等单位开展合作交流，加强城乡配送理论与技术研究和多层次城乡配送专业人才的培养，加大对城乡配送工作的宣传和标准宣贯力度，营造发展城乡高效配送的良好氛围。（市商务局牵头，其他成员单位参与）

（三）优化城乡交通管理，促进物流车辆便利通行。按照交通运输部、公安部、商务部《关于加强城市配送运输与车辆通行管理工作的通知》（交运发〔2014〕35 号）和公安部《关于进一步规范和优化城市配送车辆通行管理的通知》（公交管〔2018〕552 号）要求，根据我市交通状况和城乡配送业务发展情况，研究制定城市货物配送车辆管理办法，合理确定配送车辆停靠装卸货物区域。对企业从事生活必需品、药品、鲜活农产品、冷藏车保鲜产品、邮政寄递等涉及民生的配送车辆配送，以及使用节能与新能源车辆从事配送的，优先给予通行便利。（市交通运输局、市公安局、市商务局牵头，其他成员单位参与）

附件 2

实施企业名单及简介

1. 山东新星集团有限公司。公司是一家以快消品分销物流为主业，集连锁经营、电子商务、金融服务、专业市场、生产加工为一体的省级重点企业集团。具备独立法人资格，现拥有员工 8237 人，直属骨干企业 33 个，物流中心面积 30 万平方米，各类连锁门店 486 家，配送网点 10000 多个，知名供应商 3000 多家，年销售 63.8 亿元，年利税 1.1 亿元，市场覆盖山东并辐射全国，城乡配送规模大，服务对象多，配送品种全，网点布局广，辐射能力强。先后被评为全国精神文明单位、党建标准化试点单位、物流标准化专项行动重点推进企业、物流标准化成效突出企业、服务业标准化试点企业、国家级国民经济动员中心、5A 级物流企业、连锁百强企业等。“情满新星”被认定为山东省著名商标和服务名牌，“新星物流、畅流天下”被认定为山东省服务名牌，集团党委三次被中共山东省委授予先进基层党组织。集团党委书记、董事局主席魏心东同志被授予全国劳动模范、全国优秀党务工作者、全国爱国拥军模范、诚实守信中国好人、中国双拥年度人物等荣誉称号，多次受到习近平总书记、李克强总理等党和国家领导人的亲切接见。

2. 山东众得利现代农业发展有限公司。公司是一家集农产品产销、农业技术服务等于一体的现代化为农服务企业，是全国商贸物流标准化专项行动重点推进企业、山东省标准托盘（周转筐）循环共用联盟副主席单位、山东省供销农业服务行业协会和山东省果品流通协会副会长单位。公司注册资本 1000 万元，总资产 9000 余万元，员工 230 余人，年农产品销售量 13 万余吨，年销售收入 5.3 亿元。公司下设：山东美香果蔬有限公司、淄博齐丰物流有限公司、淄博齐丰农业专业合作联合社、淄博临淄众得利蔬菜专业合作社、淄博鲁供万家农产品专业合作社、淄博齐民旺植保专业合作社等，是全国物流标准化专项行动重点推进企业、物流标准化成效突出企业之一。

3. 淄博商厦集团股份有限公司。公司创建于 1995 年，是以振兴服务业为己任、以实体投资和运营为重点的民营股份制企业，是国家认定的大型商贸流通企业集团、山东省政府重点扶持的骨干企业集团。淄博商厦自组建以来，在各级政府的关怀和扶持下取得了巨大的发展，形成了零售、汽车销售服务、旅游、有机农业四大板块，并涉足保险代理、典当、担保、文化、物业、市场管理、国际贸易等多个关联行业，形成了良好的产业布局和巨大的发展潜力。2018 年，淄博商厦股份有限公司实现销售收入 187.6 亿元，同比增长 1.9%，集团下设配送中心、连锁超市、家电公司、电子公司、汽车销售公司、新疆旅游公司、生态农业等直属企业，销售网络遍布山东全省并辐射全国。先后荣获“全国创建文明行业工作先进单位”、“全国百城万店无假货活动示范店”、“全国内贸系统先进集体”、“中国消费者协会争创诚信单位先进单位”、“全国青年文明号”、“中国商业名牌”等荣誉称号，注册商标“远方”被认定为中国驰名商标、中国商业服务名牌。是全国物流标准化成效突出企业之一。

4. 淄博市邮政分公司。公司是国有独资企业，隶属中国邮政集团公司山东邮政分公司。主要经营邮件寄递、邮政金融、邮政配送、邮票发行业务，包括信函、包裹、电子汇兑、报刊发行、集邮、特快专递、邮政储蓄、机要通信、物流、代办电信等 10 大类业务。

现下设 1 个事业部、8 个区县分公司、6 个职能部门，5 个生产经营单位，2 个直属单位。现有在岗员工 2529 人；邮电支局所 144 处；拥有汽车邮路 32 条（其中：省内干线邮路 2 条，邮区内邮路 20 条，市内趟班邮路 10 条），邮路总长度 1848 公里，全市自有配送汽车 94 辆、新能源汽车 16 辆、电动三轮车 420 辆，加盟配送汽车 81 辆、三轮车 125 辆；拥有企业总资产 2.1 亿。担负着为社会提供普遍用邮服务的义务和邮政业务经营任务。

5. 山东乐物信息科技有限公司。公司成立于 2012 年 3 月，注册资本 11500 万元，是一家生鲜电商 + 冷链物流一站式第三方供应链平台综合服务公司。公司现设有乐物港运营中心、商务中心、信息研发中心、品控标准中心四大核心部门，具备健全的管理制度，规范的服务流程、合理的收费标准和完善的售后服务体系。公司现有员工 78 人，在济南、青岛分别设有研发基地和平台测试中心，与国家农产品现代物流工程技术研究中心和山东省农产品贮运保鲜技术重点实验室建立了长期战略合作关系，是山东大学、山东理工大学和淄博职业学院等多个院校的产学研合作单位，具备较强的平台系统研发能力和较高的城乡配送管理运营能力。

6. 山东云鸟物流供应链管理有限公司。公司成立于 2015 年 9 月，注册资金 3000 万元，4A 级物流企业。是中国仓储与配送协会理事单位、中国物流与采购联合会会员单位、山东省仓储协会理事单位、淄博市物流协会理事单位、淄博市物流产业技术创新联盟副理事长单位、淄博市商贸物流标准化行动联盟副主席单位；公司 2016 年通过了 ISO9001 质量管理体系认证，公司的“山东云鸟互联网 + 智慧城市共同配送信息平台”为 2016 年物流标准化试点项目，同时还获批淄博市政府 2017 年、2018 年重点物流项目和 2018 年重点服务业项目，是全国物流标准化成效突出企业之一。

淄博市人民政府办公室关于印发淄博市推进运输结构调整工作实施方案的通知

（淄政办发〔2019〕9号）

各区县人民政府，高新区、经济开发区、文昌湖区管委会，市政府各部门，各有关单位：

《淄博市推进运输结构调整工作实施方案》已经市政府同意，现印发给你们，请认真组织实施。

淄博市人民政府办公室

2019年9月26日

（此件公开发布）

淄博市推进运输结构调整工作实施方案

为贯彻落实《国务院办公厅关于印发推进运输结构调整三年行动计划（2018—2020年）的通知》（国办发〔2018〕91号）和《山东省人民政府办公厅关于印发山东省推进运输结构调整工作实施方案（2018—2020年）的通知》（鲁政办发〔2018〕38号）要求，深入推进交通运输供给侧结构性改革，调整优化运输结构，支撑交通运输高质量发展，制定本实施方案。

一、总体思路和工作目标

（一）总体思路

以习近平新时代中国特色社会主义思想为指导，全面贯彻落实党的十九大和十九届二中、三中全会精神，深入落实习近平总书记视察山东重要讲话、重要指示批示精神，落实省、市“四减四增”有关运输结构调整工作要求，以优化大宗货物集疏运方式为重点，统筹做好大宗货物运输公转铁。坚持聚焦煤炭、石油、矿石、建材等重点货类，瞄准大型工矿企业和物流园区等重点源头，着力减少大宗货物公路运输量，增加铁路运输量。通过调整优化运输结构，加快构建互联互通的综合交通运输体系，努力促进全市交通运输高质量发展。

（二）工作目标

到2020年，全市货物运输结构明显优化，铁路运输能力明显提升，多式联运量大幅增长，煤炭、石油、矿石、建材等大宗货物长距离公路运输基本转为铁路运输。与2017年相比，全市铁路货运量增长150万吨。自2018年起，多式联运货运量年均增长10%；全市高速公路货运车辆超限超载率不超过0.5%。

二、具体工作措施

（一）提升铁路运力运能

1. 推进铁路专用线及配套工程建设

推进铁路专用线进企进厂进园，加快重点企业铁路专用线建设，支持煤炭、石油、矿石、建材等大型工矿企业和大型物流园区的铁路专用线建设。加快推进新建铁路专用线和改建专用线的前期工作。充分发挥已有铁路专用线运输能力，增加铁路大宗货物中长距离运输量。2019年年底前建设完成山东鲁中煤炭储备物流公司铁路专用线；2020年开工建设淄博内陆港监管场站铁路专用线，优化扩能1—2条铁路专用线。到2020年，全市铁路货运量比2017年增长150万吨。（责任单位：市交通运输局、市发展改革委、市工业和信息化局、济南铁路局淄博车务段、市自然资源局、市生态环境局）

2. 提高铁路货运组织效率

优化铁路货运受理方式，完善列车运行图、优化编组站作业组织模式、丰富列车编组形式、优化直达列车开行方案，优先保证煤炭、石油、矿石、建材等大宗货物装车需求和运输时效。推进铁路与大型生产企业加强合作，共同开发铁路货运班列、点到点货运列车、大宗货物直达列车等多频次多样化班列产品，构建快捷货运班列网络。提高铁路货运服务质量，引导铁路运输企业与煤炭、石油、矿石、建材等大型企业和物流园区签订年度运量运能互保协议，充分利用铁路专用线效能，显著提高铁路运输比例。（责任单位：市工业和信息化局、济南铁路局淄博车务段、市发展改革委、市交通运输局）

3. 推进重点企业大宗货物向铁路转移

推动重点企业大宗货物由公路运输转向铁路运输，显著提高大宗货物非公路货运比例，开展中小企业原材料铁路敞顶集装箱配送工作。新、改、扩建涉及大宗物料运输的建设项目，原则上不得采用公路运输。到2020年，对煤炭、石油、矿石、建材等大宗货物长距离公路运输基本转为铁路运输；压减危险化学品公路运输，加快建设原油和成品油输送网络，全市主要炼化企业和成品油消费区域的原油和成品油主要采用管道运输。（责任单位：市交通运输局、市发展改革委、市工业和信息化局、济南铁路局淄博车务段）

（二）推动内河水运发展

4. 加快内河水运基础设施建设

积极推动小清河复航工程和《淄博港总体规划》的实施。2019年年底淄博市境内小清河Ⅲ级航道开工建设，2020年淄博港开工建设，做好港口与重要交通干道的衔接工作。大力推动新技术、新工艺和新材料在航道、港口工程中的应用，鼓励和支持绿色照明、岸电等节能环保技术的应用。（责任单位：市交通运输局、市发展改革委、市水利局、市自然资源局、市生态环境局）

（三）推动公路货运升级

5. 优化公路货运组织模式

推进全市综合物流信息平台建设，推动跨领域、跨运输方式、跨区域的物流信息互联互通。提高科学化管理水平，利用交通运输大数据流量分析等方法，设置科学合理的交通运输导向和方式。培养发展壮大现代物流运输主干企业，提升整体治理或换代的规模化。利用“互联网+”高效物流等业态创新方式，大力推进道路货运无车承运人试点，促进供需匹配，逐步降低空驶率。（责任单位：市交通运输局、市发展改革委、市大数据局）

6. 强化公路货运车辆超限超载治理

严格落实治理车辆超限超载联合执法常态化制度化工作要求，统一推广高速公路收费站入口称重检测。落实信用管理和“黑名单”制度，对严重违法超限超载运输当事人实施联合惩戒，并在信用淄博网站进行曝光。优化柴油货车绕城通道，实施柴油货车限行措施，加快划定高污染、高排放柴油货车限行区。钢铁、建材、焦化、有色、电力、化工、矿山等涉及大宗物料运输的重点用车企业和城市物流配送企业，应制定错峰运输方案。到2020年底，全市高速公路全面实施收费站入口称重检测，全市高速公路货运车辆平均违法超限超载率不超过0.5%，普通公路货运车辆超限超载得到有效遏制。（责任单位：市交通运输局、市公安局、市发展改革委、市生态环境局、市商务局）

7. 推进货运车型标准化

健全货运车辆非法改装联合监管工作机制，杜绝非法改装货运车辆出厂上路。稳步开展危险货物运输罐车、超长平板半挂车、超长集装箱半挂车治理工作。引导不合规车辆退出市场，加强新增车辆的准入管理，促进标准化车型更新替代。到2020年底，全面完成不合规车辆退出任务，货运车型标准化率比例大幅提升。（责任单位：市公安局、市工业和信息化局、市交通运输局、市市场监管局）

（四）多式联运提速工程

8. 着力推进内陆港建设

加快推动以淄博保税物流中心为核心区、周边物流园区为配套区的具有多式联运功能的区域性国际化大型综合物流基地建设，提升完善基础设施。鼓励发展甩挂运输、冷链运输等运输组织方式。2019年完成淄博内陆港发展规划，2020年开工建设监管场站铁路专用线，实现淄博至青岛港的铁海多式联运功能；启动集装箱堆场建设；实现“淄博—青岛”五定班列每日运行；提高口岸建设标准，健全口岸服务功能。到2020年，开通淄博始发的中欧班列的回程班列；新开辟1条以上班列线路；畅通淄博经沿海港口对接日韩方向的物流通道。（责任单位：市发展改革委、市商务局、市交通运输局、济南铁路局淄博车务段、淄博海关）

9. 深入实施多式联运示范工程

构建衔接顺畅、运转高效、经济便捷的多式联运服务体系，大力支持多式联运示范工程项目建设。充分发挥淄博保税物流中心以及“齐鲁号”中欧国际货运班列的龙头作用，推进多式联运基础设施的互联互通，以正本物流、金泰铁路物流、鲁中煤炭等企业为主体，推进多式联运示范工程项目建设。自2018年起，多式联运货运量年均增长10%。（责任单位：市商务局、市发展改革委、市交通运输局、淄博海关）

10. 推动多式联运信息交互共享

以项目建设为载体，围绕持续推进多式联运、无车承运、冷链运输等物流新业态新模式，策划实施一批重点项目，大力发展“互联网＋”高效物流，积极推进跨区域物流信息平台建设。加强与铁路部门的沟通协作，搭建公铁联运信息共享平台，完善多式联运信息共享标准和机制，实现部门之间、运输方式之间信息交换共享，通过信息手段有效提升物流运行效率。（责任单位：市商务局、市发展改革委、市交通运输局、济南铁路局淄博车务段）

（五）完善城市绿色配送体系

11. 推进城乡高效配送重点工程建设

优化城乡配送网络，发挥城乡配送骨干企业优势，整合商贸、交通、邮政、快递、供销等系统资源，综合利用商业、仓储、邮政、快递、社区服务、农村公共服务点等各类设施，形成有机衔接的多级配送网络系统。合理确定配送车辆停靠卸货区域，在重点物流中心、配送站点、快递分拨中心及农产品市场周边兴建停车场，规划临时专用停车泊位，保障配货车辆停靠需求。引导骨干企业统筹配送供给资源，发展共同配送、统一配送、集中配送、夜间配送、分时段配送等多种形式的集约化配送。（责任单位：市发展改革委、市交通运输局、市邮政管理局、市商务局、市公安局）

12. 推广应用新能源城市配送车辆

加快淘汰不合规的城市配送车辆，支持新能源城市配送车辆优先上牌、简化办证程序。对企业从事生活快消品、药品、鲜活农产品和冷藏保鲜产品等物品配送，以及使用节能与新能源车辆从事配送的，优先给予通行便利。2019年年底前，出台新能源城市配送车辆通行、便利停靠等支持政策。将公共充电桩建设纳入城市基础设施规划建设范围，加大用地、资金支持力度，在物流园区、工业园区、大型商业购物中心、农贸批发市场等货流密集区域，集中规划建设专用充电站和快速充电桩。促进交通用能清洁化，大力推广新能源、天然气（CNG/LNG）等节能环保运输工具。（责任单位：市公安局、市交通运输局、市发展改革委、市商务局、市邮政管理局、市城市管理局）

三、保障措施

（一）加强组织领导

在市“四减四增”工作专班的框架下，建立全市运输结构调整工作协调机制，加强对行动计划、目标任务、项目审批等方面的协调沟通。加强对货物运输结构调整工作的指导、监督和评估，对各区县及市有关部门年度工作目标任务完成情况进行评估考核，对组织不力、工作落后的区县、部门和企业予以通报。（责任单位：市交通运输局、市发展改革委牵头，各有关部门按职责分工负责）

（二）加强监测评估

结合加强污染源头防治推进“四减四增”有关监测评估要求，建立运输结构调整运行监测和报送机制。大宗货物年货运量150万吨及以上的大型工矿企业和物流园区，按季度形成运输结构调整工作情况报告，填写《运输结构调整工作监测分析表》（见附件2）、《铁路专用线建设项目进展情况表》（见附件3），于每季度结束后7个工作日内一并报市交通运输局。（责任单位：市交通运输局，各有关部门按职责分工负责）

（三）落实各项支持政策

加大用地支持力度，对列入实施方案的重要基础设施建设项目优先保障其用地规模和指标，拓展融资渠道，积极协调中铁济南局集团公司简化接轨审核程序、压缩接轨协议办理时间。对运输结构调整工作成效显著的工矿企业，在分解错峰生产任务时可适当减少限产比例。（市自然资源局、市交通运输局、市生态环境局、市工业和信息化局、市发展改革委、济南铁路局淄博车务段按职责分工落实）

附件：1. 淄博市推进运输结构调整工作实施方案任务分解表

2. 淄博市运输结构调整工作监测分析表

3. 淄博市铁路专用线建设项目进展情况表

抄送，市委各部门，市人大常委会办公室，市政协办公室，市监委，市法院，市检察院，各民主党派市委，市工商联。

（附件略）

淄博市人民政府办公室关于加快道路危险货物运输行业转型升级促进高质量发展有关工作的通知

（淄政办字〔2019〕87号）

各区县人民政府，高新区、经济开发区、文昌湖区管委会，市政府有关部门，有关单位：

按照《国务院办公厅转发交通运输部等部门关于加快道路货运行业转型升级促进高质量发展意见的通知》（国办发〔2019〕16号）精神和省有关要求，为进一步加快我市道路危险货物运输行业转型升级，促进高质量发展，现就做好有关工作通知如下。

一、强化规模引导，鼓励企业做大做强。扶持规模以上企业加快发展，鼓励支持现有中小企业继续通过转型升级、兼并重组，扩大企业经营规模，促进融合发展。重点发展规模在100辆车以上且评级为优级的企业，通过政策扶持、行业引导、规范管理、优先新增运力，促进企业继续做大做强，发挥“龙头”作用，引领全市道路危险货物运输市场健康发展；对车辆规模不足100辆且评级为优级的企业，结合国三营运柴油货车淘汰工作，进行新增运力投放；新增道路危险货物运输企业，危险货物运输车辆必须达到50辆以上，并符合国家道路危险货物运输管理规定。鼓励货源型企业自备运力投放，发展专业化、集约化运输经营。

推进规模化、集约化发展。评级为优级的企业，兼并重组其他企业，给予2倍兼并量的新增运力（即1+2模式）；评级为中级的企业，兼并重组其他企业，给予1倍兼并量的新增运力（即1+1模式）。

二、实施运力奖励，加快淘汰国三营运柴油货车。按照《山东省促进国三营运柴油货车淘汰工作实施方案》和《山东省打好柴油货车污染防治攻坚战作战方案》要求，对提前完成国三重型营运柴油货车淘汰任务的企业，给予增加运力奖励。在2019年12月31日前完成淘汰的企业，给予1倍淘汰量的新增运力奖励（即1+1模式）；在2020年6月30日前完成淘汰的企业，给予0.5倍淘汰量的新增运力奖励（即1+0.5模式）。

三、优化运输方式，推动运输企业降本增效。构建衔接顺畅、运转高效的运输服务体系。根据企业发展需要，优化审批流程，提高服务水平，减轻企业负担。在严格遵守法律法规的前提下，放宽道路危险货物运输企业牵引车的经营范围，充分提高牵引车利用效率。引导企业优化运输组织方式，发展运输效率更高的甩挂运输方式和罐式集装箱运输。

四、促进创新融合，规范“互联网+”新业态发展。鼓励道路危险货物运输企业加强信息系统建设，提高线上线下一体化服务能力。充分发挥物流信息平台作用，建立道路危险货物运输信用信息共享交换联动机制，规范“互联网+”车货匹配平台经营活动，引导平台企业和运输企业合作共赢、良性发展。

五、完善管理体系，全面提升监管水平。积极搭建淄博市危险品综合监管平台，通过政府购买服务、互联互通、信息共享，实现应急、公安、交通运输等部门安全生产监管工作联网联控，进一步强化危险货物运输源头管理。鼓励道路危险货物运输企业整合视频监控、车辆主动安全防御系统等信息化资源，实现运输活动全程动态管控，全面提升道路危险货物运输领域安全监管水平。

建立完善道路危险货物运输企业分类分级监管体系，推进道路危险货物运输企业、车辆、从业人员的交通违法、安全事故等相关信息跨部门共享，加大对违法失信经营主体的惩戒和定向监管力度，实现“一处违法、处处受限”。对经营过程中发生重大安全生产事故、严重违法经营、服务质量信誉考核不合格的，淘汰退出道路危险货物运输市场。

淄博市人民政府办公室

2019 年 11 月 14 日

（此件公开发布）

威海市人民政府办公室关于印发威海市推进运输结构调整工作实施方案的通知

（威政办字〔2019〕17号）

各区市人民政府，国家级开发区管委，综保区管委，南海新区管委，市有关部门、单位：

《威海市推进运输结构调整工作实施方案》已经市政府同意，现印发给你们，请认真组织实施。

威海市人民政府办公室

2019年4月11日

（此件公开发布）

威海市推进运输结构调整工作实施方案

为认真贯彻《山东省推进运输结构调整工作实施方案（2018—2020年）》（鲁政办发〔2018〕38号），深入推进运输结构调整，加强污染源头防治，制定本实施方案。

一、总体要求

以深化交通运输供给侧结构性改革为主线，加快建设现代综合交通运输体系，统筹推进大宗货物运输“公转铁、公转水”，减少公路运输量，增加铁路运输量，推进各种运输方式协同联动，促进交通运输高质量发展，为打赢蓝天保卫战、打好污染防治攻坚战提供有力支撑。到2020年，运输结构持续优化，公路货运周转量占比明显降低，铁路货运周转量占全社会货运周转量比例较2017年提升5个百分点，煤炭、矿石、焦炭等大宗散货水路及铁路集疏港比例达到65%以上，集装箱货物铁路集疏港比例达0.5%。

二、主要任务

（一）提升货运铁路运力运能

1. 提高铁路运输能力。加快推进桃威铁路电气化改造工程，优化货运铁路基础设施存量，提升桃威铁路运力。(牵头单位：市发展改革委、交通运输局、铁路发展中心) 加强与中国铁路总公司和中铁济南局对接，积极争取桃威铁路威海南站国际集装箱货物过境运输资质，推动港铁运输一体化，进一步畅通韩日—威海—中亚/欧洲的国际物流大通道，将威海打造成为连通韩日、亚欧的中转枢纽城市。(牵头单位：市交通运输局、铁路发展中心，责任单位：市发展改革委、威海港集团)

2. 推进铁路专用线规划建设。推进铁路专用线进企进厂进园，支持大型热电厂、重点工矿企业、大型物流园区、港口企业铁路专用线建设，推进多式联运中心及威海港各有关港区铁路专用线规划建设，充分挖掘现有铁路专用线及运输装备潜力。(市发展改革委、交通运输局、铁路发展中心、威海港集团按职责分工负责)

(二) 推进水运系统发展

1. 打造现代化港口。建立威青两市部门间港口业务合作沟通协调机制，加快推进威海港同青岛港战略合作发展，深入推进港口资源“内整外联”。推进 LNG 泊位 + 配套工程项目规划实施。(牵头单位：市交通运输局、国资委、交通运输事务中心，责任单位：威海港集团)

2. 优化集疏运结构。进一步提升威海港水路、铁路集疏港运量，减少柴油货车集疏港运量。坚持加大铁路集疏运力度与规范公路集疏运相结合，缓解城市道路交通矛盾，不断提高大宗散货水路及铁路集疏运比例。(牵头单位：市交通运输局、铁路发展中心，责任单位：市发展改革委、威海港集团)

(三) 减少公路运输量

1. 持续压缩公路货物运输量。压缩大宗物料公路运输量，对长距离运输、计划性较强的煤炭、矿石、石油等大宗货物基本转为铁路或水路运输，降低企业物流成本，减少城市污染排放。新建、改建、扩建涉及大宗物料运输的建设项目，原则上不得采用公路运输。(市发展改革委、交通运输局、铁路发展中心按职责分工负责)

2. 强化货运车辆联合治超执法。推进治超联合执法常态化、制度化，加大超限超载行为监管力度，严格实施“一超四罚”，推进治超“非现场执法”。实施信用治超，对严重违法当事人实施联合惩戒。加强对货物装载源头单位的属地管理和行业监管，监督各货物装载源头单位落实企业主体责任，推进货物装载源头单位全部实施分行业监管。到 2020 年底，高速公路货运车辆平均违法超限装载率不超过 0.5%，普通公路货运车辆超限超载得到有效遏制。(市交通运输局、公安局、市场监管局按职责分工负责)

3. 优化公路运输组织。利用“互联网 + 高效物流”等业态创新方式，推进道路货运无车承运人试点，促进供需匹配，逐步降低货车空驶率。建设交通运输物流公共信息平台，推动跨领域、跨运输方式、跨区域的物流信息互联互通。利用交通运输大数据流量分析等方法，设置科学合理的交通运输导向和方式，提高科学化管理水平。(市交通运输局负责)

4. 实施公路运输绿色化改造。开展交通基础设施绿色提升工程，将绿色低碳新理念、新技术、新工艺、新材料融入交通基础设施的规划设计、施工建设、运营养护全过程。(市交通运输局、公路发展中心按职责分工牵头) 促进交通用能清洁化，大力推广新能源、天然气 (CNG/LNG) 等节能环保运输工具。到 2020 年，全市新增和更新的公交车中新能源比例达到 70%，新能源公交车比例达到 35%。凡是用财政性资金配备更新的公交车、公务用车及市政、环卫车辆，除特殊工作要求车辆外，一律采

购新能源车辆，力争2020年实现全覆盖。（牵头单位：市交通运输局，责任单位：市住房和城乡建设局、机关事务中心）

5. 加快淘汰老旧货车。制定老旧柴油货车和燃气车辆提前淘汰更新目标及实施计划，采取限制使用、严格超标排放监管等方式，大力推进国三及以下排放标准营运柴油货车提前淘汰更新，加快淘汰采用稀薄燃烧技术和“油改气”的老旧燃气车辆。（市交通运输局、公安局、生态环境局按职责分工负责）

（四）促进多式联运提质增效

1. 推进多式联运枢纽建设。依托铁路物流基地、公路港、沿海港口等，推进多式联运型和干支衔接型货运枢纽（物流园区）建设。推进中韩自贸区威海港多式联运服务中心、威海国际物流多式联运中心暨配套产业园建设，提升多式联运基础设施水平和业务保障能力。（牵头单位：市交通运输局、交通运输事务中心，责任单位：威海海关、荣成海关、威海港集团）

2. 大力发展海铁联运。建设集装箱海铁联运示范项目，实现海铁联运集装箱信息实时监测、业务协同和信息共享。加强衔接，将我市欧亚班列运输计划、车辆组织、集装箱调拨、运输组织等更好地纳入全省“齐鲁号”欧亚班列的开行计划中。（市交通运输局、商务局、发展改革委、铁路发展中心、交通运输事务中心、威海港集团按职责分工负责）推动欧亚班列常态化运行，助推海铁联运发展，到2020年，海铁联运比例达到0.5%。（牵头单位：市交通运输局、铁路发展中心，责任单位：市发展改革委、交通运输事务中心、威海海关、荣成海关、威海港集团）积极化解货运政策调整影响，向中国铁路总公司、中国铁路济南局集团有限公司申请集装箱运输运价优惠政策，为集装箱班列发展创造基本条件。协调相关单位、企业做好货源组织和市场开拓，助推我市口岸腹地向西延伸，实现东西联动发展。（牵头单位：市交通运输局、铁路发展中心，责任单位：市交通运输事务中心、威海港集团、中外运威海分公司）

三、保障措施

在市加强污染源头防治推进“四减四增”工作专班框架下，建立运输结构调整工作协调机制，切实保障各项任务落实落地。各责任单位要按照本实施方案，细化任务目标，科学安排进度，确保工作实效；要于每季度结束后5个工作日内，将上季度工作开展情况报市交通运输局。要及时掌握行业运行动态，强化货运市场监测分析，及时协调解决运输结构调整中出现的企业运力保障等问题。要加大对运输结构调整工作举措和取得成效的宣传力度，加强正面引导，及时回应社会关切，营造良好舆论氛围。

德州市人民政府办公室关于印发德州市推进运输结构调整工作实施方案（2019—2020年）的通知

（德政办字〔2019〕21号）

各县（市、区）人民政府（管委会），市政府有关部门、单位，中央、省驻德有关单位：

《德州市推进运输结构调整工作实施方案（2019—2020年）》已经市政府同意，现印发给你们，请认真组织实施。

德州市人民政府办公室

2019年5月13日

（此件公开发布）

德州市推进运输结构调整工作实施方案（2019—2020年）

为贯彻落实《山东省人民政府办公厅关于印发山东省推进运输结构调整工作实施方案（2018—2020年）的通知》（鲁政办发〔2018〕38号），调整优化全市运输结构，制定本实施方案。

一、指导思想

以习近平新时代中国特色社会主义思想为指导，深入贯彻党的十九大及二中、三中全会精神，落实市委、市政府"四减四增"有关运输结构调整工作要求，以优化大宗货物集疏运方式为重点，统筹做好大宗货物运输"公转铁"。通过调整优化运输结构，加快构建互联互通的综合交通运输体系，努力实现全市交通运输高质量发展。

二、任务目标

到2020年，全市煤炭、矿石、焦炭等大宗货物长距离运输基本转为铁路。与2018年相比，全市铁路货运量增长100万吨。

三、主要工作

（一）提升铁路运力运能

1. 实施铁路专用线建设工程。充分发挥已有铁路专用线运输能力，增加铁路大宗货物中长距离运输量。到2020年，将运输距离在400公里以上、计划性较强的煤炭、矿石、焦炭等大宗物料基本转为铁路运输。（中铁北京局集团、中铁济南局集团负责）

2. 提升铁路货运组织效率。完善列车运行图、优化编组站作业组织模式、丰富列车编组形式、优化直达列车开行方案，优先保证煤炭、焦炭、矿石、钢铁等大宗货物装车需求和运输时效。（中铁北京局集团、中铁济南局集团负责）

3. 提高铁路货运服务质量。引导铁路运输企业与钢铁、电解铝、电力、焦化等大中型企业签订年度运量运能互保协议，充分利用铁路专用线效能，显著提高铁路运输比例。（中铁北京局集团、中铁济南局集团负责）

（二）推动公路货运升级

1. 强化公路货运车辆超限超载治理。落实治理车辆超限超载联合执法常态化制度化工作要求，统一推广高速公路收费站入口称重检测。落实信用管理和“黑名单”制度，对严重违法超限超载运输当事人实施联合惩戒。到2020年年底，全市高速公路全面实施收费站入口称重检测，全市高速公路货运车辆平均违法超限超载率不超过0.5%，普通公路货运车辆超限超载得到有效遏制。（市交通运输局、市公安局、市生态环境局、高速公路运营企业按职责分工负责）

2. 推进货运车型标准化。健全货运车辆非法改装联合监管工作机制，杜绝非法改装货运车辆出厂上路。稳步开展危险货物运输罐车、超长平板半挂车、超长集装箱半挂车治理工作。2020年年底，全面完成不合规车辆退出任务，货运车型标准化率比例稳步提升。（市交通运输局、市工业和信息化局、市公安局按职责分工负责）

3. 深入实施多式联运示范工程。依托平原济铁物流园，推进平原捷运顺丰集装箱储运公司公铁水集装箱多式联运示范工程建设，加快联运枢纽建设和装备技术升级，构建衔接顺畅、运转高效、经济便捷的多式联运服务体系。（市交通运输局、市商务局按职责分工负责，平原捷运顺丰集装箱储运公司负责实施）

（三）完善城乡绿色配送体系

1. 推进城乡绿色货运配送示范工程。开展城乡高效配送重点工程，到2020年，培育3～5家城乡配送龙头骨干企业。优化城市货运和快递配送体系，在限行区外规划建设公共货运站场或快件分拨中心，完善城市主要商业区、校园、社区等末端配送节点设施，引导企业发展统一配送、集中配送等集约化组织方式。（市交通运输局、市商务局、市邮政管理局、市公安局、市自然资源局按职责分工负责）

2. 加大新能源城市配送车辆推广应用力度。支持新能源城市配送车辆优先上牌、简化办证程序。

推动新能源城市配送车辆通行优惠政策落地，对于存量汽柴油车辆更新为新能源车辆的优先发放通行证。2020 年城市建成区新增和更新轻型物流配送车辆主要采用新能源车辆和达到国六排放标准清洁能源车辆。（市发展改革委、市工业和信息化局、市公安局、市交通运输局按职责分工负责）

四、保障措施

（一）加强组织领导。建立我市交通运输结构调整工作协调机制，在重大行动计划、目标任务、项目审批等方面强化协调沟通，为运输结构调整工作创造良好条件。（市交通运输局、市发展改革委牵头，各有关部门按职责分工负责）

（二）落实各项支持政策。将国家运输结构调整行动计划中的铁路专用线项目（不含物流园区），纳入占用永久基本农田的重大建设项目用地预审受理范围，按照相关规定办理用地手续。对运输结构调整工作成效显著的工矿企业，在分解错峰生产任务时可适当减少限产比例。（市自然资源局、市生态环境局、市工业和信息化局、市发展改革委按职责分工落实）

（三）强化监测评估。建立运输结构调整运行监测和报送机制。各部门按季度形成运输结构调整工作情况报告，于每季度结束后 7 个工作日内报市交通运输局。（市交通运输局牵头，各有关部门按职责分工负责）

附件：1. 山东省运输结构调整铁路货运增量任务分解表 . docx

2. 德州市运输结构调整重点建设项目表 . docx

3. 运输结构调整工作监测分析表 . docx

4. 铁路专用线建设项目进展情况表 . docx

抄送：市委有关部门，市人大常委会办公室，市政协办公室，市监委，市法院，市检察院。各民主党派市委（支部），市工商联。

德州市人民政府办公室 2019 年 5 月 14 日印发

（附件略）

滨州市人民政府办公室关于印发滨州市推进运输结构调整工作实施方案的通知

（滨政办发〔2019〕4号）

各县（市、区）人民政府，各市属开发区管委会，市政府各部门、各直属事业单位，市属各大企业，各高等院校，中央、省驻滨各单位：

《滨州市推进运输结构调整工作实施方案》已经市政府同意，现印发给你们，请认真组织实施。

滨州市人民政府办公室

2019年5月8日

（此件公开发布）

滨州市推进运输结构调整工作实施方案

为贯彻落实《山东省人民政府办公厅关于印发山东省推进运输结构调整工作实施方案（2018—2020年）的通知》（鲁政办发〔2018〕38号）要求，深入推进交通运输供给侧结构性改革，调整优化运输结构，实现交通运输高质量发展，制定本实施方案。

一、总体思路和主要目标

（一）总体思路。坚持以习近平新时代中国特色社会主义思想为指导，全面贯彻落实党的十九大和十九届二中、三中全会精神，按照国家和省推进运输结构调整的具体要求，重点关注煤炭、矿石、铝矾土、金属板材、石油等重点货类，以铁路专用线建设为基础，带动多式联运型物流园区建设，解决区域内大型工矿企业大宗货物远距离运输依赖柴油货车的难题，确立全市“铁路带动，园区支撑，多点突破，全域辐射”的运输结构调整思路，着力推进全市大宗货物运输“公转铁、公转水”工作。为打赢蓝天保卫战、打好污染防治攻坚战、构建现代综合交通运输体系奠定坚实基础。

（二）主要目标。至2020年，全市货物运输结构明显优化，运输距离在400公里以上且计划性较强的煤炭、矿石、焦炭等大宗货物有序转为铁路、水路运输，铁路、水路承担的大宗货物运输量显著提高。与2017年相比，新增铁路建设里程100公里；铁路货运量增长150万吨，年均增长10%以上；

全市高速公路货运车辆平均违法超限超载率不超过0.5%。

二、完善路网布局规划，提升铁路货运能力

（三）提高铁路货运通道运输能力。扩大我市铁路覆盖范围，优化铁路货运网络布局，提升既有通道铁路运输能力。加快推进黄大铁路滨州段建设，通车后新增货运铁路82公里。推动德大铁路复线工程前期工作，提升德大铁路货运能力。补齐港口铁路集疏运基础设施短板，完善铁水联运配套设施。2019年年底前，完成滨港铁路沾化至滨州港段建设，新增疏港铁路65.3公里。（市发展改革委、市自然资源规划局、市生态环境局、市交通运输局、市交通运输事业服务中心，滨州港务集团按职责分别办理）

（四）推进企业铁路专用线建设。加快氧化铝、电解铝、电力等重点企业和工业园区铁路专用线建设，支持铁路专用线进企进厂、进园，打通最后一公里。2019年6月底前，阳信县汇宏新材料有限公司铁路专用线工程全部完工，具备通车运营条件。2019年年底前，开工建设邹平货运铁路一期、北海经济开发区魏桥铁路专用线。2019年开工建设胡集—里则铁路专用线；大宗货物年货运量150万吨及以上的大型工矿企业和新建物流园区，原则上全部修建铁路专用线。同步协调铁路主管部门加快铁路专用线审批及接轨手续办理。（邹平市政府、惠民县政府、阳信县政府、滨州经济技术开发区管委会、北海经济开发区管委会，市发展改革委、市自然资源规划局、市生态环境局、市交通运输局、市交通运输事业服务中心按职责分别办理）

（五）加快铁路专用线规划研究及前期工作。围绕邹平市西王集团、三星集团、铁雄集团等大型工矿企业2400万吨煤炭、矿石、钢铁、粮食等大宗货物铁路运输需求，规划研究邹平货运铁路二期项目。围绕博兴县大型企业2000万吨板材、卷钢、原油、粮食、厨具等货物铁路运输需求，规划研究兴福站改扩建、曹王镇铁路专用线项目。围绕无棣县大型工矿企业货物铁路运输需求，加快推进海兴至鲁北高新区支线铁路前期工作，规划研究鲁北高新区铁路专用线、大唐鲁北发电铁路专用线、金海钛业铁路专用线等项目。围绕中海沥青股份有限公司300万吨原油、150万吨成品油铁路运输需求，规划研究中海沥青股份有限公司铁路专用线项目。（滨城区政府、邹平市政府、惠民县政府、阳信县政府、无棣县政府、博兴县政府、滨州经济技术开发区管委会、北海经济开发区管委会，市发展改革委、市自然资源规划局、市应急局、市交通运输局、市交通运输事业服务中心按职责分别办理）

（六）推进铁路专用线共建共用。支持企业协议开放共用铁路专用线，鼓励企业利用既有铁路专用线建设公铁联运型物流园区，吸引周边生产企业和物流企业增加铁路运量，提高专用线使用效率。鼓励年货运量150万吨以下的工业企业和物流园区，采取共建共用铁路专用线方式，扎实推进货运"公转铁"工程。（各有关县市区政府，市发展改革委、市财政局、市交通运输局、市交通运输事业服务中心按职责分别办理）

（七）推动重点企业大宗货物"公转铁"。提升港口大宗货物铁路运输比例，港口集疏运铁路建成之前，鼓励采取"公路短驳+铁路运输"集疏港模式，大幅提升矿石、煤炭、焦炭等铁路运输比例。推进氧化铝、电解铝、电力等大中型企业充分利用铁路专用线，加强与铁路运输企业合作，开展协议制运输，显著提高铁路运输比例。到2020年，具有铁路专用线的重点工业企业，大宗货物铁路运输比例达到80%以上；运输距离在400公里以上的计划性较强的煤炭、矿石等大宗货物，有序转为铁路及水路运输。积极推进"散改集"运输，鼓励无专用线的中小企业原材料采用"敞车+敞顶箱、两端公

路＋中间铁路”的公铁联运模式。（市发展改革委、市生态环境局、市交通运输局、市交通运输事业服务中心，滨州港务集团按职责分别办理）

三、加快基础设施建设，拓展水路货运优势

（八）推进内河水运基础设施建设。坚持生态优先、绿色发展理念，以流域生态系统性保护为前提，提升内河水运系统航运能力。全面推进小清河复航工程航道建设，推进邹平、博兴港区建设，建设魏桥、孙镇、湖滨等3个作业区，形成“一港二港区三作业区”的总体发展格局。加快推进徒骇河富国新港至东风港段航道复航工程和秦口河下游（套儿河与秦口河交汇处以南）航道以及马颊河上游（埕口镇黄瓜岭）岸线、航道立项实施，实现外海与内河的有效连接，破解徒骇河区域、鲁北高新区大宗物料公转水运输难题2019年9月底前，完成秦口河下游（套儿河与秦口河交汇处以南）航道及马颊河上游（埕口镇黄瓜岭）4×1000吨级码头规划。2020年年底前，建设内河航道43.07公里。（邹平市政府、沾化区政府、无棣县政府、博兴县政府，市发展改革委、市自然资源规划局、市生态环境局、市交通运输局、市交通运输事业服务中心按职责分别办理）

（九）推动沿海港口重点项目建设。建成滨州港海港港区液体散货作业区6#、7#泊位工程，推进5万吨级航道前期相关工作。推进烟台港至套尔河港区全程物流链运输，解决沿河县（区）魏桥创业集团2300万吨铝矾土到港后长距离公路运输转水路运输需求。结合我省沿海港口资源整合工作开展，调整《滨州港总体规划》及套尔河港区功能定位，研究提升套尔河港区航道等级，实施打通套尔河拦门沙工程，疏浚套尔河—秦口河航道，提高通航能力，支撑北部沿海高端铝和高端石化产业园建设的水路运输需求。依托套尔河—秦口河航道，借助无棣县丰源盐化4万亩采矿建设用地资源优势，开发临港产业。（沾化区政府、无棣县政府，市发展改革委、市海洋发展渔业局、市生态环境局、市交通运输局、市交通运输事业服务中心，滨州港务集团按职责分别办理）

（十）创新港产城协同发展模式。促进大型工矿、物流企业与港航发展有机融合，推广“内河码头＋配套园区＋物流服务”模式，重点提升综合货运枢纽功能，吸引原材料加工制造企业、大宗物资消耗企业等沿河沿港布局。（市发展改革委、市自然资源规划局、市生态环境局、市交通运输局、市交通运输事业服务中心，滨州港务集团按职责分别办理）

四、优化运输组织模式，推动公路货运升级

（十一）着力提升公路运输效率。支持引导货运大车队、企业联盟、品牌连锁等集约高效的运输组织模式发展。有效整合分散经营的中小货运企业和个体运输业户，发挥规模化、网络化运营优势，提高运输效率，降低物流成本，减少车辆空驶和无效运输。推进“互联网＋货运”等新业态和新模式发展，加快交通运输物流公共信息平台建设。深入开展无车承运人试点工作，巩固和优化京博物流集团等现有无车承运人试点项目成果，进一步规范无车承运平台奖补政策，推进无车承运市场公平竞争、规范发展。到2020年，重点培育2—3家理念创新、运作高效、服务规范的无车承运人品牌企业。（市交通运输局、市交通运输事业服务中心按职责分别办理）

（十二）加快发展多式联运。加快联运枢纽建设和装备技术升级，积极推动青岛港滨州（博兴）

内陆港落地，加快推进滨州港、京博物流、阳信陆港铁路物流园区等多式联运综合枢纽建设。积极推进滨州港中海沥青输油专线、日照至京博百万方油库输油管线以及临港高端石化产业园输气管道建设，充分发挥公、铁、水、管道各种运输方式的比较优势。研究制定支持多式联运与物流发展的专项扶持政策，大力支持多式联运示范工程项目建设。积极配合全省欧亚班列统一组织、统一管理、统一调度、统一配货运行机制的建立，鼓励支持县（市、区）政府（管委会）制定相关补贴政策，积极引导企业搭乘“齐鲁号”欧亚班列，稳步提升双向往返发行数量。（各县市区政府，各市属开发区管委会，市发展改革委、市交通运输局、市交通运输事业服务中心按职责分别办理）

（十三）强化联合治超长效工作机制。落实治理车辆超限超载联合执法常态化制度化工作要求，严格执行“一超四罚”制度，积极推进“黑名单”制度，将车辆及企业违法信息纳入信用信息系统，依法实施惩戒。加强定点联合执法，优化公路超限检测站点布局，交通运输部门与公安部门加强工作协调，每月科学制定超限检测站执法检查计划。加密流动联合执法，定期组织开展县（市、区）范围内集中执法活动，对于故意绕行逃避执法检查或者短途超限运输情形严重的地区，加大联合流动执法频次和力度。重点推进高速公路入口联合执法，推广高速公路收费站入口称重检测，实行检测数据和收费站入口发卡系统联动管理，建立公安部门与高速公路经营管理单位联络机制，及时依法查处高速公路经营管理单位报告的违法超限超载运输行为。2020 年年底，全市高速公路全面实施收费站入口称重检测，高速公路货运车辆平均违法超限超载率不超过 0.5%，普通公路货运车辆超限超载得到有效遏制。（各县市区政府，各市属开发区管委会，市公安局、市交通运输局按职责分别办理）

（十四）通过科技手段提升治超水平。加快推进建设非现场交通运输行政执法综合管理系统，推进跨区域、跨部门治超信息资源交换共享。以高新区治超检测站和邹平治超检查站为试点建设运行非现场执法系统，非现场执法系统获取的车辆违章数据及时抄告交管部门，强化对非法违章超限运输车辆的执法检查工作力度，提升治超工作的效力。（各县市区政府，各市属开发区管委会，市公安局、市交通运输局按职责分别办理）

五、强化政策支持力度，切实抓好组织实施

（十五）保障用地用海。加大铁路专用线用地支持力度，对新增建设用地指标予以优先安排，落实《自然资源部关于做好占用永久基本农田重大建设项目用地预审的通知》（自然资规〔2018〕3 号）规定，对占用永久基础农田的重点项目积极纳入用地预审受理范围。对纳入港口总体规划和运输结构调整的“公转水”、铁水联运等项目，加大用地、用海支持力度。（各县市区政府，各市属开发区管委会，市发展改革委、市自然资源规划局、市生态环境局、市交通运输局、市海洋发展渔业局、市行政审批服务局按职责分别办理）

（十六）建立“绿色通道”。对纳入运输结构调整的铁路专用线、多式联运等重点项目建立呈报、审批“绿色通道”，推进发展改革、自然资源、生态环境、交通运输等部门实施并联审批，简化手续，限期完成。（市发展改革委、市自然资源规划局、市生态环境局、市交通运输局、市行政审批服务局按职责分别办理）

（十七）完善工作机制。建立市运输结构调整工作动态督导考评机制，加强对各县（市、区）、铁路、枢纽、大型工矿等重点单位的督导考评，对组织不力、工作落后的部门和企业予以通报。加强组

织领导，各级政府要强化主体责任，各有关部门要切实落实工作职责，主要负责同志亲自抓，为运输结构调整工作提供制度保障。按照“四减四增”有关监测评估要求，由市交通运输局牵头，2019 年 6 月底前建立运输结构调整统计报送机制，明确各单位需报送的数据指标及报送时间。（各县市区政府，各市属开发区管委会，市发展改革委、市自然资源规划局、市生态环境局、市交通运输局、市交通运输事业服务中心按职责分别办理）

（十八）维护行业稳定。强化货运市场和重点企业监测，跟踪了解行业动态和行业从业者诉求，及时掌握行业动态，完善从业人员社会保障、职业培训等服务，积极培育拓展新兴市场，推动货运行业创新稳定发展和转型升级。（各县市区政府，各市属开发区管委会，市发展改革委、市交通运输局按职责分别办理）

（十九）做好宣传引导。统筹利用宣传资源，全方位宣传运输结构调整的意义、必要性、迫切性，建立舆论引导和监督机制，加强舆情跟踪、热点回应，争取各方理解支持。定期发布运输结构调整行动进展和成效，增强数据和信息的公开性、透明性和一致性，形成正确舆论导向，营造良好氛围，确保行业健康稳定发展。（各县市区政府，各市属开发区管委会，市发展改革委、市交通运输局按职责分别办理）

附件：1. 滨州市推出运输结构调整工作分解表

2. 滨州市运输结构调整重点建设项目表

3. 滨州市运输结构调整工作监测分析表

4. 滨州市铁路专用线建设项目进展情况表

（附件略）

菏泽市人民政府办公室关于印发菏泽市深化收费公路制度改革取消高速公路省界收费站实施方案的通知

（菏政办发〔2019〕14号）

各县区人民政府，市开发区、高新区管委会，市直有关部门、单位：

《菏泽市深化收费公路制度改革取消高速公路省界收费站实施方案》已经市政府同意，现印发给你们，请结合实际认真组织实施。

菏泽市人民政府办公室

2019年7月10日

菏泽市深化收费公路制度改革取消高速公路省界收费站实施方案

为深入贯彻落实习近平新时代中国特色社会主义思想和党的十九大精神，认真贯彻落实《国务院办公室关于印发深化收费公路制度改革取消高速公路省界收费站实施方案的通知》（国办发〔2019〕23号）和《山东省人民政府办公厅关于印发山东省深化收费公路制度改革取消高速公路省界收费站实施方案的通知》（鲁政办发〔2019〕17号）要求，进一步深化收费公路制度改革，按期完成我市取消高速公路省界收费站工作任务，实现不停车快捷收费，制定本实施方案。

一、总体要求

深化收费公路制度改革，提高综合交通运输网络效率，降低物流成本，在2018年试点工作基础上，按照“远近结合、统筹规划，科学设计、有序推进，安全稳定、提效降费”的原则，加快推进各项工作，通过广泛应用电子不停车收费系统（ETC），确保2019年年底前全部取消我省高速公路省界收费站。

二、工作任务

（一）加快ETC推广应用

1. 根据省政府加快推进高速公路电子不停车快捷收费应用服务实施方案，制定我市ETC发行规划

和推广应用方案。（市交通运输局负责，市有关部门配合，2019 年 7 月中旬前完成）

2. 实现机动车注册登记信息部分共享，便利车辆安装 ETC 车载装置。（市公安局、市交通运输局负责，2019 年 7 月中旬前完成）

3. 加快现有车辆就近免费安装 ETC 车载装置。各运营管理单位设置 ETC 客服中心，在收费站、服务区设立 ETC 车载装置快速安装点，对通行高速公路有关车辆安装电子标签，做好 ETC 相关服务。开展互联网发行、预约安装、上门安装等服务。依托商业银行网点、车管所、4S 店、运政大厅、政务中心等车辆集中场所，增加安装网点，方便公众就近便捷免费安装。深入居民小区和村镇，开展宣传和安装服务，2019 年年底前高速公路入口车辆使用 ETC 比例达到 90% 以上。（市交通运输局、市公安局、各县区政府、中国人民银行菏泽市中心支行负责，2019 年 12 月底前完成）

4. 推动汽车预置安装。按照工业和信息化部 ETC 车载装置技术标准，从 2020 年 7 月 1 日起，新申请批准的车型应在选装配置中增加 ETC 车载装置。（市工业和信息化局负责，市交通运输局配合）

5. 拓展服务功能，鼓励 ETC 在停车场等涉车场所应用；开展 ETC 应用研究，提升高速公路信息化管理水平，推动 ETC 与新技术融合发展及多场所应用。（中国人民银行菏泽市中心支行、各县区政府、市交通运输局负责）

（二）加快建设和完善高速公路收费系统

1. 按照交通运输部、省交通运输厅相关技术要求和总体技术路线，制定菏泽市高速公路收费系统建设改造工程方案，完善相关制度。（各高速公路运营单位负责，2019 年 7 月底前完成）

2. 推进高速公路各项建设改造工作，完成省级联网收费通信系统和清分结算系统升级改造，以及收费站、收费车道、ETC 门架系统硬件和配套软件系统标准化建设，做好网络安全保障。（各高速公路运营单位负责，2019 年 10 月底前完成）完成高速公路收费站入口治超系统建设。（各高速公路运营单位负责，2019 年 12 月底前完成）

3. 根据交通运输部统一要求，开展系统联调联试，实现新旧系统切换。（各高速公路运营单位负责，2019 年 12 月底前完成）

4. 拆除高速公路省界收费站相关设施，做好安全防护，保障高速公路安全畅通。（市交通运输局、市公安局负责，2019 年 12 月底前完成）统筹应急、养护、服务、监督检查和公安查控等工作需要，综合利用正线外的设施。（市交通运输局、市公安局、各县区政府负责，2019 年 12 月底前完成）

（三）加快推进相关法规政策修订完善工作

1. 按照收费公路相关法规政策，修改调整我市地方性收费政策及通行费优惠减免政策。（市交通运输局、市发展改革委、市财政局负责，2019 年 10 月底前完成）

2. 按照《收费公路车辆通行费车型分类》标准调整市内车型分类标准。调整货车通行费计费方式，从 2020 年 1 月 1 日起，统一按车（轴）型收费，实行入口治超。（市交通运输局、市财政局、市发展改革委、市公安局负责，2019 年 10 月底前完成）

3. 继续实行高速公路差异化收费，完善政策，科学引导，进一步提升高速公路通行效率。（市交通运输局负责）

4. 配合国家、省有关单位研究统一危险化学品运输车辆、摩托车高速公路通行管理政策，对我市

相关法规进行修订并组织实施。（市交通运输局、市公安局负责）

5. 完善高速公路信用体系，对偷逃车辆通行费等失信行为实施联合惩戒。（市公安局、市交通运输局、市发展改革委、中国人民银行菏泽市中心支行负责）

（四）妥善分流安置收费人员

按照新收费体系架构，明确人员编制。坚持属地管理、企业负主体责任、转岗不下岗，结合本单位实际，按照国家法律法规和政策要求，制定收费人员安置工作方案，以内部择优转岗为主，多渠道分流安置收费人员，依法妥善处理职工人事劳动关系，保障收费人员合法权益。（各高速公路运营单位负责，市交通运输局、市财政局、市国资委、市人力资源社会保障局指导）

三、保障措施

（一）加强组织协调。建立市政府牵头、市有关部门参加的市深化收费公路制度改革取消高速公路省界收费站工作协调机制，明确目标任务、时间进度和路线图，定期组织工作对接会，汇总分析工作进展情况，研究解决各类问题。

（二）加强资金保障。各地 ETC 车载装置安装、系统和设施建设改造资金由省级统筹负责，市财政部门要给予积极支持，采用通行费收入列支、财政补助等方式解决。

（三）强化安全管理。加强相关设施和系统建设改造期间施工管理，强化后期运营管理，确保系统和网络安全。拆除高速公路省界正线收费站设施，保障正线公路畅通。

（四）做好风险防控。各有关部门和单位要针对新的收费方式和制式调整，开展工程测试、课题研究，验证相关系统应用的可行性和可靠性。在科学合理的前提下，倒排工期、并行推进，按照应急工作简化基建程序，加快推进项目建设。及时妥善处置突发事件，确保社会稳定。

（五）加强宣传引导。加强对取消高速公路省界收费站、实现不停车快捷收费相关政策的宣传解读，正确引导社会预期，及时回应公众关切，营造良好舆论氛围。

附件：菏泽市深化收费公路制度改革取消高速公路省界收费站工作领导小组

为进一步加强对我市深化收费公路制度改革取消高速公路省界收费站工作的组织领导，推进实现高速公路不停车快捷收费，市政府决定成立菏泽市深化收费公路制度改革取消高速公路省界收费站工作领导小组（以下简称领导小组）。现将领导小组成员名单公布如下：

组　长：王忠想（副市长）

副组长：许尚软（市政府办公室副主任）

程传政（市交通运输局局长）

成　员：杨胜（市发展改革委党组成员）

李建华（市工业和信息化局副局长）

李合力（市公安局党委委员、交警支队支队长）

陶祥松（市财政局总会计师）

王霞（市人力资源和社会保障局副局长）

宋传山（市交通运输局副调研员）

吕洪运（市国资委副调研员）

孟宪彦（人民银行菏泽市中心支行党委委员、工会主任）

孔凡申（市银保监分局副局长）

领导小组负责统筹协调推进全市深化收费公路制度改革取消高速公路省界收费站工作。贯彻落实党中央、国务院、省政府深化收费公路制度改革取消调整公路省界收费站决策部署及相关政策；研究我市深化收费公路制度改革取消高速公路省界收费站工作重要事项，提出指导意见；协调各有关方面加快建设和完善高速公路收费体系，加快电子不停车收费系统应用，完善高速公路收费政策；督导工作开展情况，重大事项及时报告市政府。

领导小组办公室设在市交通运输局，承担领导小组日常工作，宋传山同志兼任办公室主任。领导小组不刻制印章，不对外正式行文。领导小组成员调整事宜由领导小组或其办公室所在部门行文公布。深化收费公路制度改革取消调整公路省界收费站工作完成后，领导小线自行撤销。

菏泽市人民政府办公室

2019 年 7 月 10 日印发

参考文献

［1］郭健全，张孟可．“一带一路”背景下绿色物流与环境及经济增长的关系［J］．沈阳工业大学学报（社会科学版），2021，14（1）：28－34.

［2］曹飞飞．山东省物流业绿色全要素生产率测算及其影响因素研究［D］．济南：山东师范大学，2020.

［3］山东省统计局，国家统计局山东调查总队．山东统计年鉴（2018）［M］．北京：中国统计出版社，2018.

［4］谢阿红，薛倩玉，周泽炯．区域绿色物流绩效评价及影响因素的研究——基于“华东六省一市”的数据［J］．九江学院学报（自然科学版），2019，34（2）：44－50.

［5］王继祥．十大绿色仓储与配送措施助绿色物流落地［J］．环境经济，2018（8）：32－35.